뉴 혁신교육
패러다임

혁신교육, 다시 길을 묻다

뉴 혁신교육
패러다임

혁신교육, 다시 길을 묻다

초판 1쇄 인쇄 2026년 4월 3일
초판 1쇄 발행 2026년 4월 11일

지은이 조희연, 심성보, 성열관, 이수광, 정용주, 박현숙, 함영기,
        김혜자, 구민정, 이형빈, 김지용, 정대수, 문성호, 차원
기획 공존의 뜰
펴낸이 김승희
펴낸곳 도서출판 살림터

총괄기획 정광일
편집 송승호·이희연·조현주
북디자인 꼬리별

인쇄·제본 (주)신화프린팅
종이 (주)명동지류

주소 서울시 양천구 목동동로 293, 2215-1호
전화 02-3141-6553
팩스 02-3141-6555
출판등록 2008년 3월 18일 제313-1990-12호
이메일 gwang80@hanmail.net
블로그 http://blog.naver.com/dkffk1020
한국교육연구네트워크 www.kednetwork.or.kr

ISBN 979-11-5930-362-3 03370

뉴 혁신교육 패러다임

혁신교육, 다시 길을 묻다

조희연

심성보

성열관

이수광

정용주

박현숙

함영기

김혜자

구민정

이형빈

김지용

정대수

문성호

차 원

살림터

서문

혁신교육의 여정에서 다시 길을 묻다

한국 공교육의 지형을 근본적으로 뒤흔들었던 혁신교육 운동이 어느덧 15년의 세월을 넘어서고 있다. 2009년, 경쟁과 효율만이 지배하던 척박한 교육 토양에 '배움의 즐거움'과 '민주적 학교 문화'라는 씨앗을 뿌리며 시작된 이 운동은 이제 무시할 수 없는 실체로 성장하여 한국 공교육의 새로운 표준을 제시했다. 그러나 우리는 지금, 역설적이게도 '성공의 위기' 앞에 서 있다. 물론 이는 혁신교육이 실패했다는 뜻이 아니다. 오히려 혁신교육이 지향했던 가치들이 제도권 안으로 깊숙이 들어와 보편화되는 과정에서 겪게 되는 성장통이자, 그림자를 만난 것이다. 소수의 헌신과 교사의 자발성에 기대어 타오르던 불꽃은 시스템이라는 그릇에 담기며 안정감을 얻었으나, 그 대가로 초기의 생동감과 역동성을 상당 부분 소진했다. '혁신'이 더 이상 낯설고 가슴 뛰는 도전이 아니라, 매년 반복되는 행정 업무 혹은 당연한 일상이 되면서 안주와 피로감이라는 내부의 적을 마주하게 된 것이다.

혁신교육이 추구했던 가치들이 제도화되고 일반화되는 과정에서 초기의 역동성은 관료적 절차로 굳어지고 있으며, 현장의 에너지가 고갈되고 있다는 우려가 안팎으로 들려온다. 더욱이 인공지능(AI)의 비약적 발전, 기후 위기라는 생태적 재난, 그리고 학령인구 급감이라는 거대한 파도는 기존 문법으로 해결할 수 없는 새로운 차원의 질문들을 던지고 있다.

우리는 이러한 문제의식을 바탕으로 이 책 『뉴 혁신교육 패러다임: 혁신교육, 다시 길을 묻다』를 기획했다. 집필진은 치열한 토론과 협의를 거쳐 혁신교육 15년의 궤적을 성찰하고, 과거를 회고하는 것을 넘어 미래 교육의 새로운 청사진을 제시하고자 의견을 모았다. 이는 혁신교육 방어를 위한 논리 개발이 아니라, 급변하는 문명사적 전환기에 공교육이 나아가야 할 '제4의 길'을 모색하는 치열한 탐구의 기록이다. 이 책을 통해 혁신교육이 한국 사회에 뿌리내린 '우리 안의 보편성'을 이론적으로 규명하고, AI와 생태 위기 시대에 부합하는 새로운 교육 문법을 제안하고자 한다.

혁신교육의 사상적 토대와 세계사적 위치

제1부 '혁신교육의 의미와 세계사적 위상'에서는 한국 혁신교육의 정체성을 학술적·세계사적 관점에서 조명한다. 먼저 조희연은 한국의 혁신교육을 국가주의 교육체제를 아래로부터 극복해 낸 '동아시아형 교육혁신의 길'로 규정한다. 그는 서구의 교육 개혁 모델을 따라가는 것을 넘어, 한국적 토양에서 자생적으로 피어난 혁신교육이 보편적인 교육 모델로서 세계사적 위상을 지닐 수 있음을 역설한다. 이어서 심성보는 듀이, 프레이리, 비고츠키라는 교육사상의 거장들을 소환하여 '변혁적 페다고지'의 궤적을 추적한다. 그는 듀이의 경

험과 민주주의, 비고츠키의 사회적 상호작용, 프레이리의 비판적 의식화가 어떻게 현대 혁신교육의 이론적 뿌리가 되었는지를 규명하며, 이들의 사상을 21세기 한국의 혁신교육 현장에 접목하여 '우리 자신의 작품'을 만들어내야 한다고 강조한다. 성열관은 혁신교육을 'K-교육'이라는 새로운 담론으로 확장한다. 그는 탈식민주의적 관점에서 혁신교육이 만들어낸 새로운 교육 언어들을 분석하며, 이것이 어떻게 한국 교육의 고유한 자산이 될 수 있는지 탐색한다. 1부의 마지막을 장식하는 이수광은 AI 시대의 도래에 따른 새로운 교육 문법을 제안한다. 그는 현재의 교육이 '능력주의Meritocracy'에 기반한 선발 중심 체제임을 비판하면서, 이를 '존엄주의Dignocracy'와 '공화주의'에 기반한 체제로 전환해야 한다고 역설한다. 특히 AI가 교육적 도구를 넘어 환경으로 자리 잡는 시대에, 인간다움을 지키고 철학적 사유를 가능케 하는 학교의 구조적 재설계가 시급함을 논증한다.

혁신교육의 현장과 실천적 과제

제2부 '혁신교육, 경험과 과제'에서는 학교 현장에서 벌어지는 치열한 실천과 고민을 담아냈다. 정용주와 박현숙은 초·중등 혁신학교 경험을 통합적으로 성찰한다. 이들은 경기 혁신학교의 탄생에서 현재에 이르는 과정을 복기하며, 혁신학교가 단순히 예산을 더 받는 모델이 아니라 교사의 자발성을 동력으로 한 학교 문화 운동이었음을 상기시킨다. 이들은 혁신학교가 일반화되는 과정에서 발생한 '무늬만 혁신학교'의 문제와 정책적 지원이 사라질 때 겪는 퇴행의 위기를 직시하며, 지속 가능한 혁신을 위한 내실화 방안을 모색한다. 함

영기는 해묵은 논쟁인 '지식 교육 대 역량 교육'의 이분법을 넘어설 것을 제안한다. 그는 현재의 교실이 발달 중심 교육관과 선발 중심 교육관의 충돌로 몸살을 앓고 있다고 진단하며, 'OECD 교육 2030' 등 미래 담론을 빌려 '깊이 있는 학습Deep Learning'을 통한 지식과 역량의 선순환을 강조한다. 그는 지식 없는 역량은 공허하고 역량 없는 지식은 무용함을 말하면서, 미래지향적 학력관의 정립을 촉구 한다. 김혜자는 혐오와 차별이 난무하는 교실 현장을 고발하며, 존 엄의 문화를 만드는 시민교육의 필요성을 역설한다. 그는 온라인과 오프라인의 경계가 무너진 시대에 혐오 표현이 놀이 문화처럼 번지 는 현상을 경계하며, 교사 개인의 역량에 의존하는 대응을 넘어 학 교 차원의 공식적 기준과 다층적 책임 구조가 설계되어야 함을 구체 적 사례와 함께 제시한다. 구민정은 전인적 발달을 위한 문화예술교 육의 중요성을 다룬다. 입시 위주 교육에서 소외되었던 감각과 감성 을 깨우는 것이야말로 혁신교육이 지향해야 할 인간상의 본질임을 강조하며, 예술이 학교의 일상이 되는 구체적인 방법론을 제안한다.

새로운 패러다임을 위한 도전과 확장

제3부 '새로운 패러다임을 위한 도전과 확장'에서는 기존 혁신교 육의 경계를 넘어 새로운 영역으로의 도약을 모색한다. 이형빈은 최 근 교육계의 뜨거운 감자인 IB(국제 바칼로레아)와 혁신교육의 관계 를 변증법적으로 고찰한다. 그는 IB의 체계적인 교육과정 프레임워 크와 평가 시스템의 장점을 인정하면서도, 그것이 지닌 탈맥락성의 한계를 지적한다. 나아가 IB를 수입하는 것을 넘어, 한국의 혁신교 육 경험과 결합하여 '한국형 혁신 교육과정 프레임워크'와 교사 숙

의 시스템을 구축해야 한다는 구체적인 대안을 제시한다. 김지용은 '교육복지'에서 '교육인권'으로의 패러다임 전환을 주장한다. 그는 시혜적 지원 중심의 기존 복지 담론을 극복하고, 모든 학생이 배움의 주체로서 권리를 보장받아야 한다는 인권적 관점을 제시한다. 특히 2026년 시행될 학생맞춤형통합지원 정책을 비판적으로 검토하며, 학생의 결핍을 메우는 것에 머물지 않고 존엄한 성장을 지원하는 '권리 공동체'로서 학교를 상상한다. 정대수는 기후 위기 시대, 생태전환교육이 선택이 아닌 필수 생존 전략임을 천명한다. 그는 선언적 수준에 머물던 환경 교육에서 학교 급식, 에너지, 운영 시스템 전체를 바꾸는 체제 전환을 요구한다. 특히 인간 중심주의를 넘어 비인간 존재까지 포함하는 '사물의회' 같은 급진적 상상력을 통해, 학교가 지구 생태시민을 길러내는 전진기지가 되어야 함을 역설한다.

마지막으로 문성호와 차원은 혁신학교 졸업생으로서 자신들의 생생한 경험을 들려준다. 차원은 혁신학교 경험이 어떻게 자신을 주체적인 삶의 주인으로 성장시켰는지 증언하며, 혁신교육이 '낭만'이 아닌 '현실'을 살아가는 힘을 길러주었음을 말한다. 문성호는 학교 안에서의 비민주적 관행에 맞선 경험을 통해, 혁신학교조차 여전히 '혁신'이 필요한 공간임을 날카롭게 지적하면서도, 공존과 포용의 가치를 가르치는 혁신교육의 지속 필요성을 웅변한다. 이들의 목소리는 혁신교육이 실패하지 않았으며, 그 씨앗이 이미 단단한 열매를 맺고 있음을 보여주는 증거라고 할 수 있다.

혁신교육의 새로운 지평을 향하여

지난 15년, 혁신교육은 '학교는 무엇인가', '배움이란 무엇인가'라는 근본적인 질문을 던졌다. 그 답을 찾아가는 과정은 순탄치 않았으나, 우리는 학교가 상급 학교 진학을 위한 정거장이 아니라, 민주주의를 연습하고, 관계를 맺으며, 삶의 역량을 키우는 공간이 될 수 있음을 확인했다. 이제 우리는 다시 신발 끈을 동여매야 한다. 성공에 안주하거나 실패에 좌절하지 않고, 냉철한 성찰을 통해 새로운 미래로 나아가야 한다.

이 책에 담긴 열네 편의 글은 각기 다른 주제를 다루지만, 하나의 지향점을 향한다. 그것은 '존엄한 인간, 정의로운 사회, 평화로운 공존'을 위한 교육이다. 우리는 AI가 인간의 지능을 넘어서는 시대에도 여전히 인간 고유의 가치를 지키는 교육, 기후 재난 앞에서도 서로를 돌보는 생태적 교육, 혐오와 차별을 넘어 연대하는 시민적 교육을 꿈꾼다.

권위주의적 국가 주도 교육체제에 맞서 민주주의 원리에 기초하여 한국 공교육의 새로운 표준을 써 내려온 혁신교육 운동의 전 과정은, 위로부터 강요되던 질곡을 극복하고 교육 현장에서 새로운 길을 찾고자 했던 모든 이들의 땀과 눈물 위에 세워졌다. 그 길은 제도나 명령이 아니라, 교실에서 아이들과 마주 서 있던 이들의 고뇌와 결단, 그리고 포기하지 않았던 마음이 한 걸음씩 열어낸 길이었다. 그러한 헌신 위에서 우리는 위대한 성취를 일궈낼 수 있었다. 그러나 이제, 한때 모두의 가슴을 뛰게 하던 '혁신'이라는 말의 무게는 예전과 같지 않다. 그 말이 품고 있던 떨림과 약속은 어느새 익숙함에 묻히고, 우리는 또 다른 선진국의 문제들—불평등과 소외, 경쟁과 고립—에 둘러싸여 있다.

돌이켜보면, 교육의 새로운 발전은 늘 거창한 구호에서 시작된 것이 아니었다. 그것은 아이들의 눈을 깊이 마주하고, 그 속에 담긴 희망과 불안, 기쁨과 고통을 외면하지 않으려 했던 순간들 속에 태어났다. '한 사람 한 사람이 존중받는 교육'을 향한 소망, 더욱 평등한 교육을 향한 갈망, 그리고 모두가 함께 숨 쉬고 살아가는 공동체적 교육을 향한 조용하지만 단단한 열정과 헌신 속에서, 새로운 교육은 그렇게 태어났다. 우리는 스스로 만들어낸 변화의 지평 위에 서 있다. 그 지평은 끝이 아니라 또 다른 시작이다. 우리가 성취해 낸 이 조건에서, 초심으로 돌아가 새로운 교육혁명을 향한 또 하나의 도전을 시작할 때다. 혁신이라는 말이 다시 살아 움직이고, 다시 가슴을 뛰게 하는 그날을 향하여 다시 길을 나서야 한다.

이 책이 혁신교육의 현장에서 고군분투하는 모든 교육자, 아이들의 행복한 성장을 바라는 학부모, 그리고 한국 교육의 미래를 고민하는 분들께 작은 등불이 되기를 소망한다. 혁신교육은 완성된 명사가 아니라 끊임없이 움직이는 동사다. 그 역동적인 흐름 속에 설레는 마음으로 독자들을 초대한다.

척박한 출판 환경에서도 교육의 본질을 탐구하는 양서들을 뚝심 있게 펴내고 있는 도서출판 살림터의 정광일 대표님께 깊은 감사의 말씀을 전한다. 이 책이 세상에 나올 수 있었던 것은 교육 개혁을 향한 대표님의 변함없는 신념과 지지가 있었기 때문이다. 바쁜 일정 속에서도 기꺼이 집필에 참여하여 지혜를 모아주신 모든 필자에게도 존경과 감사의 마음을 바친다.

2026년 봄
필자들을 대신하여 조희연·함영기

차례

Hyuksnin Education

제1부

혁신교육의 의미와
세계사적 위상

1.
동아시아적 교육개혁 모델로서의 혁신교육 운동, 그 성취와 5가지 미래 응전 과제

조희연_전 서울특별시교육감

1. 머리말:
글로벌 교육개혁 운동과 한국의 혁신교육 운동

앤디 하그리브스와 데니스 셜리[2015]는 『학교 교육, 제4의 길』에서 교육개혁의 '제4의 길'을 제시한다. 이 책은 1960~1970년대 국가 지원 아래 전문가가 주도했던 교육개혁, 특히 사회민주주의적 혹은 사회주의적 개혁의 길을 '제1의 길'로, 신자유주의적 시장 중심 개혁을 '제2의 길'로, 평등과 효율의 조화를 내세운 1990년대 이후의 정치적 '제3의 길'을 구분한다. 그리고 여기서 한 걸음 더 나아가, 자기주도적 성장과 역량 발전, 핀란드식 협력교육, 지역사회의 주체적 목표 형성 등을 강조하는 새로운 '제4의 길'을 제안한다. 이들은 싱가포르, 캐나다 앨버타주와 온타리오주, 핀란드 등의 사례를 그 예로 제시한다.

나는 한국에서 아래로부터 전개된bottom-up 혁신교육 운동과, 이를 정책화하여 교육청이 추진한 위로부터의top-down 혁신교육 정책 및 교육행정은 '동아시아형 교육혁신의 제4의 길'로 평가할 수 있다고 생각한다. 우리는 이 '동아시아형 교육혁신의 제4의 길'을 개척해 가는 과정에 있다고 자임하고 싶다. 더구나 다른 나라 사례들이 교육 공공기관 중심이거나 지역 단위의 개혁에 머무른 경우가 많다면, 한국의 혁신교육 운동은 수천, 수만의 교사와 교육자들이 참여한 거대한 '대중운동형' 교육개혁이었다는 점에서 독특성을 지닌다. 교육혁신은 독립적으로 전개되는 과정이라기보다, 더 큰 사회변동의 일부로서 영향을 받으며 진행된다. 물론 그것이 외적 요인에 의해 일방적으로 규정되는 것은 아니며, 교육 내부의 논리와 주체적 역동성 속에서도 구성되고 발전한다.

무엇보다 서구에서는 전근대사회에서 근대사회로의 이행이라는 사회구조적 변화가 있었다. 농업사회·귀족·농노제로 대표되는 전근대사회(한국의 경우 반상 신분사회)는 산업혁명과 시민혁명을 거치며 산업사회·임노동자 사회로 전환되었다. 근대 산업혁명이 만들어낸 공장은 농업사회와 전혀 다른 노동·생활·관리 패턴을 요구했다. 기계의 속도에 맞춘 노동은 최소한의 기초지식과 시간 규율을 전제했다. 이 과정에서 근대적 교육의 필요성이 제기되었고, 일부 특권층에 한정되었던 교육은 모든 시민에게 개방되기 시작했다. 그 결과 근대 대중교육 시스템이 형성되었다. 자유시민이 된 이들이 산업생산 체제에 적응할 역량을 갖추도록 교육하는 체제가 만들어진 것이다. 서구에서 근대교육의 전형이 된 비스마르크 시대의 보통교육은 이런 흐름에서 등장했다.

근대교육에는 두 혁명, 즉 산업혁명과 시민혁명이 각인되어 있었다. 산업혁명은 시간 규율과 집단 규율, 생산 참여 역량을 요구했고, 시민혁명은 민주주의의 주권자로서의 시민 형성을 요구했다. 따라서 근대교육은 한편으로는 경제적 주체를 길러내는 체제였고, 다른 한편으로는 정치적 시민을 형성하는 체제였다. 전근대 교육이 엘리트 중심이었다면, 근대교육은 국민교육이었다.

나는 여기에 더해 1960~1970년대의 이른바 '68혁명' 역시 서구 근대교육에 큰 영향을 미쳤다고 본다. 1789년 프랑스혁명을 1차 시민혁명이라 한다면, 68혁명은 2단계 시민혁명이라 할 수 있다. 1차 시민혁명이 정치적 권리와 주권자의 형성을 가져왔다면, 2단계 시민혁명은 그 권리와 주체성을 더욱 심화시키는 과정이었다. 근대 시민권은 오랫동안 남성에게만 허용되었고, 소수자들의 정체성은 충분히 보장되지 않았다. 68혁명은 이런 한계를 넘어서는 주체성과 정체성의 혁명이었다.

한편, 비서구 사회—특히 아시아·아프리카·라틴아메리카의 글로벌 사우스—는 자생적 근대화의 경로를 밟지 못하고 제국주의의 식민지로 전환되었다. 근대적 제국이 지배했기에 근대적 제도 일부가 이식되었으나, 억압과 수탈 속에서 왜곡된 경로를 거칠 수밖에 없었다. 근대교육 역시 식민지 국가권력에 의해 이식되거나 민간 차원에서 부분적으로 도입되었다. 제2차 세계대전 이후 비서구 사회는 독립을 맞았지만, 신식민주의적 혹은 포스트 식민적 조건이 지속되었다. 식민 유산을 극복하면서 근대적 정치·경제를 변화시켜야 했고, 교육혁신도 그 과제 맥락에 위치했다. 또한 각국의 역사적·민족적 여건과 지역적 맥락에 따라 국가·사회·교육의 변동은 매우 다양한 형태로 전개되었다.

한국 역시 이러한 변동 사례 중 하나다. 특히 동북아 한자문화권 국가들은 인문 중심·교육 중심의 강한 전통을 지닌다. 제2차 대전 이후 일본에 이어 경제발전에 성공한 한국·대만·홍콩·싱가포르는 모두 이 문화권에 속한다. 싱가포르는 그 변방에 위치하지만, 중국어를 공용어로 인정하는 점에서 일정한 연속성을 지닌다. 나는 이러한 서구의 사회·교육 변동과 동북아의 특성을 염두에 두고, 한국 교육개혁의 의미를 서술하고자 한다. 특히 2000년대 이후 전개된 혁신교육 운동을 중심으로 이를 탐색할 것이다.

한국은 역사적으로 교육을 중시해 온 사회다. 1910년 식민지 전락 이후, 1919년 3·1운동은 임시정부 수립으로 이어졌고, 조소앙은 '삼균주의'를 제시했다. 정치적 균등, 경제적 균등, 그리고 교육적 균등. 나는 왜 교육균등이 그 중심에 놓였는지 자주 생각해 본다. 그만큼 한국 사회에는 교육을 중시하는 철학과 강한 평등주의적 에토스가 존재해 왔다. 이러한 역사적·문화적 여건에서 한국의 사회변동과 교육변동이 전개되었다.

2. '3단계 교육혁명'과 혁신교육 운동의 위상

1단계 교육혁명에 대항하는 혁신교육 운동

나는 해방 이후 한국의 교육 변동을 세 단계의 '교육혁명'으로 나누어 설명하고자 한다. 첫째는 박정희 시기의 권위주의적 산업화 과정과 그에 조응한 교육 변화다. 이를 '혁명'이라 부르는 데는 이견이 있을 수 있으나, 나는 이를 비非서구적 조건에서 전개된 산업혁명적 전환으로 보고, 그에 수반된 교육 변화를 1단계 교육혁명으로 규정한다. 한국은 산업화와 민주화를 동시에 이룬 드문 사례로 평가된다. 1단계 교육혁명은 산업화의 핵심 동력이었다. '교육입국'이라는 말처럼, 서구 근대교육 체제를 수용하고 이식하여 숙련 노동자와 기술 인력을 양성함으로써 산업화를 뒷받침했다.

2단계 교육혁명은 1단계에서 정착된 국가주의적·권위주의적 교육 체제의 모순에 대한 대항이었다. 민주주의 원리에 기초한 학교문화의 실현이 그 핵심이다. 이는 교육의 민주화 과정이었으며, 국가 민주화·정치 민주화의 흐름과 맞물려 전개되었다. 우리가 혁신교육

운동이라 부르는 흐름은 바로 이 2단계 교육혁명의 상징이자 동력이었다. 그 선두에 혁신학교가 있었다. 나는 2단계 교육혁명이 1단계에 대한 대항이면서 서구의 두 차례 시민혁명의 내용을 한국적 맥락에서 구현하는 과정이었다고 본다.

3단계 교육혁명의 도전과 위기

1, 2단계 교육혁명을 거쳐 우리는 3단계 교육혁명의 과제 앞에 서 있다. 생성형 인공지능으로 대표되는 기술혁명, 시공간 압축으로 인한 지구적 경쟁, 심화하는 양극화와 정치적 적대, 그리고 기후위기라는 문명적 전환의 요구가 우리를 압박하고 있다. 이전 단계가 '추격'의 과정이었다면, 이제 선진국이 된 한국은 세계와 대등한 차원에서 새로운 공통 과제에 응답해야 한다. 한 단계 높은 교육으로의 도약이 요구된다.

1단계 교육혁명과 서구 교육시스템의 이식

한국은 1960년대 이후 '추격산업화'의 길을 걸었다. 이를 이끈 정치체제는 권위주의적이었다. 1960~1970년대 박정희 정권 시기, 강권과 군부 통치 속에 산업화가 추진되었다. 노동집약적 경공업에서 자본·기술집약적 중화학공업으로 전환하며 고도성장을 이뤘다. 이 과정에서 산업은 순응적 노동력과 숙련기술자를 요구했고, 교육은 이에 응답했다. 이것이 1단계 교육혁명이다. 국가는 위로부터 교육을 강력하게 통제하며 산업화에 필요한 인력을 공급했다. 강권적이지만 효과적이었다. 그 결과 국가주의적·권위주의적 교육체제가 제도화되었다. 분단체제와 냉전 상황은 미국식 교육제도의 도입을 용이하게 했다.

국가주의적·권위주의적 교육체제의 모순과 위기

그러나 이 체제는 성공의 기반이면서 한계를 낳았다. 암기식 교육, 일등주의 경쟁, 권위주의적 학교문화, 획일적 교육과정은 산업화에는 기여했지만 인간의 성장과 민주적 역량 형성에는 제약이 되었다. 선진국의 지식과 제도를 빠르게 습득하는 것이 강조되었고, 대학입시는 지식의 양을 측정하는 서열화 장치가 되었다. 상위 대학 진학을 위한 경쟁은 치열했고, 사회적 보상도 이에 연동되었다. 그 결과 교육 불평등이 구조화되었다. 학교는 권위주의적 국가체제를 재생산했다.

한국현대사와 교육혁명의 전개

선진국의 1차 관문	선진국의 2차 관문	
산업화 시대 (권위주의 시대)	민주화 시대	포스트 산업화–민주화–선진국 시대? (심화와 전진)
1단계 교육 '혁명': 권위주의적 근대화 교육혁명	2단계 교육 '혁명': 민주주의 혁신교육혁명	3단계 교육 '혁명'?
'추격'산업화 시대 서구 근대국민교육의 이식	교육개혁의 진행과 교육민주화	인공지능–지구화–양극화–기후위기 시대의 교육개혁

공교육 정상화(교육 시민혁명)

권위주의적 발전국가 development state	변화하는 국가와 기업, 공공기관

조국 근대화, 민족 부흥, 근대적 합리성 ↓ 조국근대화의 역군을 양성하는 학교 　　 ↑ 민주주의, 인권, 청렴, 투명성 등 (체벌, 촌지없는 학교, 학생인권)

친정부–관변 단체	시민운동, 노조 등 민간의 조직부문

교육부와 교육청은 공문을 통해 교사의 일거수일투족을 통제했고, 교장은 권위의 정점에, 교사는 종속적 위치에 놓였다. 교사가 중심이 되는 문화보다는 국가 권위주의에 조응하는 학교체제가 작동

했다. 결국 산업화 시대의 교육은 그 시대적 소명을 다했으나, 사회가 다원화되고 경제가 성숙하면서 오히려 걸림돌이 되었다. 새로운 사회 수준에 걸맞은 교육 패러다임이 필요해졌다.

3. 2단계 교육혁명으로서의 혁신교육 운동

2단계 교육혁명은 1단계에 정착한 교육체제의 모순을 넘어서는 대중적 교육개혁 운동이자 혁신교육 운동이었다. 앞서 서구의 맥락에서 세 가지 '혁명'을 이야기했는데, 1단계 교육혁명이 남긴 모순에 대응하여 2단계 교육혁명은 이른바 두 차례의 시민혁명에 준하는 변화를 수용하고, 그 변화에 걸맞게 교육을 새로 구성해 가는 과정이었다고 볼 수 있다. 2단계 혁신교육 운동의 선두에 혁신학교[1]가

---

1. 혁신학교를 포함한 혁신교육 운동은 거대한 대중운동인 만큼, 많은 연구와 기록이 있다. 거시적인 차원의 것도 있고, 여러 선도적인 학교에서 혁신교육의 실험에 대한 분석과 기록도 있다(송재, 강민정, 손동빈 외, 2017; 서용선, 김성천 외, 2015). 혁신학교운동의 핵심 주체는 당연히 교사였다. 교사의 시선에서 본 많은 기록이 우리 앞에 주어졌다. 사실 모든 혁신학교의 기록에는 교사들의 시선이 배어있다(배정화, 2021). 전국적으로 많은 혁신학교의 기록이 만들어졌다. 몇 가지만 예를 든다(소담에세이팀, 2018; 이중현, 2019). 개별 학교 차원의 다양한 기록과 분석도 있다(송남교육공동체, 2020; 차암초등학교 교육가족, 2025; 서미경, 윤정희, 조예린, 2024; 원주횡성혁신학교연구회, 2015). 혁신학교 운동은 교사들의 운동만이 아니었다. 아이들의 눈으로 혁신학교를 본 분석과 기록도 출판되었다(남궁상운, 이현근 외, 2017). 학부모들의 혁신학교에 대한 증언도 있었다(서울형혁신학교 학부모 네트워크, 2014,). 교사가 아니라 교장의 시선으로 혁신학교를 조망하기도 했다(이예정, 전종호 외, 2021). 나아가 수업혁신은 교과로까지 확대되었다. 그래서 수업혁신을 교과 중심으로 보여준 기록도 출판되었다(황현정, 202). 혁신학교 졸업생의 입장에서 혁신학교를 바라본 기록도 출판되었다(김지수, 박수빈 외, 2014,; 권새봄, 김대훈 외, 2012), '혁신학교 효과'를 분석한 책도 출판되었다(한희정, 2015,). 사실 혁신학교운동의 지향에는 마을교육공동체의 지향이 있었고, 그 핵심적인 사업으로서의 이른바 '혁신교육지구'의 실험에 대한 증언도 이루어졌다(강민정, 안선영, 박동국, 2018). 아예 교육청에 들어가 혁신교육 정책을 추진하고 그 체험을 담은 책이 나오기도 했다(김태정, 2019).

있었다. 2단계 교육혁명이 지향한 공교육 혁신을, 가장 핵심적인 현장인 학교에서 선도적으로 실험하고 구현하고자 한 것이 혁신학교다.

1) 혁신학교의 성격과 지향

혁신학교의 의미와 성격은 다음과 같이 정리해 볼 수 있다. 한국에서는 학교개혁운동, 혹은 교육개혁 운동의 한 흐름으로 2000년대 초반부터 혁신학교 운동Hyukshin school movement이 전개되었다. 한국의 혁신학교는 "학생들의 성장과 발달을 중시하고, 경쟁보다 협력을 증진하는 교육을 실현하며, 이를 위해 학교를 민주적이고 협력적인 교육공동체로 변화시키고자 하는 교사들의 거대한 대중운동"으로 규정할 수 있다. 이는 치열한 대학입시 경쟁 속에서 학교교육이 '일류대학 진학'을 위한 경쟁 도구가 되고, 그 과정에서 학생들이 성적에 따라 줄 세워지는 왜곡된 현실을 더는 방치할 수 없다는 절박함에서 비롯되었다. 혁신학교의 관점에서 기존 학교교육은 교육의 본질을 도외시한 낡은 교육이었고, 교육이 인간의 지적·정서적·신체적 자기실현을 위한 목적적 과정이라기보다, 대학입시에서 승자와 패자를 가려내는 도구적 과정으로 전락해 있었다. 혁신학교는 바로 그 전락을 되돌리고, 교육의 본래 모습을 회복하려는 시도라는 점에서 중요한 의미를 지닌다. 남한산초등학교에서 혁신학교 실험이 시작된 것이 2000년대 초반인 점을 감안하면, 혁신학교 운동은 이미 20여 년 역사가 있다.[2]

국가주의적·권위주의적 교육시스템 개혁운동으로서의 혁신교육 운동

이후 혁신학교를 선도체로 하는 혁신교육 운동은, 앞서 언급했듯

---

2. 남한산초등학교에서는 학생 중심 수업, 토론·협력 학습, 교사 공동체 운영, 학부모 참여 확대 등 혁신학교의 원리적 내용들이 시도되었다.

1단계 교육혁명 과정에서 고착된 국가주의적·권위주의적 교육 시스템을 아래로부터 개혁하려는 운동이었다고 할 수 있다. 한국 사회에서 중앙정부(교육부)는 교육 권력을 강하게 독점해 왔고, 그 권력은 '하향식' 지시와 통제의 형태로 학교 현장에 관철되곤 했다. 그것이 '공문'이라는 형식으로 학교와 교사에게 전달되었다. 그 결과 교사는 학생들의 개별 특성에 맞추어 교육을 창조적으로 구성하는 능동적 주체라기보다, 상위 권력이 매우 세밀하게 설계한 국가교육과정을 수행하는 말단 기능인으로 전락하기 쉬웠다. 이런 점에서 혁신학교는, 교육을 왜곡해 온 국가교육 시스템 자체를 아래로부터 바꾸려는 운동의 성격을 지녔다.

2단계 교육혁명은 1단계에 편만했던 성적 중심의 일등주의 교육, '사랑의 매'로 미화되던 폭력적 훈육, 촌지로 상징되는 교육 부패를 어느 정도 극복해 왔다. 민주시민교육의 확산 속에서 학생들을 자유와 권리를 존중받는 당당한 '민주시민'으로 대우하는 방향으로 학교문화는 점차 정상화되어 갔다. 서구의 근대 이행에서 산업혁명과 두 차례 시민혁명이 관문이었다면, 한국에서는 산업화와 민주화라는 형태로 그 변화가 압축적으로 진행되었고, 그 핵심 동력 가운데 하나가 바로 교육혁명이었다. 그 과정을 거치며 한국은 발전도상국의 지위를 넘어 선진국의 문턱에 이르렀다.

미래지향적·학생 중심 교육을 위한 개혁운동

2단계 교육혁명의 이러한 기본 성격에 더하여, 나는 혁신교육 운동의 성격을 세 가지로 덧붙여 말할 수 있다고 본다. 먼저 혁신학교는 학교운영 혁신, 교육과정 혁신, 수업 혁신, 평가방법 혁신, 생활지도 혁신 등을 통해 미래지향적이며 학생 중심적인 교육을 만들고자 했다. 이를 위해 교사 중심 수업에서 학생 참여 중심 수업으로 전환하는 수업 개혁, 암기한 지식에 대한 지필 평가라는 낡은 평가 방식의 개혁, 학생에 대한 권위주의적 훈육 방식의 개혁이 추진되었다. 더 나아가 교사들 사이의 지혜와 경험의 공유, 더 잘 가르치기 위한 상호협력과 집단적 토의가 강조되었다.

학교 민주주의 프로젝트로서의 개혁운동

다음으로 혁신학교는 권위주의적 학교를 민주적 교육공동체로 전환하려는 개혁운동이었다. 기존 학교는 교육감-교육장-교장-교사로 이어지는 수직적·위계적 구조 속에 운영되어 왔다. 교사는 위로부터의 지시에 따라 국가교육과정을 수행하는 수동적 존재로 규정되었고, 실제로 그렇게 강요받기도 했다. 그런 구조에서는 교사의 창조적이고 능동적인 교육적 노력이 자라기 어려웠다. 이런 점에서 혁신학교는 수동적 학교를 능동적 학교로 바꾸는 프로젝트, 권위주의적 학교문화를 새 시대에 걸맞은 '참여와 자율에 기초한 민주적 학교문화'로 전환하는 프로젝트라고 할 수 있었다.

교육 불평등 해소를 위한 교육운동

또한 혁신학교는 산업화의 성공 과정에서 확대된 교육 불평등에 대응하려는 운동의 성격도 지녔다. 산업화가 성공적으로 진행되는 과정에서 사회·경제적 불평등이 확대되었고, 그 불평등은 곧 교육 불평등으로 이어졌다. 이런 상황에서 많은 혁신학교가 초기에는 상대적으로 저소득층이 밀집한 지역, 폐교 위기에 처한 학교, 비非선호 지역의 학교에서 시도되었다. 혁신학교가 사회운동의 전면에 선 개혁운동은 아닐지라도, 절망의 정서가 짙은 지역에서 교육을 통해 희망의 가능성을 열어 보려 했다는 점에서 분명한 의미를 지닌다.

2개의 시민혁명적 과제

나는 2단계 혁신교육 운동이 서구의 두 차례 시민혁명이 압축적으로 진행되는 성격을 띤다고 본다. 1차 시민혁명이 전근대적 주체성을 넘어 근대적 주체성을 확립하는 과정이었다면, 68혁명으로 상징되는 2단계 시민혁명은 다양한 소수자성을 존중하고, 개인의 권리·자유·해방의 지평을 한층 확장해 온 과정이다.[3] 이런 의미에서 2단계 교육혁명 속 혁신학교와 혁신교육 운동의 변화는, 전근대적 주체성에 대립하는 근대적 주체성의 확립에만 머문 것이 아니었다.

그 단적인 예가 '권리'에 대한 이해다. 학생인권조례는 '교복 입은 시민'의 주체성만이 아니라 여성, 성소수자, 장애인, 이주민 등 다양한 소수자적 주체성이 존중받는 방향을 함께 지향했다고 할 수 있다. 서울학생 인권조례 제5조는 "학생은 성별, 종교, 나이, 사회적 신분, 출신 지역, 출신 국가, 출신 민족, 언어, 장애, 용모 등 신체 조건, 임신 또는 출산, 가족 형태 또는 가족 상황, 인종, 경제적 지위, 피부색, 사상 또는 정치적 의견, 성적 지향, 성별 정체성, 병력, 징계, 성적 등을 이유로 차별받지 않을 권리를 가진다"라고 규정한다. 서구근대 시민혁명은 처음부터 이런 권리를 보장한 것이 아니었다. 자유권적 권리, 그것도 자산가 남성에게 제한된 권리에서 출발했고, 이

---

3. Claus Offe의 고전적인 논문은 68혁명을 전후하여 등장한 신사회운동(new social movements), 즉 환경운동, 여성운동, 평화운동, 반핵운동, 성소수자 운동 등이 기존 계급 중심론이나 국가 중심 정치이론으로 설명하기 어려운 새로운 특성을 드러낸다고 분석했다. 이들 신사회운동은 '생산'이나 '분배'의 문제를 넘어, 이른바 '생활세계', 인정, 정체성, 자율, 문화, 삶의 질, 권력의 민주적 통제 등을 중시한다고 본다. 이들 운동은 행위자(actors), 이슈, 조직방식(위계적 조직이 아니라, 탈제도적·자율적인 조직 형태 또는 수평적·네트워크형 조직방식을 지향) 등에서 차이를 드러낸다고 본다. 이 글에서 제2시민혁명이라고 부른 68혁명은 근대적 개인의 권리, 자유, 해방 등에 대해 더 확장된 가치와 지향을 서구 사회에 만들어냈다고 볼 수 있다. 한국에서는 서구가 단계적으로 성취해 온 가치와 지향, 정체성이 점진적이면서도 중첩적으로 실현되어 간다고 할 수 있다(Offe, C. 1985).

후 지난한 투쟁과 68혁명 같은 폭발적 계기를 통해 권리 인식과 권리 보장에 획기적 전환이 이루어졌다. 그런데 한국에서는 이러한 권리와 가치가 비동시적이기보다, 일정하게 동시적·압축적으로 보장되는 방향으로 변화가 진행되었다고 할 수 있다.

2) 혁신교육 운동이 지방교육청·중앙정부 수준의 혁신교육 정책·행정으로

혁신교육의 지방적 발원과 국가적 제도화 과정

2009년 경기도에서 시작된 혁신학교 정책은 '경쟁에서 협력으로, 성적에서 성장으로'라는 핵심 가치를 내걸고 아래로부터의 학교 혁신 시도를 정책화하며 출발했다. 서울은 이를 학교운영, 교육과정, 수업 등 6대 과제로 체계화하고, 최근에는 AI와 생태적 전환을 포함한 '혁신미래학교' 모델로 진화시키며 학교자치의 기반을 닦았다. 이러한 시도교육청 수준의 혁신 성과는 2017년 문재인 정부 출범과 함께 중앙정부의 핵심 교육 기조로 전격 수용되었으며, 행정·재정적 지원을 바탕으로 전국 학교의 약 15%까지 양적으로 확대되며 공교육 혁신의 전국적 모델로 자리 잡았다.

혁신학교를 선두로 한 혁신교육 운동은 상향식bottom-up 운동으로 출발, 확산했다. 중요한 질문은, 이 상향식 운동이 어디까지 교육 체제와 시스템을 바꾸고, 나아가 하향식top-down 변화로까지 이어질 수 있는가 하는 점이었다. 초기 혁신학교 운동은 개별 학교 단위의 교육개혁 실험으로 시작되었지만, 공감대를 얻으며 여러 학교로 확산했고, 마침내 거대한 사회적 흐름으로 확대되었다. 혁신학교의 새로운 교육, 새로운 민주적 교육공동체의 시도는 다른 학교에도 영감을 주어 학교혁신의 동력으로 번져 갔다. 이러한 상향식 변화가 하향식 확대로 이어지는 데는 한국의 독특한 교육감 직선제가 중요한 매개로 작동했다. 혁신교육의 가치에 동의하는 민주진보교육감의 당선을 계기로, 아래로부터의 혁신학교 운동은 시도교육청의 혁신교육 정책·행정과 결합할 수 있었다.

교육개혁 운동의 전개

아래로부터의
교육혁신운동

⇨

지방교육수준에서
위로부터의
혁신교육정책 및
신교육행정

⇨

국가교육시스템의
혁신

민주진보 교육감과 학교혁신 정책으로의 전화

혁신학교를 지지하는 교육감이 당선되면서 혁신학교는 학교 차원의 운동만이 아니라 시도교육청 수준의 정책으로 확대되었다. 특히 2009년 교육감 선거에서 학생 수가 가장 많은 경기도에서 김상곤 교육감이 당선되고, 이어 2010년 서울에서 곽노현 교육감이 당선되면서, 아래로부터 전개되던 혁신학교는 서울·경기 등에서 '위로부터의' 지원을 받는 학교혁신 운동이자 학교혁신 정책으로 바뀌었다. 2010년 선거를 기점으로 여러 시·도에서 혁신교육 정책에 공감하는 교육감들이 다수 당선되면서 그 흐름이 확대되었다.

시도교육청의 혁신학교 지원 정책 가운데 하나는, 혁신학교에서 다양한 교육프로그램과 교사들의 자율활동이 가능하도록 재정지원을 하고 일정한 자율예산을 부여한 것이다. 서울의 경우 1기 혁신학교가 2011년에 시작되어 4년간 운영되었고, 2015년에 2기가, 2019년에 3기가 시작되었다.

혁신학교에서 학교혁신으로

혁신학교를 지지하는 민주진보교육감의 당선 이후, 학교정책은 한편으로 혁신학교의 지원과 양적 확대를 도모하는 것이었고, 다른 한편으로 혁신학교의 성과와 방식을 정책화하여 일반학교로 확산하는 것이었다.^{박일관, 2014} 전국의 많은 시도에서 전개된 학교혁신 지원정책은 일정한 공통성commonness이 있다고 생각된다. 서울을 중심으로 소개해보자. 서울시교육청은 이를 "혁신학교에서 학교혁신으로"라고 표현했고, 그 실현을 촉진하기 위해 '학교혁신지원센터'를 설립했다. 또한 혁신학교 운동의 상징적 인물로 꼽히는 김정안(전 삼각산고 혁신부장) 퇴임교사를 센터장으로 초대했다.

"혁신학교에서 학교혁신으로" 확대하기 위한 노력은 여러 방식으로 전개되었다. 예컨대 혁신학교에서는 중요 교육 의제에 대한 결정을 교사모임에서 논의하고 결정하는 방식이 확산했다. '다多모임'의 시작이었다. 서울시교육청은 이를 '토론이 있는 교직원회의'라는 이름으로 정책화하여 일반학교에서도 실행하게 했다. 이는 교육부·교육청 또는 학교관리자(교장)가 의사결정권을 독점하는 구조를 넘어서, 교사들이 학생교육을 둘러싼 의사결정의 중심에 세우려는 시도였다.

또 다른 예는 공모사업 개선이다. 혁신학교에서는 위로부터 주어진 공모사업이 학교를 소진시키고 학교자율과 교사주도성을 약화시킨다고 비판해 왔다. 서울시교육청은 학교가 과도한 공모사업에 '신음'하고 있다는 점을 주목하고, 단계적으로 공모사업을 학교 자율교육활동으로 전환해 갔다. 서울시교육청은 학교 자율예산의 비중을 높이고, 교육활동을 자율적으로 기획·실행하는 범위를 지속적으로 확대하는 것을 목표로 삼았다.

나아가 혁신학교는 교사들이 자발적으로 학습모임(교원학습공동체)을 조직해 함께 연구하고, 경험과 지혜를 공유하는 문화를 만들어 왔다. 각 시도교육청은 이를 정책화해 교원학습공동체를 지원했고, 다양한 학습모임을 권장하며 재정지원을 제공했다. 더 나아가 이러한 모임을 직무연수 시간으로 인정하게 함으로써, 위로부터 주어진 연수 중심 구조가 아니라 수평적 연구와 상호학습을 촉진했다. 이처럼 시도교육청이 혁신학교의 핵심 노력을 정책화하여 학교혁신 정책으로 시행함으로써, 혁신학교는 일반학교 혁신의 모델이자 선도학교의 역할을 수행했다.

4. 한국의 혁신교육 운동이 '3단계 교육혁명'의 견인차가 될 수 있는가: 혁신교육 운동의 4가지 응전과제

세상은 변화하고 발전한다. 어떤 정책이 성공하더라도 그 성공이 불러오는 변화 속에 새로운 도전이 뒤따른다(나는 이를 '성공의 위기'라 부른다). 반대로 실패에도 실패가 낳는 새로운 과제가 기다린다. 특히 오늘의 도전은 단선적이지 않고 대단히 복합적이다.

1) 혁신교육 운동 성공의 '그늘'을 응시하고 성찰적 전진을 해야 하는 과제

앞서 상향식 혁신교육 운동이 하향식 혁신교육 정책·행정과 결합되는 과정을 언급했다. 그런데 이 전환에는 이중성이 존재한다. 한편으로는, 아래로부터 오랫동안 이어져 온 선도적 학교혁신과 교실교육혁신이 민주진보교육감들에 의해 정책화되면서, 혁신학교의 경계를 넘어 일반학교로까지 확산할 수 있었다. 사실 혁신학교 운동이 전개되던 시기에도 비非혁신학교에는 혁신적인 교사들이 적지 않았다. 그런 노력에 '날개'가 달렸고, 지원정책이 확대되면서 혁신학교의 양적 규모가 커진 것도 사실이다. 이러한 혁신교육운동의 성공 속에 학교 사회 일반의 새로운 그늘도 나타나고 있다. 이제 이러한 그늘을 응시하면서, 혁신교육운동이 새로운 길을 개척해 가야 하는 과제가 떠오른다. 그렇다면, 학교사회에서 나타나는 성공의 위기 현상을 눈여겨볼 필요가 있다.

소진과 관성화

먼저 교사 일반에게서 나타나는 '소진burn-out'과 학교혁신의 관성화 문제다. 진보교육감 시대가 열렸지만, 선도적 교사들이 교육에 집중할 수 있는 환경이 여전히 '시원하게' 조성되지 못했다. 혁신학교는 열정에 기반하여 다양한 교육적 실험을 수행하고, 교사들의 헌신 위에서 학생맞춤형 교육을 시도해 왔다. 그만큼 교사 개인의 부담은 일반 학교보다 컸다. 민주진보교육감들이 '학교업무 정상화'라는 이름으로 교육활동 외 행정업무 부담을 줄이려 노력했지만, 근본적 개선이 충분치 않은 여건에서 모든 교사의 근무 부담 문제는 계속 제기될 수밖에 없었다. 서울 교육을 책임진 내 입장에서도 많은 회한이 드는 점들이 있다. 더구나 사회가 복잡해지고, 민주화의 진전 속에 안전의식이 강화되면서 과거에는 학교에 부과되지 않았던 다양한 규제와 그에 따른 부담이 늘어났다. 크고 작은 사고와 사건에 대해 과거와는 비교할 수 없는 민원도 쏟아졌다. 이는 교사 개인에게 신체적·심리적·관계적 스트레스를 누적시키는 원인이 될 수밖에 없었다.

또한 진보교육감들을 통해 위로부터 시행되는 혁신교육정책과 행정이 장기화하면서, 그것이 학교에서 시행되는 과정에서 이른바 관성화routinization라는 그늘이 생겨났다. 매년 교사 앞에 나타나는 아이들은 늘 새롭고 눈부신 존재이지만, 학교의 직무는 일정 부분 루틴한 과정 속에 반복되기도 한다. 시간이 흐르며 후자의 측면이 더 부각되고, 그에 따른 피로가 강하게 인식되는 현상도 나타났다.

또한, 혁신학교 내부에서도 긴장감과 역동성이 희석되는 현상이 일부지만 나타나게 되었다. 혁신학교가 내장하던 다층적 혁신성이 일반화되면서 선도성이 약화하는 현상도 관찰되었다. 예컨대 '다모임' 같은 공동의 민주적 의사결정 문화가 확산했고, 교육청에서도 '토론이 있는 교직원회의'라는 이름으로 이를 촉진했다. 모든 운동은 대중화와 함께 새로운 도전을 동반한다. 초기의 소수 운동 시기에는 실천의 '존재 의미'가 강한 긴장 속에 부각되지만, 대중적 확산이 이루어지면 그 긴장감과 효과가 줄어드는 것은 흔한 일이다. 1970~1980년대 반독재 민주화운동이 탄압과 희생 속에 전개되던 시기와, 1980년대 중반 이후 저항이 어느 정도 '유행'처럼 번져나가던 시기의 양상이 달랐던 것과도 유사하다.

민주적 전투성과 교직사회의 '최소주의'

다음으로, 교직사회 전반에서 권리의식이 확대되고 직무수행에서 '최소주의'적 경향이 강화되면서, 혁신학교와 혁신교육 운동도 그 영향을 받게 되었다. 사회민주화와 정치민주화 과정에서 개인과 집단은 자신의 이익과 권리에 더욱 민감해지고, 그것이 침해되었다고 느낄 때 저항적인 행동을 하는 '민주적 전투성democratic militancy'조희연, 2025, 22쪽이 확대된다(여기에는 이익추구적 권리도 포함된다). 이에 따라 교원노동조합 내에서도 '이익단체'적 경향이 일부 확대되었다. 그 과정에서 권리 위에 안주하거나, 교사 직무수행에서 '최소주의'가 나타나는 현상도 생겨났다.

최근에는 어떤 정책이 학생들에게 옳은가, 교육적으로 필요한가보다 '교사의 직무가 늘어나는가'가 판단의 핵심 준거가 되기도 한다. '학생맞춤통합지원(학맞통)'은 그러한 예가 될 수 있다. 학맞통은 본래 교원단체들이 일관되게 주장해 왔던 과제이기도 하지만—교육부의 추진 과정에서 관료적 굴절이 존재한다는 점을 감안하더라도—막상 학교에서 시행하려면 업무 재조정이 필요하고 추가 부담이 발생하기 때문에, 정책 자체가 '옳지 않은 것'처럼 인식되며 반대가 나타나기도 한다. 과거처럼 "한번 열정적으로 해보자"는 기풍보다, 어떤 정책이든 '교사가 힘들어진다'는 판단이 앞서면 반대가 커지는 경향도 강화되었다. 교과 지역주의 또한 이미 강고하게 뿌리내리고 있다. 이 점은, 과거 권위주의적 권력(교육권력 포함)으로부터 학교와 교사 개인의 자율성이 확대되는 것이 민주화의 핵심 내용이었지만, 관성화의 흐름과 결합하면서 '자율은 커지고 책임성은 약화하는' 경향이 나타난다는 데 문제의식이 있다. 자율의 목적—자율적 교육과정 구성과 운영, 그것을 통한 학생 맞춤형 교육, 학교와 지역의 특수성에 부응하는 교육—은 주변화하고, 자율 자체가 목적이 되는 현상도 나타났다. 다행히도, 이런 학교사회와 교직환경의 변화 속에서도 혁신교육의 본질을 붙들고 여전히 고군분투하는 혁신학교와 일반학교의 혁신적 교사들이 있다. 실제로 학맞통이나 사회정서 위기 학생들에 대한 대안적·협력적 모델과 사례가 만들어지는 일반학교도 많고, 혁신학교에서는 더 많이 그러하다.

대중화에 따른 이질성

대중화는 또 다른 문제를 불러왔다. 초기의 소수 '전위'적 운동이 '대중운동'으로 전환되는 과정에서 나타나는 문제들과 유사하다. '무늬만 혁신학교'가 등장하기도 했고, 혁신학교가 확대되면서 비혁신적 마인드의 교사가 혁신학교에 공존하는 현상도 생겨났다. 한국의 공립학교 교사는 통상 5년마다 학교를 옮긴다. 그 결과 혁신학교에는 새로 전보해 온 교사들이 늘 있고, 그중에는 혁신학교 운동에 적극 참여하지 않는 교사도 있다. 성향이 다양한 주체들이 한 학교에 공존하면서 내부의 이질성이 긴장으로 발전하기도 한다. 그 긴장이 역동성으로 전환되면 성장의 계기가 되지만, 소모적 갈등으로 이어지는 경우도 적지 않았다. 이런 문제들을 드러내면서 혁신교육 운동 내부에서는 "양적 확대에만 집착하지 말자"라는 자성론이 제기되기도 했다.

교육청을 향한 '요구운동'의 성격의 강화

또 하나의 변화는, 혁신교육운동이 추동한 혁신교육정책·행정이 교육청의 기본 흐름으로 자리잡게 되면서, 학교 현장에서는 초기 열정이 약화하는 대신 교육청을 향한 요구운동의 경향이 강화된 점이다. 진보교육감 시대가 되면서 교실과 학교에서의 창조적 교육 수행보다—학교업무 정상화, 교육환경 개선, 행정업무 경감 등에서—"교육청이 잘해야 혁신교육이 발전한다"는 시각이 커지기도 했다.

이는 교육행정이 '학교업무 정상화' 등에서 기대에 못 미친 데 대한 반응이기도 하지만, 다른 한편으로는 주체적 열정의 약화를 뜻한다. 교원단체 내부의 이익단체적 경향이 강화되면서 교육 문제를 교실로부터 권력 문제로 '외부화'하는 인식도 나타났다. 교육환경 개선에 시선이 집중되었고, 학생을 향한 교육의 열정이 교육행정 권력을 향한 요구와 기대의 열정으로 옮겨가는 의도하지 않은 효과가—물론 전면적 현상은 아니지만—부분적으로 나타났다. 이런 학교사회의 변화는 혁신학교와 혁신교육 운동에 새로운 도전으로 나타나고 있다. 이런 의도하지 않은 인식변화를 넘어서는 새로운 관점이 필요하다.

물론 여전히 '요구운동'의 과제는 남아 있다. '요구운동'의 새로운 과제에 대한 논의도 필요하다. 교육감 직선제 이후 이른바 '정책과잉'의 문제, 또한 학생 수는 줄어가는데 교육청은 비대해져 가는 불균형을 어떻게 '시스템'적으로 극복해 갈 것인가 하는 방향에 대한 토론이 필요하다. 물론 사회가 복잡화되고 다양한 사회문제들(안전 등)이 발생하면서 그에 따른 공적 규제와 교육에 대한 요구가 많아진 데 따른 점이 있기는 하지만, 교육과정 중심의 안정적 학교운영을 위협하는 과잉행정과 분절적 행정의 문제는 엄존한다. 어떤 의미에서 진보적 정책과 행정의 '과잉'이라는 새로운 도전에 직면해 있는지도 모른다. 이에 대해서는 교육감(진보교육감까지 포함하여)의 정책사업 확대에 대해 모두가 문제의식을 가져야 한다고 생각하고, 교육감들이 '공약'을 설계함에도, 위로부터의 정책사업 확대를 제한하고 학교의 자율성을 확대해야 한다는 초기의 문제의식을 돌아볼 필요가 있다.[4] 그런데—많은 진보교육감이 지속적으로 추구하고 있는 바와 같이—정책사업 '정비', 공문 축소, 학교행정의 일부를 교육지원청으로 이관하는 등의 기존 학교업무 정상화 만으로는 부족하다. 더 근원적으로, 중앙정부-교육청-학교로 이어지는 시스템, 국가교육과정 체계 자체에 대한 시스템적 재구조화가 필요하다. 이에 대한 근원적인 비전과 플랜을 새롭게 정립하면서, 이를—혁신교육 진영이 성공적으로 요구하고 제도화시켜 낸—국가교육위원회를 통해 공론화하면서 새로운 개혁과제로 만들어가야 할 것이다.

---

4. 이 점에서 함영기는 "정책의 생산을 멈추고 정비에 집중해야 한다", "학교의 자율성을 실질적으로 회복해야 한다", "'교육의 본질'에 대한 사회적 합의를 다시 만들어가야 한다"고 제안한다("정책 과잉의 시대, 학교의 위기", 교실밖 교사 커뮤니티. 2026년 2월 1일(https://cafe.naver.com/lovekyocom/31158).

대안적 준거와 정신이 살아있어야

이러한 학교사회와 교직사회의 내적 정체停滯 속에서, 혁신교육 운동의 성공적 확대가 낳은 문제들을 안고서, 2단계 교육혁명을 이끌어 온 혁신교육 운동의 새로운 동력을 어떻게 강화할 것인가? 혁신교육 운동은 기본적으로 자기희생적 운동이었다. 척박한 여건에서 아이들을 붙들고 더 평등한 교육, 더 민주적인 교육, 더 전인적인 교육을 향해 고투苦鬪해온 과정이었다. 그러나 앞서 서술했듯 교육민주화와 교육혁신의 '성공의 그늘'도 생겨났다. 학교 사회 내부의 관성화와 정체가 나타났고, 교직 사회의 일반적 최소주의 경향의 영향도 커졌다. 어느덧 교직 사회에는 "옳고 그름이 아니라, 부담이 늘면 하지 말자"는 분위기까지 드러나게 되었다.

이는 민주화의 그늘이기도 하지만, 민주화의 자연스러운 귀결이기도 하다. 문제는 그러한 일반 경향이 혁신학교와 혁신교육 진영 전체의 문화에도 영향을 미치는 여건에서, 어떻게 새로운 교육혁신의 동력을 강화할 것인가 하는 점이다. 교직 사회 일반의 주체적 열정의 몫이 줄어들고, 환경 개선 요구가 중심이 되는 흐름을 어떻게 되돌릴 것인가가 과제로 남는다. 혁신교육 운동이 언제나 그러했듯이, 교육 실행자로서의 교사의 부담이라는 준거를 뛰어넘는 대안적 가치와 정치, 준거로 살아있어야 한다.

비근한 예를 들어 보자. 최근 안전에 대한 경각심이 높아지고, 아이들이 조금만 다쳐도 각종 민원과 소송으로 교사들이 시달리게 되면서 수학여행, 야외 체험활동, 소풍, 심지어 축구 활동까지 기피하는 경향이 나타난다.변희원, 2025 나는 법적·제도적 보완이 당연히 필요하다고 생각한다. 그러나 '교사에게 부담이 되는 것'을 반대하는 부정적 접근만으로는 교육혁신의 도덕성과 역동성을 살려낼 수 없다. 혁신학교와 혁신교육 운동의 정신을 살린다면, "우리 교육이 어디로 가야 하는가"라는, 미래를 향한 고민 속에 이 불리한 환경에 대한 교사의 응전까지 함께 사유해야 한다.

모든 것을 '업무'의 잣대로만 판단하면, 일반적인 이익단체의 시각을 넘어서기 어렵다. 과도기적으로 '거부'가 운동의 에토스가 될 수는 있다. 그러나 그것이 고착되거나 장기화하면 운동 자체가 왜소화되는 것은 역사적 경험이 보여주는 바다. 과거에는 나쁜 환경에서 고투했다면, 지금은 조금 나아졌지만—그러나 기대에는 못 미치는—환경에서 고투가 이어져야 한다. 그런데 그와 반대로 흐르는 역설적 현상이 등장했다. 어떻게 이를 넘어설 것인가가 중요해진다. 혁신교육운동은 교육환경개선운동이 아니라—일정하게 개선되어가는 환경 속에서도—좋은 교육을 만들기 위한 주체적 운동이었다. 운동은 언제나 '안 하자주의'로 기울어서는 안 되며, '하자주의'가 되어야 전진하게 된다고 나는 확신한다. 진보교육감 시대의 장기화에 따른 그늘을—진보교육감 시대를 만들어온—혁신교육 진영이 어떻게 넘어설 것인가 하는 고민까지 할 수밖에 없다.

혁신학교 운동은 교육권력을 향한 운동이 아니었다. 교육의 현장에서 대안적 실천을 하려는 운동이었고, 대안적 도덕성에 기초한 운동이었다. 새로운 창조는 언제나 그를 위한 헌신에서 비롯된다. 이 기풍이 사라지면 운동은 약화된다. 많은 운동이 성공적으로 확산하는 과정에서 '대중화'되고, 그 대중화가 맹목적 경향으로 굳어지면 하강 국면으로 전환된다는 것은 여러 역사적 사례가 말해 준다.

예: '부장교사 구인난'을 대안적으로 대처하는 길은 없는가?

이런 점에서 혁신학교는 방어적 최소주의의 공간이 아니라 새로운 대안적 실험의 현장이 되어야 한다. 학기 초마다 반복되는 '부장교사 구인난'을 예로 들어 보자. 과거 서열화된 학교 권위주의를 극복하는 과정에서, 그 권위주의 구조의 일부로 여겨질 수 있는 부장 업무를 기피하는 현상이 나타난 것은 자연스러운 측면이 있다. 그것은 권위주의 구조에 대한 '안티'이기도 하다. 그러나 학교라는 조직이 작동하려면—직제는 바뀔 수 있어도—조직 운영을 위한 기능적 역할은 불가피하다. 문제는 그것을 권위주의 방식으로 유지하느냐, 아니면 민주적 방식으로 새로운 질서를 만드느냐다. 그런데 이 지점에서 도덕적 해이, 권리 위에 잠자는 현상, 권리만 있고 책임이 약화하는 현상도 일부 나타났다.

학교사회의 그러한 경향에 대한 평가는 다양할 것이다. 일부의 현상이라고 할 수도 있고, 위기적 양상이라고 할 수도 있다. 그런데 혁신학교와 혁신교육 운동의 정신에서 돌아보면, "(개인으로서) 내가 부장을 하느냐 마느냐"가 핵심이 아니다. 과거의 교장-교감-부장 중심의 권위주의 질서를 넘어, 더 평등하고 민주적인 분업 질서를 어떻게 만들 것인가가 핵심이다. 그래서 나는 다양한 실험을 제안한다. 예컨대 부장이 아예 없는 완전한 '평등주의적 분업 질서'를 상상해 볼 수도 있다. 더 평등한 '순환식 부장 질서'를 만들 수도 있다. 소수의 전업적 부장 체계를 구상할 수도 있고, 현재의 교장-교감-부장 체제를 협업과 분업의 관점에서 새롭게 재구성해 볼 수도 있다. 그리고 그것을 진보교육감시대가 열리기 전에 그랬던 것처럼, 진보교육감과 교육부에 요구하고 제도 관철 투쟁을 할 수도 있다. 이런 실험은 혁신적인 교장 혹은 '내부 공모형' 교장들이 선도해 볼 수 있을 것이다. 과거 권위주의 시절의 교장 지위에 몇몇 평교사가 진입하는 것으로 만족해선 안 된다. 이런 실험들을 일부 혁신학교에서는 하고 있다. 우리는 혁신교육 운동이 진보교육감을 통해 만들어온 변화의 새로운 그늘도 직시하면서, 새로운 대안적 교육을 향한 창의적 실험의 현장으로 다시 서야 한다.

2) '만인의 만인에 대한 투쟁의 공간'을 어떻게 공동체적 공간으로 만들 것인가?: '공화형 이니셔티브'를 발휘하자

혁신학교와 혁신교육운동의 입장에서는 학교사회가 갈등공화국이 되어가는 것을 어떻게 대안적으로 극복해 갈 것인가 하는 과제도 고민하지 않을 수 없다. 학교라는 혁신교육의 장에서 다양한 교육주체들 간 갈등이 전면화되면서, 혁신교육 운동에도 새로운 도전이 제기되었다. 어떤 의미에서 학교라는 장場 내부의 '관계의 성격'이 바뀐 것이다. 혁신교육 운동은 민주화라는 거대한 정치·사회적 흐름 속에 촉진되며 전개되었다. 권위주의 시기에는 시민의 권리가 억압되고 개인의 이해는 국가적 목표라는 이름 아래 쉽게 무시되었다면, 민주화 시기에는 개인이 자신의 권리와 이해를 당당하게 주장하고, 침해되었다고 느낄 때 분노하고 투쟁하는 전투적 시민들이 등장했다. 앞서 말한 '민주적 전투성'이 개인과 집단 전반에 확산한 것이다. 또한 그 민주적 전투성은 조직화된 형태로 표현되고 있다.

그 결과 당당한 개인들이 상호 충돌하는 현상도 나타났다. 개인이나 집단은 종종 최대 이익주의 혹은 최대 가치주의적 입장에서 행위하는데, 이때 권리와 권리가 충돌하거나 서로 다른 이익과 가치가 부딪힌다. 경우에 따라서는 집단의 이해를 위해 '극단'이 표출되기도 한다. 국가민주화와 교육민주화의 확대 속에 권리의식이 높아지고 조직들이 이익과 정체성에 민감해진 가운데, 어떻게 학교를 '좋은 교육의 공간'이자 지속가능한 공동체 공간으로 만들 것인가가 혁신교육 운동의 새로운 과제로 등장했다.

외부에서 보면 학교는 단일한 주체가 지배하는 동질적 공간처럼 보이지만, 실제로는 다양한 교육주체가 공존하며 때로 갈등하는 공간이다. 그러나 학교는 교육을 목적으로 하는 공간이며, 그런 점에서 교사의 중심적 역할이 중요하다. 이제는 '약자의식'만으로는 이니셔티브를 가질 수 없는 시대에 들어섰다.

2023년 7월 서이초 사건은, 학교 거버넌스의 주체로 초대된 일부 학부모가 교사의 교육권을 침해한 상징적 사건이다. 지금도 학교 내 갈등은 적지 않고, 여러 주체의 권리가 충돌하는 사안도 많다. 문제는 이러한 여건에서 교직 사회 내부에서도 과거와 다른 이익단체적 경향, 그리고 '피해자 의식'과 그에 따른 최소주의적 태도가 확대되었다는 점이다. 권위주의적 학교구조가 해체되고 민주적 학교문화를 만들어가는 과정에서, 학교 구성원(교장-교사, 교사-교사, 학생-교원, 학부모-교원) 간 갈등이 나타나는 것은 어느 정도 불가피하다. 이를 민주적으로 풀어내야 하는 교장 리더십이 제대로 작동하지 못해 갈등이 증폭하는 경우도 있다. '폭탄' 같은 한 명의 학부모가 학교를 '쑥대밭'으로 만드는 사례도 등장한다.[5]

물론 많은 경우는 '극단적 행위자'가 일부 존재하고, 그것이 전체 학교사회에 대한 부정적 이미지로 과장되기도 한다. 그러나 실제로 '만인의 만인에 대한 투쟁'에 가까운 양상이 나타나는 것도 사실이다. 이런 경향은 학교만의 문제가 아니다. 국가민주화와 정치민주화의 그늘이 학교로 확산한 현상으로 볼 수 있다. 그러나 바로 이런 여건에서 어떻게 학교를 지속가능한 교육 공간, 교육을 중심으로 하는 긍정적 협력 공간으로 만들 것인가라는 고민이 절실해진다. 여기서 교사의 교육권을 강화하는 법적 보완은 당연히 필요하다. 서

---

5. 거버넌스의 당당한 주체로서 초대된 학부모들 중 일부가 '내 새끼 지상주의'적 경향을 보이면서, 악성민원을 제기하는 주체로 변모하기도 한다. 이 경우 교사들의 방어적 태도로 나타나기도 하고, 극단적인 경우에는 교사의 자살로 나타나기도 한다. 2023년 서이초 사태가 그런 하나의 사건이다. 또한 자기 자녀가 부회장 선거에 출마했다가 '당선 무효'된 것을 계기로 교장·교감에 대한 아동학대 혐의 신고, 약 6개월 동안 총 7건의 고소·고발과 8건의 행정심판, 24건의 국민신문고 민원, 29회에 걸쳐 총 300건의 정보공개를 청구하여 이른바 '학교를 쑥대밭으로 만든' 서울 성동구의 한 학부모의 사례도 있다(신진호, 2023).

이초 사건 이후 교권 강화 4대 입법이 추진된 것도 그 일환이다. '학교 출입 사전 예약제' 같은 보호기제도 중요한 시도였다. 그러나 제도적 환경은 어디까지나 필요조건이다. 충분조건은 혁신교육이 학교를 새로운 분업과 협력의 공간으로 만들어가는 주체적인 비전과 실천이다.

따라서 교직사회의 전반적인 새로운 변화 속에서, 혁신교육 진영 역시 '피해의식'에만 머물러서는 안 된다. 학교의 모든 주체가 공동체의 구성원이라는 의식 아래 권리뿐 아니라 책임을 함께 사유하고, 개인의 이해와 공동체의 이해 사이의 긴장을 조정하려는 일종의 '공화적 이니셔티브'가 필요하다. 학교의 중심에는 교사가 있으며, 혁신교육 운동을 선도해 온 주체들이 이러한 노력의 선두에 서야 한다. 이런 점에서 혁신학교를 필두로 한 혁신교육 운동은, 권위주의적 학교에 대립하며 성장해 온 민주적 학교—혁신학교와 혁신교육이 만들어 온 학교—에서 한 단계 더 나아가 '공화형 민주주의 학교'로 전환해 가는 관점을 가질 필요가 있다. 권리를 개인의 자유·자율 확대, 더 나아가 교사 개인의 업무 축소로만 연결시키는 것이 아니라, 권리와 책임의 조화, 개인의 이해와 공동체 이해의 균형을 함께 모색하는 접근이 추가되어야 한다.

과거의 권위주의적 학교는 이미 우리 곁에 없다. 이제 민주주의 원리와 그에 기반한 개인과 집단의 '민주적 전투성'은 사회 전반에서 꽃피고 있다. 권위주의적 학교 질서는 건강한 민주시민의 등장, 권리의식의 증대, 권리를 쟁취하려는 전투적 자세의 확산 속에 해체되었다. 이는 앞서 언급한 대로, 혁신교육운동의 성공이 낳은 새로운 그늘이다. 이는 학교만의 문제가 아니라 우리 정치와 국가 전반의 문제이기도 하다. 교육을 통해 나라를 세운 '교육입국'의 나라 대한민국에서, 학교와 교육이 이 지점에서도 미래 모델을 개척해 가

기를 소망한다. 혁신교육 운동이 확산시켜 온 민주적 원리 위에서, 새로운 존중과 협력의 학교를 혁신교육운동이 새롭게 만들어가야 한다.

구질서 해체를 넘어 신질서로

그람시[1971]는 "위기란 낡은 것이 죽어가는데 새로운 것이 태어나지 않을 때 생겨난다. 이 공백이야말로 여러 병적 증상이 나타나는 때다"라고 말했다. 구질서는 해체되었지만 '신질서', 곧 '신민주적 지속가능 질서'는 아직 충분히 출현하지 못했는지도 모른다. 이제 우리는 약자의식과 피해자 의식을 넘어, 학교를 새로운 민주적 미래공간으로 재구성하려는 비전을 구성해야 한다. 약자의식만으로는 공동체를 이끌 수 없다. 더 센 강자와 싸우는 것만으로 좋은 교육을 실현할 수는 없기 때문이다.

이러한 공화적 이니셔티브는 학교 내 갈등을 민주적·교육적으로 해결하며 학교를 '갈등의 사법화'가 아니라 '교육의 공간'으로 지켜내려는 노력을 뜻한다. 최근 학폭 갈등이 심화하면서 학교가 교육공간이 아니라 '학폭 사법기관'처럼 대체되어 가는 현상이 나타났다. 그런데 이 과정에서 교직사회 역시 최소주의 경향 속에 문제를 학교 '밖으로 외부화'하려는 흐름이 강화되고 있다. 더 큰 틀에서 혁신교육 운동은 학교와 교육, 나아가 사회를 개혁하려는 운동이었다. 그 정신이 살아나야 한다.

3) 지구 공통의 미래 도전과 응전: 혁신교육의 새로운 패러다임

앞서 산업화와 민주화, 그에 따른 1·2단계 교육혁명을 언급했다. 산업화와 민주화의 성공, 그리고 1·2단계 교육혁명의 전개를 통해 우리는 어느덧 '눈 떠보니 선진국'[박태웅, 2021]이 되었다. 선진국에 도달한 지금, 대한민국은—선진국을 따라잡는 것을 유일 목표로 달려왔던 시기와 달리—많은 선진국과 마찬가지로 미증유의 복합적인 미래 도전에 직면해 있다. 결국 민족국가적national 차원에서 교육혁신을 주도해 온 혁신교육 운동은 초국가적 차원의 변화까지 직시하며 새로운 응전을 해야 한다. 이제 우리는 '추격형 교육혁신'이 아니라, 미래 도전에 응전하며 세계에 영감을 주는 '선도형 교육혁신'의 단계로 나아가야 한다.

어떤 미래 도전이 중요한가의 질문

미래 시민이 살아갈 세상은 매뉴얼 없는 불확실한 세계일 것이다. 지금 제기되는 굵직한 도전들은 그 불확실성을 증폭시키고 있다. 나는 교사·학부모 연수를 할 때 이렇게 묻는다. "우리 사회와 지구촌에 제기되는 '미래 도전'을 꼽아보세요. 그 가운데 무엇이 중요할까요?" 나는 이를 네 가지로 압축해 본다. 첫째는 세계화·지구화·탈국경화가 야기하는 불안이다. 둘째는 양극화와 진영갈등이다. 한국은 압축 성장에 성공했지만, 사회·경제적 양극화도 심각해졌고, 정치적 진영갈등 역시 고조되고 있다. 셋째는 인공지능으로 대표되는 신기술의 위협이다. 넷째는 기후위기로 대표되는 글로벌 생태 위기다. 첫째와 셋째가 두 개의 '거대구조적 전환'이라면, 둘째와 넷째는

지구 공통의 4가지 도전

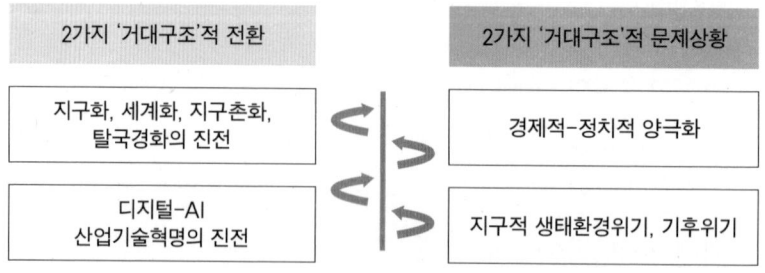

2가지 '거대구조'적 전환	2가지 '거대구조'적 문제상황
지구화, 세계화, 지구촌화, 탈국경화의 진전	경제적-정치적 양극화
디지털-AI 산업기술혁명의 진전	지구적 생태환경위기, 기후위기

두 개의 '거대구조적 문제 상황'이라고 할 수 있다. 나는 이러한 미래 도전에 대한 긍정적 응전의 요소들이 이미 혁신학교와 혁신교육 운동에 내재해 있었다고 생각한다.

그렇다면 이 네 가지 도전에 응전하여, 아이들을 어떤 미래 인간형으로 길러야 할 것인가? 지난 십수 년 동안 교육개혁의 화두는 민주시민교육이었고, 학생들의 미래상은 '민주시민'으로 상정됐다. 그러나 민주시민교육 역시 거듭날 때가 되었다. 부당한 권위에 맞서 권리를 옹호하는 것만으로는, 새로운 시대가 요구하는 시민의 소양을 충분히 갖추기 어렵기 때문이다.

먼저 지구촌화에 응전하여, 민주시민을 넘어 '세계시민형 민주시민'이 되어야 한다. 지구화로 탈국경화가 진전되면서 국경이라는 보호장치, 혹은 국경이라는 병풍이 약화된 가운데 혐오와 적대는 이주민·난민·민족·인종적 '이방인들'을 향해 더 격렬하게 표출되고 있다. 극우정치의 부상은 이를 상징한다. 미래세대가 국가와 민족에 대한 건강한 애정을 견지하면서도, 편협한 민족주의를 넘어 열린 민족주의, 나아가 코스모폴리턴적 감수성을 지닐 수 있느냐가 교육적으로 중요해졌다.

민주시민 학생상과 미래의 학생상

현단계 미래도전	미래의 학생상	다양한 교육방법론, 예시
지구촌화	세계시민 (세계시민형민주시민)	(실시간)국제공동수업
사회적, 경제적, 정치적 양극화	공존형 민주시민	역지사지 공존형 토론수업
AI 디지털 기술혁명	AI 기술·비판역량 시민	AI 이해, 활용, 개발교육 AI 리터러시교육
기후위기로 상징되는 근대산업문명의 위기	생태시민형 민주시민	생태전환교육

다음으로 극단적 양극화에 응전하여 '공존형 민주시민'을 길러야한다. 한국은 물론 세계의 많은 나라가 사회경제적 양극화의 고통을겪고 있으며, 그 상황에서 비롯된 분노와 좌절이 적대적 진영정치로이어지고 있다[이에 대해서는 교육을 넘어선 차원의 사회·경제적 개혁이 함께 필요하다. 이에 대해서는 조희연[2026]에서 나름대로 나의 대안적 제언을 제시했다]. 여기에 SNS·유튜브 등 뉴미디어가 신념과 의견, 인식의 양극화를 가속화하고 있다. 이런 점에서 학생들이 다양한 정보와 관점을 접하고, 제한된 정보가 '신념화'로 굳어지지 않도록 비판적 사유 능력을 키우는 교육이 필요하다.

다음으로 AI 기술혁명이라는 산업적·기술적 변화에 응전하여, 아날로그형 기술역량에 머무르지 않고 AI 기반 기술역량을 갖춘 민주시민을 길러야 한다. 한때 '4차 산업혁명'으로 불리던 기술변화는인공지능 기술혁명으로 구체화하고 있으며, 그 충격은 챗GPT 같은'지적 창조역량을 지닌 기계'의 출현으로 실감되고 있다. 근대 산업혁명이 기계시대로의 이행이라는 스펙터클이었다면, AI 기술혁명은인간의 고유성을 상징하던 지능의 영역까지 기계가 진입하는 '슈퍼스펙터클'로 다가온다.

따라서 미래세대는 AI를 이해하는 것을 넘어, AI를 활용할 역량,더 나아가 AI를 개발·개선할 고도의 역량을 갖추어야 한다. 그러나그것만으로는 부족하다. AI 시대의 그늘을 직시할 역량도 필요하다.응전이 없다면 AI 시대는 피지컬 AI와 로봇이 인간 노동을 대규모로 대체하며, 그로 인해 양극화와 불평등이 급격히 심화하는 사회로 전개될 수 있다. 또한 유튜브 등 뉴미디어 세계가 보여주듯, '극단성'이 수익모델이 되는 조건에서 더 극단적으로 말하고 행동할 유인이 강화된다. 선호preference 기반 알고리즘은 확증편향을 강화하고, 이른바 에코 체임버echo chamber—닫힌 공간에서 같은 의견만 반복적으로 공유·증폭되며 하나의 인식이 과잉 강화되는 현상—를 심화시켜 의견과 입장의 양극화, 왜곡된 고착화를 낳는다. 그러므로 AI 리터러시를 갖춘 시민으로 성장하도록 해야 한다. 결국 AI를 활용하는 기술역량과 함께, AI가 동반하는 불평등·극단주의의 발호 같은 문제들을 주체적으로 판단할 수 있는 비판적 시민성을 길러야 한다.

생태시민형 민주시민으로

마지막으로 기후위기라는 인류적 도전에 응전하여, 에너지 과소비형 '민주시민'이 아니라 '생태시민형 민주시민'을 길러야 한다. 기존 기상 '질서'가 무너지고, 우리는 전혀 경험해 보지 못한 지구 생태의 변화를 목도하고 있다. 북극의 빙하가 녹아내리고, 예기치 못한 혹한과 홍수 같은 기상이변이 일상의 존재론적 위기로 다가온다. 더 많은 생산·유통·소비를 미덕으로 삼아 온 근대 산업문명은 자기 파괴적 극단의 모습을 드러내며, 때로 '지구를 떠나야 할지도 모른다'는 과장된 상상까지 부를 만큼 위기 징후를 보여준다. 이제 지구를 지키며 살아가는 새로운 생태적 인간, 생태적 시민성이 필요해졌다.

미래 도전에 대한 퇴행적 응전으로서의 극우

나는 이러한 미래 도전에 대한 퇴행적 응전이 종합된 것이 오늘날 전지구적 '극우'의 물결이라고 생각한다. 그리고 그 퇴행의 물결은 우리 교실에도 스며들고 있다. 극우의 흐름은 지구촌화와 탈국경화 속에 마주하는 난민과 이주민을 민족·국가·종교라는 구분선으로 나누고 혐오와 배제로 대응하려 한다. 사회·경제적 양극화를 긍정적으로 해결하지 못한 채 그것을 정치적 적대와 혐오로 전환시키려 한다. 미국의 트럼프에게서 보듯, 기후위기를 근대 산업문명에 대한 성찰적 보완으로 나아가기보다 석탄산업·화석연료 산업 재부흥, 온실가스 규제 철폐 등으로 퇴행하는 경향도 나타난다. 이러한 퇴행의 흐름에 맞서 대안적 경로를 개척해야 한다. 여기에 K-민주주의의 과제가 있을 것이다. 그것 역시 교육을 통해 가능하다. 한국이 산업화의 성공을 '교육입국'으로 이뤄낸 것처럼, 전 지구적 퇴행의 시대에 대안적 세계사적 경로를 개척하는 데서도 교육이 큰 역할을 하기를 소망한다.

이 모든 미래 도전에 대한 대안적 교육 응전의 요소가 이미 우리 혁신교육 운동에 내재해 있다고 본다. 혁신교육 운동이 길러 온 민주시민은 민족·인종·종교·문화의 차이에도 불구하고 존중과 배려의 시민성을 전제로 해 왔다. 국사봉중학교 같은 많은 혁신학교에서 생태환경교육이 폭넓게 행해지고 있었다. 이러한 '우리 안의 보편성'[6]을, 전 지구적 퇴행의 시기에 오히려 확장함으로써 서구에도 영감을 주는 교육혁신의 길을 제시하기를 소망한다.

4) 페다고지의 혁신

다음으로, 혁신학교와 혁신교육 운동은 과연 무엇인가? 무엇을 지향하는가? '성공의 위기'와 변화하는 세상에서, 이 질문을 되풀이하지 않을 수 없다. 기독교 안에도 성경을 '축자영감설'에 기대어 암송하고 그것을 곧바로 '하나님의 뜻'으로 묵상하는 분들이 있는가

---

6. 한국 학계의 오랜 과제는 '지적 식민주의'를 극복하는 것으로 인식되어 왔다. 서구의 특수한 역사적 사례와 경험을 '보편'으로 간주하고, 그것을 준거로 우리의 왜곡된 특수를 분석하는 것이 인문사회과학계의 오랜 접근법이었다. 이 책은 이런 식민주의적 '보편-특수'의 관계틀을 해체하고, 우리 안에 이른바 '보편'이 내재하는 것이라고 주장하고, 우리의 역사적 경험을 통해 서구의 보편을 특수화하는 노력을 해야 한다고 주장한다(김동춘, 조희연, 신정완 외, 2006). 혁신학교의 의미를 서구의 교육사적 맥락에서의 보편적 의미를 찾고자 한 시도로는 Sung, Y.K. , & Shirley, Dennis. (2018)을 참조할 수 있다.

하면, 성경이라는 텍스트와 시대적 콘텍스트, 그리고 자기 삶의 자리에서 이를 부단히 재해석하며 새로운 실천의 영성靈性을 길어 올리는 사람들도 있다. 혁신학교와 혁신교육 운동을 지키는 방식 또한 그처럼 단일하지 않을 것이다. 그 지키는 방법은 다양할 수 있다.

나는 교육의 핵심이 학습자를 '잘 가르치는 것'이라고 믿는다. 앞서 언급했듯 교육의 시대적·기술적·사회문화적·정치적 환경은 급변하고 있다. 국내 여건만 변하는 것이 아니라, 지구적 여건도 변하고 있다. 그 지구 속에서 우리의 위상도 달라져 있다. 이런 변화의 흐름에서 혁신학교와 혁신교육 운동의 정신을 새롭게 해석하고, 새로운 실천의 길을 모색해 가야 한다.

혁신학교가 2단계 교육혁명 과정에서 새로운 교육을 만들어간다고 할 때, 그 '새로움'은 시대 변화—상상력과 창의력을 더 강하게 요구하는 변화—에 의해 추동되었다. 예컨대 초기 산업화 단계에서 '메이드 인 코리아'는 주로 가격경쟁력에 기반해 수출되었다. 그러나 그 장점은 후발주자인 중국, 말레이시아, 인도네시아 등에 의해 빠르게 추월되었고, 새로운 창의성이 요구되었다. 이제는 '제4차 산업혁명' 혹은 '디지털-AI 혁명'으로 개념화되는 기술발전과 산업구조의 고도화가 진행되고 있다. 그것은 선진국을 단순히 모방하는 것을 넘어, 상상력과 창의력으로 도약할 것을 요구한다. 후진국에서 중진국으로, 중진국에서 선진국으로 근접해 갈수록 교육 또한 모방적 교육이 아니라 창의적 교육을 필요로 한다.

여기서 다시 제2 교육혁명의 페다고지(교육학 및 교육방법론)를 돌아보게 된다. 앞서도 언급했지만, 그것은 다음과 같은 성격들을 지니고 있었다. 첫째, 산업화 시대의 교육 패러다임이 외국과의 경쟁에서 경쟁력을 갖춘 '일등 인재' 양성을 중심에 두었다면, 혁신교육은 내가 '오직 한 사람 교육only-one education'이라 부르는 방향, 곧 학생 한 사람 한 사람의 잠재력을 중시하고 단 한 명도 포기하지 않으며 그 잠재력을 '길어 올리는' 교육을 지향했다. 둘째, 암기식 지식교육을 넘어 비판적 사고력과 창의적 상상력을 키우는 교육을 지향했다. 셋째, 교사·지식전수자 중심 교육에서 학습자 중심student's agency 교육으로의 전환을 추구했다. 넷째, "학교는 교실 안에만 있다"는 협소한 시각—'가르치는 교사-지식의 보고寶庫로서의 교과서-지식을 전수받는 학생'이라는 구도—에 갇히지 않고, "학교는 교실 안에만 있지 않다"는 전제 아래 실생활교육·현장교육의 관점에서 '마을결합형 교육'을 지향했다. 다섯째, 세칭 일류대 진학을 목표로 한 획일적 성과주의 교육에서 벗어나, 교육과정의 다양화를 중시하고 학생들이 꿈과 끼에 따라 다양한 진로·진학 선택을 할 자유를 누리며, 그 선택이 차별받지 않게 하는 다양성 교육을 지향했다. 이러한 2단계 교육혁명의 페다고지 정신을 계승하되, 변화한 국내·국제 여건에 부응하는 심화와 확장 그리고 재구성이 절박하게 요구되고 있다.

암기식 지식교육을 넘어서는 절호의 기회

문제는 생성형 AI라는 첨단기계와 함께 학습하는 시대에, 우리가 어떻게 이 기술적 여건에 응전하면서 제2 교육혁명의 지향과 가치를 더 높은 수준에서 구현할 것인가다. 앞서 언급했듯, 기계가 인간만의 고유 역량이라 여겨지던 '지능'을 갖고 자율적으로 작동하는 시대에, 학생들에게 기계적 학습을 강요하면 정작 '인간의 기계화'가 촉진되는데 반해 기계는 지능을 가져가는 '기계의 인간화'가 진행되면서 그 두 가지가 정면충돌하는 거대한 부조화로 내몰릴 수 있다.

따라서 우리는 이런 여건을 극복하기 위해 대입제도를 포함한 제도개혁을 도모하는 한편, 2단계 교육혁명 과정에서 암기식 지식교

혁신교육 운동의 교육 패러다임

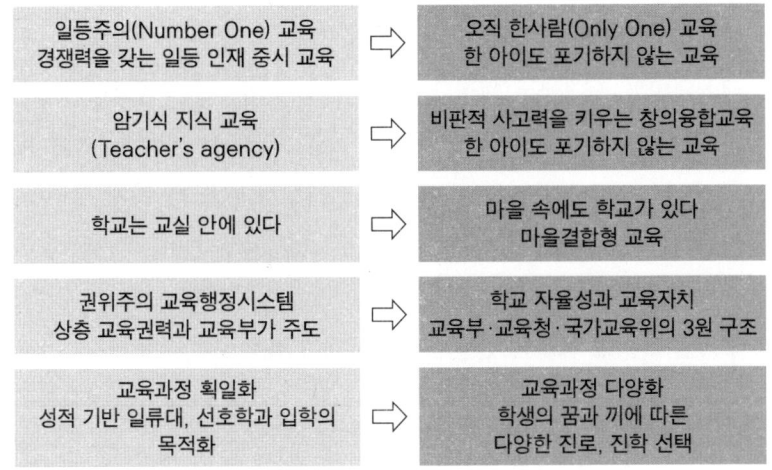

교육혁신: 교육의 패러다임 전환

일등주의(Number One) 교육 경쟁력을 갖는 일등 인재 중시 교육	⇨	오직 한사람(Only One) 교육 한 아이도 포기하지 않는 교육
암기식 지식 교육 (Teacher's agency)	⇨	비판적 사고력을 키우는 창의융합교육 한 아이도 포기하지 않는 교육
학교는 교실 안에 있다	⇨	마을 속에도 학교가 있다 마을결합형 교육
권위주의 교육행정시스템 상층 교육권력과 교육부가 주도	⇨	학교 자율성과 교육자치 교육부·교육청·국가교육위의 3원 구조
교육과정 획일화 성적 기반 일류대, 선호학과 입학의 목적화	⇨	교육과정 다양화 학생의 꿈과 끼에 따른 다양한 진로, 진학 선택

육을 넘어 창의적·융합적 역량을 기르려 했던 정신을 더 급진적으로 확장하여, 진정한 창의융합 학습의 길을 열어야 한다. AI의 알고리즘을 이해하려면 논리적 사고가 필요하지만, 그 알고리즘이 인간 사회에 미치는 영향을 파악하는 데는 역사적, 철학적, 사회학적 관점이 필요하다. 'AI 문해력'을 갖춘 사람은 기술과 인문학 사이의 대화를 이끌어 갈 수 있는 새로운 르네상스형 인재가 될 수 있다.함영기, 2026 이를 위해서는 AI 기술혁명이 동반하는 학습의 근원적 전환을 직시하고, 그것을 '활용'하는 시각도 필요하다.

AI 기술혁명은 지금까지 이상理想이나 가치지향으로만 존재하던 '개별화 맞춤형 교육'이 현실로 성큼 다가올 여건을 제공한다. 획일화된 교육과정에 기초해 '진도 빼기식'으로 운영되는 교실은 다수의 학습자를 소외시키는 구조다. "SKY에 몇 명이 진학했는가"로 평가하는 시대는 이미 지났다. 다양한 AI 기반 프로그램과 교육 도구들은 개별화 맞춤형 교육의 가능성을 제시한다. 이때 교사의 전문성과 역량이 결정적으로 중요해진다. 이런 점에서 혁신학교와 혁신교육에 열정이 있는 교사들이 새로운 변화의 선두에 설 수 있을 것이다.

제2 교육혁명의 시대에 혁신교육 운동의 선도성이 중요했듯, 제3 교육혁명의 시대에도 열정과 헌신, 창조적 에너지가 중요하다. 실제로 혁신학교가 지닌 혁신성의 일부는 디지털-AI 혁명의 '혁신성'으로 흡수·융해되기도 한다. 이제 혁신성의 내용을 더 깊게 갖추어 가야 한다.

무형의 자산을 유형의 스탠다드로 만들어가야

이러한 창조적 대응과 함께, 혁신학교를 필두로 한 혁신교육 운동의 성과를 새로운 스탠다드로 만들어야 한다. 나는 평소 "IB의 실험적 도입 과정에서 배울 것은 배우고, 벤치마킹할 것은 벤치마킹하되, 우리의 KB를 만들어야 한다"라고 주장한다. 지난 10~20년의 성취가 무형無形의 자산으로 축적되어 있다면, 이제 그것을 유형의 자산—프레임워크와 표준—으로 정립해야 한다는 뜻이다.

비근한 예를 들어 보자. 혁신학교에 새로 부임한 젊은 교사가 혁신학교적으로 가르치려는 의지가 있을 때, 그가 따라갈 수 있는 선행 모델이 있어야 한다. 일반학교가 혁신학교의 모델을 벤치마킹하여 따라가고자 할 때도, 그 경로가 매뉴얼과 규범과 규칙의 형태로 제시될 수 있어야 한다. 이 점에서 모든 학교에 적용 가능한 보편적 혁신교육 페다고지의 틀을 만들어내는 것이 필요하다. 그러면 교사는 이를 준거로 삼되, 자기 세대가 지닌 새로운 감수성과 창의성을 결합하여 자기만의 수업을 교실에서 창의적으로 구현할 수 있을 것이다. IB는 그런 의미에서 표준화된 수업-평가 모델이다. 우리는 IB에서 배우고, IB의 수업-평가 혁신과 교육과정 운영 시스템을 벤치마킹하면서 우리의 성취를 스탠다드로 만들어가는 노력을 병행해야

한다.[7]

이상적으로 말하면, 지난 10~20년 동안 혁신학교를 필두로 전개되어 온 학교혁신 운동의 성과를 스탠다드화된 프레임워크로 전환해 모든 학교로 일반화하고, 이를 토대로 새로운 학교혁신 운동의 길을 개척해야 한다. 이는 혁신학교의 무형의 자산을 유형의 프레임워크 혹은 스탠다드로 정립해 내려는 노력이라 할 수 있다. 물론 이러한 프레임워크는 페다고지 차원을 넘어, 혁신학교·혁신교육 운동을 통해 도출된 학교혁신의 일반적 방향과 기준을 '학교(운영)혁신의 일반화 기준'으로 정립하려는 시도로 확장될 수 있다. 예컨대 IB의 3단계 평가모델을 변용하여, 우리 실정에 맞는 다층적 평가모델을 주체적으로 구축하는 실험도 가능하다. 최근 강남 지역에서는 학부모 민원 때문에 편하게 사지선다형·오지선다형 객관식 출제를 택하는 경향도 있다고 한다. 우리는 IB의 3단계 모델을 그대로 따를 필요는 없지만, 최소한 '다층적 평가체제'—극성 민원조차 흔들기 어려운 평가의 권위와 신뢰를 구축하려는 노력—를 실험해 볼 수 있다. 예컨대 학교 단위 공동 출제·채점, 지역 '캠퍼스형' 공동 채점, 나아가 교육청과 협의를 전제로 한 지역청 단위 공동 채점 같은 방식도 구상할 수 있다.

AI 시대의 도래는 혁신교육 운동이 추구해 온 과정평가·성취평가, 그리고 객관식을 넘어서는 논·서술형 평가의 중요성을 더 부각한다. 이 지점에서 혁신학교와 혁신교육 운동은 3단계 교육혁명의 일환으로 변화를 선도할 수 있다. 다만 교사의 업무 부담이라는 견지에서 속도 조절이나 반대가 일부 존재하는 것도 사실이다. 논·서

---

7. 물론 교사의 교육행위의 일거수일투족을 가이드하는 스탠다드를 이야기하는 것이 아니다. 혁신교육적으로 가르치고 평가하는 것에 대한 큰 가이드라인 또는 프레임워크가 있어야 한다는 의미다.

술형 평가 확대에 따른 업무 부담을 줄이기 위한 지원을 교육청·교육부에 요구해야 하고, 교육청·교육부는 이에 부응하고자 실질적인 노력을 해야 한다. 집단적 행동이 이를 촉진하는 것도 사실이다. 그러나 혁신교육 진영이 '개개인의 부담'만을 이유로 미래지향적 평가로의 전환 자체를 늦추거나 멈춘다면 바람직하다고 할 수 없다. 이 지점에서 혁신교육에 헌신하는 교사들의 역량을 재구성하고 보완하는 노력도 필요해진다.

1단계 교육혁신의 과정을 보면, 혁신학교 등 상향식 교육혁신의 노력이 대중에게 교육에 대한 희망을 만들고, 진보교육감 당선으로 이어지면서 학교혁신의 수평적 확산을 촉발했다. 지금까지를 교육혁신운동의 시즌 1.0이라 한다면, 이제 2.0 시대를 열 수 있을 것이다. 혁신교육 운동 시즌 1.0은 상향식 발전이었고, 1.5는 상향식 발전과 하향식 제도화의 결합으로 추동되었다. 이제는 시즌 1.0의 성과를 '혁신교육과정 프레임워크' 같은 구조화된 절차로 제도화하고, 시즌 2.0의 새로운 여정을 시작해야 한다. 그리고 이를 위해 다시 상향식 역동성을 만들어야 한다. 다만 2.0 시대는 1.0 시대와 출발 여건이 다르다. 다수 교육감이 교육혁신의 대의에 동의하고, 일정하게 동조화되어 있기 때문이다. 이 변화된 여건을 염두에 두면서 혁신교육 2.0 시대의 새로운 비전과 역동성을 만들어야 한다.

5. 맺으며:
혁신교육 운동의 외적 질곡으로서의 대입제도, 대학체제 개혁의 과제가 남아 있다

마지막으로 절박한 해결 과제를 언급하지 않을 수 없다. 혁신학교를 필두로 이어져 온 혁신교육 운동을 근원적으로 제약하는 제도적 조건들이 있다. 그것은 무엇보다 극단적으로 서열화된 대학체제다. 초·중등교육은 이 구조의 영향을 피하기 어렵다. 이는 초·중등교육이 여전히 '혁신교육이 극복하려는 과거형 교육체제'와 '혁신교육이 지향하는 미래형 교육체제' 사이에 끼인, 일종의 샌드위치 상태에 놓여 있기 때문이다. 이제 여기에 메스를 대야 한다.

초중등교육 정상화를 위한 대입제도 개선의 큰 방향은, "수시·정시 통합, 수능 전 과목 절대평가, 수능 자격고사화, 논술·서술형 수능"을 축으로 한다. 이 방향은 2019년 2월, 김승환 회장과 박종훈 단장을 중심으로 전국시도교육감협의회의 대입제도 개선안으로도 발표되었고, 2023년 10월, 내가 회장으로 재직하던 시기에도 전국시도교육감협의회에서 이를 다시 공론화한 바 있다. 2025년 10월 서울의 정근식 교육감이 발표한 개선안도 —'수능 폐지론'을 추가했지만— 동일한 기조에 서 있다. 중요한 변화는, 보수교육감의 대표 격인 경기도 임태희 교육감이 그동안 혁신교육 운동과 진보교육감들이 주장해 온 대입 개선안의 기본 내용을 상당 부분 수용하는 방향으로 입장을 전환한 점이다.김현우, 2025 환영할 일이다. 이제 대입제도를 다루는 국가교육위원회가 이 논의를 본격적으로 시작하고 마침표를 찍어야 한다.

다만 나는, 대입제도가 '대학 학벌체제'와 '대학 서열체제'가 엄존하는 상황에서 일류대 진입 경쟁의 관문이기 때문에, 그것이 독립변수라기보다 종속변수에 가깝다고 본다. 그래서 '풍선효과'를 방지하기 위해, 대학서열을 완화하기 위한 보완 대책, 학벌에 의한 차별금지의 법제화 등 법적 보완책 등이 함께 가야 한다고 본다.

자긍심과 함께 '절망'에 담긴 기대에 응답하자

현재 한국 교육은 한국 국민 모두에게 절망처럼 인식되는 측면이 있다. 그 절망이 부동산 문제와 맞물리며 세계 최고 수준의 저출생 위기를 만들어내고 있다. 그러나 다른 한편으로, 많은 세계인에게 는 한국 교육이 눈부신 성취로 보이기도 한다. 외국의 부러움을 사는 한국 교육이 국내에서는 절망으로 여겨지는 역설은, 한국 사회에 자리한 높은 기대와 교육 중시 문화 때문이라고 생각한다. 그렇다면 우리는 성취한 것을 성취한 그대로 자긍심 있게 바라볼 필요가 있다. 혁신학교와 혁신교육 운동이 없었다면, 우리 교육은 외국인의 눈에도 여전히 절망의 교육으로 지속되었을지도 모른다.

자긍심을 갖되, 교육에 대한 절망에 내재한 '기대'에 응답하는 방향으로 상향 발전해 가야 한다. 2단계 교육혁명을 이끈 혁신교육 운동은 이제 새로운 창조적 교육혁명으로, 그것도 대한민국이라는 지평에서만 빛나는 것이 아니라 지구적 수준에서 빛나는 교육의 지평을 열어야 한다. 나는 그것이 가능하다고 굳게 믿는다.

이 글을 쓰면서 나는 망설였다. 왜냐하면 나는 이 글에서 서술한 모든 쟁점에 최고 책임을 갖는 교육감직을 서울에서 10년이나 수행해왔기 때문이다. '너나 잘해'라는 식의 비난도 들을 수 있다. 그렇지만 나는 교육감직을 내려놓았고, 이제 그 10년을 경험하고 돌아볼 수 있는 위치에 있기에, 비판을 감수하고라도 자유롭게 이야기함으로써 혁신교육의 미래의 길을 개척해가는 데 참고가 되리라 생각하여 용기를 냈다.

이런 전제 위에서 마지막으로 강조하고 싶다. 학교 현장에서 혁신교육 운동의 정신을 계승하면서, 변화하는 사회와 학교, 그리고 아이들의 변화에 응하여 새로운 창조적 교육 노력이 꽃필 때 혁신교육 운동의 새 장이 열린다. 혁신학교와 일반학교에서 헌신해 온 혁신적 교사들은 제2 교육혁명 과정에서 과거 체제에서는 없었던 다양한 교육적 노력을 선도해 왔다. 변화하는 시대 여건에서 그 선도적 노력을 포기하지 않아야 한다. 그리고 그 노력은 교직 내부의 새로운 세대와 만나야 한다. 헌신적인 선배 교사를 잇는 후배 교사들이 나타날 수 있도록 해야 한다.

혁신교육 운동은 수많은 교육자의 땀과 눈물 위에서 만들어진, 세계적으로도 드문 창조물이다. 이제 다시 신발 끈을 동여맬 때다.

참고문헌

강민정, 안선영, 박동국(2018). 혁신교육지구란 무엇인가?—학교 혁신에서 돌봄까지. 맘에드림.

권새봄, 김대훈 외(2012). 학교 바꾸기, 그 후 12년—남한산초등학교 졸업생들의 이야기. 맘에드림.

김동춘, 조희연, 신정완 외(2006). 우리 안의 보편성—학문 주체화의 새로운 모색. 한울아카데미.

김용(2021). "기초학력 담론, 교사 자율성, 그리고 교육정책의 재구성: 학교 현장의 관점에서". 『교육과정평가연구』 제5권 제2호, 2021, pp. 45-67.

김지수, 박수빈 외(2014). 혁신학교 졸업생들이 전하는 진짜 공부—혁신학교 3년 세상을 배우다. 맘에드림.

김태정(2019). 혁신교육지구와 마을교육공동체는 어떻게 만들어지는가?—어쩌다 공무원의 좌충우돌 마을교육공동체 만들기. 살림터.

김현우(2025). "'고교 내신 절대평가 시행' … '임태희표' 대입 개선안 제안", 뉴데일리 1월 21일 기사.

남궁상운, 이현근 외(2017). 학교 혁신의 길, 아이들에게 묻다—학교 혁신에 대한 아이들의 이야기. 살림터.

박일관(2014). 혁신학교 2.0—혁신학교를 넘어 학교혁신으로. 에듀니티.

박태웅(2021). 눈 떠보니 선진국—앞으로 나아갈 대한민국을 위한 제언. 한빛비즈.

변희원(2025). "축구·소풍 사라진 학교… 위험한 등교도 禁하라". 조선일보 2월 14일 기사.

배정화(2021). 나는 혁신학교 교사입니다—가장 설레고 신났던 행복교실 무한도전. 비비투.

서미경, 윤정희, 조예린(2024). 혁신학교 10년을 기록하다: 반곡연대기, 유선애드플랜.

서용선, 김성천 외(2015). 혁신학교의 거의 모든 것—수업에서부터 학력에 대한 오해까지.

서울형혁신학교 학부모 네트워크(2014). 행복한 나는 혁신학교 학부모입니다—혁신학교 학부모들이 쓴 4년의 기록. 맘에드림.

소담에세이팀(2018). 어쩌다 혁신학교: 세종혁신학교, 소담초가 건네는 소소한 기록 1. 살림터.

송남교육공동체(2020). 함께 꽃피는 혁신학교—충남형 혁신학교 송남초 이야 기. 살림터.

송순재, 강민정, 손동빈 외(2017). 혁신학교, 한국 교육의 미래를 열다. 살림터.

신하영(2024). "연 '초4 적용 대입부터 논술형 수능·AI 채점 도입' 제안", 이데 일리 7월 2일 기사.

원주횡성혁신학교연구회(2015). 〈내가 경험한 학교 혁신 이야기—강원도 혁신 학교연구회 교사 4인의 실천 기록. 북랩.

신진호(2023). "전교 부회장 당선 취소됐다고 … 교장·교감까지 괴롭힌 학부 모", 서울신문, 11월 28일 기사.

이혜정, 전종호 외(2021). 혁신학교 교장의 탄생—혁신학교 교육생태계 만들기. 학이시습.

이중현(2019). 혁신학교 조현초 4년의 기록—학교교육의 대안찾기—학교는 혁 신할 수 있고 지속 가능한가. 우리교육.

전국시도교육감협의회 대입제도개선 연구단(2019). "미래사회가 요구하는 대입 제도 개선방안".

장경섭(2025). 민주주의·자본주의·압축근대성—한국의 사회체제적 정상위. 서 울대 출판문화원.

장재훈(2025). "정근식 서울교육감 '수능 폐지 제안 … 경쟁 아닌 성장의 길로 가자'", 에듀프레스. 12월 10일 기사.

정인지(2026). "서울시교육청, 초등 맞춤형 '역지사지 공감형 토론수업 교재' 개 발". 머니투데이 1월 22일 기사.

조희연(2025). 극우시대가 온다: 햇볕정치와 공화적 민주시민교육. 한울아카 데미.

차암초등학교 교육가족(2025). 차암 좋은 혁신학교—새싹에서 씨앗으로 자라 나는. 살림터.

최예나(2025). "토론엔 승패 없어 … 찬반 입장 모두 서본 후 합의점 찾아요". 동아일보. 3월 13일 기사.

하그리브스, 앤디, 데니스 셜리(2015). 학교교육 제4의 길 (1)—학교교육 변화 의 역사와 미래방향(이찬승,김은영 역). 21세기교육연구소.

한희정(2015). 혁신학교 효과—지금까지 학교에 대한 생각이 바뀐다. 맘에드림.

함영기(2026). 인공지능이 답할 때 교육은 무엇을 묻는가. 에듀니티.

황현정(2021). 혁신학교 역사과 교육과정과 수업 이야기. 살림터.

Sung, Y. K., & Shirley, Dennis.(2018). "The Korean innovation school movement", In D. Shirley & A. Hargreaves (Eds.), *Flip the system: Changing education from the ground up*. Routledge.

Offe, C.(1985). New social movements: Challenging the boundaries of institutional politics. Social Research, 52(4), 817-868.

Gramsci, Antonio(1971). Selections from the Prison Notebooks. Edited and translated by Quintin Hoare and Geoffrey Nowell Smith. London: Lawrence & Wishart, 3장 34절.

● 조희연

2014년부터 2024년까지 3선 서울시 교육감으로 재직했다. 1990년부터 2014년까지 성공회대 사회과학부 교수로 재직했다. 지금은 혁신교육 동료들과 '공존의 뜰'이라는 사랑방을 운영하고 있다. 『투트랙 민주주의 1, 2』, 『병든 사회, 아픈 교육』, 『태어난 집은 달라도 배우는 교육은 같아야 한다』, 『극우집권시대가 온다: 햇볕정치와 공화적 민주시민교육』, 등 많은 책을 냈다. 혁신교육의 지속적인 버팀목이 되고자 하며, '독서국가'를 꿈꾸고, '지구시민학교', '국경없는 아시아 지식인회'를 구상하고 있다.

2.
변혁적 교육학의 궤적: 교육 변혁의 관점에서 본 혁신교육의 미래

심성보_한국교육연구네트워크 이사장

1. 듀이, 비고츠키, 프레이리 교육이론의 쟁점과 접점

오늘날 존 듀이John Dewey, 1859~1952와 비고츠키Lev Vygotsky, 1896~1934 그리고 파울로 프레이리Paulo Freire, 1921~1997가 주목받는 이유는 신자유주의 교육사조의 부상 및 진보주의 교육의 퇴조와 관련이 있다. 그리고 이들의 교육이론은 오늘날 AI 시대와 급격한 사회 변화 속에서 단순히 지식을 아는 것을 넘어 '생각하는 능력', '협력하여 문제를 해결하는 능력', '세상을 비판적으로 바라보는 능력'을 기르는 전인적 교육의 방향성을 제시하기에 더욱 관심을 끌고 있다. 이런 문제의식을 토대로 현대교육에 지대한 영향을 미친 듀이, 비고츠키, 프레이리는 각기 다른 시대의 사회적 배경에서 기존 교육의 결함과 한계를 극복하려는 교육사상을 탄생시켰다. 이들의 교육사상은 제1세계 미국의 철학자이며 교육철학자인 듀이, 제2세계 러시아의 심리학자 비고츠키, 그리고 제3세계 브라질의 상파울루시 교육감을 지낸 프레이리가 대표한다.

듀이 교육사상은 19세기 후반에서 20세기 초 미국 사회의 '실용주의'와 '진보주의 교육'을 배경으로 한다. 듀이의 교육이론과 사상은 미국이 급격한 산업화, 도시화, 이민자 증가로 사회구조가 재편되던 사회적 격동기를 배경으로 한다. 듀이는 1880년대 이래 자본주의 산업화로 인한 급격한 사회 변화가 이루어진 미국에서 전통 철학의 이원론(마음과 몸의 분리)을 극복하고, 전통주의에 맞선 민주적 시민 주체, 즉 '공중publics'[1]의 출현을 필요로 하던 시대를 살았다. 미국 산업사회의 문제점이 드러나며 여러 대안이 모색되던 진보적 민주주의 시대를 살았던 듀이에게 경제적·사회적 생활의 급격한 변화는 다양하고 다원적인 사회의 필요를 충족시키는 교육을 요청했다. 이런 시대 상황에서 그는 전통적인 교사 중심, 암기 중심의 공교육은 변화하는 사회에 대응하지 못한다는 문제의식을 느꼈다. 듀이 교육사상의 탄생은 교사 중심의 획일적이고 수동적인 암기식 교육을 거부한 '전통교육 비판'뿐 아니라, 급변하는 사회에 필요한 능동적 문제해결 능력과 협동 능력을 갖춘 민주 시민을 길러내야 한다는 사회 변화의 요구를 반영한다. 그리고 지식은 생활 및 경험과 분리되지 않고 실천될 때 의미와 가치가 있다고 본 '실용주의pragmatism의 영향을 받았다. 즉, 학습이란 경험을 통해 이루어져야 한다는 '경험 중심 교육', 학교를 '작은 민주사회'로 보는 관점이 필요하다는 시대정신을 반영한다.

비고츠키의 교육사상은 1917년 러시아 혁명 직후, 새로운 사회주

---

1. 듀이의 '공중'은 간접적인 행동으로 인해 '공동의 문제(공공성)'를 인식하고 이를 해결하기 위해 소통하며 조직화된 시민 집단을 의미한다. 듀이는 공중이 민주주의를 만들어가는 주체이며, 소통과 교육을 통해 문제를 해결하는 능동적 역할을 해야 한다고 강조했다. 공통의 공적 문제가 발생했을 때 이를 인지하고 해결하려는 노력을 통해 '공중'이 형성된다. 듀이는 민주주의를 단순한 통치 형태가 아니라, 공중이 소통과 참여를 통해 문제를 해결해 가는 생활양식으로 보았다. 소통이 공중을 형성하고 유지하는 핵심적 요소이며, 자유로운 토론과 조사가 이루어지는 환경이 필요하다. 듀이의 공중 개념은 현대 민주주의에서 시민의 자발적 참여와 공론장의 중요성을 강조하는 공적 철학의 기초가 된다.

의 사회 건설을 위해 구시대의 지식 체계를 타파하고 새로운 인간을 교육해야 했던 사회적 격변기에 출현했다.[2] 비고츠키가 1934년 38세의 젊은 나이에 결핵으로 사망한 이후, 소련 정부는 1936년부터 약 20년간 그의 저작과 사상을 '부르주아 심리학', '반동적 이론'이라는 누명을 씌워 금서로 낙인찍었다. 스탈린 치하에서 인지발달의 사회문화적 측면을 강조하는 비고츠키의 이론은 서구의 심리학을 무비판적으로 수용했다고 본 것이다. 하지만 비고츠키의 이론은 서구에서 1980년대 이후 그의 연구가 재발견되면서 아동 발달 및 교육심리학 분야의 핵심 이론으로 우뚝 자리 잡았다. 비고츠키의 교육사상은 러시아혁명 직후, 새로운 사회 건설과 문해율 향상이 필요했던 사회적 환경에서 출현했는데, 사회주의적 가치를 내재화한 새로운 인간을 기르기 위한 교육 방법을 요청했다. 그의 교육이론과 사상은 새로운 사회주의 국가 건설을 위해 이전 체제와 달리 대중을 위

2. 1917년 러시아혁명 이후 비고츠키는 이윤보다 아이들을 소중히 여기는 인간적인 교육 시스템의 본질을 위해 고군분투했다. 혁명이 가져온 격변과 함께 희망을 바라보며, 인민들은 더 나은 해방적 교육을 염원했다. 혁명 이후 여러 해 동안 비고츠키는 새로운 사회를 만들고자 하는 희망에 따라 교육, 언어, 학습론을 발전시켰다. 이런 생각의 발전은 새로운 사회주의 사회가 직면했던 중대한 실천적 문제를 배경으로 하면서 러시아혁명이 거둔 거대한 지적 흥분 및 열정의 일부분이라 할 수 있다. 당시 모스크바는 정치 영역뿐만 아니라 더 광범한 문화·예술 영역에서도 활발한 토론과 논의의 중심지였다. 비고츠키는 이 논의의 중심에 있었던 관계망에 깊이 연관을 맺고 있었다. 제1차 세계대전, 러시아 내전, 그리고 1921~1922년의 소비에트 기근 이후 이어진 빈곤과 절망 상황을 이겨내면서 활동해야 했다. 러시아혁명은 퇴행했고, 교육 시스템은 차르 치하에서 만연했던 억압적이고 권위주의적인 상황으로 돌아갔다. 오랫동안 지탱되던 전통적 과목이 되살아났고, 프로젝트 기반 '활동 중심 교육 방법'은 사라졌다. 또한 힘겨운 숙제가 부활하고 지나치게 형식적인 규율을 부과하는 체제로 돌아갔고, 교장은 선출직이 아닌 임명직이 돼야 했다. 1930년대 초 비고츠키는 당국의 거부와 공격 그리고 감시를 받았다. 이러한 억압적 공격은 비고츠키 사후 1936년 반(反)아동학 법령으로 절정에 달했다. 비고츠키의 저작 대부분은 1953년 스탈린이 사망할 때까지 소련에서 출판되지 못했다. 1960년대 서구에서 비고츠키의 연구가 '재발견'되었을 때, 처음에는 이곳저곳 무단 삭제된 채로 출판됐는데, 비고츠키의 접근 방식의 절대적 기반인 마르크스주의를 외면한 것이었다.

한 교육이 요구되었다.

프레이리의 교육사상은 1950~1960년대 브라질의 극심한 빈곤, 높은 문맹률, 식민 지배의 잔재, 그리고 군사 독재로 인한 억압적인 사회 분위기에서 탄생했다. 프레이리는 억압적 체제하의 성인교육 활동으로 탄압받았고, 그로 인해 오랜 망명 생활을 했다. 프레이리의 활동은 역사적으로 1960년대 후반 종속·착취되며 비민주적이고 식민화된 브라질의 사회 상황을 잘 드러낸다. 그는 전 세계적으로 일어난 사회운동으로 특징지어진 당대 68혁명 정신을 반영하면서 포르투갈 제국에 의해 식민화된 브라질의 역사적 현실 속에서 자신의 철학을 발전시켜 갔다.

그의 교육사상은 '문해교육'을 통해 민중이 자신의 삶을 억압하는 구조를 인식하고 비판적으로 생각할 수 있게 하는 '의식화 conscientização'의 도구로서 '대화식 교육'을 중시했다. 교사가 학생에게 지식을 주입하는 방식인 억압적인 교육, 즉 '은행 저금식 교육 banking education'을 비판하면서, 대화와 토론 중심의 '문제제기식 교육'을 주창했다. 프레이리의 교육이론과 사상은 교육을 통해 사람들이 수동적인 객체에서 능동적인 주체로 거듭나야 한다는 철학과 사상으로부터 시작한 인간화humanization 교육을 지향한다. 독재 정권이 지배하던 브라질의 극심한 빈곤과 비참한 삶 속에 성장한 프레이리는 저개발의 어려움으로부터 사람들을 해방시키는 도구로서 교육을 이해했고, 그것은 남미의 억압적인 정치·사회적 상황을 극복하는 비판적 교육학critical pedagogy과 변혁적 교육학transformative pedagogy을 탄생시켰다.

듀이가 20세기 전후 미국의 산업화와 민주주의를, 비고츠키는 소련의 사회주의 혁명을, 그리고 프레이리는 브라질의 빈곤과 억압이라는 각기 다른 시대적·사회적 상황을 배경으로 한다. 이들의 교육사상은 단순히 지식을 전달하는 것을 넘어 학교와 교육이 사회문제를 해결하고 더 나은 세상(민주적, 평등적, 해방적)을 만들고자 하는 공통적인 지향점을 지닌다. 이들 모두 지식의 수동적 암기에 반대하고, 학습자의 능동적 참여와 사회적 맥락을 강조했다. 세 교육학자는 학습자를 수동적인 존재에서 능동적인 존재로 변화시킨다는 공통된 목적을 가지고 자신의 시대 상황에 맞춰 교육을 새롭게 정의하려 했다. 이들은 독립적으로 활동했고 서로 다른 이념적 맥락, 즉 미국의 '실용주의', 러시아의 '마르크스주의', 브라질의 '해방신학' 노선을 취했지만, 능동적 학습을 중시한 교육이론을 개척했다는 점에서 공통적이다. 세 사람 모두 개인주의적이고 고립된 학습을 거부하며 사회적 상호작용을 중시했고, 교육을 사회적·역사적 과정으로 보았다. 듀이는 경험을 사회적 환경에 의해 매개되는 것으로 보았고, 비고츠키는 역사와 문화를 사고의 원재료로 보았으며, 프레이리는 교육과 학습을 사람들 사이의 대화적 과정으로 파악했다. 비고츠키의 접근 방식이 새로운 사회의 심리적 바탕을 이루는 정신의 발달(사회적 사고)에 더 중점을 두었다면, 프레이리는 억압 없는 사회의 건설을 위한 사회적 행동의 실천에 더 방점을 두었다. 듀이가 다양한 문화와 장소에서 이론화하는 데 아이들을 설정하고 있다면, 프레이리는 매우 이질적인 학습 집단인 성인 농부를 설정한다. 듀이가 '민주화'를 목표로 한다면, 프레이리는 '해방'을 목표로 했다.Oikonomou, 2018: 5

교육이론의 차이와 쟁점

듀이, 비고츠키, 프레이리의 교육이론과 사상이 주목되는 것은 모두 신자유주의 교육의 부상과 아울러 진보주의 교육의 쇠퇴와 관련이 있다. 이들의 교육론에서 핵심어인 '성장'과 '발달'은 인간과 세계의 상호작용을 기반으로 인류 역사의 체계적 성과를 연계해 내는 과정이라고 할 수 있다. 이들은 교육을 통해 인간과 사회의 발달을 도모한 핵심적인 학자들이다.

이들은 각기 다른 사회적 배경에서 교육과 학습의 방향성을 제시했다. 모두 현대 교육에 지대한 영향을 미친 거장이지만, 사상적 배경과 강조점에는 뚜렷한 차이가 있다. 듀이는 경험과 민주주의, 비고츠키는 사회·문화적 상호작용, 프레이리는 해방과 비판의식을 핵심 사상으로 내세웠다. 세 학자 모두 교육은 개인을 넘어 사회 전체의 발전과 관련이 있다는 점에 동의하지만, 듀이는 점진적인 민주적 개선을, 프레이리는 근본적인 비판적 전복을, 비고츠키는 문화적 맥락에서의 인지적 성장을 강조한 점이 다르다. 이들은 모두 전통적인

듀이, 비고츠키, 프레이리 교육이론 비교

구분	듀이	비고츠키	프레이리
중심 철학	실용주의/실험주의 민주적 공동체주의	마르크스주의 심리학 사회문화적 구성주의	해방신학/비판적 교육학 민주적 사회주의
교육 목표	경험, 성장 경험 재구성 민주적 삶의 양식	사회적 언어 습득 문화 습득 문화적 도구	비판의식 고양(의식화) 해방, 실천 변혁
배움의 과정	개인의 능동적 활동 반성적 사고 도구적 지식	사회적 상호작용 지식의 공동 구성 근접발달 영역/비계 설정	문제 제기 대화 성찰
교사-학생 관계	환경 조성자 학습 파트너	비계 설정자 안내자	공동 학습자/대화자 변화의 중재자
최종 목표	민주적인 생활 개인의 성장 민주시민 양성 공동체	인지발달 고등정신 기능 문화 습득 사회주의 혁명의 심리적 구성	인간화 사회 해방 억압으로부터 해방 변혁적/해방적 교육
강조점	무엇을 어떻게 배우는가? 어떻게 경험하는가? (실험적 교실)	사회적 맥락에서 어떻게 배우고 만들어내는가? 어떻게 인간이 도구를 통해 환경과 상호작용하는가? (발달적 교육학)	어떻게 세상을 비판적으로 볼 것인가? 왜/무엇을 위해 배우는가? (교육과정 재정립 운동)

주입식 교육을 반대하고, 교육의 사회적 맥락과 사회적 상호작용의 중요성을 강조했지만, 교육의 근본적인 목적과 경험에 대한 관점, 그리고 교사의 역할에서 명확한 차이를 보인다.

이들의 교육이론과 사상은 지향성이 상당히 유사하지만, 역사적 맥락이 각기 다르기에 지향점의 차이도 보인다. 듀이는 개인의 성장과 민주적 공동체 형성에, 비고츠키는 사회문화적 발달과 개인의 인지발달에, 프레이리는 사회 구조적 억압의 해소와 사회변혁에 더 무게를 두었다. 듀이가 사회의 민주화를 위한 민주적 경험과 점진적 사회개혁을 중시했다면, 프레이리는 사회구조의 변혁과 억압받는 사람들의 모순 해결 및 해방 그리고 급진적 사회변혁을 중시했으며 Oikonomou, 2018: 84, 비고츠키는 사회적 맥락 속에서의 인지발달(발달을 통한 사회화)과 사회문화적 상호작용에 방점을 두었다.

비고츠키는 지식이 개인의 머릿속에서만 구성되는 것이 아니라, 사회적 상호작용과 문화적 맥락에서 형성된다는 사회문화적 구성주의와 마르크스주의 심리학을 바탕으로 한다. 듀이와 프레이리의 주장은 전통적 범주에 속하는 관념론과 실재론을 거부하면서 변화와 실험을 강조하는 '실험주의experimentalism'를 지향한 '실용주의pragmatism'라고 볼 수 있다. 듀이의 진보적 민주주의 교육 이상과 프레이리의 혁명적인 억눌린 자들을 위한 페다고지는 모두 '비판적 실용주의critical pragmaticism'에 매우 우호적이었다.오카디즈, 윙 & 토레스, 2022: 36 듀이는 '온건한/점진적' 실용주의 노선을, 프레이리는 '변혁적/급진적 실용주의' 노선을 지향했다. 듀이의 실험주의와 비교되는 프레이리의 교육이론과 사상은 '예언적 실용주의자prophetic pragmatist'로 분류할 수 있다.Brown, 2012: 210

오늘날 현대의 많은 교육자는 듀이의 '민주적 공동체주의democratic communitarianism', 비고츠키의 '마르크스주의 심리학

Marxist psychology', 그리고 프레이리의 '민주적 사회주의democratic socialism)'의 결합을 시도한다. 듀이는 민주주의를 더욱 발전시키는 데, 비고츠키는 사회주의 혁명의 심리적(내면적) 구성에, 그리고 프레이리는 억압적인 의식을 전복시키는 데 집중했는데, 이들 교육이론과 사상은 모두 더 참여적이고 변혁적인 학습 경험을 창출하는 데 상호 보완적인 이론적 틀을 제공하려 했다.

2. 사회적 공동체로서 듀이의 실험학교

애덤스의 헐 하우스와 듀이의 실험학교

듀이의 시카고대학교 부속 실험실 학교Laboratory School, 1896~1904는 하나의 실험학교experimental school다. 듀이 실험학교는 1889년 설립한 선구자 정착촌으로, 헐 하우스Hull House의 혁신적인 여성들과 밀접한 연관이 있다. 제인 애덤스와 엘렌 게이츠가 설립한 헐 하우스는 미국 최초의 시카고 정착촌settlement house으로, 이민자들에게 필수적인 수업, 보육, 문화 활동 등 사회 및 교육 서비스를 제공했다. 헐 하우스의 기본적인 운영 철학은 지식 공유, 공동체 조성, 이민자들이 미국 생활에 적응할 수 있도록 지원하는 데 중점을 두었다. 실용주의자들은 지식과 이론이 실제 경험에 기반해야 하며, 실제 경험을 고려하는 방식으로 구성되어야 한다고 믿었다.

듀이는 애덤스Jane Adams, 1860-1935를 "내가 본 가장 훌륭한 지적·도덕적 신념의 표현"이라고 묘사했다. 듀이는 애덤스가 "민주주의란 특정 유형의 경험, 즉 다양한 형태와 유형의 경험에 대한 관심을 의미한다"는 실용주의 명제를 최초로 명확하게 제시했다고 평가했다. 애덤스는 『민주주의와 사회윤리』1907에서 민주주의가 단순히 감정이나 신조가 아니라, 사람들의 일상생활에 실질적으로 통합되어야 하는 '삶의 규칙'이라고 주장했다. 그는 현대 민주주의의 많은 실패가 사회 각계각층의 고립으로 서로의 경험을 이해하지 못하는 데서 비롯된다고 주장했다. 이런 문제를 해결하고 민주주의를 더욱 견고하게 만들려면 같은 사회에 속한 다양한 사람들이 서로 연결되어야 한다고 강조했다.

따라서 민주주의는 소수의 분리된 정치제도로 축소되어 시민들의 민주적 참여가 단 한 번의 투표 행위로만 축소될 수 없다고 보았다. 민주주의는 모든 시민이 삶의 방식으로서 경험 속에 뿌리내린 능동적인 실천이어야 한다. 이는 사회의 다양한 구성원들이 '섞여' 그들에게 주변의 삶에 대한 더 넓은 이해와 참여를 제공함으로써만 달성될 수 있다고 할 수 있다. 애덤스는 사회를 공유하는 다양한 사람들의 삶의 방식, 투쟁, 그리고 필요에 대한 노출을 통해 서로에 대한 공감, 존중, 그리고 민주적인 도덕적 의무감을 함양할 수 있다고 주장했다. 예를 들어 그는 사람들에게 온갖 삶을 알 기회를 주는 데 신문과 문학의 중요성을 언급했다. 애덤스에게 이러한 다양한 인간 경험과 그로 인한 공감은 민주주의의 토대이자 보전이었다.

애덤스와 생각과 사상을 공유한 듀이는 헐 하우스에서 강의를 했다. 듀이는 헐 하우스를 지역사회와 통합된 학습 환경의 대표적인 사례로 여겼다. '학교가 사회적 중심지'라는 개념은 듀이 스쿨 설립에 영감을 주었다. 학교를 '지역공동체 센터community center'로 본 듀이는 자신의 아이디어를 구현할 헐 하우스를 모델로 한 대안적 실험학교로 '듀이 스쿨Dewey School'을 창립했다. 헐 하우스와 마찬가지로 학교생활과 지역의 사회생활을 연결하는 '경험 학습' 이론을 바탕으로 진보적인 교육사상을 실험했다. 듀이학교는 헐 하우스의 진보적이고 경험 중심적 교육철학을 공유했다. 듀이와 애덤스의 관계는 지적인 동맹 관계였을 뿐 아니라, 사회개혁과 교육 분야에서 서로의 활동을 공유하며 영향을 미쳤다. 진보주의 교육 이론 검증을 위한 '과학적 실험실'로 설계된 획기적인 교육기관으로 시카고대학교에 설립된 '실험학교'는 진보적인 교육사상을 실제 환경에서 검증하는 '실험실' 역할을 했다. 듀이학교는 사회적 지성을 실험하는 듀이적 실용주의의 중심에 위치한 일종의 '탐구 공동체communities of inquiry'라고 할 수 있다.Durst, 2010: 2, 7 듀이학교는 개인주의 윤리를 넘어서는 관심의 공동체, 협동적 공동체를 이상으로 삼은 것이다.

그리하여 헐 하우스와 듀이 스쿨의 관계는 미국 진보주의 교육과 사회운동의 근간을 이루게 되었다. 산업 민주주의에서 보여주는 작업장의 민주주의 문제는 하나의 정부 형태를 넘어서는 '연합적 삶associated life'—관용과 평등을 바탕으로 다른 사람과 협력하는 생활—의 양식을 구현하는 소통과 공유의 장소임을 보여준다. 듀이는 헐 하우스에서 아이들이 어떻게 배우는지에 대한 문제들—암송과 반복으로 이루어진 수업 상황—을 목격했다. 여기서 듀이는 '겪는 것undergoing/suffering'과 '행위하는 것doing/trying', 그리고 행동하고 그 결과를 고려하는 것을 통해 '유기적 회로organic circuit'를 발견했다.Durst, 2010: 2, 46 유기적 회로를 통한 학습이론은 개인의 필요와 사회의 필요를 조화시키는 교육과정이다. 이러한 사회적 작업과 공동체 철학에 바탕을 둔 실험학교의 교육과정은 인간이 집단적 행동을 통해 함께 발견하는 것으로서 지식을 실용적으로 이해하는 것과 관련이 있다. 그리고 삶의 양식으로서 '민주적 공동체주의'[3]에 대한 생각과 아이들이 실험의 장을 찾는 실험적 실천과도 관련이 있다.

실험학교: 잃어버린 이상

진보주의 교육의 아버지로 불리는 듀이는 학교에서 지적 훈련과

도덕적 훈련의 분리, 정보 습득과 인격 함양의 분리가 많은 것을 매우 개탄스런 현상으로 보고, 이는 학교 자체가 사회적 기관, 즉 사회적 삶과 가치를 지닌 기관으로 인식하고 구축하는 데 실패한 결과일 뿐이라고 지적했다. 학교 밖 교육은 거의 전적으로 개인이 속한 집단의 사회적·공동체적 삶에 참여함으로써 이루어진다. 듀이는 실험학교를 통해 암기 위주 교육을 탈피하고, 경험의 재구성을 통한 전인적 성장과 민주시민 양성을 목표로 삼았다. 듀이학교는 암기식 교육보다는 직접적인 경험, 문제해결, 사회적 참여를 통해 실습 중심적이고 활동적인 아동 중심 학습을 강조하여 비판적 사고와 민주적 이상을 함양하고자 했다. 듀이는 학교를 아이들이 암기식 학습이 아닌 능동적인 참여, 탐구 그리고 직접 체험을 통해 배우는 사회적 기관으로 옹호하는 진보주의 학교, 즉 '실험학교'의 위상을 지녔다. 실험학교 입학생 유치를 위해 마련한 학부모 보고회에서 듀이가 실험학교 경험을 분석하고 평가한 『학교와 사회』[1899]는 실험학교를 통해 도래할 새로운 사회의 모습과 이상을 잘 보여준다.

듀이는 학교를 사회 축소판으로 보고, 교육을 통해 민주적인 사회를 점진적으로 개혁하고자 했다. '성장으로서의 교육'을 강조하며, 경험을 바탕으로 한 학습을 통해 사회적 지성을 기르고자 했다. 학

---

3. 듀이의 철학에서 민주적 공동체주의(democratic communitarianism)와 사회적 민주주의(social democracy) 및 사회주의적 민주주의(socialist democracy)는 분리된 개념이 아니라, '삶의 방식으로서의 민주주의'라는 하나의 큰 틀에서 상호 연관되고 발전적인 관계를 맺고 있다. 듀이의 전기 사상인 '민주적 공동체주의(공동체적 생활방식, 공화주의적 요소)'의 토대 위에 대공황을 거치면서 사회적·경제적 불평등을 해결하기 위한 후기의 '사회주의적/사회적 민주주의(민주적 사회주의)' 방식으로 연결되는 과정이다. 이런 노선은 프레이리의 '민주적 사회주의'와 상통하는 노선이다. 듀이의 사회적 민주주의와 프레이리의 민주적 사회주의는 교육을 통한 민주적 성장을 보장하는 사회를 지향하는 형제 철학과 같다. 듀이가 미국이라는 배경에서 진보주의 교육과 자유주의의 사회주의적 확장을 꿈꿨다면, 프레이리는 라틴아메리카의 억압적인 상황에서 교육을 통한 해방과 민주적 변혁을 더 급진적으로 추구한 점이 다르다.

교 내에서의 민주적 공동체 경험이 미래의 민주 시민을 양성하여 사회를 더 나은 방향으로 점진적으로 '재건reconstruction'할 수 있다고 믿었다. 학교 교육을 통한 진보적이고 능동적인 사회 참여를 중시했다.

오늘날 학교가 '축소 사회miniature society' 또는 '축소 공동체 miniature community'처럼 기능해야 한다는 생각은 협동학습이나 지역사회 봉사와 같은 형태로 축소되어 실험되었다.Tanner, 1997: 24 농장을 짓거나 역사를 탐구하는 등, 실제적인 프로젝트에 참여하는 아동들을 위한 '축소 사회'—축약된 질서가 있는 '사회적 삶'의 한 형태—로서, 듀이의 실험학교는 '실천을 통한 학습'을 중시함으로써 미래 교육 혁신의 모델로 나타나고 있다.

실험학교의 역사적 유산으로 듀이가 설립, 운영한 최초의 '듀이학교'는 결국 문을 닫았지만—이후 다른 사람에 의해 연구와 혁신의 중심 센터로, 대학 부속학교로 운영되고 있다—, 듀이 실험학교의 교육 정신은 현대 교육에 지대한 영향을 미쳤다. 이 학교는 진보적 교육의 상징적인 사례로 남아 있으며, 경험 및 사회적 요구와 연결된 교육과 학습을 추구했다. 듀이와 그의 동료들에 의해 추진된 교육 혁신운동과 이와 연계된 교사 양성을 위한 장소로서 실험학교의 탐구 작업과 성찰적 실천은 지금까지 이어지고 있다. 듀이 실험학교의 센터 역할을 한 실천적 여교사들(카틀린 캠프, 알테아 하머, 매리 힐)[4]과 시카고 대학 철학·심리학·교육학부의 이론가들(제임스 엔젤, 허버트 미드, 제임스 터프스 등)의 협동 작업과 집단적 지성은 긴밀하게 연계되어 연관을 맺으며 실험적 활동으로 추진되었다. 사회적 센터로서 듀이 학교는 공동체 건설을 '정신적 지성을 지닌 사

---

4. 듀이학교 이사장인 듀이의 부인 엘리스는 이 학교 교장 역할을 했고, 그의 딸도 교사를 했다.

회주의'라고 여겨졌고, 많은 사람에게 더 높은 교육에 대한 기대와 행복을 추구하는 것으로 발전했다.^{Durst, 2010: 141}

스탠리 홀(헤르바르트 심리학)과 조지 모리스(헤겔 철학) 그리고 윌리엄 제임스 및 찰스 퍼스(실용주의)의 영향을 받은 듀이는 우리가 가르치고 배우는 방식에 지대한 영향을 미치고 있다. 듀이 실험학교가 7년 만에 끝났지만, 이후 실험학교의 운영 원칙과 실천 경험 및 성찰들은 유효한 교육과정 및 교수법 논쟁을 촉발한 진보주의 교육이론을 형성하면서 급진적 교육개혁에 큰 영향을 미쳤다. 그리고 듀이 학교의 공동체적 모습이 소모적인 경쟁으로 전락한 학교에 대한 대안학교로 새로이 떠오르고 있다. 물론 듀이는 철학과 심리학 이론에 근거하여 자신의 주도 아래 추진된 듀이 학교가 '실천학교'나 '진보학교'로 불리기를 탐탁해하지 않았고, '실험학교'라고 불리길 원했다.^{Mayhew, 1936: 464}

지금도 존재하는 시카고대학교의 실험학교는 말 그대로 그의 사상을 실험하기 위한 환경에서 진행되었다. 연구를 위해 가설을 세우고 그 가설을 검증하는 차원에서 대학 실험실에서 이루어지는 실험처럼 말이다. 이 학교에 다닌 아이들의 삶을 두고 실험이란 말을 쓰는 것이 '어불성설'인 듯하지만, 듀이와 이후 진보적 교육을 지지하는 사람들에게 이 학교의 환경은 말 그대로 '대학 실험실'의 연구임이 분명했다.^{유성상, 2022} 듀이의 진보주의 교육 실험은 주변의 다른 학교들과 환경이 아주 다른 '단절'을 통한 새로운 교육을 선보이는 것이었지만, 그 새로운 도전과 실험은 학교교육 및 지역사회의 변화에 상당한 바람을 일으키며 선도적 역할을 했다. 듀이의 실험학교는 현대 교육이 지향해야 할 학생 주도적 탐구, 민주적 공동체 의식, 그리고 삶과 통합된 교육 경험을 제공하는 실천적 토대를 마련해 준다.

특히 개인주의의 범람으로 공동체성이 상실된 현대사회에 대한 대안적 공동체, 그리고 사회적 센터 또는 지역공동체 센터로 등장한 듀이의 실험학교는 미국 공교육이 위기를 맞이하면서, 오늘날 공동체 갱생을 위한 사회적 자본social capital[5]으로서 새로운 관심을 끌고 있다.퍼트넘, 2009 사회적 유대와 결속이 급속히 해체되고, 개인주의적 고립이 심화하는 미국 사회의 위험과 위기를 맞이하여 이에 대한 대안으로 공동체 학교로서 '실험학교'가 떠오르고 있다.

3. 비고츠키의 문화역사적 심리학과 발달교육학

듀이가 비고츠키에게 미친 영향

듀이와 비고츠키는 서로 다른 시대와 환경(미국 실용주의/소련 마르크스주의)에서 활동했으나, 교육과 발달에서 사회적 경험과 능동적인 활동을 강조한 점에서 깊은 이론적 연관성이 있다. 비고츠키는 듀이의 저작을 연구했을 뿐 아니라, 그의 교육적 사상을 발전적으로 수용하여 자신의 사회문화적 인지발달 이론에 통합했다. 듀이와 비고츠키의 교육이론과 사상이 만날 수 있는 지점은 모두 20세기 전반까지의 진보적 교육의 흐름을 공유한다. 비고츠키가 러시아 혁명에 대한 자신감과 건설 과정의 노선 갈등이 교차하던 시기에 변증법적 유물론의 방법론으로 마르크스주의적 심리학을 정립하고

---

5. 오늘날 미국 사회는 정치의 무관심 증대, 참여 쇠퇴, 정치적 소외와 염증의 확산, 공동체 해체, 민주주의의 위기, 개인의 건강 저하 등으로 공동체 갱생을 위한 '사회적 자본'(개인들 사이의 연계와 이로부터 발생하는 사회적 네트워크, 호혜성과 신뢰의 규범)에 대한 관심이 높아지고 있다. 특히 사회적 조직과 시민참여를 강조하는 사회적 자본은 어린이의 성공적 발전을 위해 중요하다. 아리스토텔레스에서 시작하여 루소, 제임스, 듀이에 이르는 철학자들은 시민의 문제를 논할 때, 어린이와 청소년 교육에서 시작했다. 이들은 사회적 자본으로서 민주적 시민이 갖추어야 할 필수적인 품성, 능력, 지식, 습관 그리고 그것들을 시민들에게 전달하는 방법에 관해 깊이 생각했다(퍼트넘, 2009: 674).

자 했다면, 듀이는 자본주의적 산업화로 인한 급격한 사회 변화 속의 미국에서 전통 철학에 이원론을 극복하고 그에 맞서 민주주의적 시민 주체 형성의 교육을 이루고자 했다.[이윤미, 2019: 29]

비고츠키는 듀이가 강조한 '경험'의 개념을 '사회적·역사적·문화적 맥락'으로 발전시켜 구체화했으며, 듀이가 말한 경험이 일어나는 맥락을 발달의 핵심 요소로 보았다. 듀이의 진보주의 교육 사상(경험, 행동, 사회성)을 심리적·역사문화적 토대 위에 재해석하여 인지발달 이론의 완성도를 높였다. 듀이가 인간과 동물을 구분 짓는 특성으로 언어를 다루면서 주장하는 내용이 비고츠키의 입장과 상당히 유사하다는 점은 매우 흥미롭다. 비고츠키의 '실험심리학experimental psychology'은 듀이의 '실험교육학experimental pedagogy'과 무관하지 않은 듯하다.[6] 서로의 글을 읽었다는 흔적은 찾을 수 없지만, 듀이의 러시아 방문[1928]을 계기로 이후 듀이와 비고츠키 모두 관점의 변화를 보인 것은 분명해 보인다. 비고츠키의 글에서 실용주의의 창시자 윌리엄 제임스에 대한 언급이 보인다. 제임스의 제자 듀이와 비고츠키가 가장 활발하게 활동하던 1920년대는 러시아혁명을 계기로 전 세계적인 진보의 기운이 높았던 시기이기에 상대의 글을 통해 서로의 이론을 알았을 것이다. 이 둘의 접점을 역사사회적 존재로 인간을 발달하게 하는 교육의 원리에서 찾을 수 있을 것이다.

---

6. 듀이와 비고츠키는 20세기 초 교육과 심리학 분야에서 아동 중심의 실천적 접근을 강조한 거장들이다. 듀이는 학교를 사회적 경험의 장으로 보는 '실험적 교육학(실험학교)'을, 비고츠키는 문화적 도구와 상호작용을 통해 고등정신기능이 발달한다는 '실험심리학(사회문화적 접근)'을 확립했다. 듀이는 학생의 흥미와 경험을 중시하며 '행동' 중심 교육을 제안했고, 비고츠키는 지식의 사회적 기원과 '상호작용'을 통한 인지발달을 강조했다. 두 학자 모두 교육이 아동의 능동적인 참여를 필요로 한다는 점에서는 일치하지만, 듀이는 환경과의 직접 경험에, 비고츠키는 타인과의 사회적 대화와 도구 활용에 더 큰 무게를 두었다.

실험심리학으로서 문화역사적 심리학

　지식의 생산과 문화적 맥락이 중요해진 1920년대 말과 1930년대 초를 배경으로 한 비고츠키의 교육이론과 사상은 개인의 정신적 발달뿐만 아니라, 사회적 상호작용과 문화적 맥락에서 이루어져야 한다는 '문화역사적 심리학'을 기반으로 한다. 당시는 전 세계에서 소위 '진보적인' 새로운 교육 형태를 구현하려는 열정적인 실험들이 펼쳐지던 시기였다. 이런 진보적 교육사상의 파고는 소비에트 연방을 지나치지 않았다. 비고츠키는 당시 교육제도에서 벌어진 진보적 교육의 새로운 전개 과정을 잘 알고 있었다.비어, 2023: 264-271 지식을 암기하거나 외부 자극에 반응하는 행동주의 이론을 비판하면서, 인간은 언어와 도구를 통해 '고등정신기능higher mental functions[7]'을 내재화해야 한다는 '사회문화적 이론'을 바탕으로 교수학습과 발달의 관계에 관한 생각을 발달시켰다. 모든 인간의 근본적인 인지 활동은 사회사의 모태에서 형성되었고, 결과적으로 사회역사적 발전을 낳았다고 보았다.루리아, 2013: 11 비고츠키 교육사상의 핵심에는 우리가 어떻게 의식하고 생각하며 느끼는 인간으로 발달하는지를 이해하고자 한 탐색이 깊이 자리잡고 있다. 비고츠키의 이론은 개인은 자신이 살고 있는 사회에 의해 형성되고 사회화된다는 마르크스주의적 이해에 기반을 두고 있다.Bassett, 2024

---

7. 아동과 사회의 상호작용 과정에서 언어를 매개로 지식을 내면화하는 과정이 '기초정신기능'(본능적 정서, 감각적 지각과 반응적 주의, 자연적 기억, 시각적 사고)을 토대로 기호, 언어 등을 매개로 문화적으로 발달하면서 출현하는 '고등정신기능'을 축적·구성해 가는 과정이라고 볼 때, 이는 듀이가 제시하는 '아동과 사회와의 관계'의 연장이거나 언어를 매개로 한 구체화 작업을 한 것이라고 할 수 있다. '고등정신기능'은 생물학적 기초 수준을 넘어, 사회·문화적 환경에서 타인과의 상호작용 및 언어(기호)의 내면화 과정을 통해 발달하는 인간 특유의 의식적·능동적 사고 체계다. 고등정신기능에서 눈에 보이지 않는 연관 관계, 본질을 파악하는 개념적 사고는 인간만의 문화적인 정신기능으로서 체계적 학습과 생각 훈련을 통해 발달할 수 있다.

마르크스주의의 과학적 사회이론과 혁명적 정치학에 필수적인 마르크스주의 심리학은 공정하고 협력적인 민주사회로의 변혁을 위해 절대적으로 중요한 관점을 제공할 수 있다. 비고츠키의 마르크스주의는 스탈린주의(기계적·전체주의적 경향성)의 영향을 받지 않고, 그것과 전혀 결이 다른 '문화역사적 심리학cultural-historical psychology'을 지향한다. 1920년대와 1930년대 초반의 마르크스주의는 우리가 알고 있는 것보다 훨씬 다양했으며, 역동적·개방적·창조적인 흐름을 보였다.레트너 & 실바, 2020: 17 비고츠키는 교육 현장에 대한 공상적 이상주의를 낳은 철학적 교육학과 영혼 없는 심리학을 비판하며, 추상적 사색이 아닌 사회윤리학과 과학적 교육학이 결합된 '실험심리학'—교육받는 유기체의 실제 발달과 그 유기체의 교육 환경과의 상호 교류를 강조—을 주창했다.비고츠키, 2026: 21-35

네오-비고츠키주의자들이 볼 때, '사회적 환경'이란 아동이 발달하고 또 적응하고자 분투하는 맥락에 불과한 것이 아니며, 아동을 둘러싼 사회적 환경의 대표자로서 성인이란 아동에게 이른바 '정신 도구psychological tools'를 제공하는 존재다. 아동이 습득하고 내면화한 심리적 도구(기호 도구)는 아동의 '정신 과정'을 매개한다. 인간의 정신 과정은 아동에 의해 독자적으로 구성되는 것(구성주의자들이 말하듯)이 아닐 뿐 아니라, 성숙의 결과로 아동이 스스로 전개해 가거나(생득주의자들이 말하듯), 성인이 아동에게 주입한 것(행동주의자들이 말하듯)도 아니다.카르포프, 2017: 19-20 정신 과정의 발달은 아동이 맺는 사회적 사회작용의 맥락에서 성인에 의해 '매개된' 것이다. 고안물이라 할 수 있는 '매개mediation'는 아동과 성인 사이에 이루어지는 의사소통의 맥락에서 일어나기보다는 특별히 고안된 아동의 활동 상황에서 발생하는 것이다. 비고츠키는 아동의 사회문화적 발달을 '매개'—아동에게 새로운 심리적 도구를 제시하고, 이 도구의 습득과 숙달 과정을 조직하는 것—의 결과로 보았기에 새로운 동기의 발달과 학습의 주된 결정요인은 주로 '매개'로 말미암은 것이다. 말과 글이라는 매개를 통해 의식과 인식을 만들어 가는 것이다.

비고츠키는 사람들이 자신의 공동체 문화를 자기화해 가는 문화적 도구의 원형은 이런저런 인공물이 아니라 '입말spoken word'이라고 단언했다. 말은 인류의 진화 과정에서 노동(연장의 사용)과 동시에 출현했다. '글말written word'은 더 나중에 생겨났는데, 계급사회와 문명화로 넘어가는 시기와 일치한다.블런던, 2020: 254 입말과 글말로 구성된 '낱말word'이란 소리와 의미를 지녀야 한다. 또한 말과 생각, 소리와 의미의 통일을 뜻하는 '낱말의 의미word meaning'는 일반화와 사회적 상호작용의 통일, 생각과 의사소통의 통일이기도 하다. 생각과 말은 '낱말의 의미', 즉 말과 생각의 통일, 소리와 의미의 통일에서 일치한다.[8]

말은 인류의 진화 과정에서 노동(연장의 사용)과 동시에 출현했다. 인간은 낱말과 함께 세상을 향해 끊임없이 질문하고, 실천하고, 다시 질문하고 다시 실천한다. 이러한 과정을 통해 인간은 자신과 세계를 성장시켜 간다. 비고츠키와 그 후학들은 사회적 상호작용 맥락 속의 매개를 아동 발달의 결정적 요인으로 간주했다. 교육이란 매개의 일반적인 원칙과 일치하는 방향으로 조직되어야 하고, 아동의 정신이 형성되는 과정의 '잠재적 발달 수준'에 초점을 맞추어 아동의

---

8. 비고츠키와 아렌트는 '말(speech/word)'을 인간의 발달과 존재에 핵심적인 요소로 보았으나, 그 관점과 목적에서 결정적인 차이를 보인다. 비고츠키에게 말은 인지적 성장과 내면화의 도구인 반면, 아렌트에게 말은 타자와의 관계 속에 존재를 드러내고 새로운 시작을 만드는 행위다. 비고츠키는 '어떻게 말을 통해 개인이 성장하는가'에 대한 심리학적 답을 제시했다면, 아렌트는 '말을 통해 인간이 어떻게 고유한 존재가 되어 공존하는가'에 대한 철학적 답을 제시했다. 교육적으로 비고츠키는 상호작용을 통한 학습을, 아렌트는 개성을 가진 주체로서의 성장과 공공성을 강조한다고 볼 수 있다.

발달을 이끌어간다. 이러한 교육은 발달할 준비가 된 심리적 과정, 그리고 근접발달영역에 있는 정신의 과정을 일깨우고 생기를 불어넣는 것이다.카르포프, 2017: 51

최고 수준으로 발달한 가치 형태라는 측면에서 마르크스 이론과 비고츠키 이론의 유사성을 지적하자면, 마르크스에겐 '화폐'이고 비고츠키에게 '내적인 말'이다. 두 이론가 모두 사용가치가 점차 교환가치로 옮아가는 현상을 지적했다.페이건파울, 2020: 291 정치·경제 발달에 관한 마르크스의 이론과 언어적 사고 발달에 관한 비고츠키의 이론은 닮은 점이 많다. 그 하나는 두 이론 모두 조사 대상의 현상들이 서로 분리되고 대립적인 양상을 띠다가 나중에 하나로 병합되는 두 체계로 이루어진다는 점이다. 마르크스주의 이론에서 서로 갈등을 겪다가 통일되는 두 체계는 정치와 경제이고, 비고츠키 이론에서는 생각과 말이다. 두 번째 유사성은 각각의 현상들이 다른 시기를 통해 발달하는데, 각 시기는 앞의 형태보다 점점 더 복잡한 성질을 지닌 상이한 발달 형식으로 나타난다. 이러한 비교를 통해 발달에서 개인적 말과 그 특별한 역할이 적절히 소개되기만 하면 더욱 충실히 수행될 수 있다는 것을 알 수 있다..

아동발달에 대한 네오-비고츠키주의자의 관점과 생득주의자나 행동주의자 및 구성주의자의 관점 사이의 또 다른 중요한 차이는 비고츠키와 그의 후학들이 총체적 인격체로서 아동의 발달을 보는 점이다. 이들은 아동의 인지와 인성, 그리고 사회적 발달을 각각 분리된 과정으로 보지 않고, 아동발달의 전체론적 모형으로 통합한다.카르포프, 2017: 20 아동발달의 결정요인에 관한 혁신적인 관점이나 전체론적 발달 관점에 영향을 받은 네오-비고츠키주의자들은 산업사회 아동의 출생에서 청소년기에 이르기까지의 발달을 단계별로 설명하고 수준별 발달 기제에 대한 새로운 설명을 제한하기에 이르렀다. 비고츠키와 그 후학들은 인간발달에서 사회적 환경의 결정적인 중요성으로 말미암아, 인간과 동물의 결정요인에 중대한 차이가 존재한다고 주장한다.

네오-비고츠키주의자들은 그의 이론을 아동발달과 관련하여 논리적이면서도 내적 일관성이 있는 '활동 이론activity theory'을 정교화했다. '행동action'은 일시적으로 일어나는 현상이며, 언제 시작해서 언제 끝나는지가 비교적 명확하지만, '활동activity'은 보다 긴 사회·역사적 시간을 통해 조직이나 제도의 형식 속에서 일어난다. 활동이란 체계 속에서 집단적으로 형성되는 것으로, 체계에 의해 만들어지는 행동들이 지속적으로 쌓여서 구성되는 것이다.성열관, 2019: 50-51 '활동 체계'는 다성성multi-voicedness으로 이루어진다. 인간 활동체계의 구성원들은 제각기 사회적 노동분업에 따른 상이한 위치에 놓여 있으며, 문화·역사적 차원에서 볼 때 각기 다른 식으로 사회화된 사람들이기 때문에 이들 사이에는 늘 모순과 긴장이 존재한다. 이러한 모순은 변증법적 함의를 갖기에 변화와 발전의 원동력이 된다. 골치 아픈 고충이나 갈등과 같이 부정적인 함의를 갖는 것이 아니라, 그것을 넘어 활동체계 내에 역사적으로 쌓인 '구조적 긴장'으로서 긍정적인 효과를 잠재하고 있다.

행동보다 활동을 강조하는 네오-비고츠키주의자들의 입장은 이론과 행동을 통합한 형태의 '프락시스praxis'와 근접한 것이라고 할 수 있다. 오늘날 비고츠키의 후계자들은 아동의 문화적 발달에서 모든 기능이 처음에는 사회적 수준에서 나타난다고 말했다. 즉 아동은 사회적 환경에서 다른 사람의 도움으로 어떤 임무를 수행할 수 있다. 이후 같은 기능이 심리적 수준에서 나타나고 아동은 그것을 활성화할 수 있다. 3세대 비고츠키주의자로 불리는 엥게스트롬은 기존 활동체계와 새로 등장한 새로운 활동체계 사이의 틈을 활동의 근접발달영역이라고 보았다.Engeström, 1999 이는 비고츠키의 인지적 근접발달영역 개념을 활동체계로 확장한 것으로 볼 수 있다. 이 이론은 아동발달에서 '활동'의 중요성을 강조하면서 인지적·동기적·사회적 측면의 통합적 발달을 추구한다.[9] 이를 통해 비고츠키를 지나치게 개인주의 심리학으로 전유하는 흐름을 차단하는 비고츠키주의의 '문화역사적 측면'을 확장시켰다.

4. 프레이리의 민중적 공교육 창출 실험

듀이가 프레이리에게 미친 영향

프레이리는 듀이의 진보주의 교육사상에서 지대한 영향을 받았다. 프레이리를 '남미의 듀이'라도 부르기도 한다. 브라질에서 추방되어 있던 16년(1964~1980) 동안, 그의 교육사상이 여전히 살아 있도록 지켜준 것은 그의 이상주의와 유토피아에 대한 염원이었다. 이는

---

9. 네오-비고츠키주의자들의 '활동(activity)' 이론과 한나 아렌트의 '행위(action)' 이론은 모두 인간을 사회적 맥락에서 능동적인 존재로 파악하지만, 그 초점과 지향점에 차이가 있다. 네오-비고츠키주의자들의 활동이론과 아렌트의 행위이론은 인간의 주체적이고 사회적인 측면을 다룬다는 공통점이 있지만, 그 초점과 목적, 그리고 매개 방식에서 뚜렷한 차이를 보인다. 네오-비고츠키주의자는 사회문화적 도구를 통한 발달과 생산적 변화에, 아렌트는 공적 영역에서의 자유와 고유성 표출에 집중했다. 네오-비고츠키주의자의 '활동'은 사회적 도구를 활용해 세상을 변형하고 인간을 발달시키는 실천을 의미하며, 아렌트의 '행위'(노동, 작업, 행위로 구성된 '활동적 삶'의 하나로서 가장 고귀한 인간적 활동)는 공적 영역에서 말을 통해 자신의 독특함을 타인에게 드러내고 자유를 누리는 정치적 행동을 뜻한다. 네오-비고츠키주의자에게 '활동'은 문화를 매개로 세상을 배우고 변화시키는 발달적-도구적 과정이며, 아렌트에게 '행위'는 정치적 공간에서 타인과 소통하며 고유한 '나'를 드러내는 실존적-정치적 과정이다. 두 이론 모두 사회적 맥락을 중요시하지만, 비고츠키주의가 '어떻게 인간이 도구를 통해 환경과 상호작용하는가'에 집중한다면, 아렌트는 '어떻게 인간이 타인과 소통하며 자유로운 존재로 드러나는가'에 집중한다.

학습자의 비판의식 고양(의식화)[10]을 목표로 하는 무수한 교육 프로젝트에 영향을 주면서 전 세계적인 관심과 호응을 받았다. 그런데 프레이리의 이상주의는 브라질의 민주화 과정을 통해 상파울루시 교육감직을 수행하면서 그의 생애 마지막인 20세기의 마지막 10년 동안 이전까지 경험해 보지 못한 가장 큰 도전을 이겨내야 했다. 그의 '유토피아적 이상주의utopian idealism'[11]는 1990년대 상파울루시 교외 학교의 맥락에서 아동을 교육하는 일의 관료화, 제도화, 구체적 조건이라는 현실과 부딪친 것과 연관된다.오카디즈, 윙 & 토레스, 2022: 33

이런 유토피아적 이상은 브라질의 진보주의적 교육사상의 핵심을 이루면서 프레이리의 철학적 원천과 토대가 되었다. 인간화를 향한 프레이리의 해방적 교육의 핵심에는 '유토피아' 사상이 담지되어 있다.심성보, 2022: 89-90, 117 프레이리에게 유토피아는 자유로운 상상에서 나오는 것이 아니라, 사회적으로 정의로운 교육체제를 만들겠다는 구체적인 생각에서 도출된 것이다. 프레이리는 학교가 학생들의 열망과 기대에 바탕한 유토피아 사상에 뿌리를 두지 않고 학생들을 걸러내거나 진정시키는 사회화 기관으로 전락했다고 비판했다.

1980년대 브라질에서 비판적이고 변혁적인 교육사상 접근의 발달에 참여해 온 사람들, 특히 상파울루대학교, 상파울루가톨릭대학교, 캄파나스대학교에 재직하는 진보적 학자들은 그 시기가 프레이리를 상파울루시 교육감에 임명함으로써 자신들의 진보적 교육개혁안들을 실천에 옮길 수 있는 절호의 기회라고 생각했다. 이 점에서 프레

---

10. '의식화'는 우리의 존재를 인간적이게 하는 근본이다. 의식화는 미완의 인간 존재로서 자신을 성장시키는 끊임없는 각성의 과정이다. 따라서 의식화는 비판적 각성뿐만 아니라 양심의 함양을 포함한다. 의식화는 현실을 변화시키는 '앎의 행위'이면서 '행위의 수단'이 되기도 한다.

11. 프레이리 교육사상을 '유토피아적 이상주의'로 범주화하기도 하지만, 다더(2021: 103)는 '유토피아적 현실주의(utopian realism)'로 분류한다.

이리의 교육사상을 아동의 학교교육에 적용하게 된 상파울루시에서의 교육개혁 과정은 비판적·변혁적 교육이론 및 프로그램에 관한 성찰적이고 분석적인 평가를 위한 특별한 기회가 되었다.오카디즈, 윙 & 토레스, 2022: 33 경제적·정치적으로 불꽃 튀는 모순과 다양한 사회문화적 복잡성으로 점철된 사회환경에서 이러한 교육 프로그램들이 행해졌기 때문이다.

비고츠키가 프레이리에게 미친 영향

프레이리는 말년에 비고츠키의 『생각과 말』1931을 읽고 큰 영향을 받으며 무척 행복해했다. 프레이리와 비고츠키 모두 역사와 언어의 정복에 상호연관성을 보여준다.가도티, 2012: 175 비고츠키의 '역사문화적 언어관'은 사회주의 사회로의 실질적인 이행기에서 혁명적 상황을 반영한 것이고, 프레이리의 '의식화'는 혁명의 미래 주체가 그들 자신의 참여적이고 비판적 세계의식을 창조하고, 그 세계에서 자신의 자리를 차지하도록 돕기 위한 시도였다. 프레이리는 교육감을 하면서 처음에는 성인교육에 초점을 맞추었으나, 비고츠키의 영향을 받아 아동 및 청소년의 전체 심리적 발달에 방점을 두었다.

2021년 프레이리 탄생 100주년을 맞이하여 비고츠키와의 가상 대화가 미국에서 열렸다. 두 사람의 대화를 상상하는 모임이라 할 수 있다.Jones, 2021 21세기 오늘의 관점에서 프레이리와 비고츠키를 연결하려는 시도였다. 인간의 자기해방에 봉사하는 교육 철학 및 실천을 재고하고 재창조하는 데 헌신한 두 교육사상가의 가상 이야기마당이었다. 서로 다른 시대에 서로 다른 대륙에 살았지만, 두 사람은 사회 변화와 교육 변화의 의미심장한 결합을 강조하는 접근법을 공유했다. 개인적 맥락과 사회적 맥락의 부단한 상호작용을 통해 언어가 발달하고 확장되고 수정되어 가면서 인간과 사회는 진화해 간다고 할 수 있다. 두 사람의 이론을 둘러싸고 인간해방을 추구하는 교육학적 실천에 대한 가상 대화가 열린 것이다.

비고츠키와 프레이리는 환경이나 경험 자체가 다름에도 공통점을 보였다. 자신들의 문화에서 개인적 관점과 다른 사람들의 관점을 연관 짓는 능력을 지니지 못하면, 이러한 결함은 문해literacy의 장애를 낳는다.핀레이 & 페이스, 2015 인간의 상호작용에 대한 사회적·대화적 특성을 강조하는 언어 인식에서 비고츠키는 어린이와 청소년의 심리적 발달을 도모하고자 했고, 프레이리는 학생들의 비판적 인식을 개발하는 데 초점을 두었다. 두 사람은 많은 부분에서 유사하거나 연결 지점이 있는데, 프레이리의 '사고-언어' 개념과 비고츠키의 '낱말-의미' 개념은 말과 생각이 강하게 연결되어 있다는 의미에서 이해될 수 있다.

인간의 사고를 확장시키는 비고츠키의 생각을 프레이리 방식으로 해석하면, 문해 역량 신장을 위한 '펼침unfold'의 방법으로서 입말보다 글말이 훨씬 중요하다고 할 수 있다. 분류된 핵심 낱말들을 들려주었을 때, 학생들은 그것들을 상호 배타적인 두 낱말군으로 양분해서 나타낼 수 있다. 프레이리와 비고츠키가 생각한 것처럼, 하나의 낱말은 인간 의식의 소우주에 대한 의식적인 이해 없이도 사용될 수 있다. 생성적 주제들은 '묻혀 있는 사고'일 뿐이다. '묻혀 있는 사고'란 비고츠키의 개념으로 '접힌 사고'를 말한다. '묻혀 있는 사고'는 말해지지 않으며, 처음에는 말할 수도 없는 것이다. 이것들은 겉으로 보기엔 별 연관이 없는 어떤 과업을 수행하고자 애쓰는 과정에서 놀라운 부산물로서 그 모습을 드러낸다.핀레이 & 페이스, 2015: 120-121

비고츠키와 프레이리는 사회 변화 및 교육 변화의 의미심장한 결합을 강조하는 접근법을 공유했다. 비고츠키가 심리학의 역동성에 초점을 두었다면, 프레이리는 적절한 교육 전략을 개발하는 데 관심을 두었다.엘라세 & 존-스타이너, 2015: 97 두 사람의 이론에서 공통적으로 강조되는 '대화'의 핵심 기능은 학습자들이 자기 삶에 의미 있는 이슈를 직면하고 그것을 입말과 글말을 통해 표출하기 위한 집단적 관계 맺음에 적극적으로 뛰어들 때 효과를 발휘한다.엘라세 & 존-스타이너, 2015: 198

비고츠키와 프레이리는 인간의 의식을 통해 사회의 제도 사이에 제기되는 모순을 극복하는 방법을 제시한다고 보았다. 모두 존재의 능동적 차원에서 비고츠키는 '심리의 발달'을, 프레이리는 '교육적 행동'을 강조한다.Moreira & Pulino, 2021 비고츠키의 역사문화적 심리학과 프레이리의 의식화론은 사회주의(마르크스주의)와 개인의 자발성(개인주의)를 적절하게 타협시켜 계속적인 대화와 민주적 참여를 강조하는 사회민주주의social democracy와 접목했다.de Castro, 2015: 67-90

이론과 실천을 결합하는 실험과 프락시스

듀이와 비고츠키의 영향을 받은 프레이리는 전통적인 교육 방식을 비판하고 학습자 중심의 새로운 교육 패러다임을 제시한 핵심 교육사상가다. 이들은 각기 다른 배경(미국, 소련, 브라질)에서 교육적 실험을 통해 학습자의 능동적 참여와 사회적 상호작용을 강조했다. 이들의 실험은 수동적 학습자를 '능동적 주체'로 전환시키려 했다는 공통점이 있다. 이들의 교육철학은 현대의 대안교육, 구성주의 학습 이론, 혁신교육의 토대가 되었다.

듀이의 '실험학교(실험적 교육학)'와 비고츠키의 '실험심리학(문화역사적 심리학)'은 20세기 교육철학과 심리학에 혁명적인 변화를 가져온 이론적 실천의 종합이다. 두 사람 모두 경험, 사회적 상호작용, 그리고 학습과 발달의 연관성을 강조했지만, 접근 방식과 중점 분야에서 차이를 보인다. 듀이는 학교라는 환경에서 학생들이 능동적으로

'경험'하고 '실험'하여 민주적이고 비판적인 사고를 하는 능력을 기르는 데 집중했다. 듀이의 실험과 실험교육학은 경험과 행동을 중심에 둔 진보주의 교육철학으로, 학생들이 현실 세계와 상호작용하며, 문제를 해결하는 능동적 학습을 강조한다. 반면 비고츠키는 실험심리학을 통해 사회적 상호작용이 어떻게 개인의 인지적 '도구'로 '내면화'되어 고등정신기능을 발달시키는지를 분석했다. 두 이론 모두 학교 학습은 수동적인 수용이 아니라, 능동적인 사회적·경험적 과정이라는 현대 교육의 핵심 원리에 큰 영향을 미쳤다.

프레이리의 교육 실험은 브라질 빈민 등 억압받는 민중을 대상으로 한 문해교육을 통해 그들이 스스로의 상황을 인식하고(의식화), 사회적 변혁을 주도하는 주체적 인간으로 성장하도록 돕는 '해방적 교육의 실천'이다. 주입식 교육을 거부하고 대화를 통해 '문제제기식 교육'을 실천했다. 프레이리는 1960년대 브라질에서 문맹퇴치 운동을 통해 이 실험을 시도했으며, 이는 억눌린 자들을 위한 페다고지로 현대 교육철학에 큰 영향을 미쳤다. 그는 상파울루시 교육감직을 맡으면서 '교육행정의 실험'을 했다.

이론과 실천을 결합시키는 '프락시스praxis'를 통해 이론을 검증하고 종국적으로 현실 세계를 바꿈으로써 세계를 깊이 이해할 수 있다. 듀이, 비고츠키, 프레이리는 전통적인 주입식 교육을 비판하고, 교육의 핵심이 행동과 경험, 그리고 사회적 상호작용에 있으며, 학습자 중심의 능동적 교육을 주장했다. '프락시스'는 이들의 교육학에서 학습이 일어나는 핵심 메커니즘이다. 그러나 그들이 강조한 '프락시스'의 초점은 각각 경험(듀이), 사회적 상호작용(비고츠키), 비판적 변혁(프레이리)이라는 차이점을 보인다. 세 사람은 학습자가 주체적으로 세상을 이해하고(듀이), 타인과 소통하며(비고츠키), 사회 문제를 해결하는(프레이리) 과정이 되어야 함을 강조했다.

특히 프레이리는 행동과 반성을 결합하여 현실을 변화시키는 '프락시스'를 중시한다. 프레이리에게 프락시스는 이론과 대척점에 있는 단순한 행동으로서의 실천practice이 아니라, 의식과 행동의 끊임없는 변증법으로서의 행위다.심성보, 2022: 172-178 프레이리는 브라질의 문맹 상태의 성인 노동자들을 대상으로 억압적인 기존 교육 방식을 탈피하는 '실천적 실험'을 했다. 듀이는 경험을 통해 문제를 해결하는 프락시스를, 비고츠키는 사회적 상호작용을 통해 인지를 발달시키는 프락시스를, 프레이리는 세상을 비판적으로 읽고 변화시키는 해방적 프락시스를 강조했다. 이들은 모두 지식은 수동적으로 받아들여지는 것이 아니라 '행동과 성찰의 통합 과정', 즉 '프락시스'를 통해 능동적으로 구성된다고 보았다.

비고츠키는 마르크스 사상을 계승하면서 이론은 실천에 앞서 독립적으로 기능할 수 없으며, 이런 곳에서 프락시스는 과학 밖에서 일어나고, 과학 뒤에 오는 이론의 적용에 불과하다고 주장한다. 현실 세계에 대한 체계적인 조작을 담보하는 점에서 과학적 실험이 일종의 '프락시스'로 간주됨에도, 비고츠키는 실험실 밖의 사회적 삶 개선에 온몸을 바쳤다. 이론을 실제화하는 '프락시스'의 관점에서 볼 때, 실험실 밖 세상 자체가 실험실과 똑같이 이론-실천의 변증법이 작동하는 실험 환경이라고 본 것이다.렌톨프, 2017: 333-334

비고츠키의 사회문화적 인지이론과 프레이리의 비판적 교육학은 모두 학습에서 사회적 상호작용과 문화적 맥락의 중요성을 강조하는 구성주의적 관점을 공유하지만, 목적과 강조점에 차이가 있다. 비고츠키는 인지발달을, 프레이리는 사회적 해방을 위한 의식화를 중심으로 프락시스를 다룬다. 둘 다 교육이 개인 내면에서 홀로 일어나는 것이 아니라, 타인과의 대화와 상호작용을 통해 사회적 맥락에서 구성된다고 본다. 비고츠키는 지식의 전달과 인지 기능의 발달(개인적 차원)에, 프레이리는 지식을 통해 권력관계를 인식하고 세상을 바꾸는 행동(정치적·사회적 차원)에 더 무게를 둔다. 비고츠키의 프락시스가 학습자의 인지적 잠재력을 극대화하는 '교육적 실천'이라면, 프레이리의 프락시스는 학습자가 억압된 현실을 비판적으로 읽고 행동하여 스스로 해방되는 '변혁적 실천'을 중시한다.

민중적 공립학교 시스템 구축

노동자당PT이 지방선거에서 승리한 1989년 이후, 1989~1991년 사이에 파울로 프레이리가 브라질 상파울루시 교육감으로 재직하면서 공교육 개혁이 시도되었다. 그의 사상과 실행은 노동자당의 '민주적 사회주의democratic socialism'[12] 이념과 목표를 투영한 교육개혁에 바탕을 둔 것이다. 프레이리의 '민주적 사회주의' 이념은 듀이가 표명한 노선과 상당히 닮아있다. 교육이란 민주적인 사회주의 사회를 건설하고, 이에 필요한 비판적이고 의식화된 활발한 시민을 발달시켜 가는 데 강력하고도 꼭 필요한 수단으로 본 것이다.오카디즈, 윙 & 토레스, 2022: 61 결과적으로, 양질의 공교육을 향한 투쟁은 노동자당과 연결된 민중 그룹들이 최근 노동자당이 집권한 지방자치단체에서 정책적 노력의 주요 영역을 자극하고 구성하는 데 최전선이 되었다. 프레이리가 이끄는 상파울루시 교육청에서 시작된 교육정책은 라틴아메리카의 민중교육 경험을 포함한 프레이리의 변혁적인 교육사상과 노동자당의 정치 의제가 바탕이 된 사회주의적 신조가 담긴 것

---

12. 프레이리의 '민주적 사회주의(democratic socialism)'와 듀이의 '사회적 민주주의(social democracy)'는 민주주의를 단순한 정치적 절차를 넘어 공동체적 삶의 양식과 경제적 평등을 포함하는 실질적 개념으로 본 점에서 매우 깊은 연관성을 지닌다. 듀이의 사회적/사회주의적 민주주의는 프레이리에게 이론적 기반을 제공했으며, 프레이리는 이를 더 급진적이고 억압받는 자들의 입장에서 '민주적 사회주의'로 발전시켰다.

으로, 인구 대다수를 차지하는 공립학교 고객인 노동계층의 이익을 위해 공교육을 향상시킨다는 목적을 내세웠다.

노동자당의 교육 비전은 가난하고 억눌린 사람들의 교육에 비형식적 접근과 형식적 접근을 함께한다. 이는 폭력적이고 억압적인 군부정권에 대항해 1970년대 번성하기 시작한 노동조합과 풀뿌리 운동이 노동자당의 기원이라는 점에서 그리 놀랄 만한 일은 아니다. 상파울루시 정부는 형식적인 초등학교의 교육과정개혁 프로그램을 형성하는 데 프레이리가 기여한 비형식적이고 대안적인 교육방법을 채택했다. 비판적 의식을 높이는 방식, 즉 '의식화'를 통해 성인들에게 문해력을 가르치는 접근을 학교교육에 접목하려 했다.오키디즈, 윙 & 토레스, 2022: 66 브라질 사회에서 학교교육의 역할을 둘러싸고 벌어지는 고도의 정치화된 개념과 전략 아래 노동자당이 집권한 상파울루시 교육청은 공립학교가 민중 계층에 의한 사회변혁의 도구가 될 가능성을 '민중적 공립학교popular public school' 개념에서 찾아냈다. 프레이리 교육감에게 '민중적 공교육'[13] 창출은 '민중적 공립학교 만들기'가 핵심을 차지한다.

'민중적 공교육' 개혁 프로젝트는 브라질의 교육과 헤게모니를 연결하는 개념으로, 계급적 이익, 국가의 자율성, 사회운동의 독립성 등 세 요소가 역동적이고 생산적인 방식으로 통합되어 실현되었다. 프레이리의 '민중적 공립학교' 개혁 프로젝트는 학습과 함께 이어지는 세계에 대한 독해 과정에서 주체이자 곧 대상으로서의 교사와 학생의 이중적 생활, 교사-학생 관계의 민주화, 비판적 의식의 고양에서 민중적이고 생기 있는 지식과 보편적이고 체계화된 지식 간의

---

13. '민중적 공립학교'라는 개념은 브라질에서 민중교육운동의 등장 이후 30년 가까이 수립된 것으로, 프레이리가 1950년대 말 교육 장면에 처음 등장한 것과 역사적으로, 또 이론적으로 관련되어 있다.

변증법적 상호작용, 학교 공동체를 둘러싼 교육과정의 방향 설정, 그리고 정치적 특성을 온전히 받아들이는 기획이다.

민중적 공립학교 시스템은 공적 서비스를 점차 민영화해야 할 필요가 있다는 주장에 도전하며, 학교교육 접근 기회를 개선하고, 졸업률의 형평성을 높이고, 학교 중도 탈락 방지 및 구조적이고 조직적인 학교 일상생활 개선 등 교육의 질을 목표로 삼는다. 나아가 노동계층 출신 아동들은 자신들의 문화자본을 정당하게 평가할 수 있는 능력을 갖추게 된다. 이러한 민중적 공교육은 교육 자원, 교육 계획, 정책 이행의 민주적 통제, 즉 학교경영 민주화를 위한 민주학교의 또 다른 핵심적 특징을 이룬다.

비-형식교육 상황에서 수행되었던, 개인적으로나 집단적으로 비판적 의식과 행동 과정에 참여하게 하는 '민중교육popular education'[14]의 비판적이고 이론적인 교의를 상파울루시 교육 시스템의 거대 관료주의적 체계와 환경에 적용해 보려는 이런 담대한 시도는 커다란 도전에 직면했다. 이런 위험에 응전하려는 교육개혁의 실험이 '민중적 공교육'이다. 민중적 공교육은 교육과정 개혁을 위한 주요 운동, 새로운 학교 거버넌스 형태, 문해교육 프로그램을 포함한다. 특히 교육과정 개혁운동의 뿌리는 전 지구적이고 해방적 교육 경험의 풍부한 전통에 바탕을 둔다.

---

14. 프레이리의 '민중교육'은 억압받는 사람들(가난한 사람들)의 생활 여건과 그들의 두드러진 문제—실업, 영양 부족, 형편없는 건강 상태—에 대한 정치·사회적 분석에서 등장했고, 이들이 자신들의 삶의 조건에 대해 개인적이자 집단적인 의식을 갖도록 여러 시도가 이루어졌다. 민중교육 프로젝트는 아동뿐만 아니라 성인들을 향한 활동으로 지도될 수 있다. 지방의 권한 강화는 민중교육에서 가장 중심이 되는 관심사였다. 이를 위한 핵심적인 사회운동과 새로운 국가통치 체제 형식 사이에 연결고리를 확대해 가는 것이었다. 1980~1990년 공교육 체제 개혁을 위한 민중교육 모델은 신자유주의가 팽배한 시대에 양질의 교육이 계속 공급될 수 있게 하면서 '민중적 공교육'을 열정적으로 수호하고 확장해 가도록 사력을 다해 왔다.

프레이리의 관점에서 민중적 공교육의 목표는 교육을 사회적 해방의 역사적 프로젝트로 연결하는 것이다. 교육 실천은 지식론과 연결되어야 한다. 지식은 고정되어 껍질에 싸여 있거나 특정 시간대에 냉동된 채 전해지는 어떤 것, 혹은 누군가 소유하고 또 다른 누군가는 갖지 못한 것, 혹은 무비판적으로 거부되거나 수용되는 어떤 것이 아니다. 따라서 노동계층이 지식을 비판적으로 습득한다는 말의 의미는 임의적이고 전제적인 '침묵 문화silent culture'를 비판한다는 것을 의미한다.

교육학적·사회학적·인류학적 이론 등 절차, 내용, 역사적 맥락이라는 관점에서 참혹한 불평등과 교육을 통한 사회이동을 이루어 낼 수 없게 하는 장애물이 가득한 사회를 극복하기 위해 노동자당 집권 시기에 상파울루시가 착수한 교육개혁은 이전 지자체 정부의 구조와 정책으로부터 극적인 결별을 뜻했다. 이런 개혁적 움직임은 25년 동안의 군사통치로 망가진 사회와 학교에 민주화를 요구했다.

상파울루시에서 교육적인 의사결정을 민주화하려는 노력을 통해, 그리고 교육 접근성의 민주화, 대안적 교육체제 창출, 그리고 청소년 및 성인의 문해교육 증진을 둘러싼 프로젝트를 통해 노동자당은 '양질의 공교육quality public schooling'[15]을 수호하는 광범위한 캠페인을 구축하고자 했다. 프레이리 리더십 아래 상파울루시 교육청은 노동자당의 전체 개혁 의제가 실린 세 가지 측면, 즉 학교 행정 민주화, 교수법 수준 향상을 통한 수업의 질 개선, 그리고 비판적이고 책임감 있는 시민 형성을 아우르는 정치적-교육적 차원의 급진적 개혁 프로그램을 촉진하려 했다.오카디즈, 윙 & 토레스, 2022: 128-131

상파울루시 노동자당 정부의 4년 임기 중, 프레이리 리더십을 통

---

15. 노동계층 및 빈곤계층을 위한 양질의 교육 창출은 정적 요소(교사의 태도 및 신념)와 실천적 요소(교육과정 내용, 수업 전략)의 변혁을 통해 이루어질 것이다.

해 추진된 교육개혁적 시도는 참여, 분권화, 자율성이다. 이 원칙들은 '민중적 공교육' 또는 '민중적 공립학교'를 세우겠다는 노동자당의 목표를 향해 작동되었다. 물론 이렇게 새롭게 만들어지는 공교육 또는 공립학교의 비전을 성취하는 것은 쉬운 일이 아니지만, 프레이리 교육청의 교육개혁 '실험'은 학교 안의 실험에 머물지 않았다. 프레이리 교육감의 공교육 창출 실험은 그 자체가 '교육개혁'이면서 '사회개혁적' 성격을 지니고 있었다.

교육과정 재정립을 위한 생성적 프로젝트

노동자당은 상파울루 전체 지자체 학교에 교육과정 재정립을 위한 다학제적 프로젝트 혹은 '생성적-프로젝트Inter-disciplinary project'[16]를 실시하도록 진작시킴으로써 민주적 사회주의 교육개혁과 결합되어 브라질의 '진보적 교육 정치'[17]를 위한 발판을 마련했다. 상파울루시에서 교육과정 개혁은 해방적인 교육 패러다임과 실천을 창출해내기 위한 교육청의 전략에서 핵심을 차지한다. '생성적 프로젝트'는 노동자당과 상파울루시 교육청이 행한 다른 개혁 의제들과 함께 교육청이 기울인 교육혁신의 노력을 보여주는 것으로, 교육과정, 수업, 교사훈련 등에 미치는 광범위한 효과를 위해 '교육

---

16. Inter-disciplinary project는 '생성어'를 중심으로 한 교육과정 재정립을 위한 '다학문적 프로젝트'다. 듀이에게 교육 내용은 사회적 활동에서 일어나는 현실적이고 실제적인 이슈에 대한 '문제 제출'에 기반을 두는 데 반해, 프레이리에게 학습 내용은 억압받는 사람들의 역사적·문화적 맥락을 반영하는 '생성어'로 체현된 현재의 구체적 상황에 대한 '문제 제기'에 기반을 둔다. 듀이에게 이론이 실천을 통해 검증되고 학습은 문제해결 과정에서 일어나기에 '행위/실천을 통한 학습'을 강조했다면, 프레이리에게 낱말은 억압에 대한 비판적 대화와 각성을 위한 자극과 그것에 대한 투쟁을 위한 필요로 사용된다.
17. 프레이리의 '진보적 교육 정치'는 지배-억압 관계를 극복하는 방법으로 대화, 사회적 참여, 의식화(비판적 의식의 고양), 권한 강화를 위한 교육의 개념에 바탕을 둔다.

과정재정립운동Movement for the Reorientation of the Curriculum/
MRC'[18] 정책 목표를 내세웠다. 패러다임의 관점에서 학교는 비판적
지식의 재구성과 사회비판으로서의 장일 뿐 아니라, 민중문화 생산
의 중심지여야 한다. 교육청에서 추진한 '생성적 프로젝트'는 교육
관료들의 책상에서 생겨난 것도 아니고, 근대 유행한 국외 교육이론
에 따라 만들어진 것도 아니다. 생성적 프로젝트는 민중적 공립학교
개념과 함께 학교 행정 민주화 및 교육 수준 향상이라는 목표를 모
두 담고 있다.오카디즈, 윙 & 토레스, 2022: 179

신자유주의적 프로젝트와 정반대되는 생성적-프로젝트는 학생
과 이들이 살아가는 지역사회의 사회·경제적·문화적·정치적 현실
에 대해 말하는 '해방적 교육' 패러다임과 교육과정 개발에 대한 새
로운 집단적 접근의 이론적인 토대와 실천적 경험을 개발하려는 것
이다.오카디즈, 윙 & 토레스, 2022: 385 생성적-프로젝트는 학생들에게 세계에
대한 비판적인 정치의식을 고양하고 변혁적인 실재를 창조해 내며,
이 변혁의 과정에서 주체가 되게 하려는 목표를 내세웠다. 이 목표
를 토대로 상파울루 지자체 학교들의 현실을 조사·연구하며, 학생
에게 더 적합한 학습 상황과 교사들이 직업적 전문성을 더 많이 개
발할 기회를 창출하기 시작했다.

'교육과정 재정립 운동'은 첫째, 교육청은 아무런 공식도 정확한
모델도 각 학교에 전달하지 않았기 때문에 각 학교에서 만들어 내
는 최종적인 교육과정 계획은 수행 과정에 대한 서로 다른 해석과
학교가 위치한 현실에 따라 형성되었다. 둘째, 전체 지식에 대한 관
념은 무익하고 엘리트적인 학문적 지식 개념에서 보편화된 상식적
지식 및 민중 계층에서 활발한 지식을 통합한 개념으로 재구성되었

---

18. '교육과정 재정립 운동'은 '교육과정 재개념화'의 물꼬를 튼 미국의 비판적 교육
    과정학자들의 문제의식을 잘 반영한다.

다. 특정한 문제 삼기 혹은 생성적 지식을 둘러싸고 행동할 것을 요구했으며, 지역사회에서 중요한 상황이 도출되었다. 셋째, 교사-학생, 교사-교사, 교사-관리자 등 학교의 모든 관계성(소통과 대화)과 지역사회의 관계성(소통과 대화)은 민주적 이상에 따라 변혁되었다.

교육과정 재정립 운동은 다-학제적 접근을 시도하면서 교육자는 학교가 위치한 지역사회로부터 교사의 지식 및 학생의 지식에서 중심이 되는 가장 중요한 '생성적 주제'(학습자들의 실제 삶의 문제상황과 관심사)를 도출해낸다. 생성적 주제 개념은 교육청 주도 교육개혁의 이론적 틀이자 토대다. 민주적인 교육과정 개발이라는 목표를 내세운 교사는 학생들과 더불어 지식의 집단적 창안과 평가 구조를 함께 마련한다. 1992년 말에는 교사학습공동체, 교실 정보화 프로젝트, 청소년 폭력 예방 프로그램 등, 약 100개로 확대되어 학교 시스템 전체로 확산했다. 가난한 아이들, 아직 읽고 쓰지 못하는 아이들, 참혹한 불평등, 교육을 통한 사회이동을 가로막고 있는 장애물이 가득한 사회에서 소외되고 가장 취약한 아이들에게 무엇을 어떻게 가르쳐야 할지를 연구 주제로 삼아 수십 년간 격렬한 이론적인 논쟁을 벌인 결과였다.

생성적 프로젝트는 현재의 교육을 급진적으로 바꾸려는 것이었다. 프레이리가 이끄는 교육청의 야심 찬 프로젝트는 전통적인 지식의 개념을 급진적으로 변화시키고, 교사들이 교육과정 실천에 대해 재고해 볼 것을 급진적으로 변화시키고, 교사들이 교육과정 실천에 대해 재고해 볼 것을 요구했다. 이런 노력을 이끄는 원리는 다음과 같다.

① 교육과정 개혁운동은 광범위한 참여 및 활동에 기반한 집단적 구성이어야 한다.

② 교육과정 개혁운동은 본질적으로 각 학교의 자율성을 존중하면서 다양한 경험을 반영해야 한다.

③ 교육과정 개혁은 행동-성찰-새로운 행동으로 이어지는 교육과정의 프락시스적 방법론을 통해 이론과 실천의 관련성을 강조해야 한다.

④ 교육과정 개혁은 실천 중인 교육과정에 대한 비판적인 분석을 통해 지속적인 교사훈련의 모델을 포함해야 한다.

생성적-프로젝트는 학교 교육과정/지식 구성에서 질문 및 문제 삼기(현행 교육과정에 대한 비판 및 이를 변화시키기 위한 혁신적 방안에 논의) → 교육과정 내용의 구성 요소(생성적 주제)[19] 탐색 → 조직(문제 삼기에서 발견한 결과에 대한 대응으로서의 체계화) → 새로운 지식의 구성과 활용·평가 과정을 거쳐 계획 및 이행 논의를 통한 새로운 교육과정 구성 등 프레이리 방법론적 전략을 온전히 채택하고 있다.

생성적 프로젝트를 통해 제안된 교육과정 구성의 토대를 재개념화하는 데 핵심적인 부분은 프레이리의 '성찰적 실천'이다. 생성적 프로젝트는 침묵문화를 깨고, 학생들의 의견을 들으며, 학교교육의 비전을 학생과 함께 논의하고, 대중적인 민주적 학교를 건설하게 하는 관점을 효과적으로 창출해 낼 수 있는 성찰적 실천(성찰+행위)에 열려 있는 것이다.

---

19. '생성적 주제'에 대한 관심은 교육개혁 프로젝트를 기획한 교육자들이 전제하는 정치적-교육적 입장을 따랐다. 민중적 공립학교에서 '생성적 주제'는 학교 인근 지역과 관련 있는 교육과정을 구성해 내기 위해 블록을 쌓는 것으로, 동시에 그러한 지역사회의 현실을 개인, 주변 지역, 사회적 문제의 광범위한 영역에 관련짓도록 이끈다. 생성적 주제라는 프레이리의 개념은 성인문해교육의 맥락에서 해방교육적 프락시스가 발달하기 위한 기반이었다.

결과적으로 교육과정은 교수·학습 행위를 위한 정적인 계획에 따라 파편적으로 전달되는 단단하게 얼어붙은 지식 조각으로 학생들이 암기해야 하는 것을 의미하지 않았다. 학교에서 재생산되는 전통적인 지식/권력관계에 대항하기 위해 생성적 프로젝트는 학교 안팎에서 계속되는 지식 교류 과정과 새로운 지식을 집단적으로 구성하는 데 지역사회가 참여할 것을 요청한다. 교육과정은 더 역동적이고 지속적으로 진화하며, 재평가 및 개정과 맞닥뜨리게 되는 것이다. 생성적 프로젝트에 따른 교육과정(지식 구성) 제안은 과정을 안내하는 특정한 방법론의 단계를 밟았다. 대화, 성찰, 실천이라는 삼각 과정 혹은 프레이리의 '프락시스(이론적 실천)'라는 개념이 활용되었다.

생성적 프로젝트가 주요한 동력으로 작용했던 상파울루시 교육청의 교육과정 개혁은 '비판적 시민성 창출'을 목표로 했다. 즉 비판적이고 적극적인 시민 기르기에 바탕을 두었다. 학교교육의 민주화와 함께 브라질 사회와 정치적 삶을 민주화하게 하는 운동에 참여하도록 미래의 시민을 준비시키기 위함이었다. 상파울루시 노동자당 정부의 관점에서 공립학교는 브라질에서 민중 계층에 남아 있는 몇 안 되는 공적 공간이었다. '교육의 민주주의educational democracy'는 학부모, 학생, 교육공무원과 교육전문가 및 교육정책 결정을 주로 공유하는 것이다. 결과적으로 공립학교는 브라질의 민주적 문화 구성에 대표적인 장소다. 공립학교가 주로 시민을 형성하는 장소라면, 지역사회가 학교 행정에 참여하는 것은 기본적이고 중요한 요소다.

풀뿌리 운동과 결합된 문해교육운동

상파울루시 교육개혁의 내용에는 진보적 교육운동 경험에서 진화해 온 문해교육운동MOVA과 생성적 프로젝트 구상에서 비롯된 요소들이 합성된 형태를 보였다.오키디즈, 윙 & 토레스, 2022: 57 프레이리의 사상에 기초해 문화적 정치의 일환으로서 노동자당 조직의 풀뿌리 운동으로 성인교육과 학교교육 영역에서 이루어진 '문해교육운동'은 민주적 민중정부와 상파울루시에서 토지소유권, 주택, 건강, 교육 등의 이슈에 관심을 기울이는 많은 사회운동 단체의 합의에서 성장했다. 그동안 민중 지향적인 지자체 정부와 사회운동 단체들의 생산적이고 상호 만족스러운 관계가 쉽지 않았는데, 문해교육운동을 통해 노동자당 및 정부와 사회운동의 유기적인 관계를 새롭게 맺게 되었다. 교육청에서 MOVA를 조정하는 핵심 팀에는 교육자, 관리자, 사회학자, 언론인 등이 포함되어 있었다. 공공 분야와 사회운동의 이런 결합은 상파울루시에서 이루어진 문해교육과 교육정책의 근본적인 원리를 대변한다.오카디즈, 윙 & 토레스, 2022: 107-108 상파울루시 프레이리 교육청이 추진한 교육개혁은 교육제도의 역사에서 변혁적 교육학이 교육 이론 및 사상 측면에서 의미 있는 평가를 받은 흥미로운 사건이다. 하지만 안타깝게도 프레이리 교육청의 교육개혁 '실험'은 4년에 걸친 미완의 프로젝트였다. 어쩌면 모든 교육적 변화를 도모하는 노력은 그 완성을 말하기 어려운 미완의 실천이고 과제라 할 수 있다.

5. 혁신교육의 이론적·사상적 심화를 위해

듀이, 비고츠키, 프레이리는 20세기 교육사상을 형성한 중요한 인물이며, 이들의 철학은 전 세계적으로 분석되고 논의되었다. 특히 세 사람의 사상과 실천들은 현대의 혁신적 교육 실천에 큰 족적을 남겼다. 이러한 세 교육사상가의 저작은 수많은 언어로 번역되었고, 교육자와 학자들에게 큰 영감을 불어넣었다. 이들의 교육사상은 시대적 위기 상황을 맞이하여 여전히 강렬하게 호출되며, 시대정신에 부응하는 교육의 민주적·역사적 논의에 새로운 활기를 불러일으키고 있다. 또한 진보주의 교육이 표방하는 세계적 동향, 즉 전통적 교육에 대한 비판, 전인 발달(휴머니즘)과 아동의 자발적·자연적 성장 및 아동 본성의 놀이성(낭만주의/발달주의), 실험적 탐구와 발견의 신기함(경험주의/실험주의), 민주적 학교 공동체 중시(민주주의), 탈학교운동론(억압적 사회화 거부)와 조응한다.심성보, 2018 이런 교육의 흐름은 '인간과 사회의 동시적 변화'를 추구한다. 우리나라의 혁신학교 운동 또한 인간다운 교육, 행복한 아이들, 자유와 자발성, 협력과 공생, 민주시민, 생태적 위기에 봉착한 인류 사회의 미래를 제대로 담보하고자 했다.송순재, 2017: 39 이러한 교육사조의 흐름 또한 세계교육사의 새로운 흐름과 잘 조응한다.

2010년대 이후 현장 기반 혁신교육 역량이 강화되고 확산해 가는 한국 교육의 변화된 여건에서 2026년 지방자치단체장과 교육감 선거를 앞두고 역사·문화적 주체를 형성하는 민주주의 교육에 듀이와 비고츠키 그리고 프레이리의 교육론이 주는 시사점은 매우 크다. 교육혁신은 테크닉을 변화시키는 것만으로는 부족하고, 인간이 자유로운 상호작용 속에 타인과 맺는 창의적이고 협동적 관계를 통한 발달과 성장을 지향해야 함을 이론적·실천적으로 재확인할 수 있다.이윤미, 2019: 41 특히 듀이의 실험적 교육학 및 실험학교 구상과 실천, 그리고 그 연장선에 있는 프레이리의 변혁적 교육학 및 지역사회 풀뿌리 운동과 연동된 민중적 공교육 창출 프로젝트는 '학교혁신운동'의 전망과 실천에 의미 있는 상상력을 제공한다. 프레이리의 교육사상은 철학을 본질적으로 교육철학으로 보는 듀이의 교육사상과 상당히 닮아있다. 프레이리 학교정책은 학교와 공동체의 거리를 좁히려 한 듀이의 지역사회 연계성과 함께 민중 투쟁으로서 민주적 정당화를 위한 헤게모니를 강조한 그람시의 진지전 전략에 바탕을 두기 때문이다. 학교와 지역사회의 연계, 그리고 민주적 삶의 양식을 강조한 듀이는 학교교육—아이들의 교육적 본능을 억제하는 환경, 고도로 계층화된 상의하달식 구조—의 부적절함에 대응했고, 그 대안을 '실험학교'에서 찾았다. 듀이가 시도한 실험학교 운동과 프레이리의 실험적 교육행정은 학교현장과 교육행정의 밀접한 연계성이 갖는 의미를 잘 보여준다.

비교적 자유로운 미국 사회에서 이루어진 듀이의 '실험적 교육학experimental pedagogy'과 실험실 학교laboratory school 운동은 브라질의 억압적 상황에서 권력의 탄압을 받으며 탄생한 프레이리의 '변혁적 교육학transformative pedagogy'으로 계승되었는데, 프레이리는 브라질의 민주화 결과로 상파울루시 교육감직까지 맡게 되었다. 심성보, 2022 듀이의 '실험적 교육학'은 연구실에서 끝나지 않고 '실험학교'를 통해 실천되었다. 프레이리는 관념적인 진보주의 교육이론가에 머물지 않았으며, 그의 '변혁적 교육학'은 그가 1989년 브라질 상파울루시 교육감직을 맡으면서 '실험적 행정'으로 이어질 수 있었다. 그의 교육사상은 공상적 이론에 머물지 않았다. 두 사람 모두 이론과 실천의 융합을 시도한 실천적 교육사상가였다. 끊임없이 교육의 이상이나 유토피아를 추구한 '실천적 이론가'라고 할 수 있다. 그들의 실험정신은 생애 마지막까지 멈추지 않았다.

비고츠키는 스탈린 치하에서 그의 이론을 다룬 책이 판금되는 바람에 '활동activity' 또는 '실천praxis'을 통한 발달을 보고자 했으나 더 이상 구체화하지 못했다. 설명을 넘어 '학습' 영역에서 구체화하는 실천적 이론으로 발전시키는 것이 앞으로의 과제일 것이다. 더 이상 구체화할 기회를 갖지 못한 비고츠키의 이론을 '구성주의적' 방식의 왜곡된 방법론으로서가 아니라, 공교육 현장에서 누구나 쉽게 실천할 수 있는 구체화된 실천 방침으로서, 그리고 제도교육학의 일그

러진 논의를 제압할 이론적·사상적 지위를 갖도록 풍부화하고 정교
화해야 한다. 비고츠키의 교육이론과 사상은 학교에서 교사와 학생
의 체계적 협력 과정을 바탕으로 "과학적 개념과 일상적 개념의 상
호 침투와 결합" 과정을 통해 개념적 사고가 형성되는 것을 규명하
고자 한다. 우리나라의 경우 생산노동과 학습의 결합을 통한 인간의
전면적 발달이라는 마르크스 교육론의 기본 취지는 '발달교육학'[20]
또는 '관계의 교육학'[21]의 차원에서 풀어냈다.비고츠키교육학 실천연구모임,
2015, 2025 어린이에 대한 과학으로서 '아동학pedology'[22]을 중심으로
어린이의 발달에 초점을 맞춘 박사 학위 논문한희정,『비고츠키 아동학과 글쓰

---

20. 비고츠키의 '발달교육학'은 사회·문화적 환경과 상호작용을 통한 인지발달을
    강조하며, 학습이 발달을 주도한다고 본다. 타인의 도움으로 도달 가능한 근접발
    달영역에서 비계설정을 통해 스스로 문제를 해결하는 능력을 길러주는 것을 핵
    심으로 한다. 비고츠키는 발달이 학습에 선행한다고 주장한 피아제와 달리, 학습
    이 발달을 주도한다고 주장하며 교육의 능동적 역할을 강조했다. 한국의 혁신교
    육운동에서 발전된 '발달교육학'은 학교에서 배운 것을 토대로 학생이 문화적 능
    력을 습득하게 하는 것이다. 발달교육학 정신은 OECD와 UNESCO에서 제출한
    새로운 교육 패러다임으로 상당히 녹아 들어갔다.
21. 비고츠키의 '관계의 교육학'은 인간 발달을 사회·문화적 맥락에서의 상호작용
    으로 보는 교육학이다. 관계의 교육학은 인간 발달의 관점에서 교육 문제를 바라
    보며 실천하게 하고, 도덕적 가치를 넘어서는 협력의 교육적 가치를 깨닫게 한다.
    관계의 교육학에서는 '협력'을 도덕적으로 좋은 것만이 아니라 '교육에서 필수적
    이며 가장 효과적인 과정'으로 설명하는데, 이는 최근 교육계에서 협력교육이 주
    된 흐름으로 자리 잡는 데 큰 힘을 발휘했다. 비고츠키의 '관계의 교육학'은 분명
    한 교육적 명분으로 전복의 힘을 발휘한다. 특히 경쟁 만능의 비인간적 교육 현
    실이 심화하면서, 이를 극복하려는 사람들에게 '발달과 협력'을 강조하는 '관계의
    교육학'은 많은 공감을 불러일으키고 있다. 관계의 교육학은 도덕적 가치와 휴머
    니즘, 그리고 과학성을 결합하여 인간의 주체적 발달을 돕는 것을 목표로 한다.
22. '아동학'은 전체적이며 임상적이고 시간적이라는 특성에 근거하며 연구방법을
    제시한다. 비고츠키는 유전에 의존하는 특성과 환경에 의존하는 특성의 차이를
    밝히고, 이를 다음 네 가지 법칙으로 제시한다. 첫째, 기초적인 기능일수록 유전
    의 영향이 더 크다. 둘째, 유전에 기반한 기능과 환경(문화)에 기반한 기능 사이에
    는 단절이 존재하며 불연속적이다. 셋째, 유전의 영향력은 발달 과정에서 변화될
    수 있다. 비고츠키는 어린이가 타고난 것이 절대 상수가 되지도 않고, 주변 환경
    조건도 절대 상수가 될 수 없다는 것을 언급하면서 어린이의 발달 시기와 발달하
    는 기능에 따라 그 영향력이 달라지며, 그 과정에서 어린이 자신의 인격이 상호작
    용한다는 것을 밝혔다(한희정, 2022: 22-28).

이 나오기도 했다. 비고츠키의 발달교육학은 교육감 선거나 혁신교육운동에서 '경쟁에서 협력으로' 그리고 '입시에서 발달로' 나아가려는 교육자들의 실천을 위한 지침서와 나침판 역할을 했다.[23]

듀이의 실험적 교육학 및 실험학교의 실천과 프레이리의 변혁적 교육학과 공립학교 개혁 프로젝트는 대한민국에서 '대안학교 운동'과 '혁신교육 운동'으로 나타났다고 볼 수 있다.[24] 철옹성 같은 공교육(제도교육)의 장벽을 부수는 실험적이면서 혁신적 교육운동이었다. 듀이의 7년간에 걸친 실험학교 실천과 프레이리 교육청이 행한 4년간의 실험적 교육행정은 오늘날 대한민국의 다양한 대안학교와 혁신학교 모델[25]로 고스란히 계승되고 있다. 특히 전국 지자체에 다수의 진보적 교육감이 출현함으로써 '혁신교육운동'의 절정에 이르러, 재야의 대안적 교육운동이 제도권 교육행정으로 진입함으로써 정당성을 확보했다고 할 수 있다.

대안학교 정신이 공교육으로 투영되어 나타난 우리나라의 '혁신교육운동'은 공교육(학교교육)을 개혁하는 실험적 운동이고, 나아가 지역사회교육의 변화를 추동하는 마을교육공동체운동으로 발전되어 갔다. 폐교 직전의 학교로부터 시작된 '작은학교운동'[26]과 진보교육청을 중심으로 한 '혁신학교운동', 교육청 또는 교육지원청과 지자체

23. 한국에서 비고츠키는 주로 '사회적 구성주의자'로 알려져 있지만, 한국의 교육 실천가들은 비고츠키를 마르크스주의 교육학자로서 변증법적 유물론과 사적 유물론에 기초한 교육심리학과 발달이론을 발전시켜 간 교수학습론의 선구자로 위치시킨다. 비고츠키는 사회의 역사적 변화와 물질적인 삶이 인간성(의식과 행동)의 변화를 낳는다는 변증법적 유물론의 명제를 구체적인 심리적 문제에 적용하여 성공한 최초의 교육학자로, 노동과 도구에 대한 엥겔스의 분석을 정신 영역으로 확장했다. 그의 시도는 정신의 발달에 대한 설명력을 비약적으로 확대·심화시켰고, 마르크스주의 교육학의 새로운 자평을 열었다.

24. 혁신교육운동 또는 혁신학교운동의 이론적 기초를 제공한 인물로 듀이와 프레이리 외에 닐, 발도르프, 프레네, 비고츠키 등을 거론할 수 있다.

25. '혁신학교' 모델로 민주학교, 자치학교, 공동체학교, 정의로운 학교, 인문학교, 숲속학교, 공동학교 등이 주창되고 있다.

의 협력으로 이루어진 '혁신교육지구사업', 학교와 지역사회 또는 마을 주민의 협업 및 연계 사업인 '마을교육공동체운동'[27]으로 진화하고 있다고 할 수 있다. 앎과 삶의 융합을 중시하는 혁신교육운동은 지역교육청을 중심으로 한 '위로부터의 운동'과 학교 및 이웃 마을 현장의 '아래로부터의 운동'이 접목되는 협치/공치/공유 지대를 넓히는 것으로 발전해 간다. 여기서 운동 정치와 제도 정치가 만나는 접점도 가능하다. 이는 학교사회만의 '결속bonding/schooling' 기능으로부터 지역사회와의 '가교bridging/educating'[28] 기능으로 전환되어 가는 것이라고 할 수 있다.Berns, 2004 교육의 효과적인 변화는 '개혁reformation'—거시적 수준과 시스템 수준에서 정부가 제안하고 수행하는 정책—과 '혁신innovation'—일선 학교는 지역사회 연계, NGO 제휴—의 융합을 통한 사회운동 차원에서 이루어진 결실이라 할 수 있다.싱어, 2024: 276

듀이의 '실험학교'와 프레이리의 '민중적 공교육 만들기'의 궤적을 찾아 우리나라 '혁신교육' 이론의 방향성을 모색할 필요가 있으며, 이를 통해 '혁신교육'의 이론적·사상적 토대를 공고히 해야 한다. 진정한 의미의 '혁신교육'이란 이것이냐 저것이냐의 이분법적 사고에서 비롯한 것이 아니다. 듀이가 강조한 것은 교과를 추상적인 언어

---

26. '작은학교운동' 등 대안학교의 이상은 마을과 학교의 경계를 넘나드는 '마을교육공동체'의 전형을 보여준다. 학교가 마을 속으로 들어가고, 마을이 학교 속으로 들어와 그 경계가 낮아져야 한다. 우리나라의 작은학교, 풀무학교, 간디학교 등의 공동체학교는 지역 공간이 확장된 대안학교라고 할 수 있다.
27. 한국형 지역사회교육운동이라고 할 수 있는 '마을교육공동체운동'은 지역공동체가 공간이 확장된 대안학교임을 예고한다. 따라서 학교는 교실 안이 아니라, 가르치며 배울 수 있는 모든 공간으로 확장되어야 한다.
28. '제도교육(schooling)'보다 '교육하기(educating)'에 더 관심을 둘 때, '교육하기'란 자율성, 민주성, 평등성, 생태성, 정동, 돌봄, 가소성, 상호성, 신뢰, 대화, 소통, 호기심, 상상력, 동의, 합의, 다원성, 주체성, 저항 등의 다양한 담론과 대항적 서사에 더 초점을 둔다.

로 가르치려 하지 말고, 학생들의 경험에서 출발하여 점진적으로 교과 지식에 도달하게 해야 한다는 점이다. 세계교육사를 보더라도, 교육을 둘러싸고 진보주의자들과 전통주의자들의 '100년 전쟁'이라고 부를 수 있는 상황이 21세기에도 바뀌지 않은 채 계속되고 있다. 교육은 한편으로는 '좋은 교육'이 삶의 모든 측면, 즉 지적, 도덕적, 신체적, 사회적, 직업적, 미적, 영적 그리고 시민적 삶의 측면에서 좋은 사람을 길러야 하고, 다른 한편으로는 학교가 교육받는 사람들 사이에 종종 두려움, 지루함, 억압감, 그리고 무능력을 제어하는 작업이기도 하다.^{나딩스·리즈, 2024: 10}

혁신교육운동이 공립학교에서 주류가 될 수 없는 여러 가지 이유가 있겠지만, 혁신교육운동에 대해 확신할 수 있는 '토대'가 견고하지 않은 것이 크게 작용했을 것이다. 그 확신의 토대는 우리가 교육을 위해 어렵고 힘든 길을 기꺼이 함께 가려고 고민하는 순간들이 이루어 내는 것이다. 우리의 근심과 걱정만큼 혁신교육의 실천을 위한 토대는 단단해질 것이다. 토대 없이 지어진 집처럼 우리를 불안하게 하는 요소가 또 어디에 있을까? 많은 이들이 여전히 혁신교육운동의 미래를 확신하지 못하는 이유는 우리가 한낱 유행처럼 혁신교육 개념을 사용했기 때문인지도 모른다.

프레이리의 교육개혁을 혁신적으로 추진하는 데는 그 주변에 프레이리 교육사상에 해박한 교육학자들이 포진한 점을 눈여겨볼 필요가 있다. 프레이리 교육감의 비서실장을 역임한 교육학자 가도티[29], 그리고 교육청 자문위원으로 UCLA의 프레이리 연구소장 카를로스 토레스 교수와 다문화교육연구소장 피아 윙이 교육이론적 기반을 공고히 하고 있다는 점이다. 우리의 진보교육감 참모진은 이 점을 소홀히 하고 있지 않은지 살펴야 할 것이다. 프레이리 교육감에 비하면 우리의 교육감들은 이론적·철학적·사상적 토대가 취약하지 않은지 의문이 들기도 한다. 토대가 취약하면 혁신교육의 집은 쉽게 무너질 것이기에 그 전망을 어둡게 할 것이다.

혁신학교 초기 단계에서는 주로 수업 혁신을 통해 학교의 혁신을 모색했다. 이에 따라 사토 마나부의 '배움의 공동체' 모델을 적용한 학교가 많았다. 아이들이 배움으로부터 도주하는 현상이 벌어지는 상황에서 이들이 참여하고 협력하며 표현하는 배움을 중심에 놓는 수업 방식은 교실 수업에 지쳐있는 한국 교사들에게 매력적으로 다가왔다. 배움의 공동체 모델에서는 교육의 공공성, 민주주의, 탁월성을 철학의 근간으로 내세웠다. 또한 전 교사가 자기 수업을 공개하고 수업평가회를 기초로 민주적 동료성을 구축하는 등, 교사들의 협력과 집단 활동을 강조했다. '배움의 공동체' 실험을 시도한 혁신학교도 전국으로 확산되었다. 배움의 공동체 외에도 노동의 가치, 표현적 배움, 아동의 흥미 중심, 자연적 방법, 탐구수업의 중요성을 강조하는 프레네 교육철학이나 구조의 모순을 혁신함으로써 개인의 해방을 추구하는 애플이나 프레이리의 교육 실험도 시도되었다. 주변인과의 협력적 배움을 통해 언어를 매개로 지식을 내면화하여 고등정신 기능을 습득해 간다는 비고츠키 문화발달심리학, 복잡계 이론 등 최근 혁신교육을 직·간접으로 지탱하는 교육이론들이 보충되었다.

혁신교육을 추진하는 과정에서 활동가들이 말하는 내용에는 두 가지 공통점이 있다. 하나는 지적 전통주의와 효율성에 기초한 경제 논리를 극복하려는 의지로, 이는 교육의 본질을 회복하려는 긍정적 방향이다. 다른 하나는 지나치게 방법과 절차에 비중을 두는 혁신교육의 추진 과정에 대한 우려다. 협력적 배움, 활동적 배움, 표현적 배움, 교사들의 수업평가회, 도전 과제를 제시하는 점프, 협력을 위

---

29. 가도티는 상파울루대학교 교육학 교수이며, 우리나라에는 『파울루 프레이리 읽기』(2012, 우리교육)로 번역, 소개되었다.

한 책상 배치 등이 수업 방법이고, 이를 지탱하는 철학은 동료성, 공공성, 민주성이라고 한다. 그런데 이는 사토 마나부의 독창적 철학이라기보다 (그 자신도 인정하듯) 이미 100년 전 듀이가 시카고 대학에 실험학교를 열면서 대부분 적용했던 민주적 원리들이다.

'배움의 공동체'가 지닌 탁월한 이식성은 비교적 명료한 적용 방법에 있다. 하지만 이것이 축복이자 독이 되고 있다. 듀이가 흥미와 관심에 매몰되는 학습 방법 및 절차에 비중을 두는 민주주의 실천을 경계하고 늘 비판한 것과 마찬가지로 배움의 공동체는 '방법'에서 벗어나야 한다. 일부 한국 교사들에게서 나타나는 수업 방법에 대한 '과잉 신념화' 역시 바람직하지 못한 현상이다.^{황영기, 2014: 284} 아울러 프레네 교육 지지자인 경우 아동의 흥미, 자연적 방법, 탐구수업, 노작교육의 중요성을 거론한다. 프레네가 듀이보다 조금 늦게 교육적 소신을 편 것을 떠올리면, 듀이의 철학이 자연스럽게 프레네 교육에 스며들어 간 것은 당연한 일이다. 초기 프레네 교육의 동기를 보면 혁명 완수를 위한 과정으로 교육을 사고한 점—물론, 나중에 부르주아적 개인주의에 빠진다고 비판받았지만—이 있지만, 전반적으로 듀이 철학을 적용했다는 점은 의심할 여지가 없다.^{황영기, 2014: 284}

특히 권위적 학교에서 자율과 책임, 협력의 능력을 갖춘 능동적인 시민을 길러내기 힘들다는 문제의식은 듀이가 '삶의 방식으로서의 민주주의'를 말한 것의 연장선상에 있다. 학교의 모든 구성원이 평등한 권리로 참여하는 집회에서 공동의 삶을 민주적으로 운영하는 법을 배우는 과정은 듀이의 민주적 시민성의 핵심 과제와 일치한다. 비고츠키는 종종 피아제와 비교된다. 피아제는 개인적 지식 구성에 비중을 두었고 비고츠키는 지식 구성의 사회성을 강조한 것처럼 알려져 있지만, 초기 비고츠키는 피아제의 영향을 받았다 해도 틀리지 않을 것이다. 다만, 그의 사회문화발달 이론을 완성해 가는 여정에서 지식이 언어라는 경로를 거쳐 고등정신 기능으로 내면화하는지를 상세히 밝혔다. 그 점에서 비고츠키는 피아제를 넘어섰다. 구소련의 심리학자였던 비고츠키는 폐쇄적인 소련 사회에서 서방 학자들의 이론을 접하기가 쉽지 않았다. 비고츠키의 서적들이 당시 소련에서 판매 금지된 이유로 서방 학자들의 이론을 연구, 적용했다는 말이 있는 것으로 보아, 조심스럽게 듀이의 사회·문화에 대한 문제의식을 연구했을 것으로 추측된다.

소련을 방문하고 미국으로 돌아온 듀이가 소비에트 사회주의를 맹렬하게 비판한 점은 눈여겨볼 필요가 있다. 어느 편이든 듀이는 교육이 국가적 이데올로기 전수의 방편으로 쓰이는 것을 경계했고, 그것은 학습자의 삶에 뿌리내리는 민주적 시민성을 위해 좋지 않다고 생각했다. 비고츠키는 마르크스 심리학의 영향을 많이 받았는데, 당시 구소련에서 교육 목표는 변증법적 유물론에 기초한 혁명적 인간형의 완수였으므로 교육은 이러한 인간형을 길러내기 위해 조직되었다. 비고츠키는 스탈린 정권에 의해 그의 저작이 판매 금지될 정도로 서방 학문의 흐름에 관심을 가진 것으로 알려졌다.이윤미, 2019

한편으로는, 교사의 개별적 노력에 의한 수업 혁신이나 학교 차원의 실천적 개선만으로 교육혁신을 이루기 어렵다고 생각한 교사들은 구조 및 시스템 개선에 주목했다. 애플은 학교교육을 통한 문화 재생산이 지속적인 불평등을 야기한다고 보았다. 따라서 그의 관심은 불평등 상황을 드러내고 해소하는 데 있었다. 다른 한편으로, 교사 개인의 실존과 성찰을 강조하는 흐름도 생겨났는데, 파이나W. Piner의 자서전적 방법, 쇤D. Schön의 반성적 성찰 등이 있다. 아이즈너E. Eisner가 견지했던 미학적 관심사는 행동 목표를 비판하면서 개인의 진정한 발달에 집중하는 것이었다. 교육실천 과정에서 적용되는 '수업 비평'은 아이즈너의 질적 관찰, 해석, 기술에 이론적 기반을 둔다.

'혁신교육'의 실천 과정에서 주요한 방법적·이론적 기반으로 적용된 배움의 공동체, 프레네 교육 및 수업 비평, 반성적 실천 등은 듀이 철학의 연장선에 있다. 아울러 듀이의 실험적 교육학과 비고츠키 발달적 교육학, 그리고 프레이리의 비판적·변혁적 교육학은 아동의 성장과 발달이 사회적 맥락과 연동된다는 관점, 협력적 문제해결 과정, 인식 주체를 중심으로 한 사회적 상호작용 등에서 많은 유사성을 발견할 수 있다. 실험적·발달적·변혁적 교육학은 미시적/실제적 관점(교육자의 가르침이 직접적 영향을 미치는 교실의 상호작용, 교육 과정, 교수법 등)과 구조적/거시적 관점(학교와 사회의 정치적·경제적 권력 관계, 불공정하고 불평등한 현존 사회의 변화 등)의 조응을 지향한다.

오래전 미국과 소련 그리고 브라질에서 활동했던 세 거장의 철학과 교육사상이 21세기 한국의 혁신교육 운동 과정에서 대안으로 주목받고 있다는 점은 상당히 흥미롭다. 듀이와 비고츠키 그리고 프레이리의 이론적 맥락의 연관성과 우리 교육에 주는 시사점에 대한 천착이 요구되는 대목이다. 이들의 혁신적 교육이론 및 사상을 우리 교육 현실에 접목하고 직조하여 우리의 '독창적' 작품을 만들어 내야 한다.

참고문헌

가도치, M. 백경숙·박내현 옮김(2012). 파울루 프레이리 읽기. 우리교육.

나딩스, N. 심성보 옮김(2016). 21세기 교육과 민주주의. 살림터.

나딩스, N. & 리즈, H. 심성보 외 옮김(2024). 세계의 대안교육: 미래를 위한 교육적 대안의 전망과 가능성. 살림터.

다더, A. 심성보 외 옮김(2021). 사랑의 교육학. 살림터.

블런던, A. 이성우 옮김(2020). '비고츠키 과학의 생식세포', 래트너, C. & 실바 D. N. H. 외, 비고츠키와 마르크스. 살림터.

루리아, A. R. 배희철 옮김(2013). 비고츠키와 인지발달의 비밀. 살림터.

래트너, C. & 실바 D. N. H. 외(2020). 비고츠키와 마르크스. 살림터.

랜돌프, J. 이성우 옮김(2020). '비고츠키의 방법론적 이론틀 속의 유물변증법', 래트너, C. & 실바 D. N. H. 외, 비고츠키와 마르크스. 살림터.

비고츠키, L. 배희철 옮김(2026). 비고츠키의 교육심리학. 살림터.

비고츠키교육학실천연구모임(2015). 관계의 교육학, 비고츠키. 살림터.

비고츠키교육학실천연구모임(2018). 비고츠키의 발달교육이란 무엇인가. 살림터.

비고츠키교육학실천연구모임(2025). 본능에서 개념적 사고까지. 살림터.

비어, R. V. D.(2023), 레프 비고츠키. 살림터.

성열관(2019). '엥게스트룸의 문화역사적 활동이론과 교육'. 이윤미 외, 비판적 실천을 위한 교육학. 살림터.

송순재(2017). '혁신학교의 발단·전개·특징'. 혁신학교. 송순재 외. 한국 교육의 미래를 열다. 살림터.

심성보(2018). '서구 진보주의 교육이론의 동향과 한국 혁신교육의 전망'. 한국교육연구네트워크. 진보주의 교육의 세계적 동향. 살림터.

심성보(2022). 프레이리에게 변혁의 길을 묻다: 파울루 프레이리 교육학의 사상적 뿌리. 살림터.

심성보(2023). '안토니오 그람시: 헤게모니, 유기적 지식인, 그리고 변혁적 교육학'. 교육사상가의 삶과 사상: 서양편 2. 살림터.

싱어, H. 심성보 외 옮김(2024). '브라질의 혁신교육운동: 홀리스틱 교육 경험'. 나딩스, N. & 리즈, H. 심성보 외 옮김(2024). 세계의 대안교육: 미래를 위한 교육적 대안의 전망과 가능성. 살림터.

오카디즈, P., 윙, P. & 토레스, C. 유성상 옮김(2022). 교육과 민주주의: 교육감 파울로 프레이리의 교육개혁 실험. 살림터.

오카디즈, 2022, '감사의 글', 오카디즈, P., 윙, P. & 토레스, C. 유성상 옮김(2022). 교육과 민주주의: 교육감 파울로 프레이리의 교육개혁 실험. 살림터.

이윤미(2019). '역사, 사회, 발달: 듀이와 비고츠키 교육론의 접점'. 이윤미 외. 비판적 실천을 위한 교육학. 살림터.

유성상(2022). '해제 및 옮긴이 후기', 오카디즈, P., 윙, P. & 토레스, C. 유성상 옮김(2022). 교육과 민주주의: 교육감 파울로 프레이리의 교육개혁 실험. 살림터.

엘라세, N. & 존-스타이너, V., 사람대사람 옮김(2015). '문해 진전을 위한 상호작용적 접근'. I. 쇼어(엮음). 교실을 위한 프레이리. 살림터.

진보교육연구소 교육과정연구모임(2022). 변혁의 교육학. 살림터.

퍼트남, R. 정승현 옮김(2009). 나 홀로 볼링: 사회적 커뮤니티의 붕괴와 소생. 페이퍼로드.

핀레이, L. & 페이스, V. 사람대사람 옮김(2015). '미국 대학에서의 비문해교육과 소외'. I. 쇼(엮음), 교실을 위한 프레이리. 살림터.

카르포프, Y. 실천교육교사번역팀 옮김(2017). 교사와 부모를 위한 비고츠키 교육학. 살림터.

한희정(2022). 비고츠키 아동학과 글쓰기 교육. 살림터.

함영기(2014). 교육 사유. 바로세움.

Bernstein, J.(2010). Dewey's Vision of Radical Democracy, M. Cochran (ed.), *The Cambridge Companion to Dewey*, Cambridge.

Bassett, J.(2024). For a progressive pedagogy: why we need Vygotsky', *International Socialism*, no. 182.

Berns, R. M.(2004). *Child, Family, School, Community: Sicialization and Support*, Thomson.

Brown, S.(2012). *The Radical Pedagogies of Socrates and Freire: Ancient Rhetoric/Radical Praxis*, Routledge.

de Castro, L.V.(2015). *Critical Pedagogy and Marx, Vygotsky and Freire*, PalgraveMacMilllan.

Durst, A.(2010). *Women Educators in the Progressive Era: The Women behind Dewey's Laboratory School*, Palgrave/Macmillan.

Engeström, Y.(1999). Activity Theory and Individual and Social Transformation. Y. Engeström, R. Miettinen & R. L. Punamäki(Eds.). *Perspectives on Activity Theory*, Cambridge University Press.

Jones, P.(2021). Paulo Freire and Lev Vygotsky: some thoughts and questions on their relationship, *OLHRES*, v. 9, n. 3.

Makyhew, K. C.(1936). *The Dewey School: The Laboratory of the University of Chicago 1896-1903*, D. Appleton Century Company.

Mayhew, C. K.(1903). *The Dewey School: The Laboratory School of the University of Chicago 1896-1903*, D. Appleton-Century Company.

Moreira, A. & Pulino, L.(2021). Is Freedom Social Achievement?: Freire and Vygotsky from the Perspective of Human Rights Education, *RCID*.

Muraro, D. N.(2013). Relações entre a Filosofia ea Educação de John Deweye de Paulo Freire, *Educação & Realidade*, v. 38, n. 3, pp. 813-829, http://www.ufrgs.br/edu_realidade

Oikonomou, M.-N.(2018). *The Role of Education: A Comparative Study of Paulo Freire's and John Dewey's Selected Works*, Logos Verlag.

Schugurensky, D.(2014). *Paulo Freire*, Bloombury.

Tanner, L. N.(1997). *Dewey Laboratory School: Lessons for Today*, Teachers College Press.

Westbrook, R.(1991). *John Dewey and American Democracy*, Cornell University Press.

●심성보 ─────────────────────────────

교수 생활을 마감하고 교육이론과 교육실천을 매개하는 활동을 하고 있다. 한국 교육연구네트워크이사장, 한국 교육개혁전략포럼대표, 마을교육공동체포럼이사 등으로 활동하면서 '실천적 이론가' 또는 '이론적 실천가'의 길을 잃지 않으려고 노력하고 있다. 최근 『민주주의와 교육』과 『세계의 대안교육』을 번역했으며, 『교육사상가의 삶과 사상』을 공동으로 펴냈다. 단독 저서로 『프레이리에게 길을 묻다』, 『유토피아 교육학』을 썼다.

3.
K-교육으로서의 혁신교육

성열관_경희대학교 교수

1. 들어가며: 접두어 K

오늘날 'K-팝', 'K-드라마'에서 'K-민주주의'에 이르기까지, 접두어 K는 우리 사회 전반의 성취와 자부심을 상징하는 기호가 되었다. 이런 현상은 당혹스러울 정도로 예상치 못한 글로벌 반응이라 할 수 있다. 그러나 유독 교육 분야에서는 접두어 K를 붙여 쓰기에 망설여 온 분위기가 있다. 한편 최근에는 국가교육위원회나 교육부 등을 중심으로 'K-교육'이라는 용어를 사용하기 시작한 현상이 흥미롭다. 지금까지 관찰한 바에 따르면, "좋은 교육을 만들어 가자"는 미래에 대한 다짐의 형태로 K-교육이라는 용어가 사용되는 경향이 있다. 이는 지금까지의 한국 교육에 대한 우리 사회 내부의 깊은 불신이 자리 잡고 있음을 말해준다. 과거에서부터 지금까지 이어온 한국 교육에 대해서는 여전히 자부심이 약하기 때문이다.

실제로 한국 교육을 논평할 때 가장 빈번하게 등장하는 것은 '고질적 병폐'라는 표현이다. 과열경쟁, 과도한 사교육비, 입시 중심 문화 등은 한국 교육을 설명하는 상투어가 되었고, 이에 대한 논의는 자조 섞인 비판으로 반복되는 경우가 많았다. 이런 담론 구조 속에서 한국 교육은 스스로를 객관적으로 기술하고 개념화할 언어를 충분히 확보하지 못했다.

그러나 지난 10여 년간 한국 교육 현장에서 축적되어 온 혁신교육의 철학과 실천 및 그 성과는 이런 자조적 표현을 넘어설 수 있는 실질적 근거를 제공했다. 혁신교육이 무엇을 바꾸었고, 어떻게 작동해 왔는지를 객관적으로 검토하면, 한국 교육을 보다 균형 있게 이해할 수 있다. 이 글의 목적은 바로 여기에 있다.

특히 혁신교육은 아래로부터의 학교 개혁이라는 점에서 중요한 의의를 지닌다. 교사들이 교육 주체로서 학교를 변화시키는 실천을 먼저 시작했다. 그런 다음 이런 실천이 시·도교육청 차원에서 정책으로 수용되었다. 나아가 교육부 차원에서의 제도화로까지 확장되었다. 혁신학교의 전국 확대와 같은 제도화가 그 예다. 해방 이후 한국 교육사에서 이와 같은 경로의 학교 개혁 사례를 찾기는 쉽지 않다. 더 나아가 국제적으로 보더라도, 학교 개혁은 대체로 중앙정부가 모델을 설계하고 상명하복식으로 추진되다가 강한 저항 또는 '하는 척하기' 현상에 직면하는 경우가 많았다. 이와 달리 혁신교육은 통상적인 개혁 경로와는 정반대 방향에서 비교적 성공적으로 정착된 드문 사례라 할 수 있다. 바로 이 점에서 혁신교육은 국제사회에서도 주목할 만한 한국 고유의 실천모델로 평가될 수 있다.

이 글에서는 먼저 한국 사회가 스스로의 교육을 낮게 평가해 온 담론적 관행을 비판적으로 검토한 뒤, 긍정적 담론분석 관점에서 K-교육으로서의 혁신교육을 재해석해 보고자 한다. 이를 통해 향후 국제사회에서 다양한 국가의 연구자와 교육자들이 한국의 혁신교육 경험을 함께 논의할 수 있는 기초를 마련해 보고자 한다.

2. 자국 교육 비하 경향

한국 교육을 평가하는 담론은 오랫동안 하나의 지배적인 프레임에 갇혀 있는 경향이 있다. 그것은 한국 교육에 "정말 큰 문제가 있다"는 식의 자기 비하적 평가 태도다. 물론 한국 교육의 문제를 정확히 진단하고, 이를 바탕으로 새로운 대안을 모색하는 일은 필요하다. 그러나 한국 교육에는 본질적으로 해결 불가능한 문제가 있다는 식의 사고방식은, 오히려 한국 교육의 실체를 있는 그대로 보지 못하게 하는 점에서 분명한 한계를 지닌다. K-교육의 객관적인 정체성을 탐색하려면, 무엇보다 이런 태도 자체를 점검할 필요가 있다.

대표적인 사례가 주입식·암기 교육에 대한 비판이다. 많은 사람은 한국 교육이 여전히 주입식, 암기 교육에 머물러 있으며, 이로 인해 학생들의 창의성이 억압되어 있다고 말한다. 그러나 오늘날의 한국 교실은 더 이상 그러한 이미지에 머물러 있지 않다. 오히려 한국 학생들의 창의성은 지난 수년간 국제 비교에서 높은 수준으로 평가되어 왔다. 이런 연구결과를 신뢰한다면 창의성을 위해 주입식·암기식 교육을 더 해야 한다는 주장이 더 타당할 것이다. 나아가 오늘날 초등학교나 중학교 교실에서는 주입식 교육이 지나치게 많다는 비판보다는 "활동 수업이 너무 많아 학습의 밀도가 떨어진다"는 문제 제기가 나올 정도이다. 한국 교육의 실제가 과거와는 크게 달라졌다. 그럼에도 우리는 여전히 한국 교육의 고질적 병폐라는 익숙한 표현을 거의 무의식적으로 사용하는 것은 아닌지 돌아볼 필요가 있다.

이런 인식은 '자국 교육 비하경향성'이라고 부를 수 있다. 이런 관점에서는 특정 외국 사례를 이상적인 모델로 설정한 뒤, 한국의 현실과 단순 비교하면서 한국 교육은 희망이 없다는 식의 결론으로 나아가는 경향이 있다. 그리고 여전히 북미나 유럽 교육을 참조점

reference point으로 두는 사람들이 매우 많은 것이 사실이다.^{Lee, 2010} 물론 이런 비평이 전혀 이해되지 않는 것은 아니다. 한국 교육은 세계적으로도 유례를 찾기 어려울 정도로 치열한 입시경쟁 구조에 놓여 있고, 계층에 상관없이 많은 가정은 상당한 정도의 사교육비 부담을 안고 있다. 이런 상황에서 어린이와 청소년들이 과도한 학습 부담에 시달리고 있다. 더 큰 문제는 이런 경쟁이 일부에게만 보상을 제공할 뿐, 많은 사람이 불안정을 경험하고 있다는 점이다. 이런 현실을 목도하면서, 미국이나 유럽 국가들에 비해 심한 한국 교육의 문제를 하루아침에라도 바꾸고 싶은 심정에서 이런 현상이 나타나는 것은 어느 정도 이해할 수 있다.

그러나 이런 문제의식이 한국 교육에 대한 염려에서 출발했다 하더라도, 지나친 자기 비하는 문제가 있다. 그동안 이룩해 온 교육적 성과를 보이지 않게 만들어 버릴 수 있기 때문이다. 더 나아가 외국 어딘가에 파랑새가 있는 것처럼 전제하면서 한국 교육의 강점과 성과를 보지 않으려는 태도는, 탈식민주의가 오래전부터 비판해 온 인식 구조와도 맞닿아 있다.^{Sung, 2011; Takayama, 2018} 이런 문제는 대만 학자 첸콴싱^{Chen, 2010}이 제시한 '방법으로서의 아시아_{Asia as Method}'라는 개념을 통해 더욱 명확히 접근할 수 있다. 그는 동아시아 국가들이 서구를 참조점으로 설정하고, 그 기준에 미치지 못하는 스스로를 끊임없이 결핍된 존재로 인식하는 태도를 후기식민적 태도라고 비판했다. 자국 교육 비하론의 기저에는 바로 이런 인식 구조가 자리 잡고 있다.

이처럼 서구 교육을 기준으로 한 선망과 자기 비하의 담론은 K-교육의 실체를 파악하는 데 분명한 한계를 드러낸다. 바로 이 지점에서 지난 10여 년간 혁신교육의 경험과 성과는 K-교육의 실체와 방향성을 탐색하기 위한 중요한 출발점이 될 수 있다.

3. 긍정적 K-교육으로서의 혁신교육

그동안의 한국 교육에 대한 부정적 담론화를 지양하고자 할 때, 혁신교육은 긍정적인 담론이자 방향으로 자리매김될 수 있다. 혁신교육은 지난 10여 년간 한국 교육의 체질을 근본적으로 개선해 온 구체적인 실천이자 교육철학이라 볼 수 있기 때문이다. 이는 한국 교육의 맥락에서 스스로 해법을 모색해 온 과정을 말하기도 한다. 따라서 혁신교육의 성과를 객관적으로 분석하는 것은 자국 비하 또는 자의식 과잉을 넘어, K-교육의 미래 지향적 정체성을 설정하는 데 중요한 작업으로 볼 수 있다.

이런 측면에서 혁신교육은 영어권의 'Innovative Education'과 구분되는 한국의 고유한 학교 개혁 모델, 즉 'Hyukshin Education'으로서 고유한 가치를 지닌다. 실제로 혁신학교가 국제적으로 저명한 저널에서 'Hyukshin School'이라는 이름으로 사용되고 있다.[Sung & Lee, 2018; Wortham et al., 2023] 영어권의 'Innovative Education'이 종종 기술 중심적이거나 시장 주도적 개혁을 의미하는 반면, 한국의 혁신교육은 공교육의 본령에 깊이 뿌리내리고 있다는 점에서 차이가 있다. 이는 서구의 담론을 일방적으로 추종하지 않고 한국이라는 지역성의 맥락에서 출발하여 글로벌한 보편성을 갖추려는 탈식민적 전환으로 해석할 수 있다. 혁신교육이 걸어온 길에서 K-교육의 실체를 찾아볼 수 있는 것이다. 이 실체를 몇 가지 항목으로 요약해서 정리하면 다음과 같다.

1) 공공성 지향

혁신교육은 무엇보다 공교육의 목적을 재강조한 과업이다. 공교육이 단순히 지식 전달 기관을 넘어, 학생 개개인의 바람직한 삶을 지원하고, 모두가 함께 살아가는 민주주의 공동체를 지향한다는 가치를 명확히 한 것이다.경기도교육청, 2015 혁신교육을 추진한 교육부와 시·도교육청은 공교육의 본질적 가치를 되살리기 위해 주력해왔다. 2009년부터 시작된 혁신학교 운동을 그 후 점진적으로 제도화하기 시작한 것도 그 일환이다. 혁신학교는 학생 배움 중심의 공교육 실현이 그 목적임을 분명히 했다. 이는 교사의 자율성을 높이고, 학생 중심 교육을 강화해 공교육의 질을 높이려는 노력이었다.

이를 위한 전제 조건인 체벌금지 역시 혁신교육과 시작을 같이했다. 체벌이 존재하는 한, 학교 혁신을 위한 어떤 것도 정당화되기 어려웠기 때문이다. 오늘날 많은 사람이 체벌 금지를 당연시하는 분위기가 있지만, 당시에는 체벌을 금지하는 것조차 쉬운 일이 아니었음을 떠올릴 필요가 있다. 이와 함께 촉발된 학생인권조례 역시 혁신교육이 가능하기 위한 전제 조건으로 기능했다.

또한 혁신교육은 전면 무상급식을 실현함으로써 어떤 아이도 주눅 들지 않도록 세심히 배려하고자 했다. 당초 의도한 것은 아니었지만, 친환경 무상급식 논쟁은 한국 사회에서 보편복지의 문을 여는 데 기여한 것이 사실이다. 무상급식을 위해 교육청과 지방자치단체의 협력이 필요했으며, 이런 기반 위에서 혁신교육지구 사업이 추진되었다. 이로써 지역사회가 공교육을 함께 지원하는 체계를 구축했다. 이런 정책들은 모두 교육의 공공성 강화에 초점이 맞추어진 것이었다.

2) 약자 우선의 교육철학

혁신교육은 처음 시작할 때 '배움과 돌봄의 책임교육 공동체'라는 목표를 정립했다. 여기서 특히 주목할 점은 돌봄으로 대표되는 약자 우선의 교육철학이다. 자본과 권력이 우선시되는 사회 구조에서 교육만큼은 가장 소외된 학생을 먼저 고려해야 한다는 규범을 전면에 내세운 것이다. 실제로 서울의 혁신학교는 대부분 교육 여건이 열악한 외곽 지역에서 시작되었다. 이런 약자 우선 철학은 K-교육으로서의 혁신교육의 규범적 우위를 말해주는 것이다.

실제로 많은 시·도교육청에서 교육적 약자를 먼저 배려하는 원칙을 정책 전반에 반영해왔다. 한 예로 조희연 서울시교육감은 교육 불평등 해소를 위한 원리로 '정의로운 차등' 정책을 강조했는데, 이는 형식적 평등이 아닌 취약계층에 대한 실질적 지원의 정당성을 명시한 것이다. 혁신교육을 적극적으로 추진했던 시·도교육청들은 저소득층, 다문화가정, 학교밖 청소년 등 취약학생을 적극 지원하고자 했다.

혁신교육의 모토가 '한 아이도 소외되지 않는 교실'임을 상기하더라도 약자 우선의 교육 철학이 얼마나 강조되었는지 알 수 있다. 예를 들어 세종시교육청은 한 명의 아이도 놓치지 않겠다는 비전을 '모두가 특별해지는 세종교육'이라는 표어로 제시했다. 이런 약자 우선 철학 아래 추진된 혁신교육 정책들은 출발선이 다른 학생들에게 더 많은 지원을 함으로써 교육의 실질적 평등을 높이고 사회 통합에 기여하고자 노력했다.

3) 민주주의 체험 교육

혁신교육은 혁신학교를 중심으로 하는 풀뿌리 민주주의가 제도화된 형식이다. 이에 민주주의는 혁신교육의 핵심에 자리 잡게 되었다.[장은주, 2017] 예를 들어 서울시교육청은 '교복 입은 시민'이라는 담론을 개발하고, 학생 자치와 민주시민교육을 강화했다. 혁신교육이 한국 내부에서 나름대로 발전시킨 고유한 학교 개혁 모델이라고 보는 것은 그 자체가 지닌 새로운 언어와 관련이 있다.

그중 대표적인 것이 3주체 생활협약과 다모임이다. 3주체 생활협약은 학생, 교사, 학부모 사이에서 겪는 학교 규범에 대한 갈등을 민주적으로 해소하고 학생들이 만든 규칙을 스스로 지켜가도록 이끄는 방식이다. 다모임은 학생 전체가 모여서 학교에서 중요한 사안을 함께 결정하는 것으로, 가급적 직접 민주주의를 체험하도록 유도하는 교육적인 장치다. 이를 통해 두발, 복장 등 생활규정 개선과 학생회 활동 지원을 통해 학생들이 권리를 누리고 책임을 배우는 인권 친화적 학교 문화가 확산되었다.

'민주주의 배움터'라는 용어도 혁신교육에서 나왔다. 많은 시·도교육청에서 학교를 민주주의 배움터로 만들기 위해 학생 자치와 민주시민 교육을 체계적으로 실행해왔다. 이를 통해 학생들은 교육 주체로서 학교교육과정 설명회나 평가회에 참석해 의견을 제시하는 경우도 있고, 교내 주요 사안이나 교복 선정 과정에도 참여하여 자신의 목소리를 반영하고 있다. 서울의 경우도 학생참여예산제를 도입해서, '교복 입은 시민 프로젝트'같이 학생 주도 학습 기회를 확대했다. 이런 학생자치와 시민교육 실천은 학교와 교실에서 민주주의를 몸으로 경험하는 기회를 제공함으로써, 학생들을 자기 삶의 주인공이자 책임 있는 시민으로 성장시키고 있다.정용주 외, 2017

혁신교육 초창기만 해도 혐오와 양극화 현상이 그리 심각하지 않았으나 최근이 현상들은 한국 교육의 주요 이슈가 되었다. 과거와 달리 사회변동과 소셜 네트워크의 발달과 관련하여 혐오, 양극화, 젠더 갈등 같은 문제는 사실상 전지구적으로 거의 동시에 발생하고 있는 문제다. 한국 학생들이 학교라는 작은 사회 안에서 스스로 규칙을 만들고 갈등을 조정하며 민주주의를 체험하는 경험은 이런 문제를 해결하거나 완화하는 데 도움이 될 것이다. 이런 관점에서 볼 때, 민주주의를 몸으로 체험하게 하는 혁신교육은 한국적 특성을 반영하면서도 민주주의라는 보편 가치를 실현하고자 한다는 점에서 의의가 있다.

4) 교사의 주체성을 기반으로 한 교육 혁신

혁신교육 정책의 또 다른 축은 교사의 주체성을 회복하고 이를 바탕으로 학교 혁신을 이끌어낸 점이다. 한국 교육의 가장 특징 중 하나는 교사의 우수성이다. 우리는 (1) 한국 교사들이 세계 최고 수준의 능력을 지니고 있으며, (2) 그 능력의 편차가 제일 낮다는 사실에 주목해야 한다. 혁신교육은 바로 이 점에 주목했다.

한국에서는 최근 OECD에서 강조하는 교사 행위 주도성teacher agency 담론을 수입하는 경향이 있는데, 그보다 앞서 교사의 전문성과 자율성을 교육 개혁의 핵심 동력으로 삼은 것은 혁신교육이다. 이는 한국이 이미 세계적으로 앞서가고 있음에도, 스스로를 뒤처진 존재로 인식하는 역설을 보여준다. 대신 혁신교육은 교사를 개혁의 대상이 아닌 주인으로 세우고, 그들의 유능함을 기반으로 교육을 변화시키려 한 접근 방식이다.

혁신학교 정책은 교사들에게 교육과정 편성권과 수업 방법의 재량을 크게 보장하여, 교사 스스로 창의적인 수업을 설계하고 평가할 수 있게 했다.^{경기도교육청, 2016} 왜 교육과정 혁신, 수업혁신, 평가혁신이라는 용어가 혁신학교 정책에서 가장 빈출어인지 생각해 보면 금방 알 수 있다. 이런 전반적인 변화를 도모하기 위해서는 우선 교사 문화의 혁신이 전제 조건이어야 했다. 예를 들어 서울시교육청은 일선 학교의 폐쇄적 조직문화를 바꾸기 위해 '토론이 있는 교직원회의'를 꾸준히 추진해왔다. 교사들이 토론을 통해 민주적 의사결정을 해나가는 과정이 얼마나 약하면, 정책 이름이 '토론이 있는 교직원회의'였을까? 당시 그러한 현실과 비교해 보면, 오늘날 교직원 문화는 긍정적인 방향으로 큰 변화를 만들어 낸 것이다.

또한 혁신교육 이전과 이후를 구분할 때, 혁신교육 정책 이후 행정실무사를 배치하는 등, 교사들이 본연의 업무에 집중할 수 있게 함으로써 실질적인 변화가 생겨났다. 이를 통해 불필요한 행정업무를 줄여 회의 시간을 확보하고, 일방적 전달 위주의 회의를 지양하고 숙의와 협력 중심으로 교직원 회의를 운영하도록 지원했다. 이런 노력을 통해 학교 내부 의사결정 과정에서 교원의 의견이 실질적으로 반영되는 문화가 조성되었다.

교사학습공동체 사업을 도입하고, 이런 용어가 담론에 그치는 것이 아니라 현실이 되게 한 것도 혁신교육 이후다. 이로써 교사들이 자발적 연구모임을 구성하고 수업 혁신 사례를 공유하도록 장려했으며, 이는 학교교육력을 높이는 데 큰 밑거름이 되었다.

5) 경계를 넘는 유연한 교육 시스템

혁신교육은 공교육 체제에서 유연한 구조를 만들어 낸 점에서도 의의가 있다. 대표적인 예로 경기도교육청의 '신나는학교'나 서울시교육청의 '오디세이학교' 등을 들 수 있다. 다른 지역에서 만들어진 여러 공립 대안학교 사례도 이를 뒷받침한다. 물론 공립 대안학교는 혁신교육 이전에도 있었지만 혁신교육 이후 보다 유연한 구조를 갖추게 되었다. 이 시스템은 학교에 적응하지 못하는 학생들에게 잠시 숨통을 틔워주는 안전망 역할을 할 뿐만 아니라, 학업 능력이 뛰어난 학생들 중에서도 더 주체적인 배움의 길을 택하려는 아이들에게 새로운 대안적 경로를 제공한다. 특히 오디세이학교는 1년 과정을 마친 후 원래 학교로 복귀할 수 있는 제도로, 학생들의 자긍심과 자신감을 회복시키는 중요한 성과라 할 수 있다.

그뿐만 아니라 혁신교육지구 사업은 학교와 지역사회의 경계를 허물고 학교-마을 협력사업을 공동 추진했다. 지자체가 예산을 대응 투자함으로써 교육주체들이 울타리를 넘어 협력하는 모델을 마련했다. 다양한 필요를 지닌 학생들은 이 사업을 통해 다양한 프로그램에 등록하여 필요한 것을 배울 수 있다. 학교, 마을, 지자체, 청소년 단체, 대학 등 교육기관이 하나로 연결되는 조화로운 교육 생태계라는 비전이 나온 것은 혁신교육 이후라는 것을 다시금 인식할 필요가 있다.

학교와 학교를 잇는 사업도 혁신교육 이후 더욱 심화되었다. 예를 들어, 세종시교육청은 캠퍼스형 공동교육과정을 운영하여 한 학교에서 개설이 어려운 과목을 거점학교에서 공동 개설하고, 인근 대학 및 연구단지와 연계하여 학생들에게 폭넓은 진로 탐색 기회를 주고 있다. 이처럼 유연한 교육 시스템은 개방성과 융통성을 특징으로 하며, 다양한 교육과정 운영, 학생 맞춤형 교육, 그리고 지역사회와의 교육적 연대를 가능하게 하고 있다.

6) 협력과 연대를 배우는 공동체주의 교육

혁신교육은 개인의 성취를 넘어 더불어 사는 가치를 가르치는 공동체주의 교육을 지향했다. 혁신교육을 '배움과 돌봄의 책임교육 공동체'라고 정의하는 것은 공동체주의가 교육철학으로서 강조된 것이다.김남수, 이혁규, 2012 일반 철학 분야에서도 공동체주의는 '어떻게 살 것인가'와 '어떤 사회를 지향할 것인가'에 대한 시민의 덕성을 강조한다. 혁신교육이 철학 분야에서의 공동체주의를 그대로 반영하려 한 것은 아니지만 결과적으로 유사한 길을 걷게 되었다.

이와 같이 혁신교육 패러다임에서 빈출어 중 하나는 공동체다. 물론 일본의 배움의 공동체에서 영향을 받기도 했다.손우정, 2012 배움의 공동체 역시 혁신교육과 많은 면에서 특징을 공유한다. 혁신교육은 경쟁보다 협력과 연대의 가치를 중시하는 공동체주의 교육으로서의 면모를 보여주었다. 대표적인 예가 수업혁신이다. 일본과 한국은 교육 문제와 학교문화가 유사하기에, 일본의 배움의 공동체 방식은 한국에서도 효과적이었다. 다만 이런 방식은 중학교와 고등학교에서 더 효과적이었다. 초등학교는 이미 학생 중심 교육이 편만해졌기 때문이다. 물론 혁신교육 이후 초등학교에서도 협력 중심 교육이 보다 확대되었다. 혁신교육이 발전하면서 일본의 배움의 공동체 전략을 도입한 학교에서도 그것을 기계적으로 적용하지는 않았지만, 공동체주의 교육 철학은 그대로 지켜갔다. 이렇듯 협력과 연대를 강조하는 공동체 교육은 각자가 더불어 살아가는 삶의 자세를 학교에서부터 익히게 하려는 것이었다.

학교를 넘어선 보다 큰 연대의 관점에서 혁신교육은 사회에서 소외되기 쉬운 이슈에도 관심을 갖기 시작했다. 급식 노동자, 청소 노동자를 비롯한 사회의 모든 구성원에게 감사와 인정을 표현하는 실천 활동을 하는 것이 그 예다. 많은 혁신학교에서 어린이나 청소년들이 급식을 제공하고 다양한 방식으로 자신들을 보살펴 주는 어른들에게 감사를 표현한다. 그리고 이런 활동이 미디어의 조명을 받아 많은 국민에게 감동을 주기도 한다. 혁신교육 패러다임 이후 노동인권 교육을 강조한 것도 중요한 발전이다. 이는 사회가 서로 다른 역할들의 협동으로 유지된다는 사실을 학생들이 배우게 함으로써 공동체성 함양에 기여한다. 이런 교육은 경쟁이 아닌 협력을 내면화하는 중요한 실천이다.

7) 문예체 교육

혁신교육은 초창기부터 문예체 교육, 곧 문화·예술·체육 교육을 강조, 강화하여 학생들의 긍정적 정체성 형성과 소속감을 가질 수 있도록 힘써왔다. 특히 서울시교육청의 중학교 뮤지컬 지원 정책은 모범 사례로 볼 수 있다. 서울시교육청은 이를 '협력종합예술활동'이라고 지칭하며, 중학교에서 뮤지컬, 연극 등 종합예술 수업을 지원해 왔다. 이 정책에 따라 한 학기 이상 학생들이 주도적으로 창작공연을 제작하거나 발표할 수 있다.

이를 위해 대학 등과 연계하여 전문 예술강사를 학교에 파견한다. 이를 통해 음악, 연기, 무대 등 분야별로 교사와 협력 수업을 하고 있다. 학급 단위로 이루어지는 이 공동 창작 과정에서 모든 학생이 각자 역할을 맡는데, 기획, 연출부터 배우, 무대장치, 조명, 분장에 이르기까지 다양한 역할이 고르게 분담된다. 하나의 무대를 완성하려면 서로 믿고 의지해야 한다. 그럼으로써 학생들은 내가 속한 집단에 대한 애착과 공동 성공을 위한 책임감도 배우게 된다.

이런 정책은 아이디어 내기는 쉬워도 현실화하는 것은 어렵다. 이는 혁신교육이라는 경험과 과정 없이 정책으로 실현하기 어려운 과제다. 이런 문예체 교육 강화 노력은 교실에 활력을 불어넣고 학생들의 전인적 성장을 지원함과 동시에, 문화예술 분야에 대한 새로운 진로 역량을 길러주는 의미 있는 정책이다. 이와 같이 혁신교육은 교육학 교과서에 나오는 이상적인 방향성이나 이론을 현실에서 구현한 점에서 큰 의미가 있다.

4. 글로벌 보편성으로서의 혁신교육: 아이디얼IDEAL

과거 한국 교육이 서구를 따라잡는 데 몰두했다면, 혁신교육은 스스로의 손과 머리로 이룩해 가는 탈식민적 전환의 노력이다. 그렇다고 해서 자의식 과잉 태도 역시 위험하다. 이런 균형 감각 속에 혁신교육이 이룩한 구체적이고 다층적인 성과는 K-교육을 새롭게 정의할 수 있는 토대가 된다.

또한 혁신교육이 일본의 배움의 공동체 모델과 영향을 주고받은 사실은 서구만 바라보던 수직적 관계에서 벗어나, 동아시아 국가 간 수평적 참조로 나아가고 있음을 보여준다. 이는 앞서 언급한 방법으로서의 아시아, 즉 아시아를 방법으로 삼아 한국 교육의 길을 모색하는 탈식민주의적 실천이기도 하다.

한국 교육에 소위 고질적 병폐가 없다는 말이 아니다. 지금까지 혁신교육이 이룩한 성과에도 불구하고 한국 교육을 무조건 개혁 대상으로 보는 방식을 비판하는 것이다. 그래서 나는 지난 10여 년간 혁신교육의 성과들을 정리했다. 이 논의를 바탕으로 K-교육의 글로벌 보편성에 대해 정리해보고자 한다.

진정한 K-교육이란 K-팝이나 K-드라마처럼 세계 최고라는 성취의 상징은 아니다. 오히려 그것은 혁신교육의 여정에서 드러난 바와 같이, 스스로의 교육을 개선하고 갱신하기 위한 지속적인 노력과 그 지향점 자체로 정의될 필요가 있다. 이는 약자를 우선하는 철학으로 공교육의 기틀을 다지고, 성찰적 시민을 길러내 민주주의를 심화시키며, 교사의 주체성에 대한 신뢰를 기반으로 학교 변화를 추동하고, 모든 학생을 주인공으로 세우려는 교육이다.

교육자들이나 연구자들은 지나친 자기 비하적 태도는 물론, 세계 최상위 학업성취도라는 지표를 숭배하는 태도도 버려야 한다. 지난 10여 년간 혁신교육 패러다임이 보여준 가치지향적인 교육철학을 견지하는 것이 중요하다. 이런 혁신교육 패러다임은 로컬에서 자생적으로 발전한 것이지만, 글로벌 담론을 전유해가며 성장했다. 그리고 이제 글로벌 사회에 한국 혁신교육 패러다임을 알리고 공유할 필요가 있다. 자랑하기 위해서가 아니고 소통하기 위해서다.

K-교육으로서의 혁신교육을 정리하는 과정에서, 다음과 같이 글로벌 보편성으로서의 특징을 도출할 수 있다. 혁신교육이 가치를 지향하는 교육 패러다임이라는 면에서 'IDEAL'이라는 표현은 글로벌 사회와 소통하기 위한 효과적인 은유라 판단된다. 최근 글로벌 사회의 교육에 대한 규범에서 살펴볼 때, 한국의 혁신교육은 포용 Inclusion, 다양성Diversity, 평등Equality, 주체성Agency, 앎과 삶의 통합Learning as lived experience이라는 가치와 맥을 같이한다. 이를 항목별로 살펴보면 다음과 같다.

1) 포용성Inclusion

오늘날 국제적 교육 담론에서 포용성은 핵심 가치로 다루어진다. 이는 코로나 팬데믹 이후 더욱 중시되는 것으로 볼 수 있다. UNESCO는 포용교육이 교육 접근기회의 장벽 제거를 넘어 교육과정 전반을 아우르는 것임을 밝히고 있다. OECD 또한 인구구성 변화나 이주, 난민, 혐오 등 글로벌 문제에 대응하여 포용적인 교육 시스템의 필요성을 강조하고 있다. 그뿐만 아니라 유럽이나 미국에서의 교육기관에서는 포용성을 매우 중요한 교육의 목적으로 다루고 있다. 한국의 혁신교육 모델 역시 이런 흐름을 반영하여 "하나도 소외되지 않는 교육"을 위한 노력을 기울이고 있다. 하나도 소외시키지 않는 수업을 위한 노력 자체가 포용성을 기반으로 하는 것이다. 예를 들어, 서울시교육청은 이주배경학생들이 밀집한 다문화 지역 학교 학생들 지원에 우선순위를 부여하고 있다.

2) 다양성Diversity

개인의 개성이 존중되는 사회는 다양성을 제공한다. 한국도 민주주의 발전과 함께 개인의 잠재력을 신장시키기 위해 획일적인 줄 세우기에서 다양한 성장의 경로를 마련해 주고 있다. 유럽 국가들에서 많이 활용되는 갭이어gap year 등은 한국에도 영향을 주어 획일적 시스템에서 가능하지 않던 교육기회를 제공하고 있다.

한편 또 다른 의미의 다양성은 때로 민주주의를 위협하는 요소가 되기도 한다. UNESCO나 OECD와 같은 국제기구들은 문화적 다양성이 위기를 가져올 수 있다는 사회적 불안에 대처하기 위한 방편으로 다양성을 통해 사회가 더 많은 강점을 누릴 수 있다는 규범을 공유하고자 노력 중이다. SNS, 다양한 삶의 방식, 인구구조 변화, 사회적 양극화, 불평등 등은 교육 현장에서 다양성을 증가시킨다. 이에 국제기구나 많은 국가에서 세계시민교육 등 민주주의 교육을 강화하고 있다. 한국에서는 세대간 갈등, 저출생, 다문화 사회로의 진입 등 많은 도전에 대응해야 하는 과제를 안고 있다. 이런 상황에서 한국 혁신교육의 경험은 다양성과 협력을 중시하는 글로벌 교육담론에 부합하며, 다양성이 창의적 혁신과 사회 통합에 기여할 수 있음을 보여준다.

3) 평등Equality

교육의 평등은 모든 학습자에게 공평한 기회를 제공하는 것을 의미한다. 한국 교육은 비교적 높은 수준의 교육 평등성을 유지하고 있다. 특히 모든 학생은 수준 높은 교사들을 만날 수 있다. 이것이야말로 한국 교육의 힘이다. OECD에서 강조하는 공평한 교육 시스템은 어린이와 청소년이 사회적·경제적 여건에 관계없이 잠재력을 발휘할 수 있도록 자원을 제공하는 체제로 정의한다. UNESCO의 지속가능발전 목표 역시 모든 학생이 양질의 교육에 평등하게 접근할 수 있어야 함을 의미한다. 한국의 혁신교육은 이런 국제적 지향을 실현하기 위한 모델로서 손색이 없다. 경기도 혁신학교 연구에 따르면, 혁신학교 학생들은 일반학교보다 가정배경의 영향이 학업성취도에 미치는 정도가 통계적으로 유의미하게 낮았다.[백병부, 박미희, 2015] 이는 혁신학교가 학생에 대한 충분한 관심을 통해 교육격차를 줄이는데 기여하고 있음을 의미한다. 여기서 중요한 것이 혁신교육 패러다임의 평등관이다. 혁신교육에서는 교육기회를 평등의 대상으로 삼기보다 모든 학생에 대한 관심의 평등을 지향한다. 이런 한국적 의미의 평등관은 국제 교육 담론에 시사하는 바가 크다.

4) 주체성Agency

글로벌 교육담론에서는 학생의 주체성student agency을 강조하는 경향이 뚜렷하다. OECD '교육2030 프로젝트'는 2030년 이후 학생에게 필요한 핵심 자질로 '학생 주체성'과 '웰빙'을 제시하며, 학습자 스스로 방향을 설정할 수 있는 역량을 강조한다. 실제로 OECD는 21세기형 교육과정에서 중요한 요소로 학생 주도성, 협력적 주도성co-agency, 새로운 가치를 창출하고 책임을 다하는 변혁적 역량transformative competencies 등을 제시했다. 이와 같은 세계적 흐름은 비에스타Gert Biesta가 주장한 교육의 '주체화subjectification' 개념과도 궤를 같이한다.

한국에서도 이런 OECD 담론을 도입하기 위해 노력해 왔으며, 이는 2022 개정 교육과정의 이론적 배경이 되기도 했다. 그러나 오히려 이런 실천은 혁신교육 현장에서 먼저 나온 것이라 해도 과언이 아니다. 혁신학교는 초창기부터 학생 주체성 또는 주도성을 중심으로 교육과정을 설계하여, 학생들이 스스로 프로젝트형 학습을 기획하고 참여하도록 장려했다. 이처럼 한국 혁신학교의 경험은 미래사회에서 요구되는 시민성과 주체적 역량을 길러준다는 점에서 글로벌 사회에 던지는 의미가 있다.

5) 앎과 삶의 통합Learning and living

21세기 교육 패러다임은 학습과 삶의 통합을 강조한다. UNESCO 에서는 '학습과 삶learning and living'을 통합하는 기조를 강조한다. 혁신학교에서는 다양한 방식으로 앎과 삶의 통합을 위해 노력했다.[이형빈, 2015] 첫째, 학교에서 개념이나 원리를 배울 때 삶 속에서 확인하고 다시 그 삶이 개념이나 원리 학습에 도움을 준다. 이는 비고츠키 교육학과 관련이 있는데, 흥미롭게도 많은 혁신학교 활동가 교사들이 한국에서 비고츠키 이론을 발전시켰다. 둘째, 혁신교육은 배운 것이 평생 삶에 남아 있어야 함을 강조했다. 이는 이해중심 교육과정에서 영속적 이해라고 불리는 것과 관련이 있다.

혁신교육은 여기에 더해 실천하는 인간과 관련이 있는데, 이는 참교육 전통과도 유사한 면이 있다. 이는 학습이 교실을 넘어 개인의 삶과 직장, 지역사회 등 다양한 삶의 영역과 연결되어야 함을 의미한다.[이명섭 외, 2017] 한국의 혁신교육 실천 사례도 이 원칙을 반영한다. 많은 혁신학교에서는 '앎과 삶의 통합'을 지향한다고 밝히고 있다. 이런 실천은 글로벌 사회에 많은 영감을 줄 수 있다.

5. 나가며: 패러다임으로서의 혁신교육

한국 사회는 짧은 시간에 압축적 경제 성장과 민주주의를 이루었다. 그러다 보니 스스로 이룩한 성취를 충분히 음미하기보다 곧바로 다음 목표를 향해 달려가는 습관이 형성되었다. 그 과정에서 이미 이룬 것은 빠르게 낡은 것으로 처리되는 경향이 있다. 이런 관행에서는 혁신교육이 지난 10여 년 동안 축적해 온 성과 역시 과소평가될 수 있다. 그렇게 되면 우리는 혁신교육의 역사적 연속성을 끊게 될 수 있다.

다음 교육은 혁신교육을 대체하는 새로운 시스템이 아니라, 혁신교육의 패러다임을 확장하고 심화하는 과정이어야 한다. 그런 의미에서 글로벌 사회와 대화할 수 있는 소재로서 혁신교육에 대한 연구가 더 심화되고 발전되어야 한다. 최근 이룩한 교육 패러다임에 자부심을 갖고 묵묵히 실천하다 보면 세상은 또 변해있을 것이다.

참고문헌

경기도교육청(2015). 혁신학교, 우리가 만들어갑니다. 경기도교육청.

경기도교육청(2016). 배움중심수업 2.0의 이해와 실천. 경기도교육청.

김남수, 이혁규(2012). 문화역사 활동이론을 통한 1년차 서울형 혁신학교의 수업 혁신 활동의 이해. 열린교육연구, 20(4), 357-382.

백병부, 박미희(2015). 혁신학교가 교육격차 감소에 미치는 효과: 경기도 혁신학교를 중심으로. 교육사회학연구, 25(1), 105-128.

서울시교육청(2025). 2025 혁신미래학교 운영 길라잡이. 학교혁신지원센터.

손우정(2012). 배움의 공동체. 해냄출판사.

이명섭 외(2017). 교육과정-수업-평가-기록의 일체화-실천편. 에듀니티.

이형빈(2015). 교육과정-수업-평가 어떻게 혁신할 것인가. 맘에드림.

장은주(2017). 시민교육이 희망이다. 피어나.

정용주 외(2017) 가장 민주적인, 가장 교육적인. 교육공동체벗.

Chen, K. H.(2010). Asia as method: Toward deimperialization. Duke University Press.

Lee, Y.(2010). Views on education and achievement: Finland's story of success and South Korea's story of decline. KEDI Journal of Educational Policy, 7, 379-401.

Sung, Y.(2011). Cultivating borrowed futures: The politics of neoliberal loanwords in South Korean cross-national policy borrowing. Comparative Education, 47, 523-538.

Sung, Y. K., & Lee, Y.(2018). Politics and the practice of school change: The Hyukshin School movement in South Korea. Curriculum Inquiry, 48(2), 238-252.

Takayama, K.(2018). The constitution of East Asia as a counter reference society through PISA: A postcolonial/decolonial intervention. Globalization, Societies and Education, 16(5), 609-623.

Wortham, S., Shim, C., Kim, D., & Shirley, D. L.(2023). Can Korea have academic achievement plus well-being? The case of Hyukshin schools. Journal of Educational Change, 24(2), 393-415.

● **성열관**

경희대학교에서 교육과정 이론과 개발을 가르치고 있다. 한국 교육 현장
을 심층적으로 연구하고 있으며, 『수업시간에 자는 아이들: 교실사회학 관
점』, 『호모 에코노미쿠스 시대의 교육』 등의 저서를 냈다.

4.
혁신교육 문법구조와
AI 시대 변주變奏 상상력

이수광_경상남도교육청 미래교육원 원장

혁신교육운동, 그리고 이 운동을 제도화한 혁신교육정책은 교육 문법의 재구조화 기획이다. 이는 당대 교육문법(체제적, 제도적, 관행적 규칙들)의 당부當否를 묻는 것에서 출발한다. 교육의 지속가능성를 질문하고, 기존 교육문법의 정합성을 따지고, 이의 재구성을 시도한다. 이 글에서는 혁신교육이 강조하는 문법구조의 대강을 살피고, AI 시대 이들 문법의 확장과 변주 가능성을 상상해 본다.

1. '혁신교육' 등장 배경과 개념적 구조

1) '혁신교육' 등장의 정황적 배경

'교실붕괴', '죽음의 트라이앵글', '교육 불가능성' 등의 은유는 2000년 이후 한국 교육의 실상을 적나라하게 드러낸다. 이들 구조적 은유structural metaphor는 당시 교육주체들이 경험하는 실제적 병증病症을 고발하는 동시에 근원적인 대처를 촉구한다. 신자유주의적 교육정책으로 인한 경쟁교육 격화, 교육 양극화, 교육 주체의 피동화와 삶의 황량화 등에 대한 문제의식을 반영한 것이다.

이러한 시대 상황과 맞물려 2009년에는 교육자치제에 따른 주민 직선으로 김상곤 교육감이 선출되면서 역학구조에 변화가 나타나기 시작한다. 즉 시·도교육청과 지도 감독 기관인 중앙정부, 정치권력의 관계가 교육자치라는 맥락에서 재조정되기 시작한 것이다. 그리고 기존 교육 담론과는 결과 차원이 다른 질문들이 공론장에 제기되었다. 이를테면, 교육 시스템과 정치·사회적 제도 간 조응 문제, 사회·경제적 불평등과 교육 공공성 문제, 교육복지 문제, 대학입시 제도 문제와 하급학교 구속성 문제, 입시위주 교육과 학생 삶의 왜곡 문제, 단위학교 자치와 운영체계 문제, 학교교육과정에서 삶의 지향과 가치의 부차화 문제, 교사집단 정체성과 자발성의 위축 문제, 그리고 학부모의 주체화 문제까지를 망라한다. 이러한 다차원적인 문제의식이 동시에 제기된 것은 새로운 원칙과 기조에서 교육질서를 재설계하겠다는 의지의 반영으로 볼 수 있다.

요컨대 2000년대 이후 심화한 교육체제적 모순과 교육제도 기능상 한계, 주민 직선 교육감의 등장, 교육과 진보 가치의 결합 의지, 교육시민사회 의제의 제도적 수렴, 교육권력 개편, 나아가 사회개혁의 요구 등이 결합하면서 혁신교육의 실천적 흐름이 구체화한 것으로 볼 수 있다.

2) 혁신교육의 개념적 구조

교육이념 재구성

이념은 제도의 기반이다. 실제로 제도는 사회적으로 합의된 이념을 실현하기 위해 수단으로 구성된다. 물론 제도가 언제나 이념을 온전하게 실현해 주지는 못한다. 실제 세계에서는 이념이 혼재되기도 하고 제도와 이념 사이에 괴리가 발생하기도 한다. 그럼에도 이념을 의식하는 선에서 제도와 정책을 설계하는 경우, 특정 방향으로 쏠리는 것을 억제할 수는 있다. 교육이념의 내용을 충실히 하려는 논의 자체는 현실적인 힘으로 작용할 수 있다.[이태수, 2016] 이런 맥락에서 교육체제 전환 기획 과정에서 선행되어야 할 일은 지배적인 교육이념의 문제를 진단하고 대안적 이념을 설정하는 일이다.

혁신교육은 메리토크라시 이념을 한국 교육 모순의 근원으로 진단한다. 그리고 이를 극복하는 차원에서 국가 정체인 민주공화국의 이념을 반영한 실천 지향적 교육이념에 주목한다. 바로 공화주의 교육이념이다. 이 이념의 핵심은 '국가의 공적 기획으로서의 교육', '공화국 시민으로서의 인간다움을 실현하는 교육', '모든 학생의 존엄을 동등성하게 보장하는 교육', '비지배와 호혜의 원칙에 근거한 교육'. '공익과 공동선의 교육' 등이다.[조승래, 2017] 모든 시민이 자기 존재 가치를 높이며 행복한 삶을 영위할 수 있도록 국가가 책무를 지는 것과 같이 교육에서도 모든 학생의 존엄 증진을 국가가 담당해야 한다는 것이다. '학생의 존엄을 증진한다'는 의미는 사회적 유용성의 맥락에서 학생들을 판단할 것이 아니라 그의 실존만으로 인정하자는 요구를 반영한다. 이에 더해 '학생이 지닌 고유성·독특성이 탁월하게 발현되어야 한다'는 의미를 포함한다. 이는 개별 학생의 고유성·독특성을 동등한 가치로 인정하고, 이를 최대한 발현할 수 있도록 지원해야 한다는 의미다.

결국 혁신교육에서는 '학교교육 목적 재설정, 모든 학생의 존엄 증진이 가능한 제도 설계와 교육 내용 구성, 그리고 관련 지원 시스템 구축'을 시도한다. 이런 시도는 공화주의 이념과 맥락적으로 연결된다.

주체 존재 재규정

학생, 교사, 학부모는 교육 주체로서 지위를 갖는다. 이들 3주체는 불가분의 관계다. 교사의 존재 근거는 학생이고, 학생은 학부모와 교사에게 의존한다. 그러나 제도교육에서 이들 3주체는 비선택적 결합관계이자 비대칭적 권력관계로서 서로 긴장하는 사이다. 혁신교육에서는 이 같은 점에 주목하여 각 주체의 존재 규정을 새롭게 하고 이들의 실질적인 주체적 역할 수행에 주목한다.

우선, 학생은 어떤 존재인가? 어떤 사회적 지위를 누리고 있는가? 전통교육에서 학생은 자기성장 과정보다는 사회적 지위 획득 과정으로서의 교육 수혜자 지위에 머문다. 따라서 대개 학생들은 '미성숙한 존재', '주어진 학습과정을 따라야 할 존재'로 규정되고, 그에 걸맞게 행동하도록 규율된다. 학생들에게 학교는 '표준의 강요 기제'로 작동한다. 이런 이유로 학생들의 체제 순응성이 강화된다. 이에 비해 혁신교육에서는 학생 존재를 '교육자와 대화적 관계에 있는 인격적 상대자'라는 규정정영근, 2007을 지지한다. 이는 학생들을 자신의 인격적 성장과 고유성 함양을 위해 스스로 배움을 주도할 수 있는 존재로 보는 것이다. 따라서 학생과 교사의 인격적 관계 형성, 학생의 자기결정권 존중, 학생의 학교운영 참여, 학생자치 존중 등에서 전향적이고 전복적인 해석을 시도한다. 이러한 존재 규정은 혁신교육정책 전반에 긴밀하게 연결된다.

그럼 교사는 어떤 존재인가? 이론상 교사는 지식인이자 교육전문가다. 교사는 학생들에게 인간의 존재성, 인간다움의 본질, 인간과 사회의 역동적 관계, 생태의 신비, '좋은 삶의 철학' 등을 안내하는 존재다. 따라서 이들에게는 높은 수준의 전문성과 윤리의식, 직무 태도가 요구됨과 동시에 '전문적 자율성과 독립성'이 보장되어야 한다.

그러나 현실의 교사는 지식인이나 교육전문가의 면모와는 거리가 있다. 교사들은 각종 법률·규정과 매뉴얼에 강제되고, 시스템 의존적 삶을 산다. 지침과 규정을 업무 판단 근거로 삼고, 교육과정 운영에서도 유사한 행동 패턴을 보인다. 이로 인해 교사의 존재성과 정체성은 실용적·미시적 차원으로 좁아졌다. 교직 사회에 권태의 정조情調도 짙어졌다. 문제는 이런 여건에서는 교육개혁이 성공하기 어렵다는 것이며, 바로 이 점이 역사적 교훈이다. 교육개혁이 성공하려면 그 목적, 내용, 전략 등이 교사 자신의 것으로 내재할 수 있도록 주체화하는 과정이 선행되어야 한다. 이런 점에 주목하여 혁신교육에서는 교사를 혁신의 추진 주체로 상정하고, 참여 및 실천의 상호동기화synchronization를 위한 다양한 정책 수단을 개발·동원하게 된다.

혁신교육 안착에는 학부모의 역할도 중요하다. 그러나 국가의 교육권이 압도적인 힘을 발휘하는 기존 교육체제에서 학부모는 소외되고 배제돼 왔다. 교육정책이나 교육계획 수립·집행 과정에 참여도 제한적이고, 자녀 교육을 맡고 있는 학교에 관여할 수 있는 정도도 미미하다. 국가 차원의 교육정책은 물론 학교교육활동 전반에 대한 정보 접근 또한 한정적이다. 문제는 학부모가 배제된 가운데 교육체제 전환 기획은 실제적인 효과를 기대하기 어렵다는 점이다. 이러한 문제의식에서 혁신교육 추진 단위에서는 학부모를 '교육 당사자' 혹은 '교육시민' 등으로 규정하고, 이들의 주체화를 위한 학부모교육권 강화 정책들을 추진하게 된다.

요컨대 혁신교육에서는 교육 3주체의 존재를 재규정한다. 학생은 '인격적 대화 상대자'로, 교사는 '혁신 추진 주체'로, 학부모는 '교육당사자'로 규정하고, 이들에게 교육 전반에 대해 선택·결정·이행할 자유와 책임을 함께 부여하는 것이다.

학교 운영체제 전환

학교란 어떤 제도인가? 학교제도는 사회적으로 합의된 이상(理想)을 추구하는 교육적 수단이다. 따라서 학교에는 지향할 가치 목록이 명료하게 제시되고, 이를 구현할 수 있는 각종 기제가 적용된다. 따라서 학교의 존재 방식은 각종 법률, 규정, 지침 등에 기반한다. 물론 학교 규모가 확대되고 학교 조직이 전문화될수록 행정 규정과 지침의 구속력도 커진다.백병부 외, 2019

문제는 제도로 운영·관리되는 학교는 관영官營체제라는 점에서 본연의 역할에 한계가 있다는 점이다. 당대 학교제도는 '이상理想의 모호성', '정합성이 결여된 정책', '구성원의 낮은 동의 수준', '교육 외부 영역의 영향세' 등으로 인해 개혁 대상으로 지목되곤 한다. 메리토크라시 이념의 공고화로 교육경쟁이 격화되고, 이로 인해 다양한 문제들이 파생되고 있다. 학교의 독특한 구성적 특성이 형성되는 것이다. 이를테면 학교는 '변별을 위한 판정자 및 관리자' 역할을 한다. 이 과정에서 학생의 학습활동을 세밀하게 기록하는 내신제도가 운영되고, 교사들은 다수 학생을 판별하되 문제의 소지를 없애기 위한 다양한 평가·관리 전략(정답이 명확한 안전한 문항, 고난도의 기형적 문항 출제 등)을 구사한다. 그리고 학생들은 학교 요구대로 사고하고 행동하게 된다. 일명 '학교형 인간'으로 변모한다.

이런 문제에 주목하여 혁신교육에서는 공영共營체제로의 전환을 상정한다. 학교구성원의 전면적 참여를 통해 운영되는 학교상을 상정하는 것이다. 따라서 학교구성원의 개방적인 참여와 상호 이해의 조율, 목표의 우선순위 결정, 자원 배분, 추진 전략 모색 등과 같은 '학교정치'를 강조한다. 이를 위해 혁신교육에서는 학교구성원이 학교운영 전반에 대해 선택·결정·이행의 자유와 책임을 나눌 수 있는 다양한 차원의 시스템 도입 및 이의 실질적 운영에 주목한다.

교육과정 관점 전환

혁신교육은 기존 교육과정에 몇 가지 질문을 제기한다. 첫 번째 질문은 교육과정 '질'의 문제다. 이는 교육과정이 학생들에게 '좋은 삶'을 제대로 안내하고, 그런 삶의 힘을 길러주는가다. '좋은 삶'이 무엇인가를 안내하려면 삶의 철학에 대한 이해가 선행되어야 한다. 동시에 '좋은 삶'을 구성할 수 있는 지식과 가치의 내면화 과정이 필요하다. 학교에서의 지식교육과 가치교육이 중요한 이유다. 문제는 학교에서 이들 교육이 수월한지, 즉 좋은 삶의 감각과 힘을 자극하기에 충분한지 반문하게 된다는 점이다. 단편적으로 전달되는 지식이 도리어 삶의 세계를 단편화하고, 학교에서 강조하는 보편가치들이 학교에서 희화화되는 사례도 나타난다. 좋은 삶을 만들어 내는 좋은 가치들, 이를테면 우정, 연민, 공감, 연대 등의 가치를 학교 스스로가 배반하는 경우도 생긴다. 혁신교육에서는 이러한 '질'의 문제를 극복하는 차원에서 '학교교육과정의 철학과 가치', '신학력', '학생의 전인적 성장을 위한 배움'을 교육과정 화두로 삼는다.

두 번째 질문은 교육과정 운영 주체인 교사의 자율성 문제다. 본디 교사는 '자기 창조의 존재'다. 교사라는 이름에 따르는 전문성이란 바로 '교육과정을 매개로 학생을 만나는 과정을 자기만의 방식으로 창조할 수 있는 권능'에 가깝다. 그러나 교육과정 운영 실태를 보면, 교사의 자기창조 범위는 매우 협소하다. 교육과정의 규정력을 빌미로 '주어진 설계도'에 따를 것이 강요된다. 자신이 가르쳐야 할 지식의 내재적 문제들(지식의 존재 구속성, 상대성, 가변성)을 고민하고, 이를 바탕으로 교육 내용을 재구성할 여지는 매우 제한적이다. 혁신교육에서는 이러한 문제의 대안으로 '교육과정 재구성' '교사교육과정', '교육과정 거버넌스'에 주목한다.

세 번째는 '잠재적 교육과정은 풍부한가'의 문제다. 학생 성장의 중요한 기제 중 하나는 잠재적 교육과정이다. 교실 밖에서 경험하는 학교문화를 통해, 구성원 간 관계를 통해, 그리고 동료들과의 삶의 뒤섞임을 통해 많은 것을 배우게 된다. 잠재적 교육과정은 학생들에게 실존적 체험의 기회이자 '암묵지'를 익히는 기회다. 다른 관점에서 보면, 형식적 교육과정 운영에서 나타나는 '학습의 피상화'를 완화하는 기제가 되기도 한다. 문제는 갈수록 잠재적 교육과정의 질이 빈약해지고, 그 중요성에 대한 인식도 흐릿해진다는 점이다. 따라서 혁신교육에서는 '학교문화', '의례', '자치활동', '학부모활동' 등에 관심을 기울인다.

혁신교육에서는 이상과 같은 질문을 반영하여 '학생의 성장과 발달을 강조하는 교육과정', '학생의 삶과 연계한 교육과정', '미래 핵심 역량의 신장을 도모하는 교육과정'을 강조한다.이형빈 외, 2017 이들 교육과정은 공통적으로 그간의 실적을 강조하는 전통적 교육과정 문법을 새롭게 구성하는 것이다. 즉 교육과정 개념, 교육과정 자원구조, 교육과정의 실행 방식에 이르기까지 전면적인 재구조화 기획이라 할 수 있다.

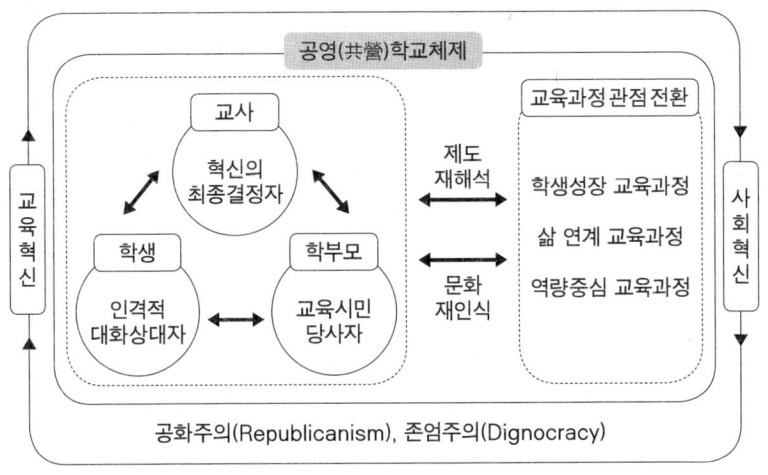

2. 혁신교육 정책내용 구조

혁신교육은 다양한 정책 수단을 포괄한다. '혁신교육'이란 말은 혁신을 위해 추진된 정책믹스(Policy Mix)다. 이 장에서는 혁신교육 흐름에서 어떤 정책 수단이 도입되고, 이들 각 정책 수단이 어떻게 상호 연결성을 지니는지 살펴본다. 편의상 정책 영역을 네 분야로 나눈다.

1) 모델 학교(혁신학교) 개발·확산

혁신학교는 학교 본질 회복의 표본으로 등장했다. 혁신학교를 통해 제도교육 생태계 전반의 혁신을 견인코자 하는 것이다. 따라서 혁신학교 정책의 접근법은 부분적인 조정·개선이 아닌 '총체적인 혁신'이다. 학교의 특정 요소만의 변화가 아니라 학교의 기반이 되는 철학, 시스템, 구성원의 관계 방식 등의 재구조화를 지향한다. 특히 혁신학교의 지향 가치는 공공성, 민주성, 창의성, 지역성, 자발성, 전문성 등이다.[박희진 외, 2018] 각 시도교육청에서 이들 가치를 공통적으로 제시한 것은, 학교교육을 '공공재公共財', '공동재共同財', '민주공화재民主共和財'로 상정한 것으로 볼 수 있다. 그리고 이를 구현하기 위해 다양한 차원의 정책 수단을 기획·실행한다.

우선, 학교운영의 공영화共營化를 추진한다. 학교구성원이 호혜적 관계 속에 참여와 협력을 통해 학교를 공동 운영할 수 있는 시스템 및 문화 구축에 주목한다. 학교구성원의 '인식참여cognitive participation' '집단적 지혜', '공동체 의식', '자치 역량' 등을 학교운영 자원資源으로 삼는다. 이런 맥락에서 수평적 의사결정 구조를 강조한다. 구체적으로 '교직원회 권위부여 및 활성화', '학교운영위원회 참여 확대를 통한 실질적인 최고의 정치 기구화', '각종 위원회 운영 실질화', '업무별 단위별 교사모임 활성화' 등을 추진한다. 그리고 모든 회의에 대한 '공개·공유의 원칙'을 세우고, 이를 통해 의사결정의 질을 높이는 전략도 채택한다.

둘째는 교수·학습 문화 혁신이다. 우선 '교육과정 재구성'을 강조한다. 단위학교 차원에서는 학교철학과 학생 특성을 반영한 학교교육과정을 구성하고, 개별 교사는 교과, 수업목표, 학생 수준 등을 고려하여 자신만의 '교사교육과정'을 구성한다. 경우에 따라서는 '학년별 교육과정'을 편성하고, 성장 단계에 걸맞은 교육활동을 조직하기도 한다. 그리고 수업 활력화는 위해서는 '배움중심 수업'을 도입한다. 교사 주도의 수업형식을 벗어나 학생들의 참여 및 학습동기를 부여할 수 있는 형식의 수업을 설계·실행한다. 이와 맞물려 교사의 수업연구 및 나눔, 학부모를 상대로 한 교육과정 설명회 등도 추진된다.

셋째는 공동체적 학교문화의 강조다. 삶의 공간으로서의 학교에 '존중, 공감, 협력과 연대'의 기운이 확산하고, 이를 통해 구성원의 삶의 질이 고양되길 기대하는 것이다. 따라서 혁신학교에서는 다양한 참여 프로그램이 조직되고, 학생자치 활동 및 학부모회 활동을 지지·촉진한다. 그리고 혁신학교에서는 '마을과의 연계 확대'도 중요한 과제를 설정한다. 마을의 결합성을 높여 학교를 넘어서는 학습생태계를 기획하는 것이다. 따라서 지역의 교육자원을 활용하는 교육과정 개발, 마을과 함께하는 문화 행사 기획 등을 조직한다.

요컨대 혁신학교 정책은 단위학교를 하나의 '민주공화장民主共和場으로서의 학교'로 전환시키려는 것이다. 학교가 '수평적이고, 모두가 주인이 되고, 삶의 나눔이 있는 배움터'로서의 면모를 갖추길 기대하는 것이다. 이러한 목표 달성을 위해, 시스템과 문화 혁신을 겨냥한 다양한 차원의 정책 수단을 동시다발적으로 도입한다.

2) 교육과정 혁신

교육과정의 분권화와 자율화Decentralization 요구는 반복되는 과제다. 국가교육과정의 구속성과 규정력의 문제를 제기한다. 지역과 단위학교, 그리고 학생들의 요구가 반영될 수 있는 제도 공간을 넓히자는 것이다. 혁신교육에서 추진하는 '교육과정 혁신'도 같은 맥락에서 추진된다. 교육과정 표준화에 따른 학교의 경직성, 교사 소외와 정체성 왜곡, 학습장면에서 학생들의 무의미·무감각의 심화, 학교 학습지원 시스템의 한계 등의 문제에 집중한다.

우선 국가교육과정 재구조화를 시도한다. 시도교육청에서는 지역교육의 철학과 필요를 반영한 지역교육과정을 개발·고시하고, 필요에 따라서는 특정 영역의 학습내용을 강조하는 특색교육과정을 개발하기도 한다(대표적인 사례는 경기도교육청의 '창의지성교육과정'이다). 단위학교 차원에서는 학교철학, 학생 특성 및 학교 필요를 반영한 '학생중심교육과정'을 개발한다. 그리고 개별 교사는 자신이 처한 구체적 환경과 함께하는 학생들의 특성을 고려하는 수업계획·실행·평가를 포함하는 교사교육과정을 구성하게 된다. 이러한 교육과정 재구성은 교육과정 거버넌스를 통해 구체화된다.

교육과정 재구성 전략은 수업혁신 과제와 짝을 이룬다. 기존 수업 관념이나 운영 방식, 평가방법을 되풀이하는 경우 재구성한 교육과정 목표를 달성하기 어렵기 때문이다. 따라서 새로운 개념과 형식의 수업 모형 도입, 평가방법 개발, 교육과정 운영 문화 개선 등의 과제가 연쇄적으로 추진된다. 이와 동시에 교사들의 교육과정 전문성을 함양을 위한 지원체제를 구축하여 학교의 학습조직화를 유인하게 된다.[이승호 외, 2015]

또한 교육과정 혁신을 위해 '인지혁신'도 추진한다. 새로운 학력學力 개념을 개발한 것이다. 교육과정을 통해 달성해야 할 학력의 본질을 새롭게 구성하여, 교육과정 재구성 및 수업혁신의 목적, 방향, 방법론을 정당화한다. 표준화 시험점수를 학력으로 보던 전통적 관점을 넘어서서 '삶의 문제를 해결할 수 있는 총체적인 힘', 이를테면 인지역량, 사회정서역량, 실천역량, 주도성까지를 학력 개념에 포괄한다.^{성열관 외, 2015} 혁신교육에서 추진한 교육과정 혁신 정책을 과제별로 정리하면 다음과 같다.

교육과정혁신 추진 영역과 과제

영역	추진 과제	실행 내용
교육과정 재구성	• 지역교육과정 개발·고시 • 특색교육과정 개발 • 학교단위 학생중심교육과정	• 경기도교육과정 • 창의지성교육과정(경기도) • 학교철학 반영 학교교육과정
수업 혁신	• 배움 중심 수업 모형 개발·도입 • 학교 교육과정 문화 혁신 • 교육과정 전문성 함양	• 배움(학습) 중심 활동 강조 • 수업 공개, 나눔, 교육과정 설명회 등 • 교사학습공동체, 연수 학점화 • 성과 공유 네트워크 구축
인지적 혁신 Cognitive Innovation	• 새로운 학력 개념 정립	• 지식, 기능, 태도가 통합된 총체적 역량

3) 3주체 주체화

혁신교육에서 교육 3주체의 주체화는 핵심 과제 중 하나다. 특히 교육 본질 회복을 위해서는 주체 간 의미 공유, 주인의식 회복, 나아가 책임의식의 공분共分이 필요한데, 이와 관련하여 3주체의 주체화는 바로 '인식참여cognitive participation' 기회의 확장 의미로 보는 것이다.

교사 주체화와 관련해서는 교사를 '혁신의 실행자'로 규정한다. 교사가 교육혁신에 공감하는 수준만큼 성공할 수 있다고 본다. 따라서 시·도교육청 차원의 혁신학교 추진 단위에 현장 교사 참여 기회를 확대한다. 단위학교에서도 교내 각종 위원회의 기능과 역할을 실질화하고, 업무 단위별, 학년단위별 교사회의를 활성화한다. 학교 차원의 협력적 거버넌스governance 구축 및 이를 통한 '자율성autonomy 및 동료성collegiality 회복을 기대하는 것이다.

학생 주체화는 '학생을 기본적 인권의 주체'로 보는 데서 출발한다. 즉 학생과 학교의 관계를 인격 주체 간 관계로 재해석하는 것이다. 이런 맥락에서 일부 시도교육청에서 「학생인권조례」나 「학교자치조례」가 제정되었고, 이와 별개로 '인권친화적 학교문화 조성' 사업들이 추진되었다. 또한 단위학교에서는 학생자치 활동을 학교교육과정의 한 요소로 인식하고 지원한다. 이를테면 학생자치회의 권위 인정, 학생자치회 운영비 지원, 학교운영위원회 참여 확대, 학교장과의 협의 정례화, 각종 학교행사의 기획, 동아리 활동 활성화 등이 이에 해당한다.

학부모 주체화는 교육권재학부모教育權在學父母 원리에서 출발한다.이종각, 2014 학생의 친권자인 학부모는 교육 당사자로서 법적 지위를 갖는다. 교육기본법 제5조 제2항은 학부모의 학교운영 참여 권리를, 그리고 동법 제13조 2항은 학교에 의견 제시 및 의견을 존중받을 권리를 규정한다. 문제는 학부모에게 법적 지위와 권리가 보장됨에도 현실에서의 학부모 참여는 제한적이라는 점이다. 학부모의 집단적 참여 시스템 자체도 불완전하다. 이런 조건에서 학교의 공영共營체제 전환은 불가능하다.

이런 문제의식에서 일부 시·도교육청은 「학부모회지원조례」 혹은 「학교자치조례」를 통해 학부모회 지원 근거를 확보하고, 단위학교 차원에서는 다양한 학부모 참여 프로그램을 기획·추진한다. 학부모의 참여 활성화가 학교운영의 민주성과 학교문화의 공동체성을 고양하는 데 기여할 것으로 기대하는 것이다.

4) 학습생태계 확장

마을교육공동체 구축은 혁신교육의 장을 마을로 확장하는 정책이다. 교육적 관점에서 마을은 일과 놀이와 배움이 통합적으로 행해지며 삶에 대한 학습자원이 풍부한 곳이다. 이러한 의미 공간인 마을과 학교를 연결하여 혁신교육을 확산하자는 의도에서 혁신교육 초기부터 마을교육공동체가 추진되었다.

마을교육공동체 정책 중 핵심은 〈혁신교육지구〉 사업이다. 교육지원청과 기초지방자치단체가 협약을 맺고 지역교육공동체를 구축하는 사업으로, 학교와 지역사회가 협력적인 관계를 맺고 지역 자원의 교육적 활용을 위해 필요한 인력과 재원을 지원한다. 구체적으로 마을과 함께하는 학교교육과정 운영, 민·관·학 거버넌스 및 네트워크 구축, 지역 특화 교육브랜드 창출, 마을 방과후 학교 운영, 마을교사 육성 등의 사업이 시행되고 있다. 이들 사업을 통해 학교교육의 인적·물적 한계 극복, 삶과 배움이 연계된 역량 함양, 지역주민의 공교육에 대한 신뢰감 제고, 지역민의 교육주체화(사회적 실천을 통한 주민의 학습) 등의 효과를 기대하는 것이다.[허주 외, 2020] 결국 이 사업은 '한 아이를 키우는 데 온 마을이 필요하다'는 명제의 제도적 실천이라 할 수 있다.

이상에서 살펴본 혁신교육의 정책 내용을 살펴보면, 세 가지 차원의 정책 개입을 망라한다. 거시적으로는 교육의 관점, 학교교육 가치, 학력관, 교육과정 관점, 주체의 존재성 등에 대한 재해석과 재개념을 시도한다. 인식혁신을 추진하는 것이다. 동시에 법률·규정의 개·제정 및 기존 제도 운영 전환을 유인하는 정책 수단을 채택한다. 이는 제도 혁신이다. 이에 더해 기존 교육질서에 고착된 관행에 문제를 제기하고 개선을 유인한다. 교실개방, 수평적 관계, 자치활성화

등이 그 예다. 이는 일상의 혁신이라 할 수 있다. 이런 점에서 볼 때, '혁신교육'이란 당대 교육체제 전환을 위한 다차원적인 접근의 정책 조합Policy Mix이다.

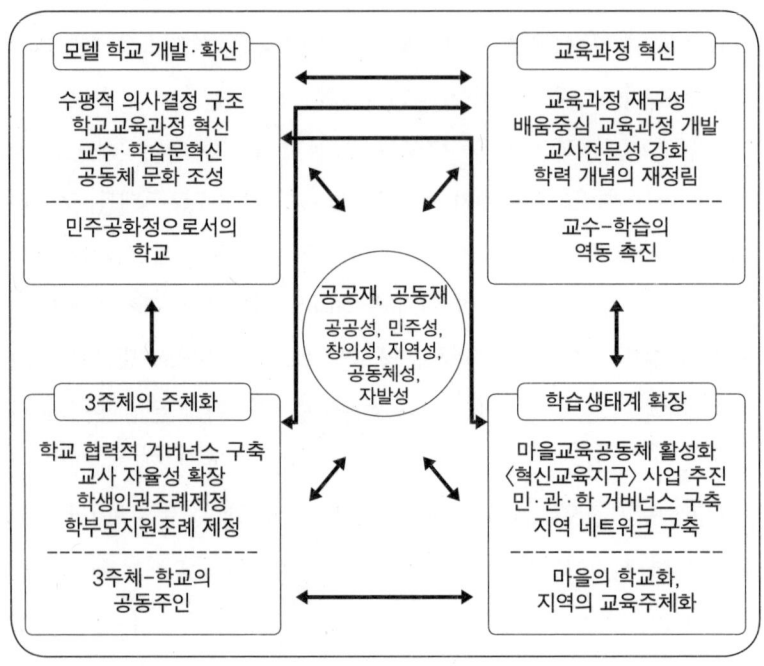

3. AI 시대 교육의 난점과 문법 재설계 방향

작금, AI는 화두이자 투어套語다. 정책 정렬의 기준으로도, 일상 언어로도 AI가 빈번하게 거론된다. AI 실체에 대한 인식도 천차만별이다. 일각에서는 AI 기술의 급진적 변화를 '코페르니쿠스적 전회'에 버금가는 혁명으로 규정한다.문병로, 2025, 13 AI로 인해 삶이 비선형적으로 변해가고, 미시 세계에 대한 관점은 물론 세계관 자체를 변화시켰다고 본다. 다른 관점에서, 현 시기를 인류와 AI가 공생하는 '제

4차 공생기'로 명명하기도 한다.복거일, 2014 이 주장은 AI가 단순히 도구로 쓰이는 것이 아니라, 인간과 AI가 생태적 체계로 통합된다는 논리다. 이런 규정이나 명명과는 결이 다른 관점과 주장들도 있다. AI를 '방대한 데이터를 확률적으로 나열하는 통계적 앵무새'에 불과하다고 하는 사람들도 있다.김대식, 2024 또 다른 이는 AI가 지능적이지 않은 만큼 이에 대한 '주술적 믿음Magic Thinking'을 경계해야 한다고 경고한다.케이트 크로퍼드, 2022 이런 논박은 AI의 현재 위치성을 잘 드러낸다. AI는 도구적 기술 이상의 '기획'이자 '토대'이자 '공존재共存在'로 자리 잡아가고 있다.

이 장에서는 AI 시대에 어떤 교육적 문제의식을 제기해야 하는지, 어떤 교육문법을 궁리해야 하는지, 그리고 어떤 정책 수단을 상상해 볼 수 있는지 간략하게 살펴본다.

1) AI 시대 교육적 난점

'AI의 교육적 활용'이란 말은, 교육목적 달성을 위해 AI 도구를 활용한다는 의미다. 그렇다면 다층적 교육목적에 비추어 볼 때, AI는 윤리적이면서 두루 유용해야 한다. 부분적으로 유용한 것이 전체적으로는 다른 결과를 낳을 수도 있기 때문이다. 이런 점에서 볼 때, 'AI의 교육적 활용' 의제는 난문難問 중의 난문이다. AI가 전면화되었을 때 나타날 수 있는 몇 가지 문제를 짚어 보자.

첫째, 인식구성의 피동성 문제다.

기술철학자 손화철은 인공지능 추천시스템을 통한 지식·정보 습득 방식을 설명하기 위해 '하이퍼리드Hyperlead' 개념을 고안한다.손화철, 2021 인터넷 시대에는 '하이퍼링크Hyperlink' 방식으로 지식·정보를 습득했다. 하이퍼링크 방식은 정보 이용자나 검색자의 주체적 결정을 전제한다. 링크에 접속할지 멈출지를 검색자 스스로 결정하는 것이다. 이에 비해 AI의 정교한 추천시스템은 정보 이용자를 수동적으로 만든다. 이를테면, 검색자가 명확하지 않은 단서로 검색하는 경우, 연관검색어 시스템은 검색자가 찾으려 했던 바를 추측하여 제시하거나 검색자가 관심을 보일 만한 다른 정보를 추천한다. 소비자가 가장 좋아할 만한 '맞춤형 상업광고'를 일방적으로 제공하는 것처럼, 지식·정보 이용자에게도 같은 패턴이 적용된다. 이를 '하이퍼리드Hyperlead'라는 조어로 개념화한 것이다. 이 개념은 지식과 정보 취득자를 특정 방향으로 이끌고, 그 조건에서 사유를 자극하는 현상을 압축적으로 설명해 준다.

생성성 AI를 활용하여 특정 주제 'A'를 검색하는 경우, 연관되는 지식과 정보를 나열해서 보여준다. 관련한 추가 질문을 이어가는 경우, 앞서 했던 답변 내용과 연결하여 새로운 지식과 정보를 제공한다. 이때 각각의 지식·정보의 맥락적 차이가 간과된 채 동일한 범주로 해석하는 문제가 발생하거나 개별 지식·정보를 연결할 때 정합성 문제가 제기될 수도 있다. 그로 인해 검색을 반복할수록 쌓이는 많은 지식·정보는 특정한 방향성을 띠고, 지식 이용자를 이 방향으로 이끌어가면서 인식을 규격화할 우려가 있다.

하이퍼리드Hyperlead 방식의 지식 습득은 속도와 효율 면에서는 단기적 장점이 있을 수 있다. 그럼에도 상관관계Correlation에 따른 지식 제공이라는 점, 제공되는 지식이 '효율적인 정답'에 가깝다는 점, 데이터 편향으로 인해 협소한 인식 지평Epistemic Horizon에 갇힐 가능성이 있다는 점, 그리고 기술이 주는 '정답'에 매력을 느끼고 이에 집착할 수 있다는 점에서 '교육적 고민'이 동반된다. AI 활용에 적극적인 학습자가 도리어 협소한 인지적 프레임에 갇힐 수 있기 때문이다. 다른 맥락이긴 하지만, 알고리즘에 의한 '필터 버블Filter

Bubble' 현상이나 '에코 체임버Echo Chamber' 현상 또한 원리상으로는 인식구성의 피동화 사례에 해당한다.

둘째, '도덕적 탈숙련화moral deskilling' 문제다.

관계의 '사이'는 무한한 학습 공간이다. 그 사이에서 배우고 익힌다. 관계 맺음을 통해, 상대의 감정을 읽는 법, 내 감정을 표현하는 법, 표정 짓는 법, 감정 조절하는 법, 상대와의 거리를 조율하는 법, 맥락에 맞게 정서를 교감하는 법 등을 부지불식간에 익히게 된다. 즉 '관계의 문법', '관계의 암묵지Tacit Knowledge', '관계의 기술', '윤리적 감각'을 터득하게 되는 것이다. 인간은 관계성의 존재이고, 관계를 통해 자신을 변화시키는 능력을 갖춘 존재다.석봉래, 2023 배움 과정에서 밀도 있는 관계가 강조되는 이유다. 제도적 차원에서, 학급을 구성하고 대면 수업 방식을 중요하게 여겨 온 것은 '관계 기술'의 함양과 무관치 않다.

그런데 AI의 교육적 활용이 일상화되는 조건에서는 학교 구성원 간 관계가 옅어질 가능성이 있다. 학습 과정에서도 교사와 학생, 그리고 학생과 학생 '사이'를 기술과 도구가 메우게 된다. 일각에서는 이런 상황에서 도덕적 역량 퇴화를 우려한다. 에든버러대학교 섀넌 발러Shannon Vallor 교수의 주장에 따르면, 디지털 사회에서는 AI가 인간관계나 학습 과정을 중재하면서 관계를 통해 익히는 '사회적 기술'(도덕)이 점차 퇴화한다.김관욱, 2025

실제 학교에서 학생들 간 관계 양상은 이전과 사뭇 달라지고 있다는 진단이 중론이다. 학생들 간에는 교과 성적 외에도 사회경제, 젠더, 외모, 장애, 성격 등이 얽혀 서열문화가 형성돼 있다고 한다. 최근에는 신경정신적 질환이 있거나 사회정서적 발달이 느린 학생들을 꺼리는 문화도 생겨나고 있다. 학교 안팎에서 발생하여 교실로 들어온 혐오, 차별, 배제는 보이지 않는 '잠재적 교육과정'으로 작동한다.조진희, 2025 학교에서의 성별 극단화 문제도 예사롭지 않다는 진단이다. 남학생과 여학생 간에 서로에 대한 공격·혐오, 성별 간 결합회피 및 방어 현상이 강화되고 있다는 것이다. 이런 상황일수록 타자에게 집중하고 그들의 목소리에 귀 기울이는 경험이 중요하다. 특히 디지털 사회에서는 이런 경험의 부재에서 삶의 민주주의의 위기가 초래된다고 본다.한병철, 2023 이런 맥락에서 교육부가 추진하겠다고 공언한 '학교 내 AI 수업 활성화'는 의도치 않은 생활의 문제로 연결될 개연성이 있다는 점을 간과해서는 안 된다.

셋째, 성취 격차 심화 가능성이다.

AI의 교육적 활용과 관련하여 교육격차 논쟁이 격렬하다. AI 활용을 긍정하는 부류는 이를 평등의 도구로 이해한다. 반면, AI 활용에 부정적인 부류에서는 AI가 소외의 도구다. 전자는 AI 튜터 활용을 통해 학생 개인별 맞춤교육이 가능하고, 이런 기회를 모든 학생이 고르게 누릴 수 있을 것으로 전망한다. 학생들에게 수준에 맞는 다양한 학습콘텐츠가 제공됨에 따라 학습 흥미도는 물론 수업 참여도가 높아질 것으로 본다. 또한 교사의 수업설계 및 운영에서도 긍정적인 효과가 있다고 본다. 축적된 데이터를 바탕으로 개별 학생의 학습상황을 파악하고 이에 기반하여 맞춤 지도를 할 수 있다는 것이다.교육부, 2023 따라서 AI의 교육적 활용은 지역이나 소득과 관계없이 모든 학생의 성장에 효과적이라는 주장이다.

그러나 AI를 교육적 소외 도구로 이해하는 사람들은 '디지털 디바이드Digital Divide'를 거론한다. 가정·경제 배경에 따른 접근성 차이로 인해 학생들에게 제공되는 지식·정보의 양과 질에서 차이가 발생하고, 이는 결국 성취 격차로 이어질 것으로 본다. 그리고 학생들이 가정에서부터 터득한 AI 활용 능력 차이에서 비롯되는 성취 격차 문제에도 주목한다. AI 활용 준비도가 갖춰진 학생들은 학습 심화의 방편으로 활용하지만 그렇지 못한 학생들은 단편적이고 평면적으로 활용할 가능성이 있다. 이 문제 역시 학생들의 가정·경제적 문제와 깊은 관련이 있다. 학교교육에서 AI 활용을 전면화하는 경우 계층 간 교육격차가 더욱 심화한다는 것이다.

두 주장을 입증하는 '그럴싸한 근거'는 차고 넘친다. 최근 학교 현장에서는 AI 도구의 활용을 적극 권장하고 독려하는 흐름도 나타난다. 그 저변에는 즉각적인 효율과 효과가 자리한다. 문제는 선한 단기이익이 때로는 회복 불가능한 장기 손실을 낳기도 한다는 점이다. 이런 점에서 AI의 교육적 활용은 '장기 손실'이 발생하지 않도록 섬세하게 설계될 필요가 있다. AI로 인한 교육격차는 학습 격차 이상으로 학생들의 성장 격차로 확대될 수도 있기 때문이다.

넷째, '수치화의 마취효과'와 '활용의 역설' 문제다.

AI의 교육적 활용 결과는 데이터로 수치화된다. 축적된 데이터를 통해 학습패턴, 학습 성취도, 학습 흥미도, 학습 결핍 수준, 사회정서, 진로 인식 등을 분석하게 된다. 이때 수치는 학생을 판단하는 객관적 언어로 기능한다. 따라서 학교 당국이나 교사는 이들 수치를 기반으로 개별 학생에 대한 맞춤형 처치를 하게 된다. 문제는 수치가 학생의 인간적 맥락과 가치판단을 비가시화하는 도구가 될 수 있다는 점이다. 이런 점에서 '데이터가 학생을 온전히 드러내 주는가?', '데이터에 반영되지 않은 정성적 요소를 무화無化하는 것이 과연 교육적인가?'라는 질문이 제기된다. 학생들의 교육활동 전반이 측정 가능한 수치로 환원될 수 있고 이를 통해 교육적 판단이 가능하다고 보는 관점, 즉 '교육적 과학주의educational scientism'[1]의 한계가 지적되는 것이다.

성장 단계 학생들의 생각이나 행동은 수치로 모두 환원되지 않는다. 수치 이면에는 무수한 정성적인 요소들이 감춰져 있다. 학생 자신도 알 수 없는 복잡성이 그를 지탱한다. 어쩌면 그 감춰진 요소들이 그 학생의 실존에 더 가깝다고 할 수도 있다. 따라서 자아를 형성하는 초·중등 단계에서는 이 영역에 더 주목하는 것이 '교육적'이다. 그럼에도 AI 활용의 결과치로 제시된 데이터를 학생 이해의 핵심 단서로 삼는다면, 특정 수치를 과대평가하는 발견편향novelty bias에 빠질 위험을 안게 된다.

다른 차원에서도 '수치화의 마취효과'^{정명은, 2025}가 나타날 가능성이 있다. AI의 교육적 활용을 위해서는 인공지능 기반의 교수·학습 플랫폼을 운영하게 된다(각 시도교육청에서는 플랫폼을 구축했거나 개발 중이다), 여기에는 많은 재원이 필요한 만큼, 학교 현장에서 의미 있게 활용되고 있음을 입증해야 할 압박이 따른다. 따라서 플랫폼 운영 주체는 사용자(학생, 교사)의 이용 실적 수치에 매우 민감해진다. 그리고 사용자의 이용 빈도를 높이기 위한 직·간접적인 조치나 신호를 학교 현장에 전달하게 된다. 수치로 확인되는 이용 실적이 곧 사업의 정당성, 타당성, 효과성, 필요성의 근거로 해석되기 때문이다. 많은 이용자가 빈번하게 이용하면 이것이 바로 '교육적 선'으로 인식되는 것이다.

학습 플랫폼 운영 주체가 이용 실적을 강조하는 경우, 학교 현장

---

1. '교육적 과학주의'(educational scientism)란 교육 현상을 과학적 관찰 대상으로 환원하고 과학적 접근과 방법을 통해 교육 현상을 해명하고 해결할 수 있다고 보는 관점을 말한다. 이 관점은 교육적 과학주의의 특징이 교육 현상을 측정 가능한 수치로 환원하는 데 노력한다는 점, 교육 현상을 투입-산출의 선형적인 (인과) 관계로 파악하려 한다는 점, 교육의 성패를 표준화된 성과 지표나 객관적 '증거'로 규정하고 이를 통해 교육적 판단을 정당화하고자 한다는 점을 포함한다(이정인, 2025: 80)

의 플랫폼 활용 빈도는 증가하게 된다. 플랫폼 활용 자체가 목적이 되기 때문이다. 문제는 이런 경우 '활용의 역설' 현상이 나타날 수 있다는 점이다. 우선, 학생이 학습 주체가 아닌 데이터 공급자로 전락하게 된다. 학습 과정에서도 새로운 이슈가 제기될 가능성이 있다. 그중 하나는 학생들에게 제시되는 정보량의 과도화로 인한 '주의력 병목Attentional Bottleneck' 현상이다. 플랫폼 환경에서 제시되는 정보량이 계속 늘지만, 그것에 대한 수용력을 넘어서는 순간 오히려 정보의 부하로 인해 주의력이 떨어지는 것이다.김용성·김용규, 2025 이러한 '주의력 병목' 현상은 '학습 피상화Superficial Learning' 문제로도 연결된다. 개념이나 원리 등의 맥락을 깊이 이해하기보다 겉핥기식으로 학습하는 경향이 나타나는 것이다. 제공되는 정보의 양이 많아 주의력에 병목이 생기거나 질문에 즉각적으로 답이 제시되는 상황에서 학생들은 '훑고 지나치는 식'의 학습전략을 채택하게 된다. 그리고 '훑은' 학습 내용은 '배운 것'으로 판단한다. 그렇다 보니 제대로 알지 못하면서도 안다고 생각하는 부조화가 발생하게 된다. 이러한 부조화로 인해 깊은 숙고를 회피하는 왜곡된 학습태도가 고착될 수 있다. 이런 점에서도 인공지능 기반의 교수·학습 플랫폼이 섬세한 학습 동기유발 시스템으로 작동하는지 면밀한 분석이 필요하다.

2) 교육문법 재설계 방향

교육영역에 AI가 도입된다는 것은 어떤 의미인가? '절대 지식의 결정체'처럼 소비되는 생성형 AI를 수업에 활용할 때 수업의 본질은 무엇인가? 이때 AI는 단순한 도구인가? 아니면 그 이상인가? 교사의 가르침과 AI가 제시하는 내용에 차이가 있을 때, 학생들은 어떤 내용을 더 신뢰해야 하는가? 이런 상황에서 교사의 교육적 권위는 무엇이고 어떻게 인정될 수 있는가? 이전과는 전혀 다른 질문에 직면한다. 이런 점에서 AI는 단순한 도구tool 이상이다. 새로운 환경 environment이자 또 다른 질서다. 문제는 현재 교육질서를 지탱하는 교육문법 체계가 새로운 환경에 적용되게끔 설계된 것이 아니라는 점이다. 따라서 '문법의 간극'이 발생한다. 이 간극을 메우기 위한 시도가 절실하다.

철학자 천현득은 AI를 '자기환기적 기술'로 의미 부여한다.천현득, 2025 '자기 환기'란 자신이 제기한 질문이 자신에게 되돌아오는 것을 의미한다. AI가 등장하면서 그 실체를 묻게 된다. 이를테면 AI의 실체가 무엇인지? 자기의식이 있는지? 스스로 창조하는 것이 있는지? 등을 묻게 되는데, 이 질문들은 인간 자신에게 되돌아는 질문이 된다는 것이다. 같은 이치로 'AI의 교육적 활용'은 보다 근원적인 질문들로 '자기 환기'되어야 한다. 즉 당대 교육의 이상理想은 무엇인가? 교육적 인간상人間像은 분명한가? 어떤 준거에서 인간 정체성이 이해되는가? 교육체제를 관통하는 지배적 이념은 무엇인가? 교육에서 강조하는 '좋은 삶'이란 어떤 삶인가? '좋은 삶'이 가능한 사회인가? 교육받은 사람들의 삶의 질감은 나아지고 있는가? 학교는 있어야 하는가? 학교 스스로 그 필요를 입증하고 있는가? 교사는 왜 필요한가? 교사의 부재는 어떤 '결정적 위기'를 낳는가? 학교 공간은 민주적인가? 학교 구성원의 민주성은 어떤 수준인가? 학생들이 배우는 내용은 시대와 문명의 전환에 적합한가? 등등의 질문으로 자기 환기되고, 이를 바탕으로 새로운 문법이 설계되어야 한다. 그리고 다음과 같은 방향성이 교육문법 재설계에 반영되어야 한다.

첫째, 인재육성 기반의 교육체제를 철학 기반 체제로 전환해야 한다. AI 등장 이후 교육체제는 인재육성에 최적화 형태로 변모 중이다. 정부는 '초등부터 평생교육까지 전 생애에 걸친 AI 보편교육 강화' 혹은 '모두를 위한 AI'라는 슬로건을 내걸고 막대한 예산을 책정하겠다고 발표했다.^{교육부, 2025a} 이러한 정책 의지는 가뜩이나 빈약한 철학 기반을 취약하게 만들 위험을 내포한다. 실제 현 교육체제에서 인간 존재성, 실존적 위험과 불확실성, 미래에 대한 비전, 선호 사회의 조건 등에 대한 질문은 겉돈다. 질문이 담긴 경우라도 '수사적인 토닥임' 수준에 머문다. 기술이 도입되는 조건에서도 인간 존재 방식에 대한 학습은 필요하다. 문제는 이런 학습의 전제가 되는 인간학적 기반에 대한 고민이 교육계에 충분치 않다는 점이다. 이런 상황에서 AI 활용이 강화되면, AI를 사이에 두고 우왕좌왕하는 '기술 표류drift of technology' 현상이 심화할 가능성이 있다. 따라서 보편 가치를 중심에 두고, 좋은 미래를 상상하고, 그런 미래에 대한 믿음을 갖고, 세상을 바꾸어 갈 의지를 고양할 수 있는 철학적 질문들이 순환되는 교육체제로 전환되어야 한다.² 기술의 가능성을 염두에 두되, 인류학적·인간학적 기반의 교육체제로 전환해야 한다. 이런 점에서 철학적 질문을 기반으로 한 관념의 갱신, 제도 설계·운영, 정책 개발, 교육활동 기획, 관행 등의 혁신이 추진되어야 한다.

둘째, 학교는 인간적 동기화의 '장소場所'로 그 기능과 역할이 더욱 강화되어야 한다. 인간은 어울림의 존재다. 어울림을 통해 동기화Synchronism되고, 이를 기반으로 자기 존재를 확장하게 된다. 타자와의 친밀한 관계 속에서 수많은 삶의 기예技藝를 익히게 되는 것이다. 즉 관계 속에서 가치 감수성, 체험의 감각과 심도, 열정, 동기, 자기 이해, 나아가 삶의 가치관 등을 조정해 가게 된다. 이런 맥락에서 관계의 밀도, 어울림의 질이 중요하다. 그러나 당대 학교 구성원의

---

2. 장강명은 『먼저 온 미래』에서 인공지능은 할 수 없고 오직 인간만이 할 수 있는 일이 따로 있다고 말한다. 그것은 "좋은 상상을 하는 것, 우리가 미래를 바꿀 수 있다고 믿는 것, 그렇게 미래를 바꾸는 것이다."(장강명, 2025: 340).

관계 밀도나 어울림의 질은 높다고 보기 어렵다. 다양한 요인(교육의 법화, 학부모 요구의 다양화·고급화, 경쟁교육의 심화 등)으로 인해 관계의 역동이 소실되고, 이에 따라 학교는 '비非장소화' 되는 추세다. 교육 실행 과정에 반드시 있어야 할 상호 교섭, 협의, 조절, 교감, 나눔, 공동의 약속 등은 점차 사라지고, 관계의 자리를 '기능'이 채우는 모양새다. 문제는 그 '기능'을 인공지능이 대체할 수 있는 환경이 도래했다는 점이다.

따라서 학교는 인간적 관계성을 강화하고, 인간적 동기화의 질을 높이고, 구성원 각자의 인간적 정체성을 형성할 수 있는 방향으로 혁신 강도를 높여야 한다. 학교의 '장소성場所性'이 회복되어야 한다. 이를 위해서는 '구성원의 집단적 참여가 보장되는 의사결정 시스템 완착', '집단적 의사결정에 의한 공준共準 설정', '공준에 자기를 결박하는 윤리적 태도 함양', '조직 우정을 공고히 하는 일상문화 정착' 등을 유인할 수 있는 제도 도입, 시스템 운영, 일상의 혁신 등이 추진되어야 한다. AI가 없어도 건강한 협력, 인간적 감각, 인간적 온기, 어울림의 즐거움을 경험할 수 있는 미래 학교로의 전환을 상상하는 것이 필요하다.

셋째, 교사의 정체성은 '철학하는 존재'로 재구성되어야 한다. 교육이란 말은 그 자체로 가치를 내포한다. 따라서 교사의 수행도 가치 지향적이어야 하고, 합당한 이유로 정당화될 수 있어야 한다. 교사의 교육활동은 직·간접적으로 '우리는 무엇을 알아야 하는가?', '왜 알아야 하는가?', '무엇을 위해 아는 것이 중요한가?', '반드시 해야 하는 것은 무엇인가?', '배움의 쓸모는 무엇인가?', '쓸모없어 보이는 것은 어디에 필요한가?', '미래를 산다는 것은 어떤 의미인가?' 등의 질문과 맞닿는다. 따라서 교사는 학생들과의 관계에서 이들 질문에 관해 대화하는 자가 되어야 한다.

그러나 현재 교직 사회에 광범위하게 유포된 교사의 정체성은 '수업 잘하는 교사'다.^{손존종, 2010} 교사들은 수업을 잘하는 방편으로, 제도화·공식화된 지식을 효율적으로 전달하는 기법과 그 평가방법에 관심을 기울인다. 다양한 에듀테크 활용도 이런 맥락에서 접근한다. 그렇다 보니 교직사회 학습 주제의 큰 흐름은 '방법론'이다. 예컨대 수업방법, 수업연구 방법, 평가방법, 기록방법, 기록 독해법, 에튜테크 활용방법, AI 이용법 등등 방법론 증후군methodology syndrome으로 불릴 만하다. 이들 방법론 역시 철학적 질문에 바탕을 둬야 하지만, 그런 접근의 심도를 확인하기는 쉽지 않다.

AI의 등장을 '인류학적 쇼크Anthropological Shock'라 한다. 그런 파급력 있는 AI가 교실에 등장하는 상황이다. 그렇다면 교사의 정체성도 '상황 친화적'으로 전환될 필요가 있다. 이런 맥락에서 '철학하는 교사'의 정체성이 강화되어야 한다. 인간다움이 무엇인지, '삶다움lifeness'의 본질은 무엇인지, 좋은 삶을 지탱하는 힘을 무엇인지, 삶을 미학적으로 구성한다는 의미는 무엇인지, 윤리적인 삶의 태도란 무엇이고 이를 어떻게 갖출 수 있는지 등에 대해 학생들과 대화하고 그들의 인식 지평을 넓혀 줄 수 있는 교사가 필요하다. 인간과 AI의 공존 영역으로서 학교와 교실을 상정하면 더욱 그렇다. 따라서 향후 교원 정책의 중심축은 교사 정체성 재구성 및 철학 역량 함양에 맞추어져야 한다.

넷째, 교육 내용의 '시대적 적합성'을 제고해야 한다. 최근 '실존적 위험'이 가시화되면서 인간을 절대시하는 사상을 갱신해야 한다는 주장들이 설득력을 얻고 있다. 인간존재의 위치성을 새롭게 정립해야 한다는 것이다. 한병철의 주장을 빌리면, "인간은 살아 있는 모든 것이 공화국에 속한 시민일 뿐이다. 식물들, 동물들, 돌들, 구름들, 별들도 그 공화국의 동료 시민들이다"^{한병철, 2024}. 이러한 주장은 인간의 정체성을 어떻게 재조정할 것인가에 대한 고민으로 연결된다. '행성 없이는 인간도 세계도 존재할 수 없다'라는 관점에서 세계시민·세계질서·세계평화를 넘어 '행성시민', '행성질서', '행성평화'를 강조하기도 한다.[박명림, 2021] 이런 관점에서 생태전환교육이 실행되기도 한다. 그런데 이러한 인간의 위치성을 새롭게 정립하는 사상이나 이론, 그리고 실천적 담론이 교육에서 차지하는 비중은 미미하다. 때로는 교육 외적 이유로 인해 선택적으로 배제된다. 이렇게 배제된 내용, 예를 들면 생태중심주의, 정치교육, 노동교육, 평등교육 등에서 강조하는 핵심 문제의식이 실천 의제로 설정되어야 한다. 인류 공통의 기준과 가치가 실종되는 위기 시대인 만큼, 인류와 세상에 대한 감각을 새롭게 하는 교육 내용이 시급하다.

AI 리터러시의 내용 범위도 더 확장되어야 한다. 기존 AI 리터러시에 더하여 인간학적 문해력이 함양될 필요가 있다. 인공지능으로 발생할 수 있는 다양한 사회·윤리적 문제들이 상상된다. 이 문제들은 인간 사회에서의 윤리 규범과는 다른 차원의 규율이 필요하다. 그런데 사회 전반에 이런 문제에 대한 인식과 감각은 충분히 않다. 이런 점에서 학교교육 내용에서 인간과 인공지능의 공존에 필요한 윤리와 도덕이 중요하게 다루어져야 한다. 이에 더하여 AI에게 위임해서는 안 되는 교육활동의 기준을 정하고, 이를 학교급에 따라 구체화하는 노력이 필요하다.

다섯째, 구조적 디커플링structural decoupling을 극복할 수 있는 제도혁신이 필요하다. 한편에서는 AI의 교육적 활용을 통한 창의성 교육을 고민하지만, 다른 한편에서는 '4세 고시', '7세 고시', 'N수생', '수능 중독', '사교육비 연 34조' 등과 같은 '관습적 이해'의 범위를 넘어서는 교육 현상이 나타난다. 이런 현상은 경쟁교육을 정당화하는 능력주의meritocracy와 살아남는 것을 최우선으로 여기는 생존주의survivalism[3]가 결합된 문제이지만, 직접적으로는 대학입시에 맞닿아 있다. 한국 사회에서 대학입시가 생존 불안과 지대추구 욕망의 출구로 동시에 작동하기 때문이다.

이런 점을 고려할 때, AI의 교육적 활용이 교육생태계 전반에 긍정적인 영향을 미칠 수 있는 제도적 조건을 구축하는 노력이 절실하다. 구체적으로 체제 혁신의 핵심 관문 구실을 하는 대학입시제도를 AI 환경에 맞게 재설계하고, 입시제도와 하급학교 교육과정을 정합성 있게 조정해야 한다. 이러한 제도 혁신 없이 AI 도입을 앞세우면, 교육 경쟁이 더 괴이한 방식으로 격화될 수 있다. AI를 활용한 입시 준비는 그 강도와 양에서 이전보다 증대할 것이고, 입시에서 상위 등급을 받기 위한 '괴이한 고난도 문제'(초킬러 문항) 풀이 훈련에도 AI가 동원될 수 있기 때문이다. 이런 상황이 연출되면 학생들의 삶은 지금보다 더 왜곡되고 취약해질 수 있다. 따라서 구조적 디커플링을 넘어설 수 있는 제도 혁신, 즉 입시제도 개혁 및 대학 서열화 폐지를 위한 연관 정책 수단도 서둘러 추진되어야 한다. AI가 경직된 제도와 불일치할 때 오히려 교육 불평등을 더욱 심화시킬 수 있다는 분석[OECD, 2025]에 주목해야 한다.

3) 긴급한 몇 가지 정책과제

교육부는 'AI 3대 강국 도약'을 목표로 전 생애에 걸친 AI 보편교육를 추진 중이다. 초중등 교육과 관련해서는 'AI 기반 학습데이터

---

3. 김홍중(2024)은 생존주의를 '살아 남는 것을 최우선으로 여기는 가치관이자, 윤리이자, 미학'으로 규정하고, 20세기 한국사회를 이끌어간 근본 이념으로 본다. 생존이 꿈이 되는 세계는 경쟁이나 투쟁에서 승리하기 위한 힘의 배양과 육성이 '합리적'이고 '도덕적'이며, '규범적'인 행위준칙으로 격상한다는 것이다. 이런 이유로 학부모들은 자녀들이 험난한 세상에서 생존 지향적 능력자, 경쟁적 마인드 소유자, 항상 노력하고 분투하며 스스로를 통제하는 생존-추구자로 성장할수록 있도록 키워야 하는 의무감에 시달린다고 본다.

수집·분석체계 구축', 'AI 교육 강화를 위한 교육과정 개정 및 맞춤형 AI 교육콘텐츠 개발·제공', 'AI 모델LLM 기반 대화형 대학입시정보 서비스' 등의 실행 과제를 포함한다.교육부, 2025b AI를 활용하여 인재 경쟁력 확보는 물론 여러 가지 교육 내적 문제까지 해결하겠다는 전략이다. 즉 개별 맞춤형 교육, 자기주도학습, 학습격차 해소, 평가의 객관성 확보, 교사의 과중한 업무 경감, 그리고 사교육 과열 및 교육 불평등 해소까지 정책목표로 삼는다. 문제는 동어반복 같은 정부의 '단골말'과 'AI 호들갑AI Hype'이 뒤섞인 이러한 대전환 기획에는 큰 위험 가능성도 따른다는 점이다. 실제로 온갖 교육문제를 AI로 연결시키는 정책 병렬 방식은 '교육의 기술화'를 고착시킬 우려가 있다. 이런 맥락에서 몇 가지 정책과제를 고민할 필요가 있다.

첫째, 「AI 적정활용 프레임워크」 개발·보급이 필요하다. 철학이 있는 AI 활용 교육을 위해서는 활용 목적을 명확히 해야 한다. 즉 학생의 주도성 함양 차원에서, 또한 보편가치 확장 차원에서, 그리고 자기주도적 학습 태도를 함양하는 차원에서 AI를 적정하게(조화롭게) 활용해야 한다. 예비적 개념으로 제시하는 '적정활용'이란, 'AI 교수·학습 플랫폼이나 AI 콘텐츠를 수업에 활용하는 경우, 학교 풍토, 학생 특성, 교육과정 목표, 교과 지식의 형식, 교사의 수업 디자인 전략 등에 따라 활용 강도와 심도, 시간 등이 맥락적으로 결정되어야 한다'는 의미다. 이러한 예비적 개념 도입을 제안하는 이유는, AI 도구의 빈번한 활용으로 학생의 사고 형식, 감각, 자아가 왜곡되고 이로 인해 인간 소실로 귀결될 위험이 있기 때문이다.

AI에 대한 충분한 이해 없이 강박적으로 활용하는 경우, 도구 사용 자체가 목적이 되는 가치 전도 현상이 나타나게 된다. 도구의 이끌림에 의해 학습이 가속화되는 경우, 스스로 사고하는 힘이 줄어드는 '인지적 위축cognitive atrophy', 기억이나 판단하는 일 등을 AI

도구에 내맡기는 '인지적 오프로드cognitive offloading' 현상의 위험도 있다. AI에 길들여지는 단계에서는 서비스가 종료될 때 상실을 느끼는 '모호한 상실ambiguous loss' 또는 AI의 해로움을 인식하면서도 집착하게 되는 '기능장애적 의존dysfunctional dependence'이 나타날 수도 있다.[이준기, 2025] 이러한 문제를 예방하는 차원에서 '적정한 활동', '조화로운 활용', '관점이 있는 활용'의 지혜를 터득할 필요가 있다.

프레임워크framework는 실행을 조직하는 구조를 의미한다. 모종의 목적에 따라 각 요소를 적합하게 배치하고, 요소 간 상호작용 방법을 구체화하면서 일의 흐름을 구성하는 틀이다. 따라서 「AI 적정활용 프레임워크」에는 'AI 활용이 마땅한 교육 내용과 마땅치 않은 내용의 기준', '학습목표 및 지식의 형식에 따른 AI 활용 전략', '학교급, 학년, 교과 특성에 따른 AI 활용 유형', 'AI 활용에 따른 심리적 변화와 이에 대한 교사의 역할' 등이 세세하게 담겨야 한다. 이러한 「AI 적정활용 프레임워크」를 개발·보급하면, AI 도입 초기 예상되는 수업 장면에서 혼란을 완화하는 효과를 기대할 수 있을 것이다.

둘째, 교사 연수 내용 개선이다. '외장 뇌External Brain'로 일컫는 AI를 수업에 활용하는 것은 학생들의 인지생태계를 새롭게 구성하는 일이다.[김성우, 2025] 따라서 AI로 인해 인간의 인지생태계를 구성하는 각 요소가 어떤 영향을 받게 되는지, 학습 장면에서 이들 요소를 어떻게 자극해야 하는지 등에 대한 깊은 이해가 필요하다. 학생들에게 AI로 인한 인지 왜곡 문제를 설명할 수 있는 지적 기반도 필요하다. 따라서 교사들에게는 AI를 언제 사용할지 말지를 판단하는 능력을 포함하는 '기능적인 리터러시', AI로 나타날 수 있는 불평등 문제에 접근하는 '비판적 리터러시', 그리고 AI가 인간의 욕망과 자아를 특정한 방식으로 주조하는 문제에 대해 사유할 수 있는 '성찰적 리터러시' 등 '다양한 리터러시들'이 중요하다.[4] 이러한 리터러시는 한두 시간의 교양교육으로 터득될 수 있는 것이 아니다. 다학문적 접근과 심도 있는 학습 과정이 필수다. 따라서 교육철학, 윤리학, 인식론, 기술인문학(Techno-humanities, 도구의 존재론, 포스트휴머니즘, 데이터 인문학 등)을 기반으로 하는 교사 연수 프로그램이 개발·운영될 필요가 있다. 교사의 리터러시 역량이 AI의 교육적 활용 방향과 수준을 결정한다는 점에 주목해야 한다.

또 다른 과제는 '예견적 교육거버넌스'를 구축하는 일이다. AI가 교실에 본격 도입될 때, 어떤 문제들이 발생할지 예측이 쉽지 않다. 교사의 삶에도, 학생의 삶에도, 그리고 학교운영에서도 경험하지 못한 새로운 차원의 문제가 발생할 수 있다. 오랜 시간에 걸쳐 문법화된 인식, 제도, 관행을 넘어서는 일이기 때문이다. 따라서 AI 등장으로 학교와 구성원의 삶에 어떤 변화가 나타날지, AI 연착륙을 위해 어떤 준비를 해야 하는지, 기존 제도와 정책을 어떻게 조정해야 할지 탐색하고 대응할 거버넌스 구축이 필요하다. 예컨대 시도교육청 차원에서는 행정관료, 인문학자, 미래학자, AI 전문가, 법률가 현장 교사, 학부모가 참여하는 가칭 〈AI 교육정책 총괄 위원회〉 구성을 상상해 볼 수 있다. 이 단위에서 AI 교육정책의 윤리성 및 교육적 정합성을 검토·자문하는 경우, AI 도입에 따른 문제적 징후의 포착 및 유연한 대응이 가능할 것이다.

---

4. 최근 한국청소년연구원 보고서에 따르면, "교사의 AI 활용 역량과 인식 부족이 학습자의 AI 리터러시 성장의 가장 큰 제약 요인"으로 본다. 이런 분석은 교사의 AI 리터러시 역량의 중요성을 상기시킨다. 이창호·모상현·배상률·이세영(2024). 청소년의 생성형 AI 이용실태 및 리터러시 증진방안 연구. 한국청소년정책연구원.

4. 다시, 미래학교 상상하기

미래학교란 어떤 학교여야 하는가? 미래학교는 '당위의 학교'가 아니라 '선호의 학교'다. 특정한 상像으로 있는 것이 아니라 우리가 원하는 방향으로 만들어가야 할 학교다. 따라서 '우리는 어떤 학교를 선호하는가?'의 질문과 상상이 중요하다. 그리고 이 질문들이 더욱 큰 질문과 연결될 때, 학교의 미래상이 구체성을 띠게 된다. 우리가 어떤 미래 사회에 살고 싶은가를 고민하는 가운데 학교의 몫이 좀 더 선명하게 드러나기 때문이다.

그렇다면 우리는 어떤 사회에 살고 싶은가? 시인 허수경은 "젊은 시인들과 젊은 노점상들과 젊은 노동자들에게 아부하는 사회에 살고 싶다"허수경, 2011라고 했다. 이런 사회는 기존 사상과 철학, 가치, 생활양식 등의 갱신을 전제한다. 그리고 표현상 차이는 있을지언정, 이런 사회는 대개 사람들이 품고 있는 희망과 포개진다.

그렇다면 교육은 이러한 선호 사회를 현실화하기 위해 어떤 역할을 해야 할까? 학교 교육에서는 어떤 인간을 육성해야 할까? 기대하는 인간상을 육성하기 위해서는 어떤 교육 내용에 중점을 두어야 할까? 그리고 교육활동을 지원하기 위해 어떤 정책 수단들을 정합성 있게 정렬해야 할까? 우리가 선호하는 미래를 염두에 두고 제기한 질문에서 도출된 내용들과 그간 실천된 혁신교육의 내용 사이에는 폭넓은 교집합이 형성된다. 이런 점에서 혁신교육은 '앞서 온 미래교육'이다.

그러나 AI가 교실의 공존재로 자리 잡는 상황을 고려할 때, 학교교육의 스크린화가 우려되기도 한다. 읽고, 쓰고, 계산하고, 실험하는 모든 교육활동이 스크린을 통해 이루어지고, 이런 영향으로 교사와 학생, 학생과 학생 간의 사회적 관계가 위축될 가능성이 있다.

따라서 AI 적정활용의 원칙을 따르되, 사회적 활동(대화하기, 함께 놀이하기, 체험하기, 교감하기 등)을 더욱 활성화하는 기획이 중요하다. 특히 학교는 '말(대화)이 회복되는 곳'이 되어야 한다. 대화야말로 인간과 AI의 결정적 차이다.[허준이, 2025] 말(대화)이 회복되어야 관계가 깊어지고, 관계의 폐활량도 커진다. 말의 물꼬가 트여야 생활장生活場의 미세한 문제들이 드러나고 개선된다. 이에 더해 말이 살아나야 '숙의의 기술'도 터득된다, 학교의 공적 사안에 대해 구성원이 자유롭게 발언하는 과정에서 주체로 성장하고, 그 연장선에서 학교민주주의 질이 담보된다.[5]

더욱 주목할 대목은 구성원 간에 깊이 있는 대화가 가능한 여건에서는 AI 텍스쳐texture(특성·방향)도 달라질 수 있다는 점이다. 이런 점에서 우리가 선호하는 미래학교는 표준화된 문법구조를 따르는 학교를 넘어 학교 구성원의 목소리에 귀 기울이고 그에 응답하는 과정을 통해 목적, 내용, 형식, 공존 방식이 끊임없이 새롭게 재구성되는 학교다. 즉 미래학교는 지금까지 혁신교육 흐름을 이끌었던 교육 문법이 확장·변주되는 과정을 통해 '인간다움'과 '삶의 기예技藝', '인지적 자생력'이 응결되는 협력적 배움터 면모로 나타나게 될 것이다.

최재천의 다음 주장은 교육계가 새겨보아야 할 시사점을 담고 있다. 이러한 고민 속에 미래학교가 상상되길 희망한다.

(양심을 자극하는 말들은) 내가 어렸을 때 매일 일상적으로 들던 말들이었다. 그런데 언제부턴가 '양심'이라는 단어가 우리

---

5. 정용주는 구성원 간 경청과 감응, 숙의와 공명이 이루어지는 구조를 '느린 민주주의'로 보고, 이런 민주주의가 실현될 수 있는 '느린학교'를 미래의 학교 형태로 제안한다(정용주, 2025).

일상 대화에서 사라졌다. 왜일까? 어떤 단어가 일상생활에서 사라진다는 것은 뭘 의미하는가? 사회적으로 통용되었던 단어가 사라지는 이유는 그 단어를 대체할 용어가 새롭게 등장했거나 그 단어가 묘사하는 존재나 상황 자체가 사라졌기 때문이다.최재천, 2025: 12

교육부(2023). AI 디지털교과서로 1:1 맞춤 교육시대 연다. 2023. 6. 7. 보도자료.

교육부(2025a). AI for All : 모두를 위한 AI 인재양성 방안.

교육부(2025b). "2025년, 교실에서 마주할 인공지능(AI) 디지털교과서, 모두를 위한 맞춤 교육을 실현". 보도자료. 2024. 11. 29.

김관욱(2025). 지불되지 않는 사회. 인물과사상사.

김대식(2024). AI시대의 예술, 인간이 인간임을 잊지 말아야. 아시아경제. 2024. 3. 9.

김성우(2025). 인공지능이 가져오는 인지생태계의 변화. 창비주간비평. 2025. 11. 11.

김용성·김용규(2025). 생성형 인공지능 경량화 흐름과 리터러시 교육의 가치 —'프롬프트 리터러시'에 대한 비판을 중심으로—. 한국동서철학회논문집. 115(3). 357-380.

김홍중(2024). 서바이벌리스트 모더니티. 이음.

문병로·김예은·박영준·천현득(2025). AI, 도구인가? 동반자인가?(특별대담). 철학과 현실. 146, 12-86.

박명림(2021). 시구를 탈출할 수는 없지 않은가?. 중앙일보. 2021. 8. 25. 01:08.

박희진·남미·권동택(2018). 국내 혁신학교 기본가치와 운영 평가 비교 연구. 비교교육연구, 28(6), 131-152.

백병부·이수광(2019). 학교문법 재구성을 통한 학교혁신의 목표와 전략. 교육문화연구. 25(4), 161-187.

성열관·박휴용·김정안·김위정·박혜경·유경훈·강에스더(2014), 새로운 학력 개념 정립 및 구현 방안 연구. 전국시도교육감협의회.

손준종(2010). 교사 전문성 담론의 성격 분석: 이명박 정부의 교원정책을 중심으로. 교육정치학연구. 17(4), 91-119.

손화철(2021). 포스트휴먼 시대의 특징과 인문교육의 필요성. 포스트휴먼교양교육실천연구. 1(1), 19-31.

이승호·이지혜·허소윤·박세준·한송이·한은정(2015). 교사학습공동체의 속성에 관한 질적 메타분석. 교육학연구, 53(4), 77-101.

이정인(2025). 인공지능 기반 교육의 가능성과 불가능성 재검토—인공지능 디지털 교과서(AIDT) 정책에 내재되 교육적 과학주의 비판을 중심으로—. 교육의 이론과 실천. 30(3), 71-98.

이종각(2014). 부모·학부모·교육열에 대한 새로운 생각, 새로운 정책. 원미사.

이준기(2025). AI의 '아첨' 성향, 사용자에게 위험한 행동 부추긴다. 중앙일보. 2025. 8. 3.

이창호·모상현·배상률·이세영(2024). 청소년의 생성형 AI 이용실태 및 리터러시 증진방안 연구. 한국청소년정책연구원.

이태수(2016). 사람과 사람이 만나는 일. 공동체의 삶. 민음사. 135-163.

이형빈·김현주·고순복·권순영·김은영·박대훈·손유미·우지혜·이지연·이채린·임옥분·장민희·성열관·강에스더(2017). 강원 행복더하기학교 중장기 발전 방안 연구. 강원도교육연구원.

장강명(2025). 먼저 온 미래. 동아시아.

정명은(2025). 사회문제는 보는 세 가지 잘못된 습관. CSES(사회적가치연구원) Issue Brief. 12, 1-19.

정영근(2007). 학생존재 이해에 대한 교육철학적 접근. 교육철학 제38집. Vol. 38. pp. 187-206.

정용주(2025). 멈추지 못하는 학교. 교육공동체벗.

조승래(2017). 공화주의 교육으로의 전환: 시민적 평등과 비지배를 위한 교육으로. 역사와담론. 81집. 359-380.

조진희(2025). 몫/목소리가 소멸된 학교, 모두가 돌보는 민주주의로. 오늘의교육. 87. 53-67.

케이트 크로퍼드, 노승역 옮김(2022). AI 지도책. 소소의책.

한병철, 전대호 옮김(2023). 정보의 지배-디지털화와 민주주의의 위기. 김영사.

한병철, 전대호 옮김(2024). 관조하는 삶. 김영사.

허수경(2011), 빌어먹을, 차가운 심장. 문학동네.

허주·정미경·권순형·이승호·민윤경·정규열·양병찬·김성천·박성일(2020). 혁신교육 중장기 발전 방안 연구. 한국 교육개발원.

OECD(2025). Trends Shaping Education 2025.

●이수광

공립학교와 몇몇 대안학교 및 경기도교육연구원을 거쳐 지금은 경남교육청 미래교육원에서 일한다. 몇 차례 '교육적 횡단'을 통해 언어적 실천의 중요성을 알았다. 때로 존엄, 공화, 공공, 공정의 개념이 이끄는 교육체제, 삶의 생생한 질감이 동반되는 교육형식, 인간적 온기와 감각적 경험이 풍부한 학교풍경을 상상한다.

제2부

혁신교육, 경험과 과제

5-1.
초등 혁신학교의 성공 경험과 다음 과제: 원형의 성취와 심화의 조건

정용주_서울 천왕초등학교 교장

1. 초등혁신학교의 네 가지 원형

1) 교육과정 중심성

초등학교의 하루는 수업 시간표대로만 흘러가지 않는다. 등교, 중간놀이 시간의 설계와 안전, 급식과 점심시간, 돌봄 공백, 생활지도의 긴급함이 수업 사이사이를 끊임없이 침투한다. 교육과정 중심성이란 이 침투를 수업 밖의 일로 교사가 각자 처리하게 두지 않고, 돌봄과 생활지도를 포함한 하루의 운영을 교육과정 실행체계로 묶어 학교의 중심을 다시 세우는 일이다. 혁신학교의 실천은 종종 새로운 프로그램을 더하는 일이 아니라, 교사의 노동이 절차 수행으로만 흐르게 만드는 관성을 거슬러 생각의 노동이 다시 중심이 되게 하려는 재배치였다고 할 수 있다.

교육과정 중심성은 문서의 우선순위를 높이는 일이 아니다. "학교가 무엇을 가르치며 어떤 성장을 바라보는가"라는 질문이 수업·돌봄·생활의 모든 판단에 관통하게 만드는 운영 방식이다. 이를 위해서는 수업을 돌봄에서 분리하지 않고, 생활지도를 분리된 훈계 절차로만 환원하지 않으며, 지원을 대상 관리로 고립시키지 않는 실행체계가 필요하다. 압력이 커질수록 교육은 과제의 목록으로 바꾸고 교사는 추가된 일을 처리하는 사람으로 소진된다. 반대로 교육과정이 실행체계로 서면, 학교는 무엇을 더할지보다 무엇을 덜고 무엇을 연결할지 결정할 수 있고, 교사는 수행하는 사람이 아니라 배움의 여건을 설계하는 사람으로 복원된다.박승열 외, 2022; 배정현, 2022; OECD, 2024

이 재배치는 교사의 인지적 노동이 어디서 다시 살아나는가를 통해 구체화되었다. 먼저 성취기준은 달성 항목이 아니라 학급의 맥락에서 어떤 배움을 가치로 둘지 묻는 질문으로 다시 읽히기 시작했다. 교사가 성취기준을 재해석하고, 학교가 그 해석을 공동 운영 언어로 만드는 과정은 교육과정 중심성의 첫 단추가 되었다.김혜란, 2022; 서울특별시교육연구정보원, 2016 이어서 학교는 결과 지표만 좇는 것이 아니라 학생의 말, 이해의 어긋남, 관계의 균열, 동기의 흔들림 같은 학습 신호를 읽고 교수학습 설계와 실행을 조정하는 전문성을 다시 중심에 세웠다. 이때 돌봄과 생활지도는 수업을 방해하는 외부 변수가 아니라, 교육과정적 통합이라는 관점에서 학습 신호가 왜곡되지 않도록 배움의 조건을 정비하는 교육과정의 일부가 되었다.

이처럼 목표 해석과 신호 읽기가 작동하려면, 수업-평가-피드백이 분절된 절차로 굳어지는 것을 되돌려야 했다. 수업-평가-피드백이 분절된 절차로 굳어지면 교사의 판단은 얇아지고 입력-정리-제출이 중심이 된다. 반대로 평가는 끝맺음이 아니라 다음 수업을 위한 돌아봄이 되고, 피드백이 통지가 아니라 재교육과 재설계로 이어질 때 교사의 노동은 다시 관찰과 해석의 노동이 된다. 그리고 이 모든 회복은 개인이 수업을 잘하는 것만으로는 불가능하다. 학교가 함께 설계하고 책임지는 구조가 있어야 목표 해석과 돌아봄이 개인 기량으로 흩어지지 않는다. 전문적 학습공동체와 공동 연구가 중요했던 이유도 여기 있으며, 협력은 정서가 아니라 전문성을 생산하는 방식으로 조직되어야 한다.OECD, 2024; Hargreaves & OConnor, 2018

2) 통합성: 돌봄·수업·생활의 결속

하루의 리듬은 교문이 열리는 순간부터 시작된다. 등교하는 학생의 표정, 쉬는 시간의 소음, 급식실의 대기줄과 점심시간의 분주한 움직임, 방과후 돌봄, 상담실의 문턱이 서로 이어지며 학교를 만든다. 통합성은 이 장면들을 "서로 다른 업무"로 분리하지 않고, 한 아이의 성장이라는 하나의 언어로 연결하는 방식이다. 따라서 통합성은 따뜻함의 수사라기보다 운영 기술이며, 교육과정 중심성이 학교의 중심으로 서기 위해 반드시 통과해야 하는 실행의 형태다. 돌봄과 생활지도가 교육과정 바깥의 부담으로 방치될수록, 교육과정은 문서로 남고 교사의 노동은 사건 처리로 쪼개진다. 반대로 돌봄과 생활지도가 교육과정 실행체계 안으로 들어오는 순간, 교사노동은 판단하고, 결정하고, 환류하는 인지 노동으로 복원된다.박은주, 2021

통합성이 현실이 되려면 돌봄이 교육과정의 주변이 아니라 교육과정의 언어로 다시 번역되어야 한다. 돌봄을 교육과정에 포함한다는 말은 돌봄 프로그램을 늘린다는 뜻이 아니다. 돌봄을 이유로 교육과정을 뒤로 미루는 것도 아니다. 돌봄을 교육과정의 언어로 번역해, 교실에서의 배움과 생활 안정이 서로를 지지하도록 배치하는 일이다. 혁신학교 교육과정이 학생맞춤통합지원(학맞통)을 먼저 구현한 것도 수업 재구성만이 아니라 학교 운영이 학습과 생활을 함께 지탱하는 구조가 될 때 혁신이 가능하다고 보았기 때문이다. 그래서 혁신학교에서 학맞통은 업무담당자 지정 이전에 모두가 함께 학생을 책임지는 문화가 작동한다. 이러한 문화에서 혁신학교는 학생에 대한 지원을 생활-수업 리듬 안에 배치한다. 한 아이의 어려움이 상담실에서만 다뤄지지 않고 교실의 활동 설계와 연결될 때 지원은 사건 처리가 아니라 성장의 동반이 된다. 이 지점에서 교육과정 중심성은 계획의 중심이 아니라 지원의 중심이 된다.^{박희진, 2022}

이처럼 지원이 리듬 속으로 들어오면 수업도 교실 안 기술로만 남을 수 없다. 초등 혁신학교가 만든 좋은 수업은 종종 교실 안에서만 설명되지 않는다. 수업은 관계의 경제 위에서만 작동한다. 교사와 학생의 신뢰, 학생들 사이의 규칙, 안전하게 말할 수 있는 분위기, 실패를 견디는 공동체의 태도가 없는 수업은 오래 지속되지 못한다. 활동이론 기반으로 혁신학교 정책 실행을 분석한 연구가 보여주듯, 혁신의 실천은 교사의 삶과 노동을 재조직하며 관계·규범·도구가 함께 움직일 때 성과와 긴장이 동시에 나타난다.[조태원, 2016; 임의수, 2022] 수업의 생활화는 결국 교사의 인지적 노동을 수업 기술에만 묶어두지 않고, 관계의 신호를 읽고 규칙을 조정하며 배움의 여건을 설계하는 노동으로 확장시킨다. 따라서 통합성은 기술인 동시에 비용이다. 관계 유지에는 시간과 에너지가 든다. 이 비용을 개인의 헌신으로 감당하게 두면 통합성은 지속되지 않는다. 학교가 그 비용을 분담하는 구조가 필요하다.

그런 의미에서 통합성은 생활을 막연한 교육 담론으로 포장하는 일이 아니라, 생활을 학습의 조건과 과정으로 다루는 규칙을 세우는 일에 가깝다. 생활을 학습으로 바꾼다는 말은 삶의 모든 장면을 교육적 과제로 환원하자는 뜻이 아니다. 그것은 생활 속 갈등과 지연과 불완전함이 배움에 어떤 영향을 미치는지 읽어내고, 이를 교육과정의 일부로 다룰 수 있는 규칙을 세우는 일이다. 혁신학교 효과 연구의 쟁점이 학업성취만이 아니라 학교문화와 관계, 격차와 참여로 확장되어 온 이유도 혁신의 성과가 교실 밖 삶의 질과 분리되지 않았기 때문이다.[윤혜원, 2023; 최준렬 외, 2022] 다만 여기에는 위험이 있다.

생활을 학습으로 다루는 과정이 교사에게 "항상 돌보라"는 무한 책임으로 전환될 때, 통합성은 교사 소진의 경로가 된다. 통합성은 더 많은 감정노동이 아니라, 감정노동 과잉이 되지 않도록 경계를 세우고 역할을 분담하는 운영체계여야 한다. 통합성의 언어는 따뜻함이 아니라 분담과 경계의 언어까지 포함해야 한다.

3) 공동성: 함께 결정하고 함께 교육과정을 짓는 민주적 공동체

참여가 늘어난다고 해서 학교가 곧바로 함께 판단하는 조직이 되는 것은 아니다. 당사자성은 참여의 윤리지만 공동성은 운영의 철학이며, 초등 혁신학교는 참여 확대가 곧바로 공동의 판단 구조를 만들지 않는다는 경험적 인식을 실천에 반영하고자 했다.양병찬, 2025

돌봄과 생활지도가 수업 외의 변수로 밀려나지 않게 하려면, "이 사건을 어떻게 읽을 것인가"를 학교가 함께 결정해야 한다. 같은 갈등을 두고 누군가는 규칙 위반으로, 누군가는 관계 신호로, 또 누군가는 학습의 공백으로 읽는다. 읽기가 흩어지면 처리만 늘고, 처리가 늘면 교사의 노동은 다시 절차 수행으로 기운다. 그래서 통합성의 다음 단계는 공동체성이라는 말보다 더 정확하게는 공동성이라는 말로 잡히는 편이 타당하다. 공동성이란 모두가 당사자로 참여한다는 선언이 아니라, 함께 결정하고 함께 학습하는 방식이 학교 운영의 습관으로 굳어지는 상태이기 때문이다. 최근 혁신학교를 포함한 여러 학교가 공동체성 회복을 교사·학부모·지역사회가 함께 신뢰를 다시 세우는 문제로 제기하는 것도, 참여의 확대가 곧바로 공동의 판단 구조를 만들지 않는다는 전제를 공유하기 때문이다. 초등 혁신학교의 성장은 바로 그 전제 위에 이루어져 왔다.

혁신학교에 대한 연구들은 초기부터 학교가 지속되기 위해서는 두 가지가 동시에 자라야 한다고 정리했다. 하나는 일상적 민주화,

자발성의 발현, 내적 책임성처럼 의사결정이 작동하는 방식이고, 다른 하나는 교육과정 재구성, 협력수업과 수업 공유, 발달중심평가처럼 전문성이 공동 운영으로 조직되는 방식이다.백병부 외, 2015; 유주영, 2016 핵심은 이 둘이 따로 존재하지 않는다는 점이다. 의사결정이 함께하지 않으면 전문성은 개인 기량으로 흩어지고, 전문성이 공동 운영으로 조직되지 않으면 민주화는 절차로만 남는다. 공동성은 바로 이 결합이 학교 안에서 실제로 작동하는 상태를 가리킨다. 서이초 사건 이후 교사의 상처받은 전문성을 회복하는 일이 교육적 관계 회복이라는 문제로 제기되면서, 학부모회 운영과 성장을 실천공동체 관점에서 다루고, 지역공동체 기반 협력을 당사자성을 넘어 공동성으로 묶어 접근하려는 시도가 확산하는 것도 이 결합을 학교 바깥의 주체까지 확장하려는 흐름으로 읽을 수 있다.

공동성이 살아 있는지 가장 선명하게 확인되는 지점은, 함께 교육과정을 짓는 경험이 교사에게 어떤 감각으로 남는가에 있다. 여러 혁신학교 연구에서 교사들은 "늦게까지 교육과정 구성도 하고 수업 연구도 하지만 그것이 행복하다"라고 말한다. 그러면서 그 이유를 "아이들에게 집중할 수 있고… 배움이 일어나기" 때문이라고 덧붙인다.김여선, 2025; 김혜란, 2020 이러한 진술은 단순한 일회적 감상이 아니다. 교사노동의 중심이 행사·사업 수행이 아니라 교육과정 구성과 수업 연구라는 전문적 과업으로 옮겨질 때, 교사는 자신의 노동을 소모적 업무가 아니라 전문적 성취와 교육적 의미를 지닌 실천으로 경험하게 된다. 이는 교사노동의 중심 이동이 갖는 의미를 보여주는 국면이다. 공동성은 함께 모여 있는 시간이 아니라, 함께 질문을 세우고 함께 설계하는 시간이 학교의 중심 시간이 되는 경험에서 자란다.

또 하나의 증거는 민주적 의사결정이 "참여"를 넘어 의사결정이 문화로 자리 잡는 과정에서 드러난다. 면담에서 구성원들은 혁신학교를 "일방적이고 지시적인 것, 수직적인 기존 관계에서 많이 벗어난 학교"로 묘사하며, 학교 교육활동의 대부분이 "구성원들의 의견수렴과 토론을 통해 결정"된다고 말한다.박종철, 2013; 백병부 외, 2015 여기서 민주화는 회의가 많다는 뜻이 아니다. 의견수렴-토론-결정-돌아봄이 반복되는 운영 습관이 생겼다는 뜻이다. 이 습관이 생길 때 교사들의 자발성은 개별적 열정이 아니라 공동 실행으로 형태를 바꾼다. 자발성은 방임이 아니라 판단의 자리이며, 판단은 혼자가 아니라 함께일 때 지속된다. 제주 사례가 학부모 참여의 역사와 문화를 따로 호명하고, 학부모회를 실천공동체로 재정의하며, 지역 대표 주체가 토론자로 참여하는 형식을 갖춘 것은 당사자성을 공동성으로 연결하려는 시도라는 점에서 공동 실행의 장을 교사 너머로 넓힌다.제주교육학연구회 외, 2025

그리고 이 모든 흐름은 교육과정 중심성과 직결된다. 교육과정 재구성-협력수업-발달중심평가는 사실상 하나의 흐름이다. 함께 교육과정을 다시 짓고, 함께 가르치며, 함께 돌아보는 흐름이다. 이는 수업기법 교체가 아니라, 설계-관찰-해석-재설계가 공동의 일로 반복되는 체계다. 공동성이 작동하는 학교에서 평가는 끝내기(종결)가 아니라 다시 가르치기(조정)의 출발이 되고, 기록은 보고를 위한 문서가 아니라 다음 설계를 위한 기억이 된다. 그때 교사의 노동은 인지적 노동으로 회복된다. 무엇을 가치로 둘지 해석하고, 학생의 신호를 읽고, 수업을 조정하고, 그 조정을 공동의 언어로 남기는 노동이다.김은미, 2022; 이은총, 2023; Hargreaves & OConnor, 2018

4) 확장성: 배움의 생태계 연결

학교의 울타리는 배움의 끝이 아니라 배움이 다시 돌아오는 경계이다. 확장성은 학교가 혼자 감당하던 부담을 바깥으로 떠넘기는 것이 아니다. 배움이 교실 안에서만 완결되지 않는다는 사실을 정직하게 받아들이고, 그 사실을 책임 있게 설계로 번역하는 기술이 확장성이다. 아이의 배움은 동네 길과도 이어지고, 돌봄의 공백과도 이어지며, 문화의 자원과도 이어진다. 문제는 연결 자체가 아니라 연결 방식이다. 연결이 프로젝트의 목록으로 늘어나면 학교는 다시 분절되고, 연결이 특정 담당자의 열정에만 의존하면 지속가능성은 쉽게 무너진다. 초등 혁신학교의 확장성이 의미를 갖는 지점은 연결을 행사가 아니라 반복 운영으로 바꾸려 한 데 있다. 배움의 확장은 결국 학교의 리듬을 바꾸는 일이며, 리듬을 바꾸지 못하는 확장은 대부분 피로로 끝난다. 여러 혁신학교 연구가 공동체성 회복을 교사-학부모-지역사회가 함께 신뢰를 다시 세우는 과제로 제시하는 것은, 확장성이 단순히 밖으로 나가는 것이 아니라 함께 책임지는 구조를 설계하는 일이어야 함을 보여주는 사례다.^{양병찬, 2014; 서용선 외, 2016}

확장성이 교육적 의미를 지니는 출발점은 학교의 교육과정 중심성을 바깥으로 투사하는 방식에 있다. 지역 연계가 밖에서 좋은 프로그램을 교실로 가져오는 일이 아니라, 교육과정의 질문을 확장하는 일이 될 때 확장성은 비로소 교육과정의 일부가 된다. 그래서 확장성은 교육과정이 약한 학교에서 더 어려운 과제가 된다. 중심이 없으면 연결은 곧바로 소음이 되고, 중심이 있으면 연결은 질문을 풍부하게 한다. 혁신학교 경험을 다룬 연구들이 시사하는 바도, 지역자원 연계가 효과를 내려면 학교 내부에 교육과정 운영 역량과 협의·조정 구조가 선행되어야 한다는 점이다.^{박종철, 2013; 홍지오 외, 2018} 이때 지역은 소비되는 자원이 아니라 함께 해석하는 파트너가 된다. 제주 사례에서 학부모와 지역사회가 논의의 장에 토론 주체로 들어오는 형식은, 확장성이 자원 동원이 아니라 해석과 판단을 공유하는 접속으로 설계될 때 지속가능해진다는 함의를 제공한다.^{양병찬, 2025}

그러나 학교 바깥과의 연결이 의미를 지니려면 돌봄과 지원의 생태계를 함께 묶되, 학교가 중심을 잃지 않도록 경계를 설정해야 한다. 초등은 돌봄 문제를 피할 수 없고 그만큼 연결의 필요도 크다. 다만 돌봄과 지원이 외부기관 연계의 단순한 의뢰로 처리되면 학교는 오히려 더 고립된다. 반대로 학교 안의 수업과 생활이 외부 지원의 언어와 연결될 때, 지원은 사건 처리에서 성장 지원으로 옮겨진다. 혁신학교의 성과를 다룬 연구들이 학업 성취만이 아니라 학교문화와 학생 경험, 관계의 질을 함께 논의하는 이유도 초등에서 배움과 돌봄이 분리될 수 없기 때문이다.[백병부 외, 2015; 이은총, 2023] 다만 여기에는 분명한 한계가 있다. 연결이 많아질수록 교사의 조정 부담은 커지고, 학교가 허브가 아니라 콜센터가 될 위험이 있다. 그래서 확장성은 연결을 늘리는 정책이 아니라, 연결을 관리 가능하게 하는 정책이어야 한다.[이태권 외, 2021] 관리 가능성이란 연결을 줄이는 것이 아니라, 연결의 경계를 분명히 하고 책임의 단위를 나누며 학교의 판단이 흐려지지 않게 하는 설계라는 뜻이다.

다시 말해 확장성은 학교-지역-지원체계가 배움의 언어를 공유하는 접속 구조를 만드는 문제로 귀결된다. 접속은 연락처 공유가 아니라 서로의 판단이 이어지는 구조다. 교육과정 언어와 지원 조직의 지원 언어가 불일치하면 지원은 늘 뒤늦고 피상적이 된다. 반대로 학교가 겪는 문제를 지원 조직이 사업으로만 번역하면, 지원은 지원이 아니라 추가 과제가 된다. 교육지원청의 역할을 다룬 연구가 역할 강화만큼이나 정렬된 조정의 필요를 강조하는 이유도 여기에 있다.[이태권 외, 2021] 여러 사례 연구에서 지역의 대표 주체가 논의에 참여하는 장면은, 접속 구조가 체험장소의 목록이 아니라 책임 있는 주체 간 협의·조정으로 서야 함을 보여준다.[박희진, 2022; 이은총, 2023] 확장성이 제대로 작동하려면 학교의 공동 기록과 지원 조직의 컨설팅,

교육청의 정책 설계가 한 방향의 환류를 형성해야 한다. 이 환류가 없을 때 확장은 종종 전시가 되고, 전시는 다시 평가를 낳으며, 평가는 형식화를 낳는다. 확장성은 그래서 성장의 장치인 동시에 압력의 경로가 될 수도 있다._{김용, 2022; 윤혜원, 2023}

2. 원형의 지역적 변주와 맥락화

1) 학교기반교육과정 설계운영체계 구축

학교가 교육과정을 한다는 말이 더 이상 실행만을 뜻하지 않을 때가 있다. 학교기반교육과정은 교사가 협력적 전문성을 발현하면서 교육과정을 학교 맥락에서 다시 설계recontextualization하고 실행하는 작업의 총칭이다. 학교는 실행기관인 동시에 설계기관이며, 이 구분은 수사나 선언이 아니라 책임 단위를 바꾸는 문구다. 초등 혁신학교가 원형을 유지한 채 전국적으로 변주될 수 있었던 이유도, 프로그램을 잘 수행하는 학교가 아니라 무엇을 덜고 무엇을 연결할지 결정할 수 있는 학교로 자신을 재정의했기 때문이다.[윤혜원, 2023; 조태원, 2016]

설계기관으로서 학교의 출발 지점은 교육과정 편성 주체로서 시·공간을 설계하는 주권을 행사하는 데 있다. 정해진 교육과정의 시·공간으로만 접근하면, 학교가 담아내고 싶은 교육은 늘 과잉되고 팽창하여 학생과 교사에게 과부하로 체감된다. 학생의 삶을 반영한 교육, 시기적으로 꼭 필요한 교육, 국가가 담지 못한 교육, 교사가 원하는 교육이 교육과정의 시·공간에서 대기표를 받고 서 있는 셈이다. 문제는 이 과잉이 의지의 언어로만 남을 때다. 학교자율시간이 과목·활동으로 구조화되는 지점은 그 의지를 실행체계로 바꾸는 전환점이다. 이러한 초등 혁신학교의 실험이 제도화한 것이 2022 개정 교육과정의 학교자율시간이며, 국가 수준-지역 수준-학교 수준의 위계 속에 학교자율시간(또는 학교자율·특색 영역)이 단순 추가 활동이 아니라 학교기반교육과정의 중심축으로 자리 잡을 때, 교육과정 중심성은 문서가 아니라 운영으로, 운영은 다시 설계로 이동한다.조태원, 2016; OECD, 2024

이 전환은 전국 어디서나 동일한 형식으로 나타나지 않는다. 경기도의 경우 혁신교육지구-마을교육공동체-학교혁신의 연결이 제도적 언어로 정착되면서, 학교 내부의 교육과정 운영 역량이 지역 연계의 성패를 가르는 조건으로 부각되었다.박승열 외, 2021; 박희진, 2022 서울은 신학력관과 결합한 서울형 혁신학교 교육과정 논의가 초등에서 특히 강하게 전개되며, 수업 재구성만이 아니라 학교 운영 자체를 학습과 생활을 함께 지탱하는 구조로 바꾸는 데 초점을 두었다.배정현, 2022; 서울특별시교육연구정보원, 2016 전북은 교육과정 분권화 흐름 속에 지역교육 교재 개발과 학교가 구성하는 자율시간에 대한 실험이 활발히 전개되며, 학교가 지역의 삶을 교육과정으로 번역할 수 있는 재료와 절차를 교육청 차원에서 제공하려는 경로로 진화되는 모습을 보였다. 같은 자율이라도 지역의 정책 언어와 지원 인프라가 무엇을 제공하고 무엇을 요구하는지에 따라 설계의 문턱과 부담의 형태가 달라지는 셈이다.

학교기반교육과정 설계·운영체계 구축은 교사의 역할을 재정의하는 문제이기도 하다. 표준화된 매뉴얼이 교사를 대신하는 구조에서는 지침-통제와 감사-획일적 실행이 안전의 언어로 강화되기 쉽다. 그러나 학교기반교육과정이 살아 있는 구조에서는 창의적 재구성-협력과 성찰-주도적 실천이 전문성의 언어로 강화된다. 이 이동은 '자율을 높인다'는 말로는 부족하다. 목표를 해석하고, 학생의 신호를 읽고, 수업과 평가를 연결해 되돌리며, 다시 설계하는 인지적 노동이 학교의 중심 노동으로 재배치되는 일이다.박승열 외, 2021 이런 의미에서 학교자율시간은 곁다리 시간이 아니라, 교사의 판단이 실제로 발휘될 수 있도록 설계의 자리를 확보하는 장치다.

설계의 자리가 마련되었다고 해서 설계가 저절로 실행되는 것은 아니다. 이 체계가 작동하려면 학교 내부의 의사결정은 행정 절차가 아니라 전문적 판단을 축적하고 공유하는 운영 원리가 되어야 한다. 지속가능성 연구가 필요조건을 전문성 공동체와 의사결정 민주화의 결합으로 제시하며, 전자를 교육과정 재구성·협력수업·발달중심평가로, 후자를 일상적 민주화·자발성의 발현·내적 책무성으로 정리한 이유가 여기 있다.백병부 외, 2015 여기서 민주화는 회의가 많다는 뜻이 아니라, 의견수렴-토론-결정-돌아봄이 반복되는 판단의 습관이 생긴다는 뜻이다. 전문성도 개인 기량의 총합이 아니라 공동 운영으로 조직될 때 축적된다.박주형 외, 2022; Hargreaves & OConnor, 2018

교육과정 재개념화의 관점은 이 전환을 더 분명히 해 준다. 교육과정을 목표-내용-평가의 기술적 합리성으로만 다룰 때 학교는 전달자로 위치하기 쉽다. 반대로 교육과정을 살아낸 교육과정lived curriculum과 자기-세계의 관계를 다시 짜는 대화로 재정의하면, 학교는 해석과 관계의 장으로 재위치된다. 이때 프레임워크는 교사를 더 묶는 표준이 아니라, 교사의 판단을 공공적으로 정당화하고 공유 가능하게 만드는 언어의 장치다. 경기도에서 시흥을 비롯한 전전국적 모델이 있음에도 지역 연계가 교육과정 질문으로 돌아오지 못하면 연결이 곧바로 소음이 된다는 경험, 서울에서 운영 구조를 바꾸지 못하면 신학력관이 문서로 남는다는 경고, 전북에서 지역교육과 연결된 교재나 과목·활동이 학교의 부담을 덜어주는 방식으로 설계의 문턱을 낮추려 한 시도는 모두 같은 명제를 가리킨다. 설계의 언어가 있어야 자율이 제도 안에서 살아남는다는 명제다.이은총, 2023; 임의수, 2022

'불일치에서 정합으로'라는 문제의식도 같은 결론으로 수렴한다. 의도된 교육과정-실행된 교육과정-평가된 교육과정-경험된 교육과정의 간극은 자연스럽게 발생한다. 이를 줄이는 길은 설계 원리를 공유하고 공통 언어와 학습의 진전을 맞추며, 전문적 학습공동체의 루틴과 코칭을 통해 하나의 비전과 여러 교실이 연결되게 하는 방식이다.Hargreaves & Fullan, 2012; Hargreaves & OConnor, 2018 학교자율시간이 또 하나의 시간이 아니라 정합을 만드는 축이 될 때, 학교교육과정은 행사와 자료집이 아니라 일상의 실행체계로 살아난다.OECD, 2024

결국 이 지점에서 네 가지 원형은 따로 존재하지 않고 하나의 시스템으로 결합한다. 교육과정 중심성은 편성·운영 권한이 목표 해석과 실행 기준으로 기능할 때 현실이 되고서울특별시교육연구정보원, 2016, 통합성은 돌봄·생활·수업이 분절된 업무가 아니라 교육과정 실행체계 안에서 함께 설계되고 조정되는 하루의 정렬로 구현될 때 성립한다. 공동성은 모두의 참여라는 구호만으로 형성되지 않는다. 그것은 함께 결정하고 함께 학습하는 민주적 전문공동체의 실천 관행이 학교 안에 자리잡을 때 비로소 작동한다.백병부 외, 2015 확장성은 지역 연계가 외부 프로그램의 추가가 아니라 학교의 질문을 넓히고 교육과정으로 돌아오는 생태계형 연결로 설계될 때 힘을 지닌다.양병찬, 2014 학교자율시간의 모태가 된 학교자율운영은 결국 이 네 축이 만나는 결절점이며, 교사의 판단이 개별의 요령에서 공동의 언어로 옮겨가는 통로다.

2) 학부모 참여의 재설계: 참여 확대가 아닌 참여의 분산과 조직화

학부모 참여를 더 많이 참여하게 하는 일로만 이해하면 학교는 빠르게 소진의 경로로 진입하는 통로가 된다. 초등의 학부모 불안은 대개 돌봄·생활·학습의 경계가 얇은 일상에서 생겨나며, 그 불안은 곧바로 "지금 당장"의 요구로 학교 운영에 개입하는 형태로 나타나기 쉽다. 그래서 학부모 참여는 참여의 양이 아니라, 불안을 학교의 교육적 언어로 번역하여 공동책임의 형태로 전환하는 장치의 설계다. 학부모가 교육소비자-교육조력자-교육 주체 사이를 오가며 경험하는 긍정과 긴장의 양면성은, 참여가 곧바로 신뢰가 되지 않는다는 사실을 보여주는 실증적 근거이기도 하다.박종철, 2013; 박승열 외, 2021

이런 맥락에서 초등 혁신학교에서 추구한 것은 "민원을 잘 들어주는 것"이 아니라 "갈등을 처리 가능한 질서로 바꾸는 제도화"였다. 혁신학교 교사가 여전히 혁신학교에 남고 싶어 하는 이유가 수업의 의미나 공동성의 경험뿐 아니라 학부모 신뢰의 조건과 맞물린다는 분석은, 학부모 관계가 주변 업무가 아니라 원형을 지탱하는 조건임을 환기한다.김여선 & 조영하, 2025 동시에 참여 확대가 교사의 감정노동을 증가시키는 방식으로 작동할 때, 그 부담은 좋은 의도와 무관하게 교사를 탈진시키는 경로가 된다.김혜란, 2020 따라서 학부모 참여는 열어두기의 문제가 아니라 번역하기의 문제이며, 번역이 실패하면 참여는 곧 갈등이 되고 갈등은 교육과정 중심성을 흔드는 외력으로 작동한다.

여기서 불안은 하나의 덩어리가 아니라 서로 다른 종류의 질문으로 구성된다. 학업 불안은 성취와 격차의 언어로, 안전 불안은 사고와 책임의 언어로, 돌봄 불안은 공백과 시간표의 언어로, 가치 불안은 정치·규범·정체성의 언어로 표출되는 경향이 있다. 학교가 이 서로 다른 불안을 한 채널에서 한꺼번에 받으면, 학부모의 말은 커지고 교사의 판단은 얇아진다. 반대로 불안의 유형을 구분해 의제화하면, 참여는 즉답 경쟁이 아니라 공동 기준을 세우는 과정으로 옮겨진다. 불안 번역의 실질은 학부모의 감정을 낮추는 기술이 아니라, 감정이 어떤 판단 문제로 전환되는지 구조화하는 기술이다.김민조, 2014; 김용련, 2015

현장에서 유효한 번역 장치는 대체로 세 층으로 구성된다. 첫째는 의사소통 경로의 구분과 연계다. 민원 접수, 공론의 장, 개별 상담, 학년 단위 소통이 뒤섞이면 학교는 즉답과 즉시 처리의 압박으로 끌려가고, 판단은 얕아진다. 의사소통 경로를 구분한다는 것은 소통을 차단하는 일이 아니라, 사안의 성격에 따라 대응 순서와 방식을 세우는 일이다. 예컨대 즉각적인 안전 조치가 필요한 사안은 긴급 대응 경로로, 가치·평가·교육과정과 관련된 쟁점은 공론과 숙의의 경로로, 개별 학생의 상황은 상담 경로로, 학년 운영은 학년 협의에 기반한 경로로 구분하는 식이다. 둘째는 의사결정구조의 설계다. "들어주기"가 아니라 쟁점을 정의하고, 선택지를 만들고, 합의를 확인하고, 결정 후의 돌아봄을 남기는 절차가 필요하다. 셋째는 교육과정 언어로의 되돌림이다. 요구가 커질수록 학교는 다시 "무엇을 배움으로 보고 어떤 성장을 지향하는가"로 돌아가야 하며, 이 되돌림이 있어야 학교는 요구의 크기에 반응하는 조직이 아니라 판단하는 조직으로 남는다.김은미, 2022 이 세 층이 작동할 때 참여는 확대가 아니라 분산과 조직화로 전환된다.

제주 혁신초등학교 사례는 이 번역 장치가 단지 민원 대응의 기술이 아니라, 학부모를 실천공동체의 구성원으로 조직하는 방식으로 확장될 수 있음을 보여준다. 혁신학교 연구에서 학부모회는 행사 협조 조직이 아니라 운영과 성장을 함께 학습하는 실천공동체로 제시되며, 학부모 참여는 참여의 역사와 문화라는 지역적 맥락에서 이해된다. 여기서 핵심은 참여를 한 덩어리로 모으는 것이 아니라, 의제별로 분산된 참여가 학교의 판단 구조로 들어오도록 역할·책임·기록을 통해 다시 조직화하는 데 있다. 학부모가 토론의 장에 참관자가 아니라 토론 주체로 참여하는 구성은 당사자성의 확대를 뜻한다. 그러나 그 확대가 공동성으로 이어지려면, 학교는 쟁점 정의, 선택지 구성, 합의 확인, 돌아봄의 과정을 반복 가능하고 안정된 실천의 절차로 제공해야 한다.

지역적 변주는 바로 이 장치가 무엇을 불안의 중심으로 읽는지에서 발생한다. 예컨대 경기도의 맥락에서 참여가 행사 참여로 과잉 동원되기 쉬운 만큼, 학교는 학부모를 학교와 지역에서 단순 "참여자"로 호명하기보다 "해석과 실행의 파트너"로 위치시키는 방식이 중요해졌다. 마을교육공동체 참여 경험 연구가 보여주듯, 학부모는 상황에 따라 교육소비자와 조력자의 정체성을 오가며 때로는 상반된 감정을 동시에 경험한다. 그러나 마을이라는 호혜적 배움망 안에서는 이러한 긴장과 감정의 교차가 점차 공동의 노력으로 전환될 가능성이 열린다.김은미, 2022 따라서 이러한 참여의 유효한 설계는 한 번의 큰 간담회에 기대기보다, 쟁점별 공론장을 작게 나누고(분리), 합의 가능한 범위를 분명히 하며(경계), 최종 결정을 학교 교육과정의 언어로 다시 연결하는(되돌림) 반복 가능한 운영 구조에 가깝다. 참여가 확대될수록 이러한 운영 원리가 없으면 갈등은 쉽게 증폭되지만, 그것이 갖추어지면 참여는 학교 운영의 부담이 아니라 자원으로 전환된다.

서울이나 대도시처럼 경쟁 압력이 높은 지역에서는 불안이 학습 성과의 언어로 급속히 집중되기 쉬우며, 이때 공론 채널이 곧바로 침묵의 구조로 굳는 경우가 발생한다. 한 사람이 "성과를 보장하라"는 말을 꺼내는 순간 다른 말들이 사라지는 장면이 나타날 수 있기 때문이다.백병부 외, 2015 이런 조건에서는 채널 분리만으로는 부족하고, 공론장에서 다룰 수 있는 의제의 범위와 의사결정의 권한선을 명시하는 경계 규칙이 필요하다. 반대로 전남·강원처럼 도농 복합 생활권에서는 한편으로는 촘촘하고 학교가 지역사회와 맞닿아 있는 조건과 학교가 지역사회와 접점을 찾는 것이 어려운 사례가 중첩되어 있고, 농촌유학 같은 선택을 하여 작은 학교로서 시골의 혁신학교에 전학 온 학생의 학부모 참여 방식도 매우 다채롭게 펼쳐진다. 그런데 이러한 불안은 대체로 성과의 언어보다 관계, 안전, 돌봄의 언어를 통해 먼저 표출되기 쉽다. 이럴 때는 설득을 앞세우기보다 역할 분담과 책임의 경계를 분명히 하는 일이 더 중요해진다. 다시 말해 어떤 지역에서는 논쟁을 다루는 규칙이, 다른 지역에서는 책임을 나누는 규칙이 불안 조정 메커니즘의 중심이 된다.

다문화·이주 배경이 가시화된 도시에서는 학부모 불안이 학습 성과 이전에 소속감·언어·차별·적응 문제로 제기될 수 있다. 제주, 인천, 경기의 이러한 이주 배경 가정구성이 높아지는 곳에서는 참여가 민원이 아니라 지원 체계의 접속으로 재정의될 필요가 있었다. 개별 사안을 즉시 처리하는 것만으로는 신뢰가 쌓이지 않으며, 학교가 어떤 원칙으로 지원을 연결하고 어떤 절차로 되돌아봄을 남기는지가 중요해진다. 이 지점에서 교육지원청과 기초자치단체가 협력하여 만들어가는 중간지원조직의 조정 기능은 단순 지원이 아니라 정렬된 조정이어야 하며, 학교가 콜센터가 되지 않도록 역할·책임을 분담하는 구조가 필요하다.양병찬, 2025 또한 울산처럼 산업도시에서는 진로·안전·규율의 언어가 조기화될 수 있어, 공론은 성과와 질서의 이분법으로 굳기 쉬운데, 이때도 핵심은 "어떤 성장의 기준을 공동으로 둘 것인가"를 교육과정 언어로 되돌리는 일이다.

이와 같이 지역적으로 학부모 참여는 각기 매우 다르지만 공통적으로 나타나는 혁신 초등학교에서 학부모 참여의 재설계는 "갈등 없게 만들기"가 아니라 "갈등이 학교의 중심을 무너뜨리지 않게 만드는 방식"을 갖추는 일이었다. 불안은 사라지지 않으며, 사라질 수도 없다. 중요한 것은, 불안을 곧바로 즉답의 압력이 되게 하지 않고, 채널-루틴-되돌림을 통해 판단 가능한 의제로 바꾸는 일을 한 것이다. 같은 요구가 들어와도 일반초등학교에서는 즉시 처리의 소음으로 번지고 혁신초등학교에서는 교육과정의 질문으로 정리되는데, 이런 차이는 여기서 발생했다.김여선 & 조영하, 2025 이와 같이 혁신 초등학교에서 참여를 분산하고 조직화하는 일은 학부모를 멀리하는 일이 아니라, 학부모가 학교의 판단 구조에서 함께 학습할 수 있도록 참여의 형태를 다시 설계하는 일이었다.

3) 마을교육의 조건: 체험이 아닌 반복 방문·파트너십·기록

마을교육은 흔히 "학교 밖으로 나가는 체험"으로 시작되지만, 지속되는 마을교육은 체험에서 멈추지 않고 다음 해 교육과정으로 되돌아오는 구조를 갖추어 간다. 이 전환이 제대로 되지 않으면 마을교육은 운영체제가 되지 못한 채 행사로 소모된다. 특히 학교 안에서 교육과정 중심성·통합성·공동성이 충분히 형성되지 않은 상태에서 마을 연계가 늘어나면, 연결은 곧바로 추가 업무로 체감되고 학교를 다시 분절시키는 힘으로 작동한다. 그래서 마을교육의 조건은 분명해진다. 반복 방문이 가능한 관계가 형성되고, 역할과 책임이 분명한 파트너십이 구축되며, 다음 설계로 이어지는 기록이 축적될 때 마을교육은 체험이 아니라 교육과정이 된다. 실제로 마을교육 공동체가 혁신교육의 질적 심화에 도움이 된다는 인식이 보고되고, 지역사회가 우호적일수록 생산적 파트너십이 형성되어 지속가능성을 높일 토대가 마련된다는 해석도 제시된다.김민조, 2014

이 조건이 필요한 이유는 현장 경험에서 더욱 선명해진다. 정책의 중점이 혁신학교에서 마을교육공동체로 옮겨지는 과정에서 "잘 이해가 안 된다"는 교사의 진술과, 이를 다 한통속으로 몰아붙이는 반응이 반복적으로 보고된다.양병찬 외, 2019; 홍지오, 2018 이는 마을교육이 관계의 언어가 아닌 구호로 학교에 다다를 때 생기는 오해의 구조다. 정책 언어가 바뀌는 순간 학교의 실천이 버려진 것처럼 느껴지고, 그 느낌이 자발성을 약화시키기도 한다.백병부 외, 2015 따라서 오해를 끊는 일은 구호를 비판하는 것이 아니라, 구호가 학교의 판단 언어로 번역되도록 반복·협약·기록의 장치를 만드는 일이다.이태권 외, 2021

또 다른 위험은 마을교육이 학교와 분리된 사업으로 흘러가는 데 있다. "마을 공동체가 혁신교육에 얼마나 기여하는가"를 묻는 현장의 질문은, 마을교육이 학교의 질문으로 되돌아오지 못하면 결국 또 하나의 과제가 된다는 경고로 읽힌다. 되돌아옴 없는 연결은 홍보·성과·증빙의 경로로 빨려 들어가며, 이때 연결은 교육이 아니라 행정이 된다.김용, 2022 그래서 열심만으로는 부족하고, 성과는 구조에서 나온다는 결론이 반복된다.양병찬, 2018; 이은총, 2023

이 조건을 전국적 변주 속에서 따라가면, 마을교육은 지역마다 다른 자원과 긴장을 만나면서도 원형을 잃지 않는 방식으로 맥락화되어 왔다. 중요한 점은 초등 혁신학교가 마을교육공동체를 "학교 밖 행사"로 두지 않고, "학교의 질문을 지역과 함께 다루는 운영체계"로 지향해 왔다는 공통의 방향이다.양병찬, 2019 경기도에서는 혁신교육지구-마을교육공동체-학교혁신의 접속이 제도적 언어로 정착되면서, 학교 내부의 교육과정 운영 역량이 곧 지역 연계의 성패를 가르는 조건으로 부각되어 왔다.김용련, 2015; 김혜란, 2020 그 과정에서 연결의 총량이 늘어날수록 반복 운영이 결여되면 학교가 허브가 아니라 조정기관으로 소진될 위험도 커졌다. 충남에서는 교육지원청의 조정 역할이 강조되며, 학교가 마을과 직접 연결될 때 생기는 책임 경계를 협치 구조로 정리하려는 흐름이 나타났다.이태권 외, 2021

순천 사례는 마을교육이 체험처 섭외가 아니라 정기적 대화 장치(정담회)-조정 인프라(협력센터)-공적 규칙(조례) 같은 구조를 통해 유지될 수 있음을 보여주며, 당사자성의 참여를 공동성의 운영으로 전환시키는 장치가 있을 때 마을교육이 반복 가능한 체계로 남는다는 함의를 준다.^{양병찬, 2025} 세종은 비교적 짧은 제도 역사에서 학교와 지역의 접속을 설계로 끌어올리려는 시도가 두드러지고, 학교 밖 자원이 학교 안 교육과정으로 돌아오도록 설계 언어를 제공하려는 접근이 가능해졌다. 전북에서는 마을교육이 체험처 확장이라기보다 학교자율 교육과정과 결합하면서 설계권 강화로 이어지기 쉬웠고, 자율시간이 중심축으로 설 때 마을은 프로그램 목록이 아니라 교육과정 질문을 풍부하게 만드는 참조점이 되었다.^{OECD, 2024} 전남에서는 작은학교와 생활권이 맞닿아 돌봄·생활·배움이 분리되기 어렵기에, 마을교육은 통합돌봄과 결합하며 안전-이동-책임의 경계를 어떻게 설계하느냐가 핵심 과제로 떠올랐다.

강원에서는 지역의 자연환경이 풍부하다는 사실만으로는 충분하지 않았다. 같은 장소를 서로 다른 질문으로 반복해서 방문하고, 그 경험이 다시 수업 설계로 이어지는 구조가 있을 때 비로소 자연은 단순한 체험의 장을 넘어 교육과정의 일부가 되었다. 제주는 생태·평화 같은 지역 정체성이 강해 가치의 언어가 앞서기 쉬운데, 그 가치가 목표-활동-평가로 정합coherence되지 않으면 선언은 행사로 남았다.^{UNESCO, 2022; OECD, 2024}

경북은 농산어촌 네트워크가 학교를 지탱하는 경우가 많아 관계 자본은 두텁지만, 담당자 의존이 강해질수록 기록과 파트너십이 제도화되지 못하고 개인 경험으로 휘발될 위험이 커졌다.^{김민조, 2014; 김용, 2022} 울산처럼 산업도시의 성격이 강한 지역에서는 기업·기관 연계가 진로체험으로만 흡수되기 쉽다. 그러나 반복 방문과 공동 기록의 구조가 갖추어질 때만 그러한 체험은 교육과정의 질문으로 되돌아올 수 있었다.김용, 2022 지역의 여건은 서로 다르지만, 시간이 축적되면서 '되돌아오게 하는 구조'를 갖춘 곳에서만 마을교육이 심화로 이어졌다는 점은 공통으로 확인된다.

결국 마을교육은 네 가지 원형의 결합 속에 운영체제로 굳어진다. 교육과정 중심성이 서지 못하면 연계는 교육과정 밖으로 밀려 행사화가 시작되고, 통합성이 약하면 안전·이동·책임의 경계가 흐려져 부담으로 돌아온다. 공동성이 자리 잡을 때 연계는 특정인의 과업을 넘어 학교 운영으로 남으며, 기록은 보고 문서가 아니라 다음 해에도 질문을 이어가는 공동의 기억이 된다.Hargreaves & OConnor, 2018 확장성은 연결의 총량이 아니라 환류의 설계이고, 환류가 끊기면 전시-평가-형식화의 경로로 미끄러진다.김용, 2022; 윤혜원, 2023 마을교육은 바깥으로 나가는 교육이 아니라 바깥을 통해 학교로 돌아오는 교육이며, 반복 방문·책임 구조·기록이 함께 갖춰질 때 지역의 자원은 과제가 아니라 학교의 질문을 깊게 하는 동반자가 된다.서용선, 2016

3. 정책 제도화의 역설: 확장이 원형을 흔드는 방식

1) 혁신학교 정책의 확장과 편차

혁신학교의 확장은 늘 두 얼굴을 가진 변화다. 한 얼굴은 더 많은 학교가 교육과정 중심성의 언어를 배우고, 통합성과 공동성을 일상의 운영으로 끌어오는 성장이다. 다른 얼굴은 같은 확장이 모범의 복제로 굳어지며 원형을 얇게 만드는 경로다. 확장 자체가 문제인 것이 아니라, 확장을 가능하게 한 장치가 무엇을 촉진하고 무엇을 약화시키는지에 대한 이해가 빈약할 때 역설이 발생하는 구조다.김용,

확장을 떠받친 장치는 대체로 네 갈래로 정리할 수 있다. 첫째, 네트워크와 연수다. 학교가 고립되지 않도록 서로의 실천을 공유하고, 교육과정 재구성의 언어를 확산시키는 장치다.[윤혜원, 2023] 둘째, 거점과 지원 체계다. 현장 컨설팅, 자료, 중간지원조직, 교육지원청의 조정 기능이 결합되며 학교의 시도를 반복 가능한 운영으로 만들려는 장치다.[이태권 외, 2021] 셋째, 성과의 언어와 비교의 압력이다. 확산이 규모를 지니는 순간, 설득은 점차 성과와 지표의 문법으로 옮겨지고 학교는 비교 가능한 대상으로 배열된다. 넷째, 문서와 점검의 관성이다. 실천을 보호하려는 의도로 시작된 기록과 점검이 어느 순간 실천을 증빙 가능한 형식으로 환원시키는 경로가 열리기 쉽다.[김용, 2022] 이 장치들은 초기에는 자발성과 전문성을 끌어올리는 촉매로 작동할 수 있지만, 원형을 확산 가능한 형태로 단순화하는 힘도 지닌다.

이때 확산의 성패는 지정이나 사업의 양이 아니라, 학교 내부의 실행이 실제로 자리 잡는지에 달려 있다. 학교가 함께 결정하고 설계하는 방식을 운영 습관으로 굳히지 못하면, 네트워크는 정보 교류로 머물고 연수는 전달로 끝난다. 반대로 교육과정 재구성·협력수업·빌달중심평가 같은 전분적 실행이 일상에서 반복될 때, 확산 장치는 학교의 시간을 교육과정으로 돌려놓는 방향으로 작동한다. 확장은 결국 제도적 장치가 아니라, 장치가 촉발한 변화가 학교 내부의 운영 방식으로 정착했는가의 문제다.

문제는 확산 장치가 작동할수록 학교가 처한 여건의 차이가 더 크게 드러난다는 점이다. 관계가 촘촘하고 협의 시간이 확보된 학교는 확산 장치를 학습 기회로 전환하지만, 교원 이동이 잦거나 갈등이 누적된 학교는 같은 장치를 추가 부담으로 경험하기 쉽다. 연구가 "혁신학교 일반화 과정에서 '지나치게 많은 사업과 행사, 잦은 회의'가 부담이 되고, 교육과정으로 소화하기 어려운 일이 누적될 때 소진의 위험이 커진다"고 경고한 이유도 여기 있다. 여기서 편차는 역량의 격차만이 아니라, 시간을 배치할 수 있는 여건의 격차, 갈등을 조정할 수 있는 문화의 격차, 외부 요구를 걸러낼 수 있는 운영의 격차다. 확산 장치는 그 격차를 좁히기도 하지만, 잘못 설계되면 격차를 벌리기도 한다.

또 하나의 편차는 확장이 교사의 노동을 어디로 밀어내는지에서 발생한다. 혁신학교가 지키려 한 것은 지식의 양이 아니라 지식을 다루는 방식, 곧 목표를 해석하고 학습 신호를 읽고 돌아보며 재설계하는 인지적 노동의 자리였다. 그런데 확산이 성과 비교와 점검의 언어로 강해지는 순간, 교사의 노동은 설계에서 입력으로, 관찰에서 정리로, 되돌아봄에서 제출로 이동하기 쉽다. 이때 확산 장치는 학교를 돕는 연결망이 아니라 학교를 표준화하는 압력으로 변한다. 혁신이 운영 방식이 아니라 이행 과제로 바뀌게 되며, 원형은 바로 그 지점에서 얇아지기 시작한다.^{김용, 2022}

2) 과제 누적과 혁신교육과정 과부하

학교로 들어오는 과제는 늘 "좋은 의도"의 얼굴로 학교 문턱을 넘는다. 안전, 인성, 진로, 디지털, 생태, 격차 해소, 민주시민, 학부모 소통 같은 의제는 그 자체로 반대하기 어렵고, 그래서 더 쉽게 추가 승인된다. 문제는 의도의 선함이 아니라, 그 의제가 학교에 다다르는 형식과 속도다. 교육과정의 질문으로 번역되지 못한 채 사업 목록으로 누적되면, 학교는 더 바빠지지만 중심을 잃는다. 혁신교육과정 과부하라는 말은 곧 "교육과정도 과잉 팽창하고 혁신학교도 사업이 늘면서 교육과정이 과잉된다"는 이중의 압력을 가리키며, 그 압력은 교사의 설계 노동을 주변으로 밀어내는 방식으로 작동한다.

OECD가 교육과정 과부하를 설명할 때 강조하는 것은 시간이 유한하다는 사실이다. 사회 변화는 디지털·데이터 리터러시, 지속가능 발전, 세계시민, 건강·웰빙, 컴퓨팅 사고 같은 새 요구를 계속 밀어 넣지만, 교수·학습 시간은 쉽게 늘지 않는다. 그 결과 교육과정은 "덧붙임(확장)"을 반복하며 과밀해지고, 실제 내용의 과다(내용 과부하)뿐 아니라 "너무 많다"는 체감(인지된 과부하)과 교과·영역 간 비대칭(불균형)까지 함께 발생한다. 과부하가 단지 실제 분량의 문제가 아니라, 문서의 크기·평가 주기·자료 요구·개혁 피로감 같은 요인에 의해 체감으로도 증폭된다는 점은 특히 중요하다. 과제가 늘어날수록 학교가 바빠지는 이유가 "교육이 늘어서"가 아니라 "체감 과부하를 유발하는 행정적 형식이 늘어서"이기도 하기 때문이다.

혁신학교의 일반화 국면에서 이 문제가 더 선명해지는 이유는, 혁신이 본래 더하기가 아니라 덜어냄과 재배치의 기술이기 때문이다. 그런데 확산 국면에서 사업·점검·문서가 누적되면, 혁신은 운영체제가 아니라 이행 과제로 재정의되기 쉽다. 연구들이 "교육과정으로 소화할 수 없는 사업·프로그램 증가"를 교사 소진 촉발 요인으로 지목하고, 교육과정으로 흡수되지 못하는 사업이 누적될 경우 과감히 접는 선택까지 고려해야 한다고 제안하는 이유도 여기에 있다. 새로운 프로그램은 가급적 교육과정 내에서 소화하고, 학교가 학습과 교수활동 중심의 교육활동에 충실할 수 있도록 문서 업무를 과감히 줄여야 한다는 제안 역시, 단순한 업무 경감론이 아니라 학교 시간 구조를 교육과정 중심으로 되돌리려는 처방이다. 정책이 누적될수록 학교의 시간 리듬이 바뀌고, 시간 리듬이 바뀔수록 교육과정은 중심에서 멀어진다.김용, 2022; 이예슬, 2020

과제 누적이 교육과정을 주변화하는 경로는 서로 맞물린 연쇄로 나타난다. 교육과정 중심성이 살아 있을 때 학교는 "무엇을 덜고 무엇을 연결할지"를 교육과정 언어로 결정하며, 그 결정이 시간표·회의·평가·기록의 형태로 굳어진다. 그러나 과제가 누적되면 결정의 언어가 바뀌기 시작한다. "무엇을 가르칠 것인가"보다 "무엇을 해야 하는가"가 먼저 말해지고, 교사는 설계자라기보다 수행자로 배치된다. 교육과정은 학교를 움직이는 중심축이 아니라 과제 사이에 끼워 넣는 일정표로 전락한다. 이어서 통합성이 흔들린다. 돌봄과 생활지도는 교육과정 실행체계 안에서 수업과 연결될 때 통합성을 갖지만, 사업이 늘어나면 돌봄·생활·수업은 서로 다른 요구를 처리하는 분절된 시간표로 흩어진다. 분절이 커질수록 학교는 사건 처리의 긴급성과 즉답의 압력에 끌려가고, 긴급성이 커질수록 교육과정은 더 뒤로 밀린다. 마지막으로 공동성이 약해진다. 과제가 늘어날수록 회의는 학습과 해석의 장이 아니라 전달과 점검의 장으로 바뀌고, 기록은 다음 결정을 위한 기억이 아니라 수행을 입증하는 증빙으로 변한다. 공동성이 약해지면 교육과정 중심성을 지키는 힘은 개인에게 떠넘겨지고, 개인에게 떠넘겨진 자발성은 오래 버티지 못한다.박주형 & 신혜숙, 2022; Hargreaves & OConnor, 2018 결국 과제 누적은 "교육과정의 주변화—통합의 붕괴—공동성의 약화"라는 연쇄를 통해 학교의 작동 원리를 바꿔 버린다.

이 연쇄는 지역에 따라 다른 얼굴로 강화된다. 정책 밀도가 높은 지역일수록 과제 유입 경로가 촘촘해지고, 학교가 걸러내기 기준을 갖추지 못하면 과제는 곧바로 교육과정의 시간을 잠식한다. 반대로 학교 규모가 작거나 지원 인력이 부족한 여건에서는 같은 과제도 훨씬 큰 부담으로 체감되며, 교원 이동이 잦고 협의 시간이 얇은 학교에서는 과제 소화가 곧 개인의 야근으로 전환되기 쉽다. OECD가 강조하듯, 교육과정 과부하는 실제 내용 과다만이 아니라 인지된 과부하로도 혁신의 성공을 무너뜨린다. 즉 과제 누적은 교사 개인의 역량이나 의지 문제로 환원될 수 없고, 학교가 교육과정 중심성을 유지할 수 있도록 설계된 환경이 충분한가의 문제로 접근해야 한다.김용, 2022; OECD, 2024

과제 누적은 민주적 의사결정의 왜곡을 낳으며, 그 왜곡은 다시 과부하를 증폭시킨다. 회의가 늘어도 결정의 질이 높아지지 않는 경우가 생긴다. 무엇을 할지 정해진 과제가 내려오면 협의는 선택의 장이 아니라 배분의 장으로 축소되기 쉽고, 결정할 수 없는 협의가 반복될수록 교사는 자발성을 잃는다. 연구가 의사결정 민주화를 지속의 조건으로 제시하는 까닭은, 민주화가 단지 참여의 확대가 아니라 일상에서 실제로 선택 가능한 구조를 뜻하기 때문이다.백병부 외, 2015 제도화가 절차를 늘리되 선택 가능성을 줄일 때, 민주화는 역설적으로 형식이 되고, 형식이 된 민주화는 다시 점검과 증빙을 부른다.이예슬, 2020; 최준렬 외, 2022

따라서 과제 누적 문제는 "업무 경감"이라는 일반 처방만으로 해결되지 않는다. 필요한 것은 교육과정 중심성을 보호하는 운영 기준이며, 그 기준은 덜어냄과 재배치의 판단으로 구체화된다. 학교는 유입되는 과제를 교육과정 언어로 재분류해 무엇을 흡수하고 무엇을 연기하며 무엇을 거절할지 결정해야 하고, 흡수한 과제는 추가 활동이 아니라 질문으로 재구성되어야 한다. 이 재구성이 실패하면 교육과정은 더 복잡해지고 교사는 더 피로해진다. 동시에 교육과정으로 소화할 수 없는 과제를 줄이기 위한 제도적 역할 분담이 따라야 하며, "각종 문서 업무를 과감히 줄이기"라는 제안은 학교가 외부 증빙 부담에 잠식되지 않도록 설계된 보호장치의 필요를 뜻한다. 결국 혁신교육과정 과부하의 해법은 더 열심히가 아니라, 무엇을 필수로 남기고 무엇을 덜어낼지에 대한 집중focus과, 남긴 것을 깊게 다루는 엄정함rigour, 그리고 학교의 시간·평가·기록이 한 방향으로 이어지게 하는 정합coherence을 함께 세우는 일로 수렴한다.

3) 혁신학교 기반 교장 리더십 담론의 빈곤

성과가 압력으로 바뀌는 첫 메커니즘은 리더십이 효과를 내는 방식을 무엇으로 보는가에 대한 이해가 얕을 때 시작된다. 여기서 얕음은 교장 개인의 능력 부족이 아니라, 무엇이 학교를 실제로 움직이게 하는가에 대한 조직적 인식의 빈곤을 뜻한다. 초등 혁신학교가 현장에서 구현해 온 리더십의 핵심은 대체로 가능케 함이었다. 교사들이 전문적으로 판단할 수 있도록 시간을 확보하고, 협력의 규칙을 세우며, 기록의 목적을 분명히 지키고, 외부의 요구가 교사 개인의 부담으로 일방적으로 전이되지 않게 조정하며, 교육과정의 중심을 놓치지 않게 하는 조건을 갖추는 역할이었다. 이때 교장은 일을 더 시키는 관리자가 아니라, 학교가 배움의 리듬을 유지하도록 책임·시간·기록의 구조를 설계하는 리더로 기능한다.김동선, 2022; 정금현, 2007; 유경현 & 김병찬, 2012

문제는 정책과 제도가 이 리더십의 효과를 보이는 성과를 만들어 내는 통제력으로만 이해될 때다. 조건의 정합성은 성과처럼 쉽게 계량되지 않는다. 반면 지시 흔적, 보고의 완결, 회의 횟수, 문서량, 프로그램 수, 연수 이수율 같은 지표는 쉽게 세어지고 비교된다.박광선, 2024 그 결과 리더십의 효과는 보이지 않는 조건 설계가 아니라 보이는 지시와 보고로 측정되기 시작하고, 가능케 함은 지시·보고로 번역된다. 여기서 성과는 더 이상 성장의 흔적이 아니라 관리의 근거가 된다. 형식화는 대개 좋은 의도에서 출발한다. 학교가 스스로 정렬하도록 돕겠다는 의도, 혁신이 특정인의 열정에 의존하지 않게 하겠다는 의도, 책임을 명확히 하겠다는 의도다.나민주 외, 2011; 김지선 외, 2020 그러나 그 의도가 "무엇을 했는가" 중심의 점검 체계와 결합하면, 형식화는 혁신을 지탱하던 리더십의 본체를 바꿔치기한다. 협력은 해석에서 증빙으로, 기록은 다음 결정을 위한 기억에서 다음 점검을 위한 문서로 이동한다. 정책 실행을 교원의 삶과 함께 분석한 연구들이 보여주는 긴장도, 실천의 의미가 제도적 요구와 결합하면서 부담과 방어를 강화하는 경로가 존재한다는 점이다.[박광선, 2024]

이 과정이 더 쉽게 굳어지는 데는 혁신학교 기반 교장 리더십 담론의 공백도 작지 않다. 혁신학교 연구는 교사 협력, 교육과정 재구성, 학교자치 같은 영역에서 풍부한 축적을 이루었지만, 교장이 무엇을 가능케 했는지를 조건 설계의 메커니즘으로 정교하게 언어화하고, 이를 반복 가능한 전문직 지식으로 축적하는 작업은 부족했다. 그러다 보니 제도는 교장이 무엇을 배치했는가가 아니라 무엇을 지시하고 무엇을 보고했는가를 리더십의 증거로 삼기 쉬웠고, 학교도 그 증거를 생산하는 쪽으로 유혹받기 쉬웠다. 결국 리더십의 공적 효과는 "학교가 스스로 움직이게 만든 구조"가 아니라 "학교가 움직인 것처럼 보이게 만든 자료"로 대체된다.[UNESCO, 2024; 김동선, 2022]

리더십 효과 인식 결핍이 가장 뚜렷하게 드러나는 것은 자율과 지시의 이분법이 학교 운영을 지배할 때다. 자율을 지키기 위해 리더십을 약화시키면 학교는 느슨해지고, 지시로 성과를 만들려 하면 공동체는 무너진다는 단순한 대립이 반복된다. 그러나 초등 혁신학교가 보여준 결론은 다르다. 자율은 리더십이 약할 때 생기지 않는다. 오히려 자율은 리더십이 조건을 정교하게 설계할 때 생긴다. 자율은 "간섭하지 않음"이 아니라 "가능하게 함"의 결과이며, 공동체가 스스로 판단하게 만드는 보호·규칙·시간의 설계에서만 지속된다. 그럼에도 리더십을 자발성과 학교자치의 대립항으로만 이해하면, 교장은 공동체의 설계자가 아니라 공동체와 힘겨루기를 하는 사람이 된다. 이때 리더십은 협력을 촉진하는 기술이 아니라 갈등을 관리하는 기술로 축소되고, 공동체의 에너지는 교육과정으로 향하지 못한 채 의사결정의 정당성, 책임 귀속, 절차의 완결을 둘러싼 소모전으로 빠져든다.UNESCO, 2024; 김지선 외, 2020

형식화는 리더의 시간 자체를 바꾸어 놓는다. 조건을 설계하려면 현장을 읽고 사람을 만나며 맥락을 해석하는 시간이 필요하지만, 지시·보고 체계는 리더를 문서 관리자, 일정 관리자, 민원 관리자, 성과 관리자로 묶어 둔다. 리더가 조건을 설계할 시간이 줄어들수록 학교는 더 많은 지시를 필요로 하는 역설적 상태로 옮겨간다. 공동규범과 공동산출물이 약화되면 판단이 공동체에 축적되지 못하고 매번 리더의 결정으로 환원되기 때문이다. 이 환원은 단기적으로는 신속하지만 장기적으로는 취약하다. 리더가 떠나면 모든 것이 끊기고 남는 것은 형식뿐이다. 연구동향 분석이 지속가능성을 핵심 과제로 다루는 이유도, 혁신이 제도 안에 남기 위해서는 사람의 카리스마가 아니라 구조의 승계 가능성이 필요하기 때문이다.하그리브스 외, 2024

성과가 압력으로 변하는 출발점은 "리더가 더 강하게 통제해야 한다"는 결론이 아니라, "리더십의 효과를 무엇으로 정의할 것인가"라는 문제설정이다. 리더십의 효과는 지시의 정확성이 아니라 조건의 정합성이다. 그 정합성은 교육과정 중심성, 통합성, 공동성을 동시에 살리는 배치에서 드러난다. 이 배치를 평가하고 학습할 언어가 빈약할 때, 제도는 결국 측정 가능한 것만 요구하게 되고 그 요구는 형식화를 강화한다. 반대로 조건 설계의 언어가 축적될 때, 혁신학교의 교장은 관리자를 넘어 리더로 확장되고, 그 확장은 개인의 영웅서사가 아니라 공동체가 지속가능하게 작동하는 방식으로 남게 된다.박광선, 2024; 정금현, 2007

4. 초등 혁신학교 다음을 위한 과제

1) 원형의 재확인과 재배치

혁신학교의 "다음"은 새로운 구호를 만들어내는 것이 아니라, 이미 형성된 원형을 오늘의 여건에서 다시 작동시키는 재배치의 문제다. 이 글에서는 원형을 교육과정 중심성, 통합성, 공동성, 확장성으로 정리했고, 이어서 이 네 가지가 지역 여건에서 서로 다른 방식으로 결합·변주된다는 점을 살펴보았다. 그리고 확산 체제가 이 원형을 얇게 만드는 경로를 확인했다. 이제 남은 질문은 "무엇을 새롭게 더할 것인가"가 아니라 "무엇이 무엇과 결합할 때 원형이 다시 살아나는가"이다.

원형의 재확인은 옛날로 돌아가자는 것이 아니다. 원형은 중등과 같은 철학을 가지면서도 초등학교가 지닌 특성이 만들어낸 운영 원리다. 교육과정 중심성은 성취기준의 목록을 잘 채우는 일이 아니라, 돌봄과 생활지도를 포함한 하루의 운영이 교육과정 실행체계 안에서 제대로 되게 하는 일이다. 통합성은 돌봄·수업·생활이 서로를 방해하지 않게 하는 정렬의 기술이다. 공동성은 모두가 참여한다는 선언이 아니라, 함께 결정하고 함께 교육과정을 짓는 민주적 전문공동체의 습관이다. 확장성은 연결을 늘리는 능력이 아니라 연결을 교육과정의 질문으로 되돌려 학교의 리듬을 깊게 하는 능력이다. 이 네 가지는 서로를 전제로 하며, 하나가 무너지면 나머지도 쉽게 약해진다.

이때 "재배치"라는 말은 두 방향을 동시에 포함한다. 하나는 학교 안에서 교사의 중심 노동의 위치를 다시 잡는 일이다. 혁신학교가 지키려 했던 핵심은 교사노동의 중심을 절차 수행에서 해석과 설계로 옮기는 일이었다. 목표를 해석하는 권한, 학습 신호를 읽는 전문성, 수업-평가-되돌아봄의 연결, 공동 설계 구조가 교사노동의 중심이 될 때 교육과정 중심성이 작동했다. 반대로 과제가 누적되고 점검이 강화될수록 교사노동은 입력·정리·제출로 옮겨지고, 원형은 얇아졌다. 지속가능성 연구가 "교육과정으로 소화할 수 없는 사업은 과감히 접는 것"과 "각종 문서 생산 업무를 과감히 줄이기"를 제안한 이유도 결국 이 이동을 되돌리기 위함이다. 재배치는 곧 교사의 노동이 다시 생각의 노동로 남아 있도록 학교의 시간을 정렬하는 일이다.

다른 방향은 학교 밖과의 관계를 다시 설계하는 일이다. 앞서 접속의 단절은 학교가 폐쇄적이어서가 아니라, 연결이 관계가 아니라 과제로, 지원이 아니라 점검으로 번역될 때 발생하는 구조임을 확인했다. 마을교육공동체라는 정책 언어가 현장 의미와 어긋나 "잘 이해가 안 된다"는 진술로 나타나고, 그것이 다시 불신으로 번역되는 것은 언어 단절의 전형이다. 재배치는 바로 이 번역 실패를 줄이는 방향으로 지원의 언어와 교육과정의 언어를 맞추는 일이다. 학교가 지역과 연결될수록 학교의 질문이 깊어지는 구조, 책임의 경계가 분명한 구조, 시간의 리듬이 맞는 구조가 동시에 필요하다. 그렇지 않으면 확장성은 다시 분절을 낳는다.

원형을 재확인할 때 가장 중요한 것은 민주성의 의미를 참여가 아니라 결정의 질로 두는 일이다. 혁신학교에 대한 대부분의 연구가 혁신학교의 핵심 그리고 지속되기 위한 필요조건을 "전문성 공동체"와 "의사결정 민주화"의 결합으로 제시하며, 의사결정 민주화를 "일상적 민주화·자발성의 발현·내적 책무성"으로 정리한 이유가 여기에 있다. 민주화는 회의가 많다는 뜻이 아니라, 의견수렴-토론-결정-되돌아봄이 일상 습관으로 굳어지는 것이다. 전문적 공동체는 교육과정 재구성·협력수업·발달중심평가로 구현되는 실행체계다.

즉 민주적 운영은 교육과정 실행과 결합될 때만 운영체제가 된다. 이 결합이 약해지면 민주화는 형식으로 남고, 전문성은 개인기량으로 흩어진다. 원형의 재확인은 바로 이 결합을 다시 중심에 두는 일이다.

또 하나의 재확인은 공동성의 왜곡을 경계하는 일이다. 공동체주의의 왜곡으로 "예외 없음이 좋은 규범처럼 인식"되는 집단주의의 위험을 경고한 대목은김용, 2022, 원형이 선한 규범으로만 남을 때 오히려 지속을 해칠 수 있음을 보여준다. 공동성은 동질성이 아니라 불편함을 환대하며, 완성형을 지키는 것이 아니라 새로운 합의를 해나가는 조율의 기술이다. 다시 말해 차이를 지우는 것이 아니라 차이를 다루는 절차를 갖추는 것이 공동성이다. 재배치는 그래서 '규칙을 더 세게'가 아니라 '규칙의 목적을 더 분명히'로 나아가야 한다. 규칙은 통제를 위한 장치가 아니라 배움의 조건을 지키기 위한 장치이며, 성장체계를 만들어가는 목적이 분명할수록 예외는 원칙을 훼손하는 것이 아니라 원칙을 살리는 선택이 될 수 있다.

2) 혁신학교 실천의 다차원적 재구성

초능 혁신학교의 원형을 재확인하는 것만으로는 충분하지 않다. 교육과정 중심성·통합성·공동성·확장성이 다시 살아나려면, 그 원형이 매일의 운영으로 이어지게 하는 재구성의 자리가 필요하다. 특히 혁신학교는 자발성에 기초한 교사 운동으로서의 성격과 교육청의 정책·제도에 의해 보호되고 성장하는 성격이 얽혀 있는 실천장이다. 따라서 혁신학교를 하나의 모범 프로그램으로 환원하기보다, 운동과 정책이 상호작용하며 원형을 만들고, 확산과 제도화가 다시 그 원형을 변형시키는 경로를 함께 읽어야 한다.김민조, 2014; 김용, 2022 이를 위해 실천을 여섯 층위(도구·내용·제도·사람·공간·인프라)로 다층화하고, 무엇이 어디서 끊겼는지를 찾아 다시 잇기 위한 나침반을 구축할 필요가 있다. 이 나침반은 학교를 평가하는 잣대가 아니라, 학교가 자기 맥락에서 원형을 다시 작동시키기 위한 공동의 실천 틀이다.

앞서 확인했듯 과제 누적과 점검 체제가 강화되면 학교는 더 바빠지되 중심을 잃고, 교사의 노동은 해석과 설계에서 입력과 제출로 옮겨지기 쉽다.[백병부 외, 2015] 그러므로 재구성의 목표는 일을 더 잘하게 하는 것이 아니라, 일의 중심을 교육과정으로 돌려놓는 데 있다. 그 중심 이동이 가능해질 때 교사의 노동은 생각의 노동으로 회복된다. 여기서 생각의 노동은 교사의 개인적 성찰이 아니라, 목표를 해석하고 학습 신호를 읽고 수업-평가-되돌아봄을 연결하며, 그 연결을 공동 언어로 남기는 전문적 판단의 노동을 뜻한다. 정책이 이 노동을 보호하지 못하고 소모시키는 방향으로 작동할 때 혁신은 얇아진다. 반대로 정책이 이 노동을 보호하는 쪽으로 설계될 때 운동의 자발성은 개인의 소진이 아니라 공동의 실행으로 전환된다.[양병찬, 2014; 김용련, 2015]

재구성의 첫 실마리는 도구 층위에서 잡힌다. 여기서 도구는 기기나 앱이 아니라, 함께 결정하고 함께 돌아보기 위해 쓰는 회의 방식, 공동 문서, 기록 방식 같은 운영의 도구다. 점검이 강해질수록 "각종 문서 생산 업무"가 늘고, 그 문서가 교육과정을 돕기보다 교사를 소진시킬 수 있다는 경고는 바로 도구 층위에서 발생하는 왜곡을 가리킨다.[김여선 & 조영하, 2025] 같은 문서라도 쓰임이 달라지면 노동의 성격이 달라진다. 도구의 재구성은 기록을 보고의 재료가 아니라 다음 결정의 근거로 되돌리는 일이다. 무엇을 했는지가 아니라 무엇을 읽고 무엇을 바꾸었는지, 다음에는 무엇을 조정할지를 남기는 기록이 공동성의 기술이 된다. 이때 회의는 전달 시간이 아니라 장면을 함께 해석하고 선택지를 만들고 결정을 확인하는 시간이 된다. 제주 사례에서 학부모회가 실천공동체로 제시되고 학부모가 토론의 장에서 참관자가 아니라 토론 주체로 위치하는 구성은, 도구 층위의 재구성이 학교 내부에만 머무르지 않고 학교-학부모-지역으로 확장될 수 있음을 보여준다. 도구가 바뀌면 공동성은 분위기가 아니라 구조가 된다.

도구가 바뀌는 것은 결국 내용이 달라지기 때문이다. 내용은 교과서 단원의 목록이 아니라, 학교가 한 해 동안 어떤 질문으로 아이들의 시간을 엮을지에 대한 경험의 배열이다. 교육과정 중심성은 돌봄과 생활지도를 수업 밖으로 밀어내지 않고 교육과정 실행체계로 통합하는 운영 원리이므로, 내용의 재구성은 "무엇을 더 할까"가 아니라 "돌봄·생활·수업의 갈등 장면을 어떤 배움의 질문으로 바꿀까"라는 질문에서 출발한다. 전문성 공동체의 구성 요소로 교육과정 재구성·협력수업·발달중심평가가 제시되는 이유도, 내용이 문서에 머물지 않고 실행과 되돌아봄으로 이어질 때만 학교의 운영체제가 되기 때문이다. 내용이 살아 있으면 외부 과제는 목록이 아니라 질문으로 흡수된다. 질문으로 흡수된 과제는 학교의 중심을 흔들기보다 중심을 두껍게 만든다. 반대로 질문으로 흡수되지 못한 과제는 교육과정을 주변화시키고, 학부모 불안을 즉답으로만 처리하게 만들며, 결국 교사의 인지적 노동을 얇게 만든다. 학부모의 교육열이 단순한 개인 심리가 아니라 사회적 구조에서 형성된다는 연구들은, 불안을 내용의 문제로만 돌릴 수 없으며, 학교가 그 내용을 질문으로 조직해 우려를 교육적 논의의 대상으로 전환하는 장치를 갖춰야 함을 시사한다.김여선 & 조영하, 2025; 이은총, 2023

그러나 내용과 도구의 재구성은 제도 층위가 바뀌지 않으면 곧다시 잠식된다. 제도는 규정만이 아니라 과제가 들어오는 방식, 점검이 작동하는 방식, 지원이 제공되는 방식 전체를 포함한다. 앞서 확인한 역설은 제도의 악의가 아니라 제도의 작동 방식에서 발생했다. 교육과정으로 소화하기 어려운 사업이 누적되고 보고·제출이 늘수록 학교의 중심 노동이 흔들렸다.[백병부 외, 2015] 따라서 제도의 재구성은 학교에게 "잘하라"고 하는 것이 아니라, 학교가 교육과정 중심성으로 운영할 수 있도록 불필요한 유입을 줄이고 학교 내부의 되돌아봄이 방어가 아니라 개선으로 유지되도록 역할을 분명히 하는 일이다. 마을교육공동체가 학교의 실천으로 이해되지 못하고 정책 구호로만 받아들여질 때 발생하는 오해는 제도 층위에서 반복되기 쉽다. 오해를 줄이려면 사업을 늘리는 방식이 아니라 책임·권한·기록의 경계를 설정하는 방식으로 제도를 재설계해야 한다.[양병찬, 2018; 양병찬 외, 2019] 의사결정이 일상에서 실제로 가능하게 하는 구조가 없다면, 민주화는 참여의 총량만 늘리고 결정의 질을 낮출 수 있다. 제도가 바뀌지 않으면 도구와 내용의 재구성은 다시 과제 누적에 잠식된다.

제도가 바뀐다 해도 사람 층위가 재구성되지 않으면 변화는 이어지지 않는다. 여기서 사람은 역량 있는 개인이 아니라, 함께 결정하고 함께 학습하는 관계의 구조다. 면담에서 교사들이 "민주적인 의사소통 구조… 협의문화" 속에 자발성이 살아난다고 하는 것은, 사람이란 개인의 성향이 아니라 문화와 절차의 결과임을 보여준다. 작은 학교 여건에서 중재 역할이 없으면 회의가 과잉으로 흐르고 피곤해진다는 진술은, 공동성이 '다 함께 모임'이 아니라 '조정의 기술'임을 보여준다. 사람의 재구성은 열정을 요구하는 것이 아니라 역할을 분담하고 조정을 가능하게 하며 특정인에게 부담이 집중되지 않게 하는 운영 설계를 의미한다. 또한 공동체주의가 왜곡되어 예외 없음이 좋은 규범처럼 인식될 때 집단주의가 강화되는 위험이 경고된 것처럼, 사람의 재구성은 동질화가 아니라 차이를 조율하는 민주적 전문성을 포함해야 한다. 그래야 공동성은 강제가 아니라 학습이 된다. 지역사회 기반 교육공동체 구축 원리를 복잡성 과학·사회적 자본·거버넌스 원리로 해석한 연구가 사람을 개인의 덕목이 아니라 관계망의 설계와 신뢰의 축적으로 보강하는 것도 같은 맥락이다.김용련, 2015

이 관계의 구조는 공간과 만나며 일상의 습관으로 굳는다. 공간은 건물의 모양이 아니라 관계와 결정이 실제로 발생하는 자리이며, 무엇보다 시간 배치와 결합되어 있다. 학생자치가 운영체제가 되려면 말할 수 있는 장소가 필요하고, 교사 공동 설계가 일상이 되려면 협의가 가능한 시간이 필요하다. 공간이 없으면 민주적 운영은 가능한 이상으로 남고, 시간이 없으면 전문성 공동체는 추가 업무로 인식된다. 제도화의 역설이 결국 시간의 리듬을 바꾸는 문제로 귀결된다는 점에서, 공간 재구성은 시간표와 회의 시간, 돌봄 운영의 리듬을 함께 재배치하는 일이다. 통합성이 공간을 통해 작동한다는 말은 수업·돌봄·생활의 경계가 실제 동선과 시간 배치에서 어떻게 정렬되는가를 뜻한다. 마을교육공동체가 학교 밖 체험으로만 남을 때는 공간이 학교 바깥에만 있고 학교 안으로 돌아오는 경로가 없기 때문이다. 반대로 반복 방문·파트너십·기록이 교육과정으로 돌아올 때 바깥의 공간은 학교의 시간표와 회의 공간을 바꾸는 힘이 된다.김용련, 2019; 서용선 외, 2016

마지막으로 인프라 층위가 받쳐주지 못하면 모든 것이 개인의 헌신으로 환원된다. 소진의 중요한 원인으로 "지나치게 많은 사업과 행사, 잦은 회의"가 지적되고, 교육과정으로 소화하기 어려운 과제의 누적과 문서 생산 부담이 강조되는 까닭은 인프라가 부재할 때 혁신이 곧바로 개인의 소진으로 연결되기 때문이다. 인프라 재구성은 지원 인력 배치, 상담·통합지원의 연결, 자료 보호, 교사 학습 시간 보장처럼 학교가 버틸 수 있는 최소 조건을 마련하는 일이다. 또한 학부모와 지역사회가 우호적일수록 지속가능성이 높아질 수 있다는 분석처럼 인프라는 학교 안에만 있지 않다. 지역의 자원과 신뢰가 학교 운영을 지탱하는 방식으로 연결될 때 확장성은 부담이 아니라 여건이 된다. 교육이 학교를 넘어 사회적 조건과 맞물려 있다는 교육격차 논의와, 교육이 새로운 사회계약으로 재구성되어야 한다는 제안은 인프라 층위를 학교 밖 조건으로 확장하는 근거가 된다.UNESCO, 2022

여섯 층위의 재구성은 결국 네 가지 원형을 다시 작동시키는 방법론이다. 도구가 바뀌면 공동성이 구조가 되고, 내용이 바뀌면 교육과정 중심성이 운영체제가 된다. 제도가 바뀌면 과제 누적과 점검의 압력이 줄어들고, 사람이 바뀌면 자발성이 공동 실행으로 전환된다. 공간과 인프라가 갖춰지면 통합성과 확장성은 개인의 헌신이 아니라 학교의 리듬으로 남는다. 혁신학교 실천을 원형으로만, 또는 정책으로만 읽는 것은 이 결합을 놓치게 한다. 운동과 정책의 상호작용 속에 원형이 어떻게 구성되고 어디서 끊기는지를 다층적으로 재구성하는 접근이 필요한 이유가 여기 있다. 다음 절의 과제는 이 나침반을 학교 간 공유의 방식으로 연결하는 일, 곧 넓히기보다 깊이를 확장하는 전수의 형식을 어떻게 설계할 것인가를 다루는 일이다.

3) 공유의 재설계: 깊이의 확장을 위한 공통의 틀

혁신의 확산은 종종 "더 많은 것을 하는 학교"라는 언어로 설명되기 쉽다. 그러나 앞서 보여준 것은 넓힘이 곧 깊어짐이 아니라는 사실이다. 넓힘이 점검과 과제 누적의 리듬과 결합하면 혁신은 확장되기보다 얇아진다. 따라서 다음의 공유는 학교 수를 늘리는 방식이 아니라, 한 학교가 얻은 학습이 다른 학교의 시간표와 회의 방식, 수업-평가-기록의 습관으로 이식되는 방식이어야 한다. 여기서 공유는 전시가 아니라 전수이며, 사례의 소비가 아니라 운영의 학습이다. 다만 전수가 가능하려면, 학교들이 서로 다른 맥락에 있음에도 같은 기준으로 자신들의 실천을 설명하고 재구성할 수 있는 공동의 실천 틀이 먼저 필요하다. 공유의 재설계는 곧 이 틀을 만드는 문제다.

공동의 실천 틀은 학교가 무엇을 선택·조정·중단·재설계했는지를 같은 문법으로 말하게 하는 공통 언어다. OECD는 교육과정 유연성을 목표·내용·교수법·평가·학습시간의 차원으로 구분하고, 유연성의 성격을 선택/조정/추가/감축/공동설계로 나누어 설명한다.[임의수, 2022; 조태원, 2016; OECD, 2024] 이 구분은 공유의 단위를 "프로그램"에서 "결정의 유형"으로 바꾸는 데 직접적으로 유용하다. 예컨대 어떤 학교가 생태를 강화했다면, 그것이 내용을 추가한 것인지, 시간을 재배치한 것인지, 평가를 바꾸어 되돌아봄을 강화한 것인지, 혹은 학생·학부모·지역과 함께 공동설계로 들어간 것인지를 명확히 말할 수 있어야 한다. 공유가 "무엇을 했는가"보다 "어떤 차원에서, 어떤 방식으로 유연성을 행사했는가"를 중심 문장으로 삼을 때, 전시는 진수로 바뀐다.

이 관점에서 공유는 결과 나열이 아니라 결정 구조를 드러내는 방식으로 재구성되어야 한다. "우리 학교는 이렇게 했다"라는 문장을 줄이고, "우리 학교는 이런 장면에서 어떤 차원의 결정을 했고(목표/내용/평가/시간), 그 결정을 어떤 방식으로 행사했으며(선택/조정/추가/감축/공동설계), 무엇이 부담으로 남았고 무엇이 운영으로 굳었는가"를 말하는 방식으로 바뀌어야 한다. 유연성이 '추가'로만 행사되면 교육과정 과부하가 발생하기 쉽고, 감축의 원리가 부재할수록 지역 수준 교육과정이 더 과중해질 수 있다는 OECD의 경고는, 공유가 더하기의 모범사례 경쟁으로 흐를 때 혁신이 얇아진다는 우리의 경험과 정확히 겹친다.[이유진, 2021: OECD, 2024] 그러므로 공유의 핵심 산출물은 '추가의 성과'가 아니라 감축 기준과 재배치의 논리이어야 한다. 무엇을 하지 않기로 했는가가 공유될 때만, 다른 학교는 자기 맥락에서 재구성을 시작할 수 있다.

공유의 목적 또한 평가와 인정에서 학습과 조정으로 이동해야 한다. 공유의 목적이 인정과 평가가 되면 학교는 안전한 이야기만 내놓게 되고, 실패는 숨겨지고 갈등은 지워지며 혁신은 전시용이 된다. 반대로 공유의 목적이 학습과 조정이 되면 학교는 실패를 자원으로 바꿀 수 있다. OECD가 강조하듯 유연성과 자율성은 "많을수록 좋은 것"이 아니라 상황에 맞는 최적의 균형이 중요하고, 그 균형은 정책 환경 변화에 따라 쉽게 흔들리며, 의도된 자율과 인지된 자율의 불일치가 현장에서 빈번하게 발생한다.[OECD, 2024] 바로 그 불일치를 드러내는 것이 공유의 핵심 과제가 된다. 즉 공유는 "잘했다"는 성과 보고가 아니라, 어디서 어긋남이 발생했고 무엇이 오해로 남았으며, 그것을 어떤 조정 장치로 완화했는지를 기록하는 집단적 학습이어야 한다. 중요한 것은 성공담의 매끈함이 아니라, 오해를 줄이고 상호 이해를 가능하게 하는 소통과 조정의 방식이 공유의 중심에 놓이는 일이다.

전수가 실제로 일어나려면 공유 형식도 바뀌어야 한다. 따라 할 수 있는 형태로 남을 때만 전수는 가능하다. 이때 중요한 것은 문서의 양이 아니라 문서가 담고 있는 운영의 핵심이다. OECD가 구조적 자율성(권한의 위임)과 전문적 자율성(역량·신뢰·판단의 실행)을 구분하듯, 형식적 권한이 있어도 전문적 역량과 신뢰가 부족하면 학교는 안전한 준거로 교과서나 점검 기준에 기대며 스스로를 다시 처방적으로 만든다.[OECD, 2024] 그러므로 공유 문서는 자료집이 아니라 공동의 실천 틀이어야 한다. 과제 판단 기준, 시간 재배치 규칙, 기록의 최소 단위, 외부 연계의 경계 규칙, 갈등을 다루는 절차(의견 수렴-토론-결정-되돌아봄) 같은 항목이 짧고 정확하게 남아야 한다. 이것은 문서 부담을 늘리는 것이 아니라, 운영의 핵심만 남겨 재현 가능성을 높이는 재배치다. 공유의 형식은 문서 부담을 늘리는 방향이 아니라, 문서 부담을 줄이면서 결정 근거를 남기는 방향이어야 한다.

공유는 마지막으로 관계 재설계를 요구한다. 발표회로는 전수가 일어나지 않는다. 전수는 반복 방문과 관계에서만 가능하다. 여기서 관계는 친목이 아니라 연결된 자율성의 구조다. 전문적 자율성은 고립된 자유가 아니라 동료, 학부모, 지역, 때로는 학생과의 연결 속에서 더 강해지며, 완전한 자유와 완전한 동질성 사이에서 신뢰·존중·책임을 통해 균형을 찾아야 한다는 설명은 공유의 관계를 경쟁이 아니라 공동 조정으로 돌려놓는다.[박승열, 2021; OECD, 2024] 그러므로 공유는 "같이 하나 더 하기"가 아니라 "같이 덜어내기(과부하 조절)"를 중심에 두어야 한다. 서로의 운영을 비교하는 것이 아니라, 서로의 운영을 지탱하는 조건을 함께 점검하고 조정하는 관계가 필요하다.

참고문헌

김동선(2022). 혁신학교의 교사학습공동체는 교장 지도성에 따라 달라지는가? 혁신학교와 교장 지도성이 교사학습공동체에 미치는 상호작용 효과. 한국교원교육연구, 39(3).

김민조(2014). 혁신학교 교육거버넌스의 특징과 과제. 교육비평, (33), 74-97.

김여선 & 조영하(2025). 그들은 왜 여전히 혁신학교 교사이고 싶은가. 한국 교육문제연구, 43(1), 53-77.

김용(2022). 정책으로서의 혁신학교: 혁신학교 정책의 분석과 과제. 교육비평, (50), 38-70.

김용련(2015). 지역사회 기반 교육공동체 구축 원리에 대한 탐색적 접근: 복잡성 과학, 사회적 자본, 교육거버넌스 원리 적용을 중심으로. 교육행정학연구, 33(2), 259-287.

김용련(2019). 마을교육공동체: 생태적 의미와 실천. 살림터.

김은미(2022). 혁신학교의 민주적 학교운영에 관한 문화기술적 사례 연구. 광주교육대학교 교육대학원 석사학위논문.

김지선, 이해니 & 박세준(2020). 행복초등학교 내부형 공모교장의 리더십에 관한 사례 연구. 한국교원교육연구, 37(1), 369-395.

김혜란(2020). 혁신학교 자발적 참여 교사의 인식과 감정, 한국교원대학교 교육대학원, 석사학위논문.

나민주, 이차영, 박상완, 김민희 & 박수정(2009). 교장공모제의 공모교장 직무수행에 대한 효과 분석. 교육행정학연구, 297-320.

문찬수 & 김혜숙(2011). '교장공모제' 시범 적용 초등학교의 교장 직무수행 변화에 대한 질적 연구. 열린교육연구, 19(2), 1-27.

박은주(2021). 학교 자율성에 대한 초등교사의 인식 탐구. 교육종합연구, 19(2), 159-184.

박종철(2013). 혁신학교 교사의 민주적 의사소통 경험에 관한 연구, 서울대학교 대학원 석사학위논문.

박승열, 박일수, 김세영, 윤은영(2021). 경기도 혁신학교 교육과정 실행 양상 분석: 혁신 초등학교를 중심으로, 경기교육연구원.

박주형 & 신혜숙(2020). 동료교사 혁신성이 교사협력에 미치는 영향 분석. 한국 교육문제 연구, 38(4), 1-23.

박희진(2022). 교사가 인식하는 '교사가 주도하는 학교혁신'의 의미 탐색: 학교 혁신 경험을 중심으로. 홀리스틱융합교육연구, 26(2), 1-23.

배정현(2022). 학교단위 교사학습공동체 효과 경로 분석, 서울대학교 대학원 박사학위논문.

백병부, 성열관, 양성관(2015). 혁신학교 지속가능성 제고 방안. 경기교육연구원.

서용선·김아영·김용련·서우철·안선영·이경석·임경수·최갑규·최탁·홍석근·홍인기(2016). 마을교육공동체란 무엇인가? 살림터.

서울특별시교육연구정보원(2016). 신학력관에 기반한 서울형혁신학교 교육과정 연구: 초등학교를 중심으로. 서울특별시교육연구정보원.

앤디 하그리브스, 딘 핑크(2024). 지속가능한 리더십-공존과 생태의 시대, 살림터.

양병찬(2014). 혁신학교와 지역사회의 협동. 교육비평, 33, 98-120.

양병찬(2018). 한국마을교육공동체 운동과 정책의 상호작용: 학교와 지역의 관계 재구축. 평생교육학연구, 24(3), 125-152.

양병찬, 김용련, 이진철, 조윤정, 전광수, 이유진(2019). 혁신교육지구 사례 분석을 통한 마을교육공동체 체제 구축 방안 연구. 교육부.

양병찬(2025). 당사자성에서 공동성으로, 제주교육학연구 학술대회 자료집.

유경훈 & 김병찬(2012). 초등학교 공모교장의 적응과정 사례연구. 교육인류학연구, 99-129.

유주영, 유성상, 김진아 & 권순정. (2016). 국내 혁신학교 연구에 관한 동향 분석. 평생학습사회, 12(3), 81-105.

윤혜원(2023). 학교혁신의 확산 현상 분석: 서울시 A 교육지원청 혁신초등학교를 중심으로. 고려대학교 대학원 박사학위논문.

이예슬(2020). 혁신학교 정책의 패러독스: 정책 확산 과정에서 나타난 교원들의 경험을 중심으로. 고려대학교 대학원 박사학위논문.

이유진(2021). 혁신학교 교사의 학년 교육과정 재구성 과정에 관한 사례 연구: 저해 요인 탐색을 중심으로. 한국교원대학교 교육대학원 석사학위논문.

이은총(2023). 초등학교 교사교육과정 실행에 대한 질적 사례 연구: 성취기준 개발 경험을 중심으로. 광주교육대학교 교육대학원 석사학위논문.

이태권,윤정, 박재은(2021). 혁신교육 활성화를 위한 교육지원청 역할 강화 방안. 경기교육연구원.

임의수(2022). 혁신학교의 전문적 학습공동체 구축 수준 분석: Senge의 학습조직 이론을 중심으로. 한국 교육행정학회 학술연구발표회논문집. 105-119.

정금현(2007). 교장의 권한 확대가 학교 변화 및 혁신에 미치는 영향-초빙공모교장제 운영에 관한 교장들의 인식을 중심으로. 교육행정학연구, 25(1), 119-139.

정형수(2025). 국내 혁신학교 연구 동향 분석: 2010년~2023년 KCI 등재 학술지 논문을 중심으로. 교육사회학연구, 35(2), 131-156.

조태원(2016). 혁신학교의 효과 분석-교사의 수업 자율성과 전문성을 중심으로, 서울대학교 대학원 박사학위논문.

최준렬, 민병성, 송유진 & 김택균(2022). 혁신학교 자율성의 의미 분석. 교육행정학연구. 40(1), 91-114.

홍지오, 김용련(2018). 마을교육공동체 구축과정에서 나타나는 교육주민자치 실천에 관한 연구: 서종면 교육주민자치 사례를 중심으로. 교육행정학연구. 36(5), 139-165.

〈보고서〉

Hargreaves, A., & OConnor, M. T.(2018). *Collaborative professionalism: When teaching together means learning for all*. Corwin.

OECD(2024). Curriculum Flexibility and Autonomy: Promoting a Thriving Learning Environment

OECD(2026). OECD Digital Education Outlook 2026: Exploring Effective Uses of Generative AI in Education

UNESCO(2024). Global Education Monitoring Report 2024/5: Leadership in education

●정용주 ────────────────────────

2023년부터 서울 천왕초등학교 교장으로 일하고 있다. 교육학을 전공하고, 학교 현장연구자로서 교육공동체의 회복과 새로운 교육리더십, 능력주의와 민주적 불평등이 만드는 다차원적 배제 등에 대한 연구와 실천을 하고 있다. 격월간지 『오늘의 교육』 편집위원장으로 교육 비평 글을 써 왔으며, 『멈추지 못하는 학교』, 『교육학의 가장자리』를 비롯하여 여러 권의 책을 냈다.

5-2.
성공의 위기를 넘어
지속 가능한 혁신으로[1]

박현숙_장곡중학교 교사

1. 혁신학교의 탄생

21세기 지식 정보화 사회와 AI 시대의 도래에도 우리 교육은 여전히 '입신양명'을 위한 교육에서 크게 벗어나지 못하고 있다. 특히 AI의 등장과 빠른 발전은 인간의 일까지 대신하며,[2] 현대판 러다이트 운동의 가능성마저 점치는 지경에 이르렀다.

일찍이 서구 사회는 교육과정과 수업방식을 시대 변화에 맞춰 학교개혁의 흐름으로 가져갔으나, 우리나라는 그렇게 하지 못했다. 교육의 변화를 바라는 마음이 컸기에 여러 차례 교육개혁을 시도했지만, 국민이 체감하기까지 이르지 못했다.

1980년대 이후 교육개혁 과정에서 특히 학교 교육과 직접 관련되는 문제로 첫째, 입시 위주의 경쟁교육으로 창의성과 인성교육을 소홀히 하는 것, 둘째, 전국의 학교가 대동소이한 교과서 중심의 획일

---

1. 이 글은 『시도 교육청 혁신학교 정책 비교 연구—경기 전북 서울을 중심으로—』(최창의, 박현숙, 손동빈, 박일관, 오윤주, 오재길. 2015)를 수정 보완한 것이다.
2. 「더 팩트」, 2026년 1월 24일, '아틀라스 도입 '반대' 현대차 노조 … 러다이트 운동 시작됐나?'

적인 교육 내용으로 운영되는 것, 셋째, 경직된 학교 운영체계로 인해 구성원들의 창의성과 자발성을 끌어내기에 부적절한 조직으로 굳어진 학교, 넷째, 상명하달식 교육행정으로 교사들이 책임감이나 사명감보다 명령에 복종하는 타율적인 조직 문화, 다섯째, 학교와 교원에게 자율성을 주지 않는 것으로 정리할 수 있다. 공교육을 정상화하려면, 특히 학교를 개혁하려면 이 문제를 극복해야 한다.

특히 앞서 지적한 다섯 가지 문제 해결의 핵심이 교사들의 자발성이다. 교사들이 움직이지 않고는 학교개혁은 성공할 수 없다. 교육개혁은 학교 교육과정으로, 수업에서 실행되어야 실감할 수 있기 때문이다. 지금까지 개혁은 상부의 명령을 하부가 문서로 작성하여 캐비닛에 안치하는 것으로 끝났다. 여러 차례 교육개혁 시도가 있었지만, 입시가 가장 중요한 교육 현실에서는 어떤 교사가 수업과 교육과정을 바꿀 것이며, 비민주적이고 명령과 통제가 횡행하는 조직에서 창의적이고 자발적인 교육활동을 시도하겠는가. 공문으로 하달하는 명령을 그럴듯한 실행 계획서로 만들어 학교 공문 캐비닛에 비치해 놓고 감사나 학교평가에서 그럭저럭 모나지 않게 넘어가는 현실을 누차 경험하며 교사들은 개혁에 냉소하고 변화를 거부하며 현실에 안주했다.

이런 현실을 인식한 경기도교육청은 개혁을 막는 학교 현장의 고질적인 문제들을 해결하며, 교사들의 자발성을 끌어내고 학교를 개혁하고자 하는 의지를 바탕으로 근본적인 공교육 혁신을 위한 혁신학교를 전국에서 최초로 주요 정책으로 수립하게 되었다. 교사들을 주체로 세워 학교를 혁신하는 과정에서 국민이 공교육을 신뢰하고 만족할 수 있게 한 것이다.

혁신학교는 1990년대 후반 농촌의 작은 학교 살리기 운동에 성공한 학교가 모델이다. 그때까지 교육개혁을 성공적으로 이끈 경험이 없는 상태에서 작은 학교 살리기 운동은 농촌의 작은 분교가 학생 수 감소를 겪으며 폐교까지 가는 동안, 학부모와 교사, 지역사회가 협력하여 학교를 살리려 한 특별한 시도였다. 이것은 시민 사회 운동과 같았기에 작은 학교 학부모는 주로 다른 지역의 시민단체 회원들이었다. 이들은 학생 수 감소로 작은 학교가 폐교되는 것을 막기 위해 자녀를 폐교 직전의 학교로 전학시켰고, 참된 교육을 펼치고 싶은 열정을 지닌 교사들과 만나며 제대로 된 교육을 고민하기 시작했다.

그러는 동안 학교가 있는 지역사회가 학부모와 교사의 연대에 합류하며 민주적인 학교 운영이 이루어지며 거버넌스governance가 구축되었다. 이런 교육 주체들의 연대와 협력은 학교를 집단지성의 문화로 만들었으며, 그것을 바탕으로 학교는 다양한 교육적 실험을 할 수 있었다. 집단지성으로 교육과정을 운영한 결과 작은 학교의 교육적 실험은 성공했다.

그러나 작은 학교 운동이 성공한 주요 원인은 역설적으로 폐교 직전의 학교이기 때문이었다. 그 학교들은 교육청의 행정 영향을 받지 않고, 교육 주체들이 원하는 교육 내용으로 교육과정을 운영할 수 있었다. 또한 교육적 열정을 펼치기 위해 들어온 교사들과 공교육의 대안을 찾던 학부모들이 노력한 결과, 학교를 살리고 새로운 교육모델까지 탄생시킬 수 있었다. 그 대표적인 예가 남한산초등학교[3]다.

남한산초등학교 같은 작은 학교 운동의 성과는 실패한 기존 공교육도 교육 주체들의 협력과 열정, 헌신으로 학교를 혁신할 수 있다는 가능성을 제시했다. 그러나 작은 학교 운동은 공교육 혁신의 새

---

3. 남한산초등학교의 자세한 이야기는 졸업생들이 쓴 다음 책을 참고. 『학교 바꾸기 그 후 12년: 남한산초등학교 졸업생들의 이야기』, 권새봄 외, 맘에드림, 2012.

로운 모델이라고 하기에는 농촌 소규모 학교, 초등학교라는 한계가 있었다. 이렇듯 혁신학교 정책의 시작은 남한산초등학교 같은 작은 학교 운동, 초등학교 교육을 새롭게 만든 사례지만, 경기도교육청의 혁신학교는 그 한계를 극복한 공교육 대안으로 학교혁신이었다.

초창기 경기도교육청 혁신학교는 두 가지에 주력했다. 하나는, 어렵고 낙후된 지역에 속한 '기피 학교'를 '선호 학교'로 만들어내는 것. 다른 하나는 학급당 인원을 25명 이내로 줄여 교사들이 학생들을 잘 보살피고, 개별적인 지도로 질 높은 수업을 할 수 있게 하는 것이었다. 이것은 혁신학교의 목적이 학교 교육의 당면 문제를 해결하고, 질적으로 발전하기 위한 공교육 정상화 모형의 창출과 확산^{경기도교육청, 2009}이었기 때문에 가장 시급한 문제를 해결하기 위한 접근이었다. 그렇지만 이런 시도가 현장에서 실현된 모습은 전통적인 학교와 전혀 달랐다.

경기도교육청의 혁신학교 정책은 이후 여러 지역에 파급효과를 내면서, 긍정적인 참조사례가 되었다. 2010년 이후 서울·전북·전남·강원 등에서 혁신학교 정책이 교육 혁신의 핵심 과제로 추진되며 서서히 전국적으로 학교혁신의 모델로 자리 잡게 되었다.

2. 혁신학교의 개념과 철학

경기도의 혁신학교는 초기에 혁신학교의 개념을 정의하지 않았다. 그러다 2012년 처음 '민주적 자치공동체와 전문적 학습공동체에 의한 창의지성교육을 실현하는 공교육 혁신의 모델학교'^{경기도교육청, 2012}라고 정의를 내렸다.

2009년 경기도 초중고 13개 학교로 시작한 혁신학교가 2011년부터 서울, 전북, 전남, 광주, 강원으로 확대되고, 2014년 지방선거 이후 인천, 충북, 충남, 세종, 경남, 부산, 제주까지 전국 13개 시도교육청이 참여하는 정책이 되었다.

각 시도교육청에서 추진한 혁신학교의 명칭과 개념, 지향한 철학을 정리하면 다음 표와 같다.

차례	교육청	혁신학교 이름	혁신학교 개념
1	경기	혁신학교	민주적 학교 운영 체제를 기반으로 윤리적 생활공동체와 전문적 학습공동체 문화를 형성하고 창의적 교육과정을 운영하여 학생들이 자기 삶의 역량을 기르는 학교혁신의 모델학교[4]
2	서울	서울형 혁신학교	학생·교원·학부모·지역사회가 서로 소통하고 참여하며 협력하는 교육문화 공동체로, 배움과 돌봄의 책임교육을 실현하고 전인교육을 추구하는 학교
3	인천	행복배움 학교	민주적 자치공동체를 바탕으로 윤리적 생활공동체와 전문적 학습공동체 문화를 형성하여 창의적인 교육을 실현하는 공교육 정상화 모델학교
4	강원	행복더하기 학교	자율과 다양화로 특성화된 교육과정과 교육활동 중심의 학교 운영시스템을 구축하여, 모두를 위한 행복한 학교, 함께하는 강원교육을 구현하기 위한 학교
5	충북	행복씨앗 학교	학교 공동체가 협력적인 문화를 형성하고, 창의적인 교육활동을 실천하여, 따뜻한 품성을 지닌 역량 있는 민주시민으로 함께 성장하는 공교육 모델학교
6	충남	행복나눔 학교	새로운 학교문화로 전인교육을 실현하는 미래지향적 공교육 징상화 모델학교
7	세종	혁신학교	교육의 보편성을 지향하고 세종의 특수성을 반영하면서, 민주적 학교 운영체제를 바탕으로 전문적 학습공동체와 자율과 협력의 생활공동체 문화를 형성하여 미래형 창의적 교육을 실현하는 공교육 혁신 모델학교로서, 그 성과와 경험을 다른 학교에 확산하는 선도학교
8	전북	혁신학교	공교육 내실화의 성공 모델을 창출하여 이를 확산 보급하기 위한 목적으로 운영하는 학교
9	전남	무지개학교	존중과 협력을 바탕으로 행복을 키워가는 학교

4. 경기도 혁신학교의 개념은 김상곤 교육감에서 이재정 교육감으로 바뀌며 2015년에 '민주적 학교 운영체제를 기반으로 윤리적 생활공동체와 전문적 학습공동체 문화를 형성하고 창의적 교육과정을 운영하여 학생들이 자기 삶의 역량을 기르게 하는 학교혁신의 모델학교(경기도교육청, 2015)'로 개념을 수정했다.

10	광주	빛고을학교	함께 배우고 나누는 행복한 학교 실현을 위한 공교육 성공 모델 창출
11	경남	행복학교	교육공동체가 배움과 협력의 토대 위에 성찰, 소통, 공감을 지향하고 행복을 추구하는 미래형 학교
12	부산	부산다행복학교	교육공동체의 자발성과 민주적 소통 및 협력 중심의 학교 문화 혁신 부산다행복학교 성과의 일반 학교 확산을 통한 공교육 정상화
13	제주	다혼디배움학교	행복한 삶을 위한 교육을 실현해 가는 배려와 협력 중심의 교육공동체 제주의 지역적 특성을 살려 새로운 학교문화를 선도하는 공교육 혁신의 모델학교

각 시도교육청의 혁신학교 개념에서 추구하는 목표를 살펴보면 대체로 다음 표와 같다.

추구하는 목표	공교육 혁신	행복 키움
시도교육청	경기, 서울, 인천, 충북, 충남, 세종, 전북, 광주, 부산, 제주	강원, 전남, 경남

13개 시도교육청 중 10곳에서 공교육 정상화 모델을, 3곳에서 행복을 키우는 학교를 추구하고 있다. 이것은 혁신학교 정책이 교육개혁의 열망을 담아 만들어졌음을 의미한다. 행복 키움이라는 목표는 학교 구성원이 입시경쟁에 내몰리고, 비민주적인 운영과 관료적인 문화 속에서 행복하지 못한 학교를 개혁하겠다는 의지를 담은 명명이다. 서로 추구하는 바가 다른 것처럼 보이지만 실제로는 공교육의 문제를 해결하겠다는 의미다.

혁신학교가 각종 정책학교나 시범학교와 다른 점은 명확한 철학이 있는 것이다. 2009년 경기도교육청 혁신학교 추진계획에 제시된 혁신학교 철학은 자발성·지역성·창의성·공공성이다.

자발성	교원의 자발성과 학부모의 참여로 운영되는 학교
지역성	지역사회 여건 및 실정에 적합한 학교 교육
창의성	소수의 수월성 교육에서 다수를 위한 수월성 교육으로
공공성	누구든지 어디서나 만족하는 교육

2011년 경기도 혁신학교 철학은 공공성·창의성·민주성·역동성·국제성으로 변화 발전했고, 2014년 경기도교육청 혁신학교 추진계획에서 체계화되었다.

2014년 경기도교육청 혁신학교 추진 계획

공공성(사회적 역할)	혁신 교육은 학교 교육의 수준과 환경을 질적으로 향상시켜 교육 기회와 가능성을 차별 없이 향유
창의성(교육 내용)	교육 내용과 방법 모두를 혁신한 창의지성교육 실천
민주성(학교 운영)	민주적 자치공동체 형성을 통해 교사와 학생의 참여문화를 실현하고 권리의식과 책무성을 자각한 민주시민 육성
역동성(교육 방법)	전문적 학습공동체의 형성을 통해 집단지성이 발휘되게 하고, 다양한 교육역량을 계발하여 역동적인 수월성 추구
국제성(교육지향)	평화, 소통, 협력을 추구하는 미래지향적인 세계인을 키워가는 총체적 교육개혁을 추구

2015년에는 철학으로 '민주성·윤리성·전문성·창의성'이 제시되었는데, 철학을 별도로 설명하지 않고 혁신학교 추진 4대 중점과제에 포함되어 있다.

2015년 경기도교육청 혁신학교 운영 계획

혁신학교 4대 중점과제
– 참여와 소통의 자치 공동체 학교를 만들기 위한 민주적 학교 운영체제 구축 – 교실 공동체 회복과 구성원 사이의 신뢰 회복을 위한 교사들의 수범적인 윤리적 실천이 선행되는 윤리적 생활공동체 형성 – 행정 중심의 관료적 학교조직을 학습조직화하고 공동연구와 공동 실천의 성찰을 통해 이루어지는 전문적 학습공동체 형성 – 이를 바탕으로 학생 개개인에게 맞춤형 학습, 삶의 역량을 기르기 위한 교육과정 개발과 수업 혁신을 추구하는 창의적인 교육과정 실현

경기 혁신교육은 김상곤 진보 교육감의 핵심 정책으로 제시되며 빠른 속도로 정착되었다. 혁신학교에 대한 정책 방향은 김상곤 교육감 초기와 중기, 이재정 교육감 시기별로 각각 다른 양상을 띤다.

김상곤 교육감 초기인 2009년은 '자발성·지역성·창의성·공공성'을 철학으로 했는데, 혁신학교 정책 태동기였기에 개혁 대상으로서 공교육에 대한 대안의 성격이 강했다. 그렇기에 '자발성·지역성·창의성·공공성'은 새로운 학교의 성격 혹은 가치를 철학으로 정한 것이라 볼 수 있다. 그러나 '창의성'이 '다수의 수월성'과 어떤 관련이 있는지 충분히 설명하지 못하고 있다.

김상곤 교육감 재선 시기에는 철학으로 '공공성·창의성·민주성·역동성·국제성'을 제시했다. 이는 학교개혁의 국제적 흐름과 보조를 맞추는 노력으로 보이며, 초기의 다소 모호했던 철학이 그동안 성과를 바탕으로 혁신학교의 개념에 맞게 체계화된 것이라 할 수 있다.

이재정 교육감 시기로 들어서며 혁신학교 철학은 가치나 성격이 아닌 학교 운영의 바탕과 원리, 교육 내용으로 변했다. 하지만 그 전 시기 혁신학교의 가치나 성격 규정이 운영 원리와 내용으로 변화된 과정을 설득력 있게 설명하지 않는다. 혁신학교의 가치나 성격이 과연 철학인가도 논의되어야 하지만, 학교 운영 원리와 내용을 철학으로 대치할 것인가는 더 깊이 생각해 볼 문제다.

한편 경기·서울·전북을 비롯한 6명의 교육감이 2011년 6월 30일 주민 직선 교육감 취임 1주년 교육 혁신 공동선언문을 발표하는데, 여기에 혁신학교 정책이 추구하는 바가 잘 드러난다. 이 선언문에는 입시교육 체제를 넘어선 새로운 교육 패러다임으로 전환, 대학입시 교육제도 개선을 통한 초·중등교육 정상화, 국가 주도 교육과정을 교육 주체가 주도하여 만드는 것을 비롯하여, 보편적 교육복지, 교육재정 확충과 공정 배분을 통해 공교육의 질 제고, 학생·학부모·교사가 주인공이 되는 교육자치 실현, 교육 혁신을 위한 사회적 대토론과 합의를 위해 민간 독립기구 구성 등의 제안이 담겨 있다. 그중 학교 혁신과 직접 관련된 부분은 다음과 같다.

주민 직선 교육감 취임 1주년 교육 혁신 공동선언문

교육 혁신에 우리 사회의 명운이 걸려 있습니다. 교육의 근본을 다시 세워야 합니다. 아이들이 성장의 기쁨을 온전히 누리고, 선생님들께서 교단의 명예를 되찾고, 학부모들이 학교에 대한 신뢰를 회복하는 교육으로 돌아가야 합니다. 자신을 사랑하고, 타인을 존중하며, 너와 내가 공동체의 주인이 되는 학교로 돌아가야 합니다. 교육 혁신에 우리 사회의 명운이 걸려 있습니다.

그리하여 우리 교육감들은 우리 사회의 새로운 도약, 교육의 새로운 백년, 홍익인간의 이념이 우리의 맥박 속에 약동하고 균등 교육의 헌법 원리가 저 하늘 높이 펼쳐질 그날을 염원하며, 우리의 충심을 모아 다음과 같이 호소합니다.

1. 새로운 교육 패러다임을 만들어야 합니다

우리는 아이들을 키우는 것이지 점수를 키우는 것이 아닙니다. 하지만 지금 우리 아이들은 높은 성적만을 강요당하며 상상력과 자기성취감, 행복감을 빼앗기고 있습니다. 인생에서 가장 중요한 시기에 행복을 저당 잡힌 채, 오로지 대학입시를 준비하기 위한 선행학습과 단답형 문제풀이만을 반복하고 있습니다. 이런 어리석은 교육은 이제 그만두어야 합니다.

우리 아이들이 자신과 세계에 대해 보다 깊고 크게 생각할 수 있도록 기회를 주어야 합니다. 그리고 다양한 시행착오의 기회와 배움의 여유를 인정해야 합니다. 그리하여 자아를 찾고 타인과 소통하는 참된 교육을 추구해야 합니다.

우리 학생들의 행복지수는 OECD 국가 중 3년 연속 최하위권이고, 국제학업성취도평가에서는 비교국가 중 2위이지만, 배려하고 더불어 사는 부문에서는 최하위권입니다. 교육을 하면 할수록 개인과 공동체가 불행해지고 있습니다. 정답만 찾는 주입식, 암기식의 획일화된 경쟁교육에서 더 이상 희망을 찾을 수 없습니다. 도식화된 문제풀이 수월성이 아니라 상상력과 통찰력, 비판적 사고능력, 평화적 소통 및 협동 능력을 겸비한 창의지성을 배양해야 합니다. '배움 따로, 삶 따로'가 아니라, 협동과 참여, 체험과 소통을 통하여 지적 역량과 더불어 살아가는 삶의 기술을 함께 터득할 수 있어야 합니다. 문화, 예술, 체육 활동을 통해 정서적, 신체적 성장을 온전히 경험할 수 있어야 합니다.

학교혁신, 더 늦출 수 없습니다. 이를 위해 교육과정, 교수학습방법, 교사와 학생의 관계, 권위적 학교 문화에서 변화가 일어나야 합니다. 창의지성을 북돋는 교육, 더불어 살아가는 민주시민 교육, 각자의 소질과 적성을 계발하고 키워주는 진로적성 교육으로 나아가야 합니다. 공동체의 백년을 내다보며, 새로운 공교육의 표준을 정립해야 할 때입니다.

2. 대학입시제도 개선으로 초·중등교육을 정상화해야 합니다

현행 대학입시제도는 창의적이고 미래 지향적인 인재를 양성하는 데 많은 한계가 있습니다. 혁신학교·무지개학교 운영, 사고력과 창의력을 기르기 위한 독서·토론 교육, 아이들의 풍부한 감성을 자극하는 문화·예술 교육, 균형 잡힌 교육과정 운영 등의 가장 큰 걸림돌이 현행 대학입시제도입니다. 교육 현장의 수많은 비교육적 행태마저도 대학입시를 위해서라면 정당화되는 실정입니다.

다가올 미래사회는 사고력과 창의력을 바탕으로 한 새로운 지식과 역량을 요구하고 있습니다. 현행 대학입시제도를 그대로 둔 채 창의·인성교육을 강조하는 것은 커다란 모순입니다. 더 늦기 전에 이에 걸맞은 새로운 대학입시제도가 마련되어야 합니다. 초·중등교육에서는 교육의 본질에 충실한 교육과정을 운영하고, 대학은 미래 핵심역량을 갖춘 학생을 뽑아갈 수 있도록 대학입시제도를 근본적으로 바꿔야 합니다.

3. 교육과정을 교육 주체의 손에 맡겨야 합니다

국가 주도의 독점적인 교육과정 운영은 교육의 자율성을 고사시킵니다. 교육과정은 교육의 본질상 자치가 가장 필요한 분야입니다. 국가가 획일적인 교육과정을 만들고 이를 일방적으로 적용한다면, 수업의 자율성, 학생들의 자기주도적 학습, 맞춤형 다양성 교육은 근본적으로 차단되고 맙니다. 교육과정은 행정당국이 아니라 교육 주체들을 위한 것입니다. 아이들의 삶, 공동체의 일과 동떨어진 교육과정은 교육에서 소외를 만들어 냅니다.

특히 2009 개정 교육과정의 집중이수제는 일방적이고 획일적인 몰아치기 수업으로 귀결되고 있습니다. 학생들의 발달 연령, 학습의 균형은 무시되고 있으며, 지·덕·체 전인교육도 위축되고 있습니다. 나아가 교과진도의 압축적 진행은 또 다른 사교육을 조장하는 폐단까지 낳고 있습니다.

이제 교육과정 개정은 교사, 학부모, 학생 등 교육 주체들의 손에 넘겨줘야 합니다. 교과부는 현장의 선생님들에게 교육과정 편성권과 교과 개설권 그리고 교과서 집필권을 대폭 이양하고, 교육과정 개정에도 선생님들은 물론 학부모, 학생 및 지역사회 구성원들의 참여를 보장해야 합니다. 이를 통해 학생 개인별 교육과정 선택권을 대폭 확대하고, 교육과정과 수업의 다양성을 확보해야 합니다. 이렇게 자율화되고 다양화된 교육과정에서, 참으로 스스로 찾아가는 공부가 가능해질 것입니다. 그리고 그와 같은 자율적 학습 속에서 아이들과 선생님들이 함께 배움의 기쁨을 터득하고, 인간과 자연의 진실을 깨닫고, 공동체의 좌절과 전진의 교훈을 체득할 수 있을 것입니다.

_"주민 직선 교육감 취임 1주년 교육 혁신 공동선언문"에서 발췌(2011)

위 선언문에 담긴 교육 혁신의 필요성과 지향은 혁신학교 정책의 핵심을 이루었다. 그 바탕을 이루는 정신은 공교육을 혁신하여 모두가 질 높은 교육을 평등하게 누리고, 공동체에서 더불어 사는 민주 시민을 육성하는 것이다. 이를 교육 주체가 자발적으로 나서는 가운데 역동적 흐름으로 이끌어 힘 있는 교육 혁신을 이루고자 하는 것이다.

다음은 전국의 혁신학교 정책에서 상징성[5]이 있는 경기, 서울, 전북의 혁신학교 개념과 철학을 표로 정리한 것이다.

---

5. 혁신학교를 앞서 추진한 6개 교육청 가운데 경기·전북·서울은, 세 지역의 혁신학교 정책이 각각 나름의 의미 있는 특색이 있다. 경기는 혁신학교 정책을 가장 먼저 시행하여 공교육 변화에 선도적인 역할을 했고, 전북은 교원 인사와 연수 정책에서 주목받았다. 서울은 학교 민주주의를 강조했고, 혁신학교가 자리 잡기 전 교육감 교체에 따른 혁신학교 정책의 변화를 살펴볼 수 있다.

	경기	서울	전북
개념	2012 민주적 자치공동체와 전문적 학습공동체에 의한 창의지성교육을 실현하는 공교육 혁신의 모델학교 2015 민주적 학교 운영체제를 기반으로 윤리적 생활공동체와 전문적 학습공동체 문화를 형성하고 창의적 교육과정을 운영하여 학생들이 자기 삶의 역량을 기르도록 하는 학교혁신의 모델학교	2011 배움과 돌봄의 책임교육을 실현하고 학생, 교원, 학부모, 지역사회의 교육적 요구가 서로 소통하는 참여와 협력의 교육문화 공동체로서 전인교육을 추구하는 학교 2015 학생, 교원, 학부모, 지역사회가 서로 소통하고 참여하며 협력하는 교육문화 공동체로서, 배움과 돌봄의 책임교육을 실현하고 전인교육을 추구하는 학교	2011 -새로운 학교 교육 모형 창출과 확산 -자기 주도적 삶을 살아가는 학생의 존엄한 성장 도모 -행복한 교육공동체 문화 조성 2015 '혁신학교의 상' -함께 만들어가는 상식적인 학교 -일상적인 교육활동에 충실한 학교 -구성원들이 배움의 공동체를 형성하는 학교 -어려움을 극복하고 점진적으로 성장하는 학교
철학	2009 자발성: 교원의 자발성과 학부모의 참여로 운영되는 학교 지역성: 지역사회 여건 및 실정에 적합한 학교교육 창의성: 소수의 수월성 교육에서 다수를 위한 수월성 교육으로 공공성: 누구든지 어디서나 만족하는 교육 2011년 공공성(사회적 역할): 학교교육의 수준과 환경을 질적으로 향상시켜 교육기회와 가능성을 차별 없이 향유 창의성(교육내용): 교육내용과 방법 모두를 혁신한 창의지성교육 실천 민주성(학교운영): 민주적 자치공동체 형성을 통해 교사와 학생의 참여문화를 실현하고 권리의식과 책무성을 자각한 민주시민 육성	서울형 혁신학교 운영의 기본 과제 -"소통하고 참여하는 학교 문화" -"배움과 돌봄의 책임교육 공동체" -대도시 혁신학교의 전형을 창출하는 것을 목표로 함 -서울시 안의 교육격차 해소를 지향 서울형 혁신학교의 기본 정신 행복 추구: 서로의 인권을 소중히 여기고, 모두의 행복을 실현하기 위해 함께 노력 책임과 공공성: 단 한 명의 학생도 포기하지 않고 모두의 가능성을 여는 책임교육과 교육의 공공적 가치를 실현하고 미래사회 핵심역량을 키우기 위해 최선을 다함	2011 자발성: 자발성: 학교 구성원들의 자발적 참여와 실천 의지 존중 지역성: 학교와 지역사회의 여건에 적합한 교육 추구 협동성: 학교 구성원들의 수평적인 참여와 협력 중시 공공성: 단 한 명도 배움으로부터 소외되지 않는 책임 교육 제공 창의성: 집단 사고와 지성으로 새로운 학교문화 창조 2015 자발성: 교사, 학생, 학부모의 자발적 참여와 실천 의지 존중 민주성: 자율과 자치의 실현, 민주적 의사결정 존중 창의성: 수업, 교육과정, 운영시스템의 창조적 재구성 공공성: 단 한 명도 배움으로부터 소외되지 않는 책임 교육 제공 지역성: 지역사회 인프라 활용과 교육공동체 네트워크 구축

| 철학 | 역동성(교육방법): 전문적 학습공동체 형성을 통해 집단지성이 발휘되게 하고, 다양한 교육역량을 계발하여 역동적인 수월성 추구
국제성(교육지향): 평화, 소통, 협력을 추구하는 미래지향적인 세계인을 키워가는 총체적 교육개혁을 추구

2015년
민주성: 구성원들의 자발적인 참여와 소통을 통해 학교교육의 방향 결정
윤리성: 존중과 배려의 학교 문화 만들기
전문성: 교사 개인의 성장을 넘어 공동의 성장 추구
창의성: 학교교육과정 다양화, 특성화를 통해 참된 학력 키우기 | 자율과 창의: 학교 자율성을 바탕으로, 학교교육여건을 반영하여 특색 있고 실제적인 학생 중심의 창의적 교육과정을 운영
자발과 참여: 교원·학부모·학생 등 학교공동체 구성원의 자발성과 참여를 바탕으로 학교를 민주적으로 운영
소통과 협력: 학교공동체 구성원, 지역사회가 서로 소통하고 협력 | |

각 지역이 혁신학교 운영의 바탕이 되는 개념이나 철학이 시간을 거치며 조금씩 변화되어 온 것을 볼 수 있다. 또한 이들의 공통점은 혁신학교에 대해 큰 개념과 철학을 정의할 뿐, 구체적인 교육과정이나 프로그램 모델 등을 제시하지 않는다는 것이다. 특히 철학에서 각 지역은 공공성을 중심적인 가치로 다룬다. 이와 더불어 교육 주체의 자율성과 협력, 창의성 등을 공통으로 요구한다. 이런 정책의 기본 바탕은 혁신학교 정책이 다른 기존 교육정책들과 많이 다른 부분이라 할 수 있다.

3. 혁신학교 운영 모델

혁신학교의 시작은 공교육 개혁이라는 시대의 요청에 정책으로 응답한 것이다. 입시 위주 교육풍토로 학교 교육이 왜곡되는 상황에서 새로운 학교 교육이 필요하다는 요구가 확산했다. 이에 따라 학교 교육을 획기적으로 개선해 학생들의 창의성과 자기 주도적 학습 능력을 키우고 수요자의 교육 만족도를 높일 수 있는 새로운 학교를 바라게 되었다. 이를 경기도교육청은 "혁신학교는 교육공동체의 자발성에 기초한 혁신적인 공교육 모델 정립을 통해, 학생과 학부모가 행복하고 안전한 학교문화를 만들어야 한다는 시대적인 요구로부터 탄생했다"경기도교육청, 2009고 밝히고 있다.

다음은 2009년 경기도교육청이 제시한 혁신학교 운영모델이다.

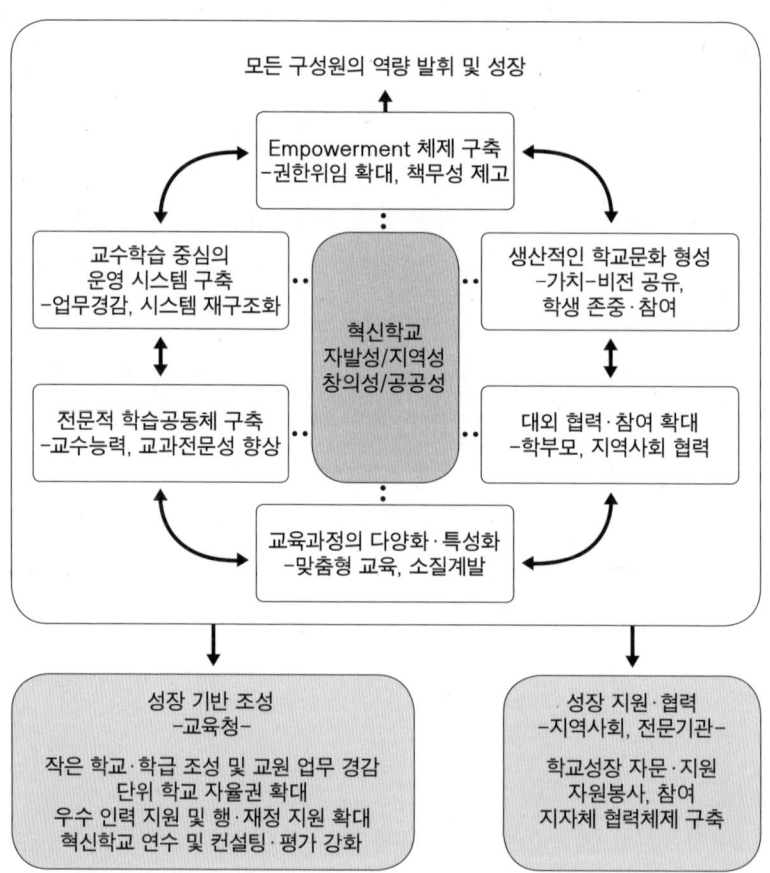

이 모델은 교육청 지원과 지역사회 협력을 기반으로 혁신학교가 운영되는 가운데, 교수학습 중심의 시스템 구축으로 교사들이 전문적 학습공동체를 만들고, 학생 존중과 참여, 학부모와 지역사회의 협력으로 생산적인 학교문화의 조성을 목표로 한다. 이것은 권한의 적극적인 위임을 통한 민주적인 학교, 전문적인 교사공동체, 지역 협력으로 교육과정을 다양화하고 특성화하는 가운데, 학교 모든 구성원의 역량이 발휘되고 성장하는 학교를 구상한다. 학교에 대한 이런 상상은 공교육을 혁신하는 모델로서 학교를 만들겠다는 혁신학교 정책의 지향을 잘 드러낸다.

다음은 2012년 경기도교육청 혁신학교 기본계획에서 밝힌 혁신학교 운영모델이다.

처음 제시한 혁신학교의 운영 구도보다 단순한데, 학교 시스템과 운영 내용·문화 형성·대외 협력이 뒤섞여 있던 상태에서 학교 내에 구축할 시스템과 내용이 체계화되었고, 일의 진행 순서도 명료하게 제시됐다. 교육청 지원과 지역 협력을 바탕으로 자율 경영 체제를 먼저 구축하고, 민주적인 자치공동체와 전문적 학습공동체의 힘으로 창의지성교육과정을 운영하는, 공교육 혁신의 모델로 혁신학교를 그린다. 이런 변화는 1기 혁신학교를 운영하며 축적된 경험에서 비롯된 것으로 보인다. 혁신학교 정책을 진행하며 초기 미숙함이 성숙해지는 과정이다.

김상곤[2012] 교육감은 혁신학교를 우리 교육의 체질과 문화를 근본부터 새롭게 하자는 문화운동으로 규정했다. 혁신은 일을 많이 하는 것이 아니라, 비본질적인 일을 덜어내는 것이며, 그것을 위해 학교 철학을 다시 설정하여 '더하기가 아닌 빼기'의 철학이 혁신학교의 근본을 이룬다고 했다.

이를 위해 교원들의 논의구조가 살아나야 하며, 민주적인 문화가

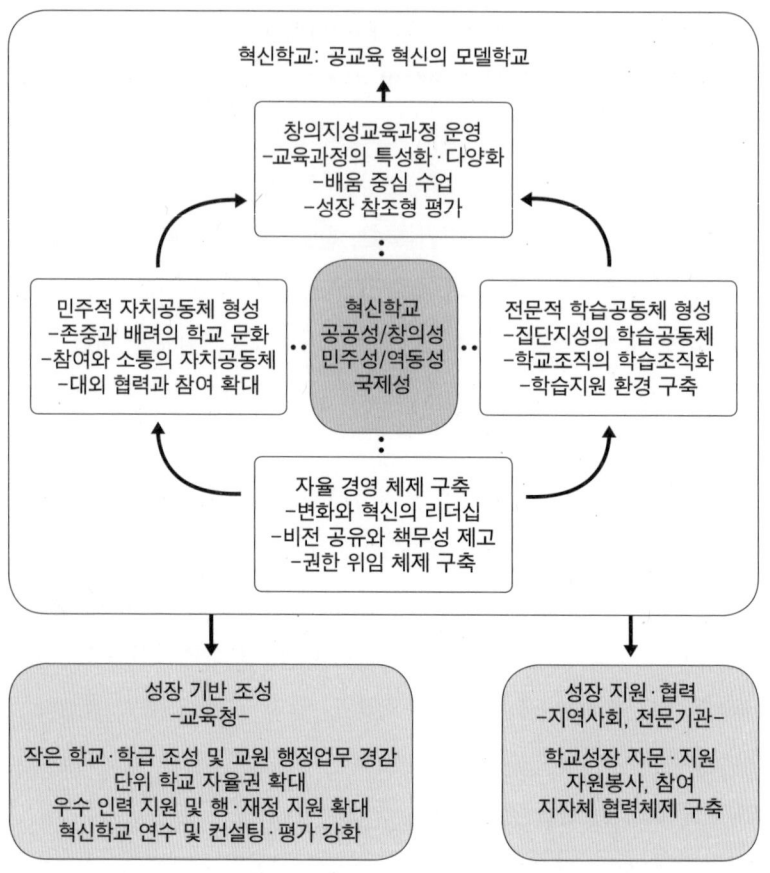

혁신학교: 공교육 혁신의 모델학교

창의지성교육과정 운영
-교육과정의 특성화·다양화
-배움 중심 수업
-성장 참조형 평가

민주적 자치공동체 형성
-존중과 배려의 학교 문화
-참여와 소통의 자치공동체
-대외 협력과 참여 확대

혁신학교
공공성/창의성
민주성/역동성
국제성

전문적 학습공동체 형성
-집단지성의 학습공동체
-학교조직의 학습조직화
-학습지원 환경 구축

자율 경영 체제 구축
-변화와 혁신의 리더십
-비전 공유와 책무성 제고
-권한 위임 체제 구축

성장 기반 조성
-교육청-
작은 학교·학급 조성 및 교원 행정업무 경감
단위 학교 자율권 확대
우수 인력 지원 및 행·재정 지원 확대
혁신학교 연수 및 컨설팅·평가 강화

성장 지원·협력
-지역사회, 전문기관-
학교성장 자문·지원
자원봉사, 참여
지자체 협력체제 구축

학교를 역동적으로 만들고, 교원의 학습과 토의를 통해 이런 문화는 더욱 살아난다고 했다. 단위 학교 내에서 교육과정과 수업, 평가에 대한 교사들의 배움이 자발적으로 행해지고, 이것이 학생과 학부모로 전이되며 결국 교육과정을 통해 열매 맺어야 한다고 했다. 따라서 혁신학교는 교육의 본질에 집중하는 과정에서 교사·학생·학부모의 성장이 이루어지고, 지역학교에 선한 영향을 미치는 학교라 했다.

한편 2010년 혁신학교 정책을 시행한 6개 시도 중 한 곳인 전라북도교육청에서는 2014년에 혁신학교 운영모델을 새롭게 제시했는데, 다음과 같다.

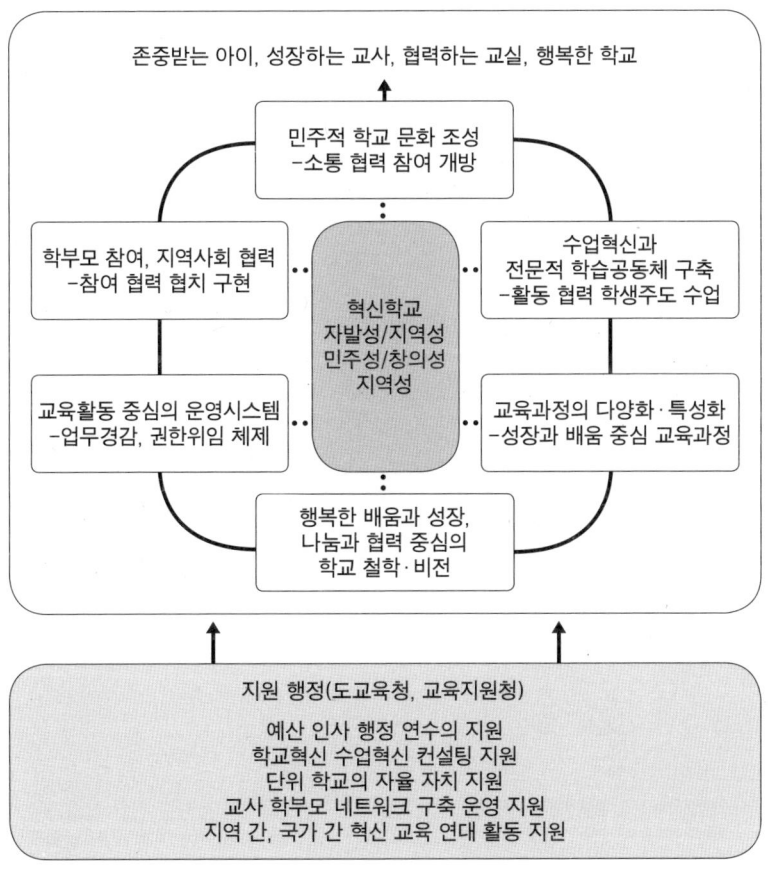

이 모델은 '2013 혁신학교의 학교효과성 분석'전북교육 2013-502, 교육
정책연구 2013-011에서 도출된 정책과제와 전북 최초로 시행된 제1기 혁신학교 종합평가 결과에 기초해서 만들어진 정책과제가 반영된 것이다.

'2013 혁신학교의 학교효과성 분석'에서 도출된 정책과제는 다음과 같다.

- 각 학교 교육과정 평가회 및 워크숍에서 설문 평가 결과를 토대로 심도 있는 논의를 거쳐 2014년도 교육과정에 반영하고 이를 토대로 질적 성장 방안 강구
- 2014 혁신학교 운영 기본계획에 반영 및 혁신학교 컨설팅 자료로 활용
- 지표상 가장 낮게 나타난 수업공동체 분야의 만족도 제고를 위해 단위학교의 교사 성장을 위한 학습공동체(독서 토론 등) 지원, 학교별·주체별 워크숍 및 연수 강화 필요(각 부서, 지원청, 직속기관 연계 협의)
- 배움과 성장 중심 수업공동체 형성을 위한 다양한 수업방법과 교과재구성 연수, 교사 워크숍 진행
- 초등 혁신학교는 안정적으로 운영되고 있으며, 2014학년도에는 이를 더 심화시킬 수 있는 깊이 있는 교육과정 운영에 초점을 맞추어 정책 추진
- 중·고등혁신학교 성장을 위한 교육과정 워크숍, 컨설팅, 연수, 교사 학생 관계 개선 프로그램 운영 등 집중적인 지원과 전문적인 학습공동체 구축 등 학교 자체의 자구 노력

제1기 혁신학교 종합평가의 결과는 다음과 같다.

- 초등학교: 4.29점(대체로 훌륭)
- 중·고등학교: 3.43점(보통)
- 초등학교는 전체적으로 '대체로 훌륭한' 수준에 도달하고 있음
- 중등은 1교를 제외한 모든 학교가 '보통' 수준으로 나타남
- 1기 혁신학교 전체 평균은 3.86으로 '보통' 수준으로 나타남
- 일반 설문지 척도로 점수를 환산할 경우 '대체로 훌륭' 수준임
- 초등학교: 민주적 리더십 형성 및 소통과 협력의 학교문화 정착 수준
- 중·고등학교: 입시 부담이 여전히 작용하며, 교과 간 소통 부족, 과밀학급과 학생 생활지도 문제와 업무 과중 등으로 초등에 비해 협력적 학교문화 형성이 다소 미흡

이 평가 결과에 따른 정책과제는 다음과 같다.

- 제2기 혁신학교에 대한 컨설팅, 학교 내 TFT 구성, 성찰과 성장을 위한 학습공동체 구축(독서 토론, 공동연수, 워크숍, 교육과정운영평가회), 혁신학교 간 네트워크 활성화
- 배움 중심의 수업혁신을 위한 연수와 실천 활동 지원
- 학교 공동체 구성원 간 혁신학교 철학과 비전 공유를 위한 공동 연수, 워크숍 등 기회 마련
- 업무 경감, 과밀학급 해소, 고교입시체제 전환 등 정책 대안 마련

두 정책과제를 반영한 결과 2013년 혁신학교 정책 슬로건인 '혁신학교를 넘어 학교혁신으로'는 2014년 전라북도교육청 주요 업무계획 슬로건으로 확대되었고, '존중받는 아이, 성장하는 교사, 협력하

는 교실, '행복한 학교'가 혁신학교의 상으로 수정되었다. 또한 2014 년 전라북도 혁신학교 정책의 3대 추진 과제로 성숙·확산·연대라 는 방향을 설정하고, 교육지원청의 역할을 중요하게 자리매김했다.

경기도교육청, 전라북도교육청의 운영 모델에서 보듯, 혁신학교 운영은 교육 주체들의 자발성에 기초하여 기존 교육의 문제를 해결 하며 교육의 본질을 찾아가는 일이었다. 이를 위해 교육청과 지역의 지원과 협력으로 학교는 '아침에 입을 벌려 학생들을 빨아들여 잠 수하고, 일과가 끝나면 물 위로 떠올라 학생들을 내뱉은 후 가라앉 는' 잠수함이 아닌 마을 교육공동체의 중요한 구성원으로 밑그림이 그려지기 시작한다. 또한 '위에서 내리꽂는' 개혁이 아닌 지역의 상 황과 문제, 구성원의 요구를 담은 '아래에서 위로' 향하는 개혁임을 알 수 있다.

혁신학교 정책의 시작은 진보 교육감이 당선되면서부터다. 가장 먼저 혁신학교 정책을 추진한 지역은 경기도로, 2009년 김상곤 교 육감이 취임하면서 본격화되었다. 2014년 이재정 교육감 이후 약간 의 노선 변경은 있었지만, 혁신학교 정책의 기본 철학 및 지향은 유 지·확산했다. 다른 지역도 대동소이하게 시작되고 진행되었다.

4. 혁신학교 정책의 일반화

2009년 시작된 혁신학교 운동은 교원의 자발성을 존중하고 교육 과정과 학교 운영의 혁신을 추구하는 총체적인 운동으로, 초등을 넘 어 중등도 함께 참여하면서 어느 교육정책보다 양적·질적 성장을 가져왔다. 그동안 학교개혁 운동이 교원과 학교 중심이었다면, 혁신 학교 운동은 학부모와 기초단체의 참여가 이루어지는 특징이 있다.

이는 경기도교육청이 교육자치 기관으로서 분명한 위상을 확립하는 계기가 되었다. 그동안 교육부 사업이 중심이고 시·도 교육청은 특색사업을 추진하는 형태였으나, 혁신학교는 지방 교육 자치기관인 경기도교육청이 국가 수준의 정책사업을 전개하며 전국적으로 확산시킨 적극적인 행정이었다.

혁신학교는 경쟁이 아닌 협력과 사회적 소통 능력, 곧 세계적인 혁신학교들의 가치를 중시했으며, 지식·기능 중심 교육을 지양했다. 내용 면에서 교육과정 혁신과 학교 운영시스템 혁신을 공유하며, 추진 방식도 세계적인 혁신학교들의 장점을 수용했다고 볼 수 있다.

그러나 국가 수준의 정책사업이 아니기에, 일반화 과정에서 어려움을 겪었다. 어떤 정책의 경제적 실현 가능성은 정책 실현에 드는 비용을 현재의 재정적 수준 또는 이용 가능한 자원으로 부담할 수 있는 정도를 의미한다.[권기헌, 2008] 그런데 경기도 혁신학교 정책은 교육감의 강력한 정책 실현 의지로 시작되었지만, 경기도의회의 지지가 있어 예산확보도 순조로웠다. 하지만 그렇지 않은 시도교육청은 예산 사용에 어려움이 있었다.

그런데 혁신학교 일반화 과정에 접어들면 혁신학교 수가 계속 늘고, 매년 신규 지정하는 혁신학교는 물론 운영 중인 학교에도 일정 예산을 제공해야 하기에, 막대한 재정이 소요된다. 따라서 단기적으로는 경제적 실현 가능성이 있지만, 중·장기적으로 볼 때 확산 또는 일반화 추진에 어려움이 있을 것으로 예상된다.[박승철, 2014]는 지적이 현실로 나타나며 문제로 작용했다.

각 지역의 혁신학교는 학교혁신을 위해 공통적으로 민주적인 학교문화 만들기, 수업 혁신과 창의적 교육과정 운영을 위한 전문적 학습공동체 구축, 교육활동 중심의 운영시스템 만들기 등을 위해 지속적인 정책을 고안했다. 그리고 '민주적인 운영체제'를 바탕으로 지속 가능한 발전 방향을 모색하기 위해 학교 비전과 철학을 만들고, 학교가 처한 여건과 상황을 반영한 학교 혁신과제를 추진했다. 또 이를 위해 소통과 협력의 학교문화를 형성하고자 노력했다.

다른 한편으로는 교육청이 학교의 본질적인 활동을 지원하기 위해 업무 경감 방안을 모색하고, 학교를 지원하는 데 힘을 쏟으려 했다. 또한 학교혁신의 지속을 위해 다양한 연수와 컨설팅을 진행했다. 그 결과 혁신학교 일반화까지 추진한 곳도 나타났다. 혁신학교의 성과를 일반 학교로 확산시키려는 일반화 전략은 혁신학교 도입 초기부터 각 지역에서 혁신학교 정책의 최종적인 지향점이었다.

다음은 경기도교육청, 전라북도교육청, 서울교육청의 혁신학교 일반화를 위해 추진한 내용이다.

	경기	서울	전북
일반화	•모든 학교를 혁신학교로 전환하기 위해 혁신학교 중심의 클러스터를 조직하고 혁신학교 인근 학교들의 자발성을 존중하는 클러스터를 운영 •혁신학교 정책 추진을 위한 지역교육청의 지원 및 역할을 제고하고 추진 방향을 제시 •2015년에는 혁신 공감 학교 지정을 통한 일반화 전략 추진	•2012년 단위 혁신학교 운영의 내실화 및 학교 혁신 성과 일반화를 도모하기 위해 혁신학교 간 네트워크인 자율협의체를 구성 •자율협의체를 통해 학교 간 경험 공유, 상호 학교 공개 등 다양한 활동을 자율적으로 펼침 •2015년 혁신학교 일반화를 위해 길잡이학교(본보기 혁신학교) 8개교 운영 •2015년 9월부터 '토론이 있는 교직원 회의' 추진을 통해 혁신학교 일반화를 위한 토대 구축	•2014년부터는 '혁신학교를 넘어 학교혁신으로'라는 슬로건을 내걸며 혁신학교의 성과를 일반화하고자 함 •2014년부터 '함께 만드는 우리 학교' 추진 :혁신학교의 성과를 일반학교에 제시하고 모든 학교의 공감과 동참을 이끌어내고자 함 •혁신 학년제 운영 •혁신교육 네트워크 운영 지원 •학교 혁신 연수 지원

경기도교육청은 혁신학교에 대한 만족감을 기반으로 2013년부터 '혁신학교 시즌II'를 시작했다. 2014년 3월 282개의 혁신학교와 300개의 준비교, 800개의 클러스터 참여학교를 지정하여, 전체 학교의

61.9%가 혁신학교 일반화에 참여하게 했다. 나아가 2015년까지 연차계획을 통해 혁신학교, 혁신학교 준비교, 클러스터 참여교 등으로 지정된 학교 수를 2,000교까지 확대하려 했다. 이는 전체 학교의 90%가 혁신학교 일반화에 참여하게 됨을 의미하는 것으로, 2015년에는 사실상 혁신학교 일반화가 완성된다고 예상했다.경기도교육청 학교혁신과, 2013, 2014

또한 모든 학교를 혁신학교로 전환하기 위해 혁신학교 중심의 클러스터를 조직하고, 혁신학교 인근 학교들의 자발성을 존중하는 클러스터를 운영했다. 이와 함께 혁신학교 정책 추진을 위한 지역교육청의 지원 및 역할을 제고하고 추진 방향을 제시했다. 또한 창의지성 학년을 추진하고, 혁신유치원을 지정·운영했으며, 지역 단위 혁신학교 연구회도 운영했다.

그러나 2기의 혁신학교 일반화 정책은 시행 과정에서 적지 않은 문제점이 나타났다. 백병부[2014]는 혁신역량을 갖춘 혁신 리더의 양성 속도에 비해 혁신학교 지정 및 일반화의 속도가 빨라, 혁신 리더의 소진과 고갈 현상이 심화할 수 있다고 지적했다. 이에 따라 혁신학교와 혁신학교, 혁신학교와 일반 학교의 네트워크가 약화되어 '무늬만 혁신학교'를 양산할 우려가 있다는 점을 고려해야 한다고 했다. 실제로 혁신학교 평가 및 컨설팅 자료에서는 혁신학교가 지향하는 철학과 운영 원리에 기반한 총체적 학교혁신에 이르지 못하고, 개별 프로그램을 나열하는 식으로 혁신학교를 운영하는 사례가 나타나고 있다고 지적했다.

혁신학교 클러스터의 경우도 혁신철학 이해 부족으로 클러스터 참여 학교 교사들의 자발성 확보에 어려움이 있었으며, 혁신학교 클러스터 중심학교의 업무 가중과 피로 누적, 일부 혁신학교 클러스터 협의회의 형식적 운영, 교육지원청별 지원 체제 및 지원 인력 역량의 수준 차 발생 등의 문제가 나타나고 있다.^{경기도교육청 학교혁신과, 2014}고 파악했다. 백병부²⁰¹⁴도 혁신학교 클러스터가 일반 학교의 혁신 교육 확산에 기여하기보다, 혁신학교의 부담과 핵심 인력의 소진 현상을 가속화하고 있다고 했다.

박승철²⁰¹⁴은 경기도 혁신학교 일반화를 성공적으로 추진하기 위해 학교혁신 역량과 실천 의지를 지닌 우수한 교원 양성과 확보가 핵심 전략임을 분명하게 인식하고, 이를 위한 실효성 있는 정책대안을 모색해야 한다고 했다. 또한 경기도의 지역적인 특성을 고려하여 오프라인과 온라인 교육체제를 함께 모색하고, 대학원 석·박사 과정과 연계하여 학교혁신 전문가 양성을 위한 노력을 확대해야 한다고도 했다. 나아가, 합리적인 수준에서 학교혁신 정책과 교원 승진제도 및 교장공모제, 교원 능력 개발·평가, 교원 연수, 연구년 등 교원 정책의 유기적인 연계를 모색할 필요가 있다고 했다. 이를 통해 학교혁신이 재정지원이 아니라, 교원 시스템을 통해 정착되고 확산하는 체제를 구축해야 한다고 정책적인 제언을 덧붙였다.

이런 연구들로 미루어 볼 때, 2기의 '혁신학교 시즌 II'는 인력양성 체계가 미비한 가운데 성급하게 숫자를 늘려 일반화를 추진함으로써 '무늬만 혁신학교'라고 일컬어지는 곳도 급속하게 늘어났으며, 혁신 주체들의 역량이 소진되기도 했다.

서울형 혁신학교의 일반화는 서울시교육청의 혁신학교 정책의 중요한 부분이다. 특히 혁신학교는 학교 구성원들의 민주적 학교 운영을 기본으로 하고 개혁을 추구하는 것이지만, 학교 안에 갇힌 활동만을 의미하지는 않는다. 그리하여 혁신학교 실천 경험이 우리나라 학교 전반에 영향을 미치게 하도록 자율협의체를 구성했다. 자율협의체의 역할은 혁신학교 운영 경험을 공유하고 상호협력하고 컨설팅해서 혁신학교 운영의 내실화와 학교혁신 성과를 일반화하기 위해 구성된 혁신학교 네트워크다.

서울시교육청은 2011년 학교급별·지역을 고려하여 5개의 혁신학교 자율협의체를 구성했다. 2012년 구성된 자율협의체는 학교 경험 공유, 상호 학교 공개 등 다양한 활동을 했다. 이 과정에서 교육청의 관여나 간섭은 최소화했으며, 활동의 자율성은 최대한 보장했다. 그 결과, 혁신학교에서 추진했던 교원업무 정상화가 교육청 정책으로 채택되어 모든 학교의 교원업무 정상화를 추진하는 계기가 마련되었으며, 교육과정 재구성이나 수업 혁신 사례가 공유되고 폭넓게 전파되는 효과가 나타났다.

한편 2015년도에 길잡이학교를 지정하여, 혁신학교 확산과 일반화를 시도했다. 길잡이학교란 혁신학교 운영을 지원하고 혁신학교 운영 성과의 일반화와 홍보역할을 위해 선정한 본보기 혁신학교다. 그러나 길잡이 혁신학교는 혁신학교로서 본보기였지만, 추가 행정지원이 이루어지지 않아 사업 추진에 어려움이 있었다.

학교혁신 일반화와 관련하여 서울시교육청이 2011년부터 중점적으로 추진한 정책이 학교업무 정상화다. 이 정책은 학교 교육의 본질 회복을 위해 긴요한 것으로, 학교를 교육행정 말단조직에서 교육조직으로 전환하려는 것이다. 서울시교육청은 2012년, 서울의 모든 학교에 학교 행정실무사를 배치하여 학교 업무 정상화의 기초를 마련했다.

또한 혁신학교 일반화 토대 구축을 위해 2015년 9월부터 "토론이 있는 교직원 회의"를 추진했다. 이는 '업무 전달 중심의 교직원 회의'를 '토론이 있는 교직원 회의'로 바꾸어 소통하고 협력하는 분위기를 확산하고, 학교 구성원들이 민주적 의사결정 과정에서 공동체에 대한 책임의식을 높이고, 교직원들의 참여를 적극적으로 확대·강화하며 혁신 미래 교육을 실현하려는 것이었다.

전라북도교육청은 혁신학교 정책 시행 3년 차에 이르러 혁신학교 구성원들의 행복한 성장 경험이 확산하고, 특히 초등을 중심으로 공교육 혁신 모델이 여러 곳에 생겨나면서, 학교혁신이 상당 부분 일반화될 수 있는 여건이 마련되었다. 이에 2013년부터 "혁신학교를 넘어 학교혁신으로"라는 슬로건을 내걸고 혁신학교를 통해 확인된 공교육 혁신 가능성과 내적 성과들을 일반 학교로 확산하기 위한 전략을 궁리하기 시작했다. 중점 추진 과제로 "혁신학교의 만족도 제고 및 일반 학교로 학교 혁신 확산"으로 정하고, '함께 만드는 우리 학교' 정책을 통해 혁신학교 성과를 일반 학교에 알리고, 일반 학교들의 공감과 참여를 이끌었다.

지금까지 경기, 서울, 전북교육청 혁신학교의 일반화 정책을 대략 살펴보았는데, 효율성 부분에서 문제가 있다는 지적이 있다. 경기의 경우는 앞서 제시했고, 서울의 경우는 길잡이학교들의 부담이 컸다는 것을 언급했다.

혁신학교 정책을 일반 학교까지 확산하려면 기존 혁신학교들이 높은 성장 수준에 이르러야 다른 학교에 영향력을 미칠 수 있게 된다. 몇몇 혁신학교들이 주목할 만한 공동체적 성장을 이루어 왔지만, 그 비율이 일반화로 자연스럽게 이어질 정도에 도달했는지 묻는다면 그렇다고 할 수 없다.

5. 혁신학교 정책의 성과와 한계

혁신학교 정책은 경기도가 시작이지만 전국적인 학교개혁 운동으로 확산하며 국가 교육정책 변화까지 가져왔다. 또한 성과와 쟁점이 공존한다. 이에 공교육 개혁의 모델을 넘어 미래 학교를 생각하는 관점에서 성과와 한계를 정확하게 파악하고, 그것을 넘어서서 앞을 내다볼 수 있는 정책 모색과 보완이 필요하다.

1) 혁신학교 정책의 성과

학교 개혁모델

혁신학교는 민주적 자치공동체와 전문적 학습공동체에 의한 창의적인 교육과정을 실현하는 공교육 혁신의 모델학교다. 민주적 자치공동체와 전문적 학습공동체는 배움과 성장을 일으키는 문화를 창출하기 위한 기본조건으로, 창의적인 교육과정은 조건에서 창출되는 교육과정·수업·평가의 총체적인 변화를, 공교육 혁신의 모델은 학교 본래의 의미인 배움과 돌봄이 일어나는 장소로 변화한다는 의미다. 그러므로 혁신학교는 결과적으로, 지난 수년간 국가에서 추진되었지만 성공하지 못했던 학교혁신 정책을 성공적으로 이루어내는 공교육의 모범사례를 보여준다고 할 수 있다.

혁신학교는 학교 주도의 혁신 문화를 만들어가는 특징을 지니며, 이는 학교 변화의 주체로서 학교와 교사의 역할을 강조하는 것이다. 혁신학교는 교육청이 개혁을 주도하는 학교가 아니라, 학교장의 섬김의 리더십, 소통과 전문성에 입각한 리더십을 통해, 구성원들의 신뢰와 자발성을 바탕으로 교사·학부모·학생들이 함께 좋은 학교를 만들어가는 방식을 중시하는 학교다. 즉, 학교 현장을 중심으로 교육을 개혁하는 문화를 만들어가는 형태로, 교육청은 학교의 자율성과 창의성, 실험정신을 지지하고 지원하는 역할을 한다. 이런 지원 속에 혁신학교는 수준 높은 교육과정을 운영하며 창의적이고 깊이 있는 수업이 이루어지게 하고, 학생들의 흥미와 재능을 자극하는 다양한 교육 프로그램을 진행하며 교육의 본질에 충실하려 했다. 또

지지와 지원을 통해, 학교 교육력을 높이고 21세기 한국 교육이 나아가야 할 미래지향적 가치를 학교 현실에서 구체적으로 실현해 가는 학교를 상정한다. 즉, 학교의 본질적인 모습을 찾는 새로운 모델이 되는 파일럿pilot 스쿨로서 의미를 부여할 수 있다.박승철, 2014

시대 흐름에 따른 교육의 변화를 주도하는 정책

혁신학교 정책은 미래지향적 교육철학과 학력관의 정립이라는 측면에서 교육의 변화를 주도했다. 전통적 학력관에 기초한 '한 줄 세우기식 교육'이 한국 교육의 진보를 가로막는다는 점에 광범위한 공감대가 형성되어왔음에도, 경쟁과 서열의 교육관이 지배하는 것이 현실이다. 한편으로는 창의성과 미래 역량을 강조하면서도 다른 한편으로 일제식 평가를 통한 획일적 통제 원리가 작동하는 것도 한국 교육의 모순점이라 할 수 있다. 그러나 혁신학교들에서 시행되는 다양한 교육적 실천(교육과정 재구성, 주제통합형 프로젝트 수업, 모둠협력 수업 등)은 학교급을 막론하고, 의미 있는 배움과 탐구 과정의 중시, 참된 평가 등이 한국의 교육 현장에서 자리 잡을 수 있음을 보여준다. 혁신학교들에서는 정책이나 이론 수준에서가 아닌, 학교 현장 수준에서 미래지향적인 새로운 학력관이 적용되고 안착되는 모습을 보여주는 점성열관, 2015에서 시대의 흐름을 주도한다고 보았다.

또한 혁신학교가 서양의 발도로프 학교나 핀란드 교육의 직접적인 영향을 받지는 않았지만, 대안학교 운동에 영향을 받은 발도로프 교육의 전통과 원리, 교육과정 등이 초등 혁신학교에 많은 영향을 미쳤으며, 교사의 자발성과 전문성을 중시하는 핀란드의 교육문화는 혁신학교의 추진 방향 설정에 영향을 미쳤다.백병부 외, 2014 혁신학교는 이런 전통과 문화의 영향을 받아 한국의 교육환경에서도 한국의 교육문제를 해결할 가능성을 정책으로 제시했다.

지금까지 우리는 교육에 대해서는 핀란드·덴마크·미국·캐나다 등 교육 선진국을 따라 배우고 싶어 했고, 교육정책의 모델을 다른 나라에서 가져왔다. 그런데 혁신학교는 우리나라뿐 아니라 여러 외국에서 관심을 갖고 찾게 되는 성과를 이루었다. 혁신학교 운동은 경기도를 넘어 전국적 혁신학교 교육 운동으로 사회적 확산을 가져왔고, 국가 교육정책 변화에 영향을 주고 있으며, 교육 선진국의 관심을 증가시킨[이광호, 2012] 정책이다. 또한 세계적인 변화와 한국의 신자유주의 교육정책 병폐를 극복하는 정책으로서, 시대의 흐름을 반영하고 교육의 흐름을 주도하는 총체적인 학교혁신이었다.

2) 교사들의 자발성을 학교개혁의 가능성으로 제시

학교혁신을 위해서는 교사들이 학습공동체의 주체가 되어야 하며, 지속적인 자기혁신과 전문성 신장을 도모해야 한다. 따라서 학교혁신의 가장 핵심적인 성공 요인이 학교 구성원에게 있지만, 교사들이 혁신을 주도적으로 이끌지 못했다.[성일제 외, 1998] 그 원인 중 하나로, 교사들의 개인적이고 폐쇄적이며, 보수적이고 관료적인 특성을 들 수 있는데, 교육개혁 정책을 포함한 학교의 변화에 부정적인 태도를 보여 왔기 때문이다.[박영숙 외, 2003] 또한 교육개혁 정책을 교육 현장에 제도화하려고 했지만, 교육계 전반의 정서로 체화되지 못한 채 겉돌고, 교원들의 냉소적 불만과 체념을 야기하는 모습도 나타났기 때문이다.[신현석, 2005]

우리나라의 학교혁신 운동으로는 열린 교육으로 대표되는 5·31 교육개혁이 있다. 국가경쟁력 강화라는 취지로 강력한 국가 주도의 교육개혁을 시도했지만, '위에서 아래로'의 수직적인 교육개혁은 학교 현장의 실질적인 변화를 이끄는 데 실패했다고 평가된다.[장훈, 김명수, 2011] 이러한 문제점을 극복하고 해결하려면 외적으로 투입되는 재정적·행정적 지원보다는 학교 현장의 참여를 이끌어내는 것이 효과적이고, 그 변화의 중심 주체로 교사의 역할^{Fullan, 2003}이 핵심이다.

혁신학교 성과분석^{백병부 외, 2013} 자료에 따르면, 일반 학교에 비해 혁신학교에서 구성원들의 협력적 의사소통을 바탕으로 한 민주적 자치공동체와 전문적 학습공동체가 구축되었고, 구성원들이 학교의 비전과 목표를 공유하며 학교 교육계획 수립과 학교 운영에 자발적이고 자율적으로 참여하는 것으로 나타났다. 그리고 다양한 활동을 통해 학생 중심의 수업문화 변화를 이뤄내 학생들의 동기 수준과 자존감을 높이고 있다.

성열관·이순철²⁰¹¹ 역시 혁신학교의 성공에는 개인의 수업 혁신은 물론 동료 교사들과 함께 학교문화를 총체적으로 전환하기 위해 적극적으로 발의한 '혁신 교사'들의 노력과 헌신이 있었음을 강조하며, 이들의 기저에 지역이나 단위 학교의 수많은 교사 연구모임들이 있었던 점을 인식해야 한다고 말한다. 혁신학교는 이들의 자기희생적 자세와 학교문화 혁신의 노력을 '자발성에의 제도화'라는 형태로 전파하고 있다는 것이다. 실제 혁신학교 실천에서, 학교 외곽에서 지속적인 고민과 성과를 축적해 온 교사들의 헌신과 노력이 그 출발점이었음은 사실이다. 학교 개혁의 일환으로 시작된 혁신학교는 지금까지 한 번도 추진하지 않은 새로운 형태의 학교개혁이 아니라, 국가주도 교육개혁의 한계와 교육의 시장화, 경쟁 논리의 교육적 폐해에 저항하고 미래 사회에 필요한 교육적 요청에 부응하고자 오랫동안 학교 현장에서 지속적인 문화적 실천을 벌여온 많은 교사의 자발적인 노력과 헌신이 그 바탕에 있었다고 볼 수 있다.^{한영욱, 2015}

한편, 혁신학교가 진보주의 성향 교육감의 당선과 함께 시작된 것만은 아니며, 시대 변화에 걸맞은 공교육이 이루어지기를 바라는 교육구성원들의 변화에 대한 기대와 교육의 본질에 집중하려는 교사들의 아래로부터의 실천에서 비롯된 것이라는 분석^{박종철, 2013}도 설득력 있게 다가온다. 특히 혁신학교가 기존 학교혁신 정책들과 구분되는 점으로, 오랫동안 진보주의 교사단체들을 중심으로 전개되어 온 참교육 운동, 배움의 공동체 운동, 작은 학교 운동, 새로운 학교 운동 같은, 현장 교사들의 지속적인 실천 운동에 기반한다.^{정진화, 2013}는 것이다.

혁신학교의 정책은 교사들의 참여와 전문성을 중요하게 여겼으며, 이러한 토양 위에서 역량 있는 교사들이 생겨났다. 이들 교사들은 혁신학교 정책을 수행하는 사이에 혁신 전문가가 되고 정책생산자가 되었으며, 이들을 통해 혁신학교의 성공이 이루어질 수 있었다.

6. 미래 학교로 도약하기 위한 과제

혁신학교가 이룩한 성과에서 공교육 희망을 확인하지만, 우려의 소리도 있다. 모든 혁신학교가 성공한 것은 아니라는 것, 양적 확대에 대한 불안, 혁신학교의 질적인 성장에 대한 지원 대책 등이 그것이다. 혁신학교가 공교육 모델학교로서 학교개혁의 성과를 보였다 하더라도, 아직 완결되지 않은 개혁이다. 혁신학교가 성공을 넘어 미래 학교로 도약하려면 다음과 같은 한계를 극복해야 한다.

1) 학교혁신 추진 동력 확보

혁신학교는 교직원의 자발성을 바탕으로 운영되는 학교다. 교육의 질이 교사의 질을 넘을 수 없다는 것은, 혁신학교가 교사의 질뿐만 아니라 학교를 구성하는 구성원 모두의 역량과 헌신을 필요로 하기 때문이다. 그렇다고 교직원의 헌신을 일방적으로 요구할 수는 없다. 교사들이 교육활동을 중심에 놓고 진지한 대화를 통해 생각의 공유를 이루어가는 일은, 학교의 교육활동을 새롭게 해나가는 것일 뿐만 아니라, 그 자체가 학습 과정으로서 교사 문화 변화를 이끌어 낼 필요가 있다. 그런데 이런 방식으로 학교문화를 바꾸는 일은 오랜 시간에 걸쳐 이루어지며, 쉽사리 기존 관행으로 돌아갈 수도 있다. 따라서 학교혁신의 결과나 성과를 섣불리 요구하지 말고 교사들의 자발적 노력을 끊임없이 지지하고 기다려주는 제도적 지원이 필요하다.한영욱 2015

아울러 교사뿐 아니라 혁신학교를 잘 알고 제대로 지원할 전문직을 양성하는 것 역시 중요한 과제다. 또한 학부모 관련 정책 등을 통해, 혁신학교의 자발성이 살아날 수 있는 플랫폼을 만들어가야 한다.

2) 학교혁신의 내실화

혁신학교 수가 늘어남과 함께, 질적인 성숙도 담보되는 정책을 마련해야 한다. 혁신학교라고 해서 모두가 같을 수는 없고 질적인 편차가 나타날 수 있다. 일반화라는 명목으로 무한정 혁신학교를 늘리기도 어렵다. 이런 점을 감안하며 혁신학교의 내실을 꾀할 수 있는 정책을 마련해야 한다.박승철 2015 그런 차원에서 혁신학교의 전제조건이라 할 수 있는, 교사의 자발성을 통한 내부 개혁이 가능하도록 환경 구축이 우선되어야 한다. 즉, 교사들이 행정 업무보다 수업과 학생 지도에 집중할 수 있도록 업무 환경을 개선하고, 자발적으로 학교 개혁에 앞장설 수 있는 지원 정책과 제도가 마련되어야 한다.유경훈 2012 이는 혁신학교를 지원할 수 있는 체제 강화와 관련된 것으로, 혁신학교가 구성원의 열정을 유지하며 발전할 수 있는 체제와 시스템이 필요하다는 것을 말한다. 혁신학교의 디딤돌은 교사들이 교육에 전념할 수 있는 근무 환경 조성이다. 학생 수 25명 내외의 학급 편성, 행정실무사 배치를 통한 교원업무 경감 지원, 혁신학교 구현을 위한 관리자 연수 등, 혁신학교 내실화가 그것이다.

혁신학교 내실화의 구체적 내용으로는, 교육과정과 수업, 평가가 제대로 되는 것이다. 이를 위해 학교 실정에 맞는 적극적인 질 관리 전략이 요청된다. 선진적 리더 그룹이 없는 학교의 경우, 자체적인 전문적 학습공동체만으로는 전문성을 신장시키기 어렵다. 이런 경우에는 맞춤형 컨설팅이나 학교 간 네트워크 등 외부 지원시스템이 작동되어야 한다.

3) 시·도 교육청과 교육지원청의 기능과 역할

학교혁신을 위해서는 교육청과 교육지원청 혁신도 동반되어야 하는데, 학교혁신의 원리가 교육청과 교육지원청에도 작동되고 있는지 철저하게 확인해야 한다. 학습공동체와 민주적 의사소통, 일하는 방식의 개선, 현장 지원 중심의 조직 형태는 혁신학교에 주문하는 사항으로, 교육청과 교육지원청도 이러한 점들이 작동하고 있는지 냉철하게 성찰해야 한다. 일하는 방식의 개선, 관행과 의전 타파, 현장 중심 조직개편, 인사 혁신 등이 교육청과 교육지원청 내부에서 일어나야 한다. 잘못하면 학교혁신의 속도를 교육청과 교육지원청이 따라가지 못하는 혁신 지체 현상이 발생할 수도 있다.[박승철 2015]

4) 전체 학교혁신으로 확산

혁신학교를 통해 전 학교의 혁신을 이끌어 결과적으로 교육개혁의 효과를 만들어야 한다. 혁신학교는 그 자체가 목적이 아니며, 혁신학교와 비혁신학교로 구별하기 위한 개념이 아니다. 혁신학교는 지역의 학교에 좋은 영향력을 미치는 데 의의를 두며, 혁신학교를 넘어 학교혁신을 지향해야 하는 이유가 여기에 있다. 혁신학교에 대한 정서적 거부감이라든지 학교혁신의 필요성을 별로 못 느끼는 교사들도 적지 않다. 교사가 학교혁신의 필요성을 느껴도 학교장의 지원과 의지라는 환경이 뒷받침되어야 하며, 의지를 넘어 일정한 전문성도 요구된다. 그러다 보니 혁신학교가 잘 성장하는 것과 인근 학교가 성장하는 것은 별개일 수 있다. 이를 추동하기 위해 클러스터라든지 연구회 활성화, 공감 학교 등의 다양한 사업을 펼쳤지만 속도가 따라가지 못했다. 혁신학교는 자발성을 전제로 움직이기에, 확산 속도가 느릴 수밖에 없다. 그러므로 모든 학교에 혁신 교육이 진행되도록 추진해야 한다.박승철 2015

5) 혁신학교 조례 등 제도적 장치

혁신학교가 공교육 혁신모델로 지속 가능하려면 혁신학교 조례 제정 등의 제도적 장치가 필요하다. 공교육은 기본적으로 '순환근무제'라는 구조적 한계를 지닌다. 순환근무제를 단순화해서 볼 수는 없지만, 혁신 교육의 지속가능성을 놓고 보면, 큰 장애요인이다. 교장과 교사들이 헌신을 다해서 학교를 만들었을지라도 시기가 되면 누군가는 나가야 하고, 누군가는 들어와야 한다. 그리고 새로 들어온 교사들은 새로운 학교문화에 익숙해지는 데 또 시간이 소요된다. 이런 구조적 한계를 극복할 수 있는 정책이 뒤따라야 한다.박승철 2015

이에 '혁신학교 지정·운영을 위한 조례'가 있고 그 속에 혁신학교 추진운영위원회 설치 및 기능, 혁신학교 지정과 운영, 중간평가와 재지정, 혁신학교에 대한 행정적·재정적 지원 및 교원 인사·연수 지원 등에 대한 규정을 구체적으로 명시해야 혁신학교의 지원 근거가 확립된다. 이렇게 될 때 혁신학교는 안정적으로 지속된다.

6) 학교장의 민주적 리더십

혁신학교 추진 과정에서 많은 교사가 교장의 리더십 부재 문제를 제기했다. 기존 관료주의적 문화에 익숙한 교장·교감의 지시 명령 일변도의 학교 운영으로, 학교장에 대한 신뢰가 구성원의 신뢰 가운데 가장 낮은 것으로 나타났다. 이런 현상은 교원들의 학교혁신에 또 다른 장애요인이 되고 있다.[이광호 2012] 이런 현상의 근본적 원인은 근무평정에 의한 승진제도에 있음이 김성천[2011]의 연구에 잘 나타나 있다. 그는 학교혁신이 가능해지려면, 교장 리더십이 직위 중심이 아닌 가치와 비전 제시를 통한 공동체적인 선발 과정이 필요하며, 선발 과정이 혁신적으로 변해야 한다는 점을 언급했다.

따라서 공동체적인 학교문화에서 성장한 교사가 교장으로 임용되어 훌륭한 리더십을 발휘할 수 있는 구조와 환경이 만들어져야 한다. 지금까지의 승진 점수에 기반한 연공서열식 학교장 승진제도에서는 교육활동 성과가 개인의 능력에서 기인하는 것으로 인식될 수밖에 없었다. 여기서 교장은 학교를 교장 개인의 교육적 신념을 실현하는 공간으로 인식하는 리더십의 한계를 갖게 된다. 따라서 학교 공동체에서 교사로서의 전문적 학습과 인간적인 신뢰를 바탕으로 협력적 공동체를 만들려는 부단한 노력을 기울여야 한다. 그리고 갈등과 어려움을 극복하면서 성장하는 '잠재적' 리더들 중, 학교혁신에 대한 분명한 가치와 비전을 지닌 교사들이 학교장이 될 수 있도록, 공모제나 교장 선출보직제 같은 다양한 학교장 임용 제도의 개방과 확대가 필요하다.[한영욱 2015]

7) 대학입시 문제와 대면

마지막으로 고등학교에서 혁신학교를 운영하게 될 때 부딪치는 가장 큰 어려움은 '혁신학교에서 추구하는 교육적 가치가 과연 입시에도 유효할 수 있는가?' 하는 점이다. 그래서 일반계고의 혁신학교 모델 확산이 필요한데, 혁신학교를 보면 대체로 초등학교와 중학교 모델이 많은 편이며 일반계고는 많지 않다. 명문대 진학에 관심이 큰 상황에서, 혁신학교에 관한 학부모의 불안감이 적지 않은 데는 이유가 있다. 학부모들은 혁신학교를 아슬아슬하게 '줄타기하고 있는 광대'로 본다. 혁신학교의 효과를 초등학교와 중학교까지는 수긍하지만, 고등학교에서는 고개를 갸우뚱한다. 대학입시라는 '블랙홀' 때문이다.[이광호 2012]

따라서 혁신 고등학교들이 한국 사회 교육 문제의 근본적인 문제로 지적되는 입시 위주의 경쟁체제에서, 학생과 학부모의 진학에 대한 요구, 혁신학교의 학업성취 성과에 의문을 제기하는 외부적 상황에 대응할 수 있어야 한다. 이는 '혁신학교 교육철학'과 '입시'라는 두 가지 목표를 어떻게 조화·타협해 가는가에 대한 성공 사례를 만들 것인가의 문제다. 교육과정을 통해 학생들에게 의미 있는 성장 스토리를 만들어내는 것이 대입에서 결코 불리하지 않다는 인식이 확산해야 하고, 이를 위해서는 대입제도 개혁이 불가피하다.[박승철 2015]

한편, 강희룡[2015]은 혁신학교는 개혁주의에 매몰되지 않는 개혁 non-reformist reform의 모범적 실천 사례로 기록될 수 있으며, 그런 의미에서 진보 교육감 시대에 혁신학교의 성과를 받아 안는 것은 중요한 일이라고 보았다. 그러면서도 혁신학교로만 모든 에너지가 투입되는 것은 분명한 한계를 지닐 수밖에 없다고 했다. 그리고 그 핵심에는 혁신학교 운동의 기저를 이루는 공교육 정상화 담론의 한계가 있다고 보았다. 그는 학교개혁을 교육체제 전반에 대한 새판 짜기라는 관점에서 바라봐야 할 때가 왔다고 보며, 이는 학교 울타리를 넘어 사회 전체의 구조 개편에 대한 요구와도 직결되어야 한다고 했다. 그렇다면 박승철이 말한 대입제도 개혁은 사회 전체의 구조 개편과 연결되어야 현실적으로 가능하다는 의미로 이해할 수 있다. 이는 사회·문화적인 풍토가 바뀌지 않는 한 혁신학교의 길은 험난하다고 지적한 이광호[2012]의 의견과 같다.

참고문헌

강충렬 외(2013). 학교혁신의 이론과 실제. 지학사.

강희룡(2015). 공교육 정상화, 혁신학교, 그리고 절합의 정치학. 교육과정 연구 33.

권기헌(2008). 정책학. 박영사.

경기도교육청(2012). 2012 혁신학교 추진 계획. 미간행 유인물.

경기도교육청. 혁신교육백서(2013)

경기도교육청(2013). 2013 혁신학교 추진 계획. 미간행 유인물.

경기도교육청(2014). 2014년 혁신학교 추진 기본 계획. 미간행 유인물.

경기도교육청(2015). 2015년 혁신학교 운영 기본 계획. 미간행 유인물.

경기도교육연구원(2012). 경기도 혁신학교 성과분석. 경기도교육연구원.

경기도교육청. 2013 혁신학교 운영 성과 보고서(중등).

경기도교육청. 2013 혁신학교 운영 성과 보고서(초등).

김성천(2012). 혁신학교란 무엇인가?. 맘에드림.

김성천 외(2011). 교육공무원 인사제도 혁신방안 연구. 교육문화연구 제23권 제3호.

박승철(2014). 경기도 혁신학교 정책 평가 연구. 박사학위 논문. 중부대학교대학원.

박영숙·전제상(2003). 교직 활성화를 위한 교직문화 변화 전략 개발 연구. 한국 교육개발원.

박종철(2013). 혁신학교 교사의 민주적 의사소통 경험에 관한 연구. 석사학위 논문. 서울대학교대학원.

박일관(2014). 혁신학교 2.0. 에듀니티.

백병부, 송승훈, 남미자, 이경아(2013). 경기도 혁신고등학교 성과분석. 경기도교육연구원.

백병부, 성열관, 하봉운(2014). 경기도 혁신학교 중장기 발전 방안 연구. 경기도교육연구원.

성열관, 이순철(2011). 한국 교육의 희망과 미래 혁신학교. 살림터.

성열관, 이윤미(2015). 혁신학교의 성장과 현 단계에서의 과제. 교육정책넷 학술대회 자료집.

성일제, 이종태, 강태중, 류방란(1998). 학교개혁의 실현을 위한 전략 탐색. 한국 교육개발원.

신현석(2005). 교육개혁의 이념과 철학: 교육개혁 10년의 반성과 과제. 교육정치학회연차학술대회자료집.

유경훈(2012). 국내 혁신학교 연구 동향 분석. 교육행정학 연구 3.

이광호 외(2012). 혁신학교 성과 분석 및 확산 방안 연구. 경기도교육청.

이중현(2017). 혁신학교는 지속 가능한가. 에듀니티.

장훈, 김명수(2011). 경기 혁신학교 운영 사례 분석: 초등학교 사례를 중심으로. 학습자 중심교과교육연구. 11(1), 311-333.

정진화(2013). 교사 주도 학교개혁 운동에 관한 연구. 서울대학교 박사학위 논문.

한영욱(2015). 혁신학교의 교사문화 형성에 관한 질적 사례 연구. 한국교원대학교 대학원 석사학위 논문.

Fullan, M.(2003). Change forces with a vengeance. London: Routledge Falmer.

● 박현숙

장곡중학교 교사. 교사에서 수석교사를 거치며 혁신학교 운동에 푹 빠져 있다가 마을교육공동체의 중요성을 느껴 학교를 휴직하고 시청 기간제 공무원으로 시흥행복교육지원센터에서 학교와 지자체, 마을을 잇는 일을 했다. 지금은 교사로 돌아와 마을과 함께 다양한 일을 도모하고 있다. 혁신교육, 마을교육공동체, 미래교육은 표현만 다를 뿐, 같은 뜻이라 생각한다. 앞으로 펼쳐질 삶을 재미있게 할 놀거리를 구상하고 있다.

6.
발달과 선발의 긴장을 넘어
미래지향적 학력관 모색하기

함영기_연세대학교 교육학부 비전임교수

1. 교실을 지배하는 논리

초등학교 5학년 교실 풍경을 들여다보자. 쉬는 시간에 아이들이 모여 앉아 이야기를 나눈다. "너 수학 학원 어디 다녀?", "나 중1 영어 과정 한번 끝냈어.", "난 아직 중학교 과정 선행 시작 안 했는데?" 열한 살 아이들이 하는 말이다. 중학교에 가면 풍경이 달라질까? 달라지기는커녕 더 팍팍해진다. 아이들은 고등학교 과정을 앞당겨 공부하느라 학교 수업을 '복습 시간' 취급하고, 학원에서 받은 문제집을 교실에서 푼다. 고등학교에 이르면 삶 전체가 입시 중심으로 재편된다. 수능 몇 점, 내신 몇 등급이 자신의 가치를 결정한다고 믿는 아이들은, 시험과 무관한 모든 경험을 사치로 여긴다. 초등학교부터 고등학교까지, 학원 순례는 끝나지 않는다. 수학, 영어, 국어는 기본이고, 코딩에 논술, 입시 컨설팅까지 종류도 많다. 고등학생의 경우 밤 11시가 되어야 집에 돌아온다. 특정 지역, 특정 계층의 이야기가 아니다. 오늘날 한국의 학교와 가정에서 흔히 볼 수 있는 풍경이다.

교육은 '미래 역량'을 강조하면서도 현실에서는 과거의 학습 방식을 따라 왔다. 이상으로는 창의성과 문제해결력을 말하지만, 현실에서는 선행학습과 암기 위주의 학원 교육을 기정사실로 받아들인다. 협력을 가르치면서도 경쟁체제에 아이들을 가두는 모순은 개인의 선택이 아니라 시스템 문제다. 부모는 진학에 '유리한' 선택을 하고, 교사는 무력감을 느끼며, 아이들은 그 사이에서 지쳐간다. 교사들은 입문 과정에서 "발달 단계에 맞는 교육을 해야 한다"라고 배웠지만, 아이들 앞에 서면 종종 이상과 현실을 혼동한다. 학부모들도 마찬가지다. 그들은 "남들 다 하는데 우리 아이만 안 시킬 수 없다"라고 말한다. '협력적 배움'은 문서 속 구호로 남아 있다. 아이들은 '높은 성취'에 대한 끊임없는 압박 속에 생활한다. 오늘날 한국의 교실을 지배하는 논리는 무엇일까.

1) 점점 빨라지는 상급학교 진학 준비

초등교육은 그 자체로 의미 있는 교육의 시기가 되어야 하지만, 현재 초등학교는 상급학교 진학 준비 역할을 하고 있다. 나아가 중학교는 고등학교를, 고등학교는 대학을 준비하는 곳이 되면서, 교육의 모든 시기가 다음 단계를 위한 도구가 되었다. 아동기는 그 자체로 존중받아야 할 삶의 중요한 시기임에도, 성인들은 아이들에게 "지금은 참고 준비해야 나중에 좋은 결과를 얻는다"라는 지연된 만족의 논리를 강요한다.

초등학교 1학년 학부모는 입시 전문가에게 이렇게 질문한다. "우리 아이가 중학교 가서 뒤처지지 않으려면 지금 무엇을 시켜야 하나요?" 여섯 살, 일곱 살 아이에게 10년 후를 준비하라고 하는 부모. 현재를 희생하며 미래를 준비하는 것이 정말 합리적일까? 그렇게 준비한 미래가 과연 도래하기는 하는 것일까?

2) 입시 지배력의 하향 침투

대학입시 제도는 고등학교를 넘어 중학교, 초등학교까지 그 영향력을 뻗치고 있다. 수능 중심 체제에서 학생부종합전형 체제로, 그리고 다시 수능 비중 확대로. 입시 제도가 바뀔 때마다 가장 먼저 반응하는 것은 학부모들이다. "이제 내신이 중요하대요", "수능 수학이 어려워진대요", "생활기록부에 어떻게 적혀야 하나요?". 대학입시의 압박은 초등학생들에게 실시간으로 전달된다.

특히 특목고나 자사고 진학을 염두에 둔 가정에서는 초등학교 때부터 전략적으로 준비한다. 영재교육원, 각종 경시대회, 인증시험 등이 초등학생의 시간표를 채운다. 초등학교 6학년 담임교사는 말한다. "반 아이들의 절반 이상이 중학교 수학을 선행하고 있어요. 이 아이들은 학교 수업이 너무 쉽다고 불평합니다. 하지만 정작 수학적으로 사고하는 힘은 약해요."

3) 과잉 사교육 일상화

통계청 자료[2026]에 따르면 2025년 기준 초·중·고등학생의 사교육 참여율은 75.7%에 이른다. 월평균 사교육비는 45만 8천 원으로 나타났다. 참여 학생 기준으로는 월 60만 원이 넘는다.[1] 이는 평균치이므로, 실제로 사교육에 집중적으로 투자하는 가정의 지출은 이보다 훨씬 높다. 질적으로나 양적으로나 학원이 학교보다 더 많은 시간을 점유하고, 더 강력한 영향력을 행사한다. 문제는 사교육이 학습이 부족한 부분을 보충하는 것을 넘어, 학습의 주도권을 장악했

---

1. 통계청(2026)이 밝힌 2025년 초·중·고등학교 사교육비 조사 결과에 따르면 사교육비 총액은 27.5조 원, 사교육 참여율 75.7%, 사교육 주당 참여 시간 7.1시간, 학생 1인당 월평균 사교육비는 45.8만 원(참여 학생 기준 69.4만 원)이다. 전년에 비해 사교육 참여율, 주당 참여 시간, 전체 학생 사교육비가 모두 소폭 감소한 것으로 나타났으나 참여학생의 1인당 사교육비는 전년 대비 2.0% 증가했다.

다는 점이다. 학교는 형식적 교육기관이 되고, 실질적 학습은 학원에서 이루어진다. 학원에서 선행학습을 한 아이들로 가득한 교실에서, 교사는 무엇을 어떻게 가르쳐야 할지 혼란스러워한다. 수업 내용을 이미 다 아는 아이들과, 기초가 부족한 아이들이 한 교실에 섞여 있다. 더 심각한 것은 사교육이 만들어내는 위계와 서열이다. "어느 학원 다니느냐"가 아이들 사이에서 지위의 상징이 되고 있다. 선발을 거쳐 들어가는 명문 학원 아이들끼리 어울리고, 그렇지 못한 아이들은 소외된다. 교육이 통합과 연대가 아니라 분리와 배제를 만들어내는 형국이다.

4) 선행학습의 정당화

"남들 다 하는데 우리만 안 할 수 없다"라는 불안이 선행학습을 정당화한다. 초등학교 저학년부터 중학교 과정을 선행하고, 중학생은 고등학교 과정을, 고등학생은 오로지 수능에서 높은 점수를 받기 위해 반복적 문제 풀이에 몰두한다. 빨리 나가는 것이 곧 실력이라는 착각이 만연한다. 하지만 인지발달에는 단계가 있으며, 각 단계에서 충분히 경험하고 이해해야 다음 단계로 견고하게 나아갈 수 있다. 피아제는 "인지발달은 성숙, 경험, 사회적 상호작용, 평형화의 복합적 과정"이라고 했다. 선행학습은 이 중 '경험'과 '평형화'를 생략한 채 단편적 지식만 주입한다.선행학습의 폐해는 명확하다. 첫째, 개념에 대한 피상적 이해만 남는다. 문제는 풀 수 있지만 왜 그런지 설명하지 못한다. 둘째, 학습의 즐거움을 잃는다. 새로운 것을 알아가는 기쁨 대신 이미 아는 것을 확인하는 지루함만 남는다. 셋째, 학교 수업에 대한 존중이 사라진다. "이미 다 배웠는데 왜 또 해야 해요?"라는 태도는 배움의 분위기를 무너뜨린다.

5) 발달을 앞당기려는 조급함

우리 사회는 아동기의 고유한 가치를 인정하지 않는다. 아이들은 빨리 자라야 하고, 빨리 성숙해야 하고, 빨리 성과를 내야 한다. 6세 아동에게 책상 앞에 앉아 공부하기를 요구하고, 9세 아동에게 경쟁에서 이기는 법을 가르친다. 놀이는 시간 낭비로 치부되고, 또래와의 자유로운 어울림은 '학습 시간을 빼앗는 것'으로 간주된다. 발달심리학자 데이비드 엘킨드[1981]는 이를 '서두르는 아이들The Hurried Child' 현상이라 명명했다. 그는 아이들이 아동기를 충분히 누리지 못하고 조기에 어른의 역할과 책임을 떠맡게 될 때, 정서적 불안정, 자아정체성 혼란, 스트레스 증가 등의 문제가 나타난다고 경고했다. 이 경고 앞에서 해야 할 질문은 무엇일까. "우리는 아이들을 더 빨리 어른으로 만들려 하면서, 정작 그들이 아이로서 누려야 할 경험을 박탈하고 있지는 않은가? 더 나은 미래를 준비한다는 명목으로, 현재의 행복을 저당 잡히고 있지는 않은가? 경쟁에서 이기는 법은 가르치면서, 함께 사는 법은 가르치지 못하고 있지는 않은가?" 이 질문들에 답하기 위해, 시대를 관통하는 교육관을 다시 확인해야 한다.

2. 두 가지 교육관: 뿌리와 지향의 차이

'발달 중심 교육관'은 계몽주의 시대 장 자크 루소[1762]의 자연주의 교육론에서 근대적 형태를 갖추기 시작했다. 루소는 그의 대표 저서 『에밀』에서 "모든 것은 창조주의 손에서 나올 때는 선하지만, 인간의 손에 들어가면서 타락한다"라고 선언하며, 교육이란 아동의 자연스러운 발달을 방해하지 않고 보호하는 것이라고 주장했다. 이는 당시 지배적이던 '원죄론'에 기반한 억압적 교육관에 대한 근본적 도전이다.

19세기 스위스의 교육자 요한 하인리히 페스탈로치[1801]는 루소의 이상을 실천으로 옮겼다. 그는 머리(지성), 가슴(감성), 손(기능)의 조화로운 발달을 강조하며 전인교육의 토대를 마련했다. 페스탈로치는 가난한 아이들을 가르치며 '교육은 사랑'이라는 명제를 몸소 실천했다. 그에게 교육은 지식의 전수가 아니라 한 인간의 가능성을 꽃피우는 과정이었다.

20세기 들어 존 듀이[1938]는 미국 진보주의 교육운동을 이끌며 경험 중심 교육을 체계화했다. 듀이[(1916]는 "교육은 삶 그 자체이지, 삶을 위한 준비가 아니다"라는 유명한 말을 남겼다. 그는 아동이 실제 삶의 문제를 해결하는 과정에서 배우며, 그 과정 자체가 의미 있는 경험이 되어야 한다고 보았다. 듀이에게 교육과정은 미리 정해진 지식의 목록이 아니라, 학습자의 흥미와 필요에서 출발하여 점진적으로 확장되는 경험의 연속이었다.

장 피아제[1952]에 따르면 인지발달은 성숙, 경험, 사회적 상호작용, 평형화가 복합적으로 작용하는 과정이다. 피아제는 아동이 성인의 죽소판이 아니라 독특한 사고방식을 지닌 존재임을 밝혔다. 감각운동기, 전조작기, 구체적 조작기, 형식적 조작기로 이어지는 발달 단계를 통해, 아동의 인지구조가 질적으로 변화함을 보여주었다. 이는 교육이 아동의 발달 단계에 맞추어 이루어져야 함을 과학적으로 입증한 것이라 할 수 있다.

비고츠키[1978]는 인지발달을 개인 내부의 고립된 과정이 아닌, 타인과의 상호작용을 통해 이루어지는 사회문화적 역동성의 산물로 보았다. 그는 아동이 혼자서는 해결할 수 없지만 성인이나 유능한 동료의 도움을 받으면 도달할 수 있는 '근접발달영역ZPD'을 제시하며, 학습이 발달을 앞질러 성장을 견인할 수 있음을 증명했다. 특히 언어를 단순한 표현의 수단이 아닌 사고를 구성하는 핵심적인 심리적 도구로 규정했는데, 이는 외부의 사회적 경험이 '내면화Internalization'를 거쳐 고등 정신 기능으로 전이되는 과정을 과학적으로 설명한 것이다. 그의 이론은 교육을 단순한 지식 전달이 아닌, 학습자의 성장을 정교하게 지지하는 '비계 설정Scaffolding' 과정으로 재정의하는 중요한 근거가 되었다. 발달 중심 교육관은 다음과 같은 핵심 가치를 공유한다.

첫째, 아동의 내재적 발달 가능성을 믿는다. 아동은 본래 배우고자 하는 욕구와 함께 태어나며, 적절한 환경에서는 스스로 성장한다. 교사의 역할은 지식을 주입하는 것이 아니라, 아동의 내적 동기를 일깨우고 성장을 촉진하는 것이다. 마리아 몬테소리[1949]가 강조했듯이, 아동에게는 아직 실현되지 않은 인간의 가능성이 있다.

둘째, 전인적 성장과 균형 발달을 추구한다. 인간은 인지적 존재일 뿐 아니라 정서적, 사회적, 신체적, 심미적 존재다. 어느 한 측면만 발달하고 다른 측면이 위축되면 온전한 인간이 될 수 없다. 발달 중심 교육은 '전인Whole Person'으로서의 성장을 지향한다.

셋째, 과정으로서 교육과, 경험의 질을 중시한다. 중요한 것은 무엇을 얼마나 많이 아느냐가 아니라, 어떤 질의 경험을 하느냐다. 듀이가 강조했듯이, 모든 경험이 교육적인 것은 아니다. 성장을 촉진하는 경험도 있고, 저해하는 경험도 있다. 교육자는 아동에게 '성장하는 경험Educative Experience'을 제공해야 한다.

넷째, 개별성과 다양성의 존중이다. 모든 아동은 고유한 발달 속도와 관심, 재능을 가지고 있다. 획일적 기준으로 모든 아이를 평가하고 서열화하는 것은 폭력이다. 하워드 가드너[1983]의 다중지능 이론이 보여주듯, 지능도 단일하지 않으며 다양한 영역에서 발현된다.

한편, 선발 중심 교육관은 근대 산업사회의 요구와 밀접하게 연결되어 있다. 19세기 말~20세기 초, 산업혁명으로 대량생산 체제가 확립되면서 교육에도 효율성과 표준화의 논리가 적용되었다. 테일러의 과학적 관리법이 공장에 적용되었듯이, 교육에도 '사회적 효율성 Social Efficiency' 원리가 도입되었다. 이 시기 미국 교육학자 프랭클린 보빗[1918]은 교육을 산업 생산 과정에 비유하며 '투입-산출 모델'로 이해했다. 그는 학생을 가공해야 할 '원료'로, 교육과정을 '제조 공정'으로, 졸업생을 '완제품'으로 보았다. 이런 사고방식은 교육 목표를 명확하게 정의하고, 성취를 객관적으로 측정하며, 효율적 관리를 강조했다.

선발 중심 교육관은 '능력주의Meritocracy'적 사고와 깊이 결합한다. 마이클 영[1958]이 『능력주의의 부상The Rise of the Meritocracy』에서 풍자적으로 그렸듯이, 능력주의는 '지능과 노력'에 따라 사회적 지위가 결정된다는 관점이다. 이는 귀족제나 세습제에 비해 진보적으로 보였지만, 실제로는 새로운 형태의 위계와 불평등을 정당화하는 논리가 되었다.

한국 사회에서 선발 중심 교육관은 강력한 힘을 발휘했다. 해방 이후 급격한 산업화와 근대화 과정에서, 교육은 계층 상승의 가장 확실한 수단으로 여겨졌다. "개천에서 용 난다"라는 속담은 교육을 통한 신분 상승 가능성을 표현했고, 이는 교육열의 원동력이 되었다. 문제는 이 과정에서 교육이 그 자체로서의 가치를 잃고, 오직 선발과 배치의 도구로 전락했다는 점이다. 선발 중심 교육관은 다음과 같은 논리로 작동한다.

첫째, 교육의 도구적 가치를 강조한다. 교육은 그 자체로 의미 있는 활동이 아니라, 더 나은 미래를 위한 수단이다. 좋은 대학에 가고, 좋은 직장을 얻고, 높은 소득을 올리는 것이 공부의 동기로 작용한다. "왜 공부해야 하나요?"라는 질문의 답은 늘 '미래의 무언가'를 향해 있다.

둘째, 측정할 수 있는 성취와 서열화를 추구한다. 복잡하고 다면적인 인간의 능력을 단일한 척도로 환원하여 측정하고 서열화한다. 시험 점수, 등급, 석차가 한 사람의 가치를 대표하는 것처럼 취급된다. 창의성, 공감 능력, 협력 능력 등은 측정하기 어렵다는 이유로, 또는 결과가 공정하지 않다는 이유로 평가에서 배제되거나 주변화된다.

셋째, 경쟁을 통한 동기부여와 효율성 추구다. 경쟁이 학습동기를 높이고, 더 나은 성과를 이끈다고 믿는다. 상대평가, 석차, 등급제는 학생들을 끊임없이 비교하고 경쟁시킨다. 쉽게 확인되지 않는 내재적 동기보다는 경쟁에서 이기면 얻게 될 지위를 앞세워 외재적 동기를 부추긴다.

넷째, 결과로 말하는 학력, 즉 점수의 객관성을 중시한다. 과정보다 결과가, 노력보다 성취가, 성장보다 현재의 수준이 중요하다. 100점 만점에 95점을 받은 학생과 70점을 받은 학생은 분명히 다르며, 그 차이는 객관적이고 공정하다고 믿는다. 그 점수가 정말 무엇을 의미하는지, 두 학생의 실제 이해와 능력을 제대로 반영하는지는 묻지 않는다. 다음 표는 두 교육관의 지향점을 표로 정리한 것이다.

사실 이 긴장은 단순한 이론적 논쟁이 아니다. 교실에서, 가정에서, 정책 결정 과정에서 매일 마주치는 구체적 갈등이다. 교사는 "발달 단계에 맞게 천천히 가르치라"라는 교육학 교재의 가르침과 "진도를 빨리 나가 달라"라는 학부모의 요구 사이에서 갈등을 겪는다.

발달 중심 교육관과 선발 중심 교육관의 지향점 비교

구분	발달 중심 교육관	선발 중심 교육관
아동관	발달하는 주체, 가능성의 존재	평가받는 객체이자 원료
교육목적	전인적 성장과 행복한 삶	학력 성취와 사회적 성공
시간관	현재의 경험, '지금 여기'	미래를 위한 준비, 지연된 만족
평가	성장의 기록과 개선의 근거	서열화의 도구, 선발의 근거
교사 역할	성장의 촉진자이자 동반자	지식 전달자이자 평가자
교육과정	경험의 재구성과 유연함 중시	고정된 내용과 진도 중시
학습 동기	내재적 흥미와 자발성	외재적 보상과 경쟁
성공 기준	자기실현과 성장	상대적 우위와 등급

학부모는 "아이가 행복하면 된다"라는 교육철학과 "좋은 대학에 보내야 한다"라는 현실적 압박 사이에서 흔들린다.

우리 교육사를 살펴보면, 이 두 교육관 사이의 진자 운동은 중단 없이 반복되었다. 일제강점기에서 벗어난 직후 미 군정과 제1공화국 시기에는 진보주의 교육철학에 영향받은 생활 중심 교육과정이 도입되었다. 아동의 경험과 흥미를 중시하고 교과 간 통합을 강조했던 이 시기는 발달 중심 교육관의 이상을 구현하려 했다. 그러나 1960년대 이후 경제개발 시대를 거치며 지식과 학력을 강조하는 흐름으로 바뀌었고, 입시 경쟁이 본격화되면서 선발 중심 교육이 득세했다. 1990년대 중반 열린교육 운동은 발달 중심 교육관의 부활을 알렸다. 학생 개개인의 능력과 흥미에 따른 개별화 학습, 협동학습, 탐구 중심 수업 등이 전국적으로 확산했다. 하지만 1990년대 후반 '학력 저하' 논란이 거세게 일며 열린교육은 급속히 퇴조했다. 2000년대 들어 수월성 교육, 자율형사립고 등 선발과 경쟁을 강화하는 정책들이 다시 전면에 등장했다. 2010년 이후 혁신학교 운동은 또 다른 발달 중심 교육의 물결이었다. 협력과 참여, 삶과 연결된 배움을 강조하며 경쟁 중심 교육의 대안을 제시했고, 이 같은 흐름은 전국적으로 확산했다.^{함영기, 2014} 그러나 2020년대 들어 다시 '학력 격차', '기초학력 부진'이라는 익숙한 프레임이 등장하며 학업성취도 평가 부활 등 선발 중심 교육으로의 회귀 압력이 거세지고 있다. 그동안 한국 교육은 두 교육관 사이를 오가며 어느 한쪽도 온전히 실현하지 못한 채 소진되어 온 과정이었다.

이러한 진자 운동은 두 교육관이 모두 나름의 지향점과 한계가 있음을 시사한다. 발달 중심 교육만으로는 사회가 요구하는 역량을 갖춘 인재를 길러내기 어렵고, 선발 중심 교육만으로는 행복하고 온전한 인간을 기를 수 없다는 지적이 그것이다. 우리는 어느 한쪽을 선택하는 것에 관심이 있었고, 두 가치를 어떻게 통합하고 균형 잡을 것인가에는 소홀했다.

3. 이상과 현실의 괴리: 발달 중심 교육관이 뿌리내리지 못한 이유

1) 교육과정과 입시의 이중구조

대한민국 교육이 심각한 이중구조에 있다는 것은 주지의 사실이다. 국가 교육과정은 역량 중심, 과정 중심, 학생 중심을 표방한다. 2022 개정 교육과정은 "미래사회가 요구하는 역량을 함양하여 포용성과 창의성을 갖춘 주도적인 사람으로 성장하게 한다"라는 비전을 제시했다. 나아가 자기관리 역량, 지식정보처리 역량, 창의적 사고 역량, 심미적 감성 역량, 협력적 소통 역량, 공동체 역량을 핵심 역량으로 내걸었다. 하지만 다른 한편으로 입시 현실은 여전히 지식의 양, 문제 풀이 능력, 등급과 석차로 학생을 평가한다. 수능은 짧은 시간 안에 정해진 답을 찾는 능력을 측정한다. 고등학교 내신은 여전히 상대평가로 학생들을 서열화한다. 학생부종합전형조차 '스펙 쌓기'로 변질되면서, 진정한 성장보다는 선발이 원하는 이력서 만들기로 귀결된다.

이 이중적 구조가 교사에게 깊은 딜레마를 안기고 있다. 교육과정 문서는 '깊이 있는 학습', '과정 중심 평가', '학생 참여형 수업'을 요구한다. 하지만 학부모는 "수능에 나올 내용을 더 가르쳐 달라", "문제 풀이 연습을 더 시켜달라"라고 요청한다. 교사는 이 딜레마 속에서 '가르쳐야 할 것'과 '시험 준비'의 불일치를 경험한다. 한 중학교 교사는 이렇게 말한다.

창의적 프로젝트 수업을 하면 학부모들이 걱정합니다. 학부모들은 "이런 거 해서 내신에 도움이 되나요?", "차라리 문제집을 더 풀게 해 주세요"라고 합니다. 그러면서도 입으로는 "창의성이 중요하다"라고 합니다. 아이들도 마찬가지입니다. 수업시간에는 "이거 시험에 나와요?"라고 묻습니다. 시험에 안 나온다고 하면 집중하지 않습니다.

2) 사회적 불안의 재생산

사실 발달 중심 교육이 뿌리내리지 못하는 더 근본적 이유는 불안이 일상화한 사회 구조에 있다. 그것은 '사회 양극화 심화 → 계층 이동 기회 축소 → 교육에 대한 집착 강화 → 조기 경쟁 가열 → 아동기 경험 왜곡 → 전인적 발달 저해 → 반복의 고착화'로 나타난다. 한국 사회의 양극화는 갈수록 심화하고 있다. 소득 불평등, 자산 격차, 고용 불안정은 사람들을 불안하게 만든다. 과거에는 교육을 통한 계층 이동이 가능했지만, 이제 그 사다리마저 흔들리고 있다. 명문대를 나와도 좋은 일자리를 보장받지 못하고, 좋은 일자리를 얻어도 평생 고용이 보장되지 않는다. 역설적으로 계층 이동이 어려워질수록 교육에 대한 집착은 강해진다. "교육이라도 잘 시켜야 한다"라는 절박함이 커지는 것이다. 부모들은 자신이 겪은 어려움을 자녀가 겪지 않기를 바란다. 그 유일한 방법이 교육이라고 믿는다. 하지만 모두가 같은 생각을 하기에, 경쟁은 더욱 치열해지고 조기화한다.

이런 구조에서 발달 중심 교육은 사치스러운 이상으로 여겨지는 것이 사실이다. '여유 있는 사람들이나 할 수 있는 일'로 치부되는 것이다. "우리 아이가 행복하게 자라면 좋겠다"라는 바람과 "우리 아이가 경쟁에서 처지면 안 된다"라는 두려움 사이에서, 대부분의 부모는 망설임 없이 후자를 선택한다. 게임이론의 고전 '죄수의 딜레마'는 한국 교육의 상황을 잘 설명한다. 두 용의자가 각각 심문받는 상황에서, 둘 다 침묵하면 둘 다 가벼운 형을 받지만, 한 사람만 자백하면 그 사람은 석방되고 다른 사람은 무거운 형을 받는다. 둘 다 자백하면 둘 다 중형을 받는다. 개인의 합리적 선택(자백)은 집단적으로는 최악의 결과(둘 다 중형)를 낳는다.

교육에서도 마찬가지다. 모두가 사교육을 하지 않으면, 아이들은 더 행복하고 건강하게 자랄 것이다. 하지만 "다른 아이들은 다 하는데 내 아이만 안 하면 처진다"라는 불안 때문에, 너나없이 사교육에 뛰어든다. 결과적으로 모든 아이가 과도한 학습 부담에 시달리고, 막대한 사교육비를 지출하지만, 상대적 위치는 변하지 않는다. 개인의 '합리적 선택'이 집단의 비합리성을 낳는 구조가 고착화한다. 이 딜레마에서 벗어나려면 '집합적 행동'이 필요하다. 하지만 신뢰가 부족한 사회에서는 집합적 행동이 어렵다. "다른 사람들이 진짜 안 할까?", "나만 속는 건 아닐까?"라는 의심이 협력을 가로막는다. 정부가 정책을 만들어도 규제를 피하는 방법이 곧 생겨난다. 선행학습

금지법이 만들어졌지만, 선행학습이 여전히 성행하는 이유다.

경제학자 로버트 프랭크와 필립 쿡[1995]은 『승자 독식 사회The Winner-Take-All Society』에서 '지위재Positional Goods'라는 개념을 제시했다. 지위재란 상대적 위치에 의해 가치가 결정되는 재화다. 명품 가방, 고급 자동차, 그리고 명문대 학벌이 여기에 해당한다. 교육이 지위재가 되면, 절대적 수준이 아니라 상대적 순위가 중요해진다. 모두의 실력이 향상되어도, 여전히 누군가는 일등이고 누군가는 꼴등이다. 이런 상황에서 이른바 '비용 경쟁'이 벌어진다. 상대가 더 많이 투자하면 나도 더 많이 투자해야 한다. 모두가 더 많은 시간과 돈을 투입하지만, 상대적 위치는 변하지 않고 각자의 부담만 증가한다. 죄수의 딜레마가 개인 간 행동의 비합리성을 설명한다면, 지위재 개념은 그 비합리성이 왜 끝없이 확대 재생산되는지를 구조적으로 보여준다.

사교육 확장사를 돌아보면 이 구조가 선명해진다. 1990년대 초등학생 사교육은 주로 미술, 음악, 태권도 등 예체능 위주였고, 중·고등학생은 보습학원 중심의 교과 보충이 대부분이었다. 2000년대 들어 영어 사교육이 초등학교까지 폭발적으로 확산했고, 중·고등학생 사이에서는 논술과 입시 컨설팅이 새로운 시장으로 떠올랐다. 2010년대에는 수학 선행학습이 초등학교에서부터 일반화되면서 중학생이 고등학교 과정을, 고등학생이 대학 수준의 문제 풀이에 몰두하는 현상이 보편화되었다. 2020년대 들어서는 코딩, AI 등 새로운 영역이 학교급을 가리지 않고 사교육 시장에 편입되었다. 사교육 영역은 끊임없이 확장되지만, 이는 실질적 필요가 아니라 상대적 경쟁이 학교급 전체를 관통하며 작동하기 때문이다. 경쟁 구조가 바뀌지 않는 한, 사교육은 언제나 새로운 영역을 찾아낼 것이다.

3) 이상과 현실의 괴리, 그 딜레마

가장 아이러니한 상황은 발달적 교육관을 주장하는 교육학자, 혁신학교 교사, 교육청 정책 담당자조차 자녀 교육 문제에 접근할 때는 입시 준비를 위한 지식 습득 교육에 기우는 현실이다. 한 사범대학 교수는 낮에는 '행복한 교육', '학생 중심 교육'을 강의하지만, 저녁에는 자녀의 학원 일정을 점검한다. 혁신학교를 만들기 위해 헌신적으로 노력하는 교사가, 정작 자기 자녀는 사교육을 시킨다. 교육청에서 혁신교육 정책을 담당하는 장학사가, 자녀의 특목고 진학을 위해 내신 관리와 입시 컨설팅을 받는다. 물론 이들을 비난할 수는 없다. 이들도 학부모이고, 자녀의 미래를 걱정한다. "혁신교육이 좋은 것은 알지만, 우리 아이 인생을 실험 대상으로 삼을 수는 없다"라는 것이 솔직한 심정이라고 한다. 문제는 이런 이중성이 발달 중심 교육의 신뢰성을 약화한다는 점이다. "입으로는 발달 중심 교육을 말하지만, 자기 자식은 입시교육 시키더라"는 냉소가 퍼진다. 한 혁신학교 교사는 이렇게 고백한다.

> 저는 학교에서 아이들에게 '점수보다 중요한 게 있다', '경쟁보다 협력이 중요하다'라고 가르칩니다. 하지만 집에 돌아와 제 아이를 보면, '이렇게 해서 대학은 가겠나' 하는 불안이 밀려오지요. 아이에게 "좀 더 공부해라", "학원 빠지지 마라"라고 하는 제 모습을 발견하고 곧 자괴감에 빠집니다.

이런 이중성은 교육자 개인의 문제가 아니라, 사회 구조의 문제에서 비롯한다. 발달 중심 교육 실천이 자녀의 미래를 위험에 빠뜨리는 것처럼 느껴지는 사회 구조가 문제인 것이다. 그러나 이런 이중성을 직시하지 않고서는 진정한 변화를 이야기할 수 없다. 현행 평가

체제는 복잡하고 다면적인 인간의 능력을 단순한 숫자로 환원한다. 협력 능력, 공감 능력, 윤리적 판단력, 창의적 사고력 등은 측정하기 어렵다는 이유로 평가에서 배제된다. 측정할 수 있는 것만 평가하고, 평가되는 것만 가르치게 되면서, 교육은 점점 협소해진다. 표준화 평가는 '한 시점의 스냅샷'일 뿐이다. 한 번의 시험으로 학생의 진정한 이해와 능력을 파악할 수 없다. 시험 당일 컨디션, 공부한 내용이 시험문제에 어느 정도 나왔는지 여부, 운 등 무수한 우연적 요소가 개입한다. 하지만 그 점수가 학생의 전체를 규정하는 표식이 된다.

대학입시 제도는 수시로 바뀌지만, 본질은 변하지 않는다. 어떤 제도를 도입하든, 결국 제한된 자리를 둘러싼 경합일 뿐이다. 학생부종합전형이 도입되어 '스펙보다 경험을 본다'라고 했지만, 곧 '학종 스펙 쌓기'라는 새로운 경쟁 방식이 생겼다. 더 큰 문제는 입시 제도의 불확실성이다. 정권이 바뀔 때마다 입시 제도가 변했다. 수능 위주에서 내신 위주로, 다시 수능 비중 확대로. 이런 불확실성이 불안을 증폭시켜 왔다. 결국 "어떻게 될지 모르니 일단 다 준비해야 한다"라는 심리가 작동한다.

이상과 현실의 괴리는 쉽게 해소되지 않는다. 그러나 이 괴리를 직시하고, 그 원인을 구조적으로 이해하는 것이 변화의 출발점이다. 개인을 탓하거나, 어느 한쪽의 잘못이라고 비난하는 것은 생산적이지 않다. 우리에게 필요한 것은 이 긴장을 있는 그대로 인정하면서, 교육의 본질적 가치를 놓지 않으려는 집합적 의지다.

4. 선발 중심 교육관의 폐해

선발 중심 교육관이 사회에 필요한 현실적 측면도 있다. 일정한 학력 기준, 공정한 평가, 노력에 대한 보상 등은 합리적 요소다. 문제는 이것이 과도한 지배력을 지닐 때 발생한다. 균형이 깨지고, 선발과 경쟁의 논리가 교육의 모든 영역을 잠식할 때, 심각한 부작용이 나타난다.

1) 경쟁의 격화와 조기화: 아동기의 소실

과거 초등학교는 상대적으로 경쟁이 약한 공간이었다. 초등학교에도 정기적인 중간고사와 기말고사가 있었지만, 지금은 지필고사가 폐지되고 경험과 성취를 관찰 기록하는 과정 중심 평가로 전환되었다. 그런데 역설적으로 평가 형식은 바뀌었지만, 학부모와 학생들이 느끼는 부담은 늘었다. 이제 초등학교 1학년부터 학부모는 아이의 평가 결과를 꼼꼼히 확인하고 틀린 문제를 다시 풀게 한다. 2000년대 이후 경쟁은 급속히 조기화되고 일상화되었다.

아이들은 놀이를 통해 관계를 맺고, 함께 어울리며 사회성을 배운다. 하지만 과도한 경쟁 구조는 또래 관계마저 경쟁 관계로 변질시킨다. "너 몇 점 받았어?"가 만남의 첫 인사가 된다. 시험 기간이 다가오면 "이 문제 풀었어?"라며 서로를 견제한다. 더 우려스러운 것은 아이들이 친구의 성공을 진심으로 축하하지 못한다는 점이다.

친구의 성공은 곧 나의 불리함을 의미하기 때문이다. "그가 일등하면 내가 이등이 된다"라는 제로섬 게임의 논리가 아이들의 관계를 침식한다.

경쟁은 아이들 사이를 넘어 부모들 사이도 갈라놓는다. 학부모 모임에서 자녀의 성적, 학원, 대학 진학 전략이 주요 화제가 된다. 정보를 가진 부모와 그렇지 못한 부모 사이에 위계가 형성된다. 이런 현실에서 학부모 모임은 정보 교환의 장이자 과시의 장으로 기능한다. "우리 아이는 벌써 중학교 수학을 하고 있어요", "○○학원에 들어가려면 테스트를 봐야 해요"라는 말들이 오간다. 이런 대화는 다른 부모에게 불안과 조급함을 전염시킨다. 경쟁이 개인적 선택이 아니라 사회적 압력이 되는 꼴이다.

2) 발달의 왜곡: 불균형한 성장

선발 중심 교육은 측정 가능한 인지능력, 특히 언어와 수리 능력에 집중한다. 다른 영역의 발달은 부차적인 것으로 취급된다. 그 결과 아이들은 인지적으로는 조숙하지만, 정서적·사회적으로는 미성숙한 불균형 상태가 된다. 일곱 살 아이가 구구단을 외우고, 영어 문장을 읽는다면 똑똑해 보일 것이다. 하지만 친구와 갈등이 생기면 어떻게 해결해야 할지 모른다. 자기 감정을 표현하는 어휘가 부족하다.

뇌과학 연구는 인간의 뇌가 통합적으로 발달한다는 것을 보여준다. 전두엽(고차적 사고), 변연계(정서), 소뇌(운동) 등은 서로 연결되어 발달한다. 어느 한 영역만 집중적으로 자극하면, 전체적 균형이 깨진다. 특히 영유아기와 아동기는 정서적 안정과 신체 발달이 중요한 시기인데, 이를 간과하고 인지능력만 자극하면 장기적으로 부정적 결과를 낳는다.

WHO[2020]는 5~17세 아동 청소년에게 일주일에 걸쳐 하루 평균 60분 이상의 중·고강도 신체활동을 권고한다. 하지만 한국 아동의 상당수가 이 기준을 충족하지 못한다. 학교가 끝나면 학원으로 직행하고, 학원이 끝나면 늦은 밤이다. 집에 돌아와서 숙제하고 잠이 드는 생활을 반복한다. 신체활동 부족은 체력 저하만을 의미하지 않는다. 신체활동은 뇌 발달에도 중요하다. 운동은 '뇌유래신경영양인자BDNF'를 증가시켜 학습과 기억을 향상시킨다.[2] 또한 스트레스 호르몬을 감소시키고, 기분을 좋게 하는 엔돌핀을 분비시킨다. 책상에만 앉아 있는 아이들은 역설적으로 학습 효율도 떨어지고, 정서적으로도 불안정해진다.

선발 중심 교육 구조에서 아이들은 끊임없이 타인이 정한 목표를 따라간다. 어떤 학원에 갈지, 무엇을 공부할지, 언제 쉴지조차 스스로 결정하지 못한다. 부모와 교사, 학원 강사가 정해준 계획을 따라갈 뿐이다. 이렇게 자란 아이들은 외부의 지시와 통제가 없으면 무엇을 해야 할지 모른다. 자유 시간이 주어지면 막막해한다. "선생님, 이제 뭐 해요?"라고 묻는다. 스스로 문제를 발견하고, 목표를 설정하고, 방법을 찾아가는 경험이 부족하기 때문이다. 학습자의 '행위 주도성Student Agency'은 21세기 핵심역량으로 강조되고 있다. OECD[2019]는 '불확실한 미래에 대응하려면 스스로 방향을 설정하고 책임지는 주도성이 필수'라고 말한다. 하지만 우리 교육은 역설적으로 주도성을 박탈하는 방식으로 이루어지고 있다.

3) 사회·정서적 문제 야기: 마음의 병

끊임없는 평가와 비교는 아이들의 자존감을 갉아먹는다. 시험 때마다 "나는 못 해", "나는 안 돼"라는 메시지를 내면화한다. 특히 학습 부진 학생들은 반복적 실패 경험을 통해 '학습된 무기력Learned Helplessness'에 빠진다. 아무리 노력해도 안 된다고 믿게 되면, 더 이상 노력하지 않는다.

한국 아동·청소년의 정신건강 지표는 매우 우려스럽다. 청소년 건강행태조사[2024]에 따르면, 청소년의 약 28%가 최근 1년간 우울감을 경험했다고 응답했다.[3] 이 같은 결과의 원인으로 학업 스트레스가 주목받고 있다.

---

2. 뇌유래신경영양인자(Brain-Derived Neurotrophic Factor)란 유전자에 의해 생성되는 뇌 안에 있는 단백질로, 성장 요소의 일부인 신경영양인자(Neurotrophic Factor) 집단 중 하나다.

문제는 이러한 정서적 고통이 특정 학교급에 한정되지 않는다는 점이다. 고등학생은 수능과 내신의 이중 압박에 소진되고, 중학생은 고등학교 진학을 의식한 조기 경쟁에 내몰린다. 초등학생도 예외가 아니어서, 아동 정신건강의학과에는 시험 불안과 학습 스트레스를 호소하는 초등학생이 늘고 있다. 어떤 아이는 시험 전날 잠을 이루지 못하고, 어떤 아이는 시험지를 받는 순간 손이 떨린다. 어떤 아이는 "차라리 학교가 없어졌으면 좋겠다"라고 말한다.

문제는 이런 고통이 개인의 문제로 치부된다는 점이다. '마음이 약해서', '스트레스 관리를 못 해서'라고 개인을 탓한다. 하지만 이는 개인의 문제를 넘어서는 구조적 문제다. 과도한 경쟁, 높은 기대, 실패에 대한 두려움을 양산하는 시스템이 아이들을 병들게 한다. 완벽을 요구하는 교육은 실패에 취약한 아이를 만든다. 늘 일등을 해온 아이가 한 번의 실패를 경험하면 자아가 무너진다. '나는 일등하는 사람'이라는 정체성이 무너지면서 자신의 존재 가치까지 의심하게 된다. 성장은 실패를 통해 이루어진다. 넘어져 보고, 틀려보고, 실수해 보면서 배우는 것이다. 하지만 실패가 용납되지 않는 환경에서 자란 아이는 실패를 두려워한다. 새로운 도전을 회피하고, 안전한 길만 선택한다. 창의성과 혁신은 실패의 가능성을 안고 모험할 때 나오는데, 이러한 자세를 기를 수 없다.

4) 공교육의 공동화空洞化: 학교는 무엇을 하는 곳인가?

많은 학생에게 학교는 더 이상 주된 배움의 장소가 아니다. 학교

---

3. 질병관리청(2024) 자료에 의하면, 최근 12개월 동안 2주 내내 일상생활을 중단할 정도로 슬프거나 절망감을 느낀 적이 있는 우울감 경험률은 2024년 27.7%로, 여학생(32.5%)이 남학생 (23.1%)보다 높으며, 지난 10년간 증가 경향이었다. 남녀 학생 모두 중학생(남 22.8%, 여 33.2%)과 고등학생(남 23.4%, 여 31.8%)이 유사하며, 2023년(남 21.4%, 여 30.9%)에 비해 증가했다.

는 친구를 만나는 곳, 급식을 먹는 곳, 생활기록부를 쌓는 곳일 뿐이다. 진짜 공부는 학원에서 한다. 학교 수업은 이미 학원에서 배운 내용의 복습이거나, 입시에 직접 도움이 되지 않는 시간 보내기로 여겨진다. 한 중학생은 이렇게 말한다.

> 학교 수업은 너무 느려요. 선생님은 모두가 이해할 때까지 기다리시는데, 저는 이미 다 알거든요. 학원에서 두 번씩이나 배웠어요. 그래서 수업시간에 다른 학원 숙제를 해요. 학교에서 배우는 건 입시에 별로 도움이 안 돼요. 학원에서 문제 푸는 기술을 배워야 진짜 점수가 올라요.

안타깝지만 이것이 아이들 세계를 지배하는 배움의 논리다. 이런 상황에서 교사의 사기가 떨어진다. 열심히 준비한 수업에 학생들이 무관심하거나, 공공연하게 학원 숙제를 한다. 수업시간에 "이거 시험에 나와요?"라는 질문만 반복된다. 교사는 지식 전달자로서의 권위도, 성장 촉진자로서의 보람도 느끼기 어렵다. 더 심각한 것은 교사의 자율성 상실이다. 교육과정을 자율적으로 재구성하고, 학생의 필요에 맞게 수업을 설계할 수 있어야 전문가다. 하지만 교과 진도, 시험 범위, 문제 유형 등에 얽매여, 교사는 정해진 스크립트를 읽는 배우처럼 변해간다. 전문성이 발휘될 여지가 줄어드는 것이다.

교육과정은 학생이 학년별로 배워야 할 내용과 역량을 체계적으로 제시한다. 하지만 현실에서는 '시험에 나오는 것'과 '안 나오는 것'으로 구분된다. 시험에 나오는 내용은 반복해서 학습하지만, 안 나오는 내용은 건너뛴다. 예를 들어, 국어 교과에서 문학 작품을 읽고 감상하는 것은 중요하다. 하지만 시험에서는 '지문 독해'와 '문제 풀이'만 평가된다. 그러면 학생들은 작품을 온전히 읽고 음미하기보다,

요약본이나 해설서를 읽고 문제 푸는 기술을 익힌다. 문학의 본질적 가치는 사라지고, 도구적 학습만 남는다. 이러한 파편화는 지식의 통합적 이해를 방해한다. 개별 지식은 많지만, 그것들이 어떻게 연결되는지, 실제 삶에서 어떻게 의미가 있는지 알지 못한다. 교육과정이 추구하는 역량은 통합적 이해와 적용을 전제로 하는데, 파편화된 학습으로는 역량이 발달할 수 없다.

선발과 경쟁의 논리가 적절한 수준으로 병존하는 것은 필요하다. 일정한 기준, 공정한 평가, 노력에 대한 보상은 합리적이다. 하지만 그것이 교육의 전부가 되어서는 안 된다. 지금 우리 교육은 명백하게 균형을 잃었다. 선발 중심 교육관이 과도하게 교실을 지배하면서, 아이들의 발달이 왜곡되고, 마음이 병들고, 공교육이 공동화하고 있다. 이 폐해는 개인의 문제가 아니라 우리가 치르는 사회적 비용으로 돌아온다. 선발 중심 교육이 이처럼 심각한 부작용을 낳는데도 좀처럼 교정되지 않는 것은, 그 이면에 지식교육과 역량교육을 둘러싼 뿌리 깊은 대립이 해소되지 않기 때문이다.

5. 지식교육과 역량교육: 대립인가, 통합인가?

1) 지식교육과 역량교육의 대립

'지식교육 대 역량교육' 논쟁은 늘 뜨겁지만, '역량교육은 이상적이되 현실적이지 못하다'라는 담론으로 결과되기 일쑤다. 혁신교육을 둘러싼 첨예한 대립도 이 담론의 연장선에 있다. 이 논쟁을 이해하려면 먼저 양쪽의 주장을 정확히 파악할 필요가 있다.

데이지 크리스토둘루[2014]는 『아무도 의심하지 않는 일곱 가지 교육 미신』에서 역량교육을 비판하면서 ① 지식보다 역량이 더 중요하다, ② 학생 주도 수업이 효과적이다, ③ 21세기는 새로운 교육을 요구한다, ④ 인터넷에서 모든 것을 찾을 수 있다, ⑤ 전이 가능한 역량을 가르쳐야 한다, ⑥ 프로젝트와 체험 활동이 최고의 학습법이다, ⑦ 지식을 가르치는 것은 의식화 교육이다 등을 일곱 가지 교육 미신으로 지목했다.[4] 크리스토둘루는 학습자가 새로운 것을 배우고, 문제를 해결하고, 비판적으로 사고하며, 나아가 소위 '21세기 역량'이라는 것들을 제대로 갖추려면, 먼저 핵심적이고 체계적인 지식 체계를 탄탄하게 쌓는 것이 필수라고 강조한다. 그의 비판에는 타당한 지점이 있다. 지식 기반 없이 역량만 강조하는 교육은 공허할 수 있기 때문이다. 그러나 크리스토둘루 역시 지식과 역량을 구분하고 역량 함양 이전에 탄탄한 지식 습득을 먼저 강조함으로써, 결과적으로는 이분법의 연장선에 섰다. 물론 반대편 진영에서도 전통적 지식교육을 낡은 것으로 치부하며 역량만 강조하는 극단적 입장이 존재한다. 지식교육을 강조하는 일군의 교육 전문가들은 다음과 같이 주장한다.

첫째, 역량교육이 학력 저하를 초래했다. 2015 개정 교육과정부터 도입된 역량 중심 교육과정, 과정 중심 평가, 학생 참여형 수업 등이 기초학력을 약화시켰다. 자유학기제, 역량 중심 교육으로 인한 시험 준비 소홀, 대학에서 신입생들의 기초학력 부족을 호소하는 것 등이 근거다.

둘째, 교실 붕괴 원인이 혁신교육이다. 학생 중심 수업과 자유로운 분위기를 강조하다 보니, 수업 규율이 무너지고 학습

---

4. 크리스토둘루는 영국 워릭대학교를 졸업한 뒤 Teach First 프로그램을 통해 중등학교 영어 교사로 훈련받았고, 런던의 공립학교에서 수년간 가르쳤다. 그는 교사 양성 과정에서 배운 교육학 이론을 교실에서 실천할수록 오히려 수업이 무너지는 경험을 했다고 고백한다.

분위기가 산만해졌다. 이로써 교사의 권위가 약화되고, 학생들이 수업을 무시하는 현상이 나타났다.

셋째, 따라서 해법은 기본으로 돌아가는 것이다. 초등학교에서 지필평가를 확대하고, 수행평가를 축소하며(수행평가는 준비 부담만 크고 실효성이 낮다는 논리), 방과후 선행학습을 허용(선행학습 금지가 오히려 사교육을 부추긴다는 논리)하자.[5]

위 주장의 핵심 문제는 역량교육을 '학습하는 방법'이나 '활동 중심 수업'으로만 협소하게 해석한다는 점이다. 역량교육을 '지식은 소홀히 하고 방법만 가르치는 것', '놀이와 체험만 하는 것', '시험 보지 않고 칭찬만 하는 것'으로 의도적으로 왜곡하여 이해한다. 이는 역량교육의 본질을 오해한 것이다. 제대로 된 역량교육은 지식을 경시하지 않는다. 오히려 지식을 더 깊이, 더 의미 있게 학습하려는 시도다. 문제는 일부 현장에서 역량교육이 피상적으로 적용되면서 본래 취지가 왜곡되는 경우가 있다는 점이다. 하지만 그것은 역량교육 자체의 문제가 아니라, 실행의 문제다.

지식교육 대 역량교육의 이분법적 대립은 소모적 논쟁을 부를 가능성이 크다. 양쪽이 견고한 논리로 상대방을 공격하는 데 에너지를 소진한다. 역량교육 주장자는 지식교육을 향해 '단순 암기를 통한 주입식교육'이라고 낮추어 보고, 지식교육 주장자는 역량교육에 대해 아이들을 '무책임하게 방임한다'라고 비난한다. 이러한 논쟁은 교육 현장을 혼란스럽게 한다. 교사들은 "도대체 무엇이 옳은 것인가"라며 방향을 잃는다. 정책은 여론에 따라 흔들린다. 한쪽으로 갔다

---

5. 2024년 서울시 교육감 보궐선거 당시 한 후보는 혁신교육이 학력 저하를 초래했다고 비판하면서 초등 지필평가 확대, 수행평가 축소, 방과후 선행학습 허용 등을 공약으로 내걸었다.

가 다른 쪽으로 갔다가, 일관성 없는 정책 변화는 현장의 피로를 누적시킨다. 많은 사람이 간과하는 사실이 있다. OECD의 〈Learning Compass 2030〉을 보면, 역량 담론에서 지식 영역을 가장 먼저, 비중 있게 다룬다. OECD는 2030년을 위한 학습 프레임워크에서 역량의 범주를 지식, 기능, 가치 및 태도로 나누고, 지식을 역량의 핵심 기반으로 제시한다. 더 나아가 지식을 다음과 같이 나눈다.

(1) 학문적 지식Disciplinary Knowledge

각 학문이 축적해 온 개념, 원리, 이론, 사실을 의미한다. OECD는 이러한 학문적 지식이 여전히 중요한 기반임을 분명히 한다. 수학의 함수, 과학의 분자 구조, 역사의 사건과 맥락 등을 이해하지 못하면 고차적 사고는 불가능하다는 것이다. 각 학문은 고유한 개념 체계와 사유 방식을 지니며, 이를 습득하는 과정 자체가 인지적 훈련이 된다. 역량교육이 지식교육을 대체하는 것이 아니라, 탄탄한 학문적 기반 위에서 역량이 발현된다는 점을 강조하는 것이다.

(2) 간학문적 지식Interdisciplinary Knowledge

단일 학문의 경계를 넘어서는 지식이다. 예를 들어, 기후변화는 과학, 경제학, 정치학, 윤리학이 모두 관련된다. 복잡한 실제 문제는 한 학문의 렌즈만으로는 이해할 수 없다. 간학문적 지식은 여러 학문을 연결하고 통합하는 능력을 의미한다. 이는 단순히 여러 학문의 지식을 나열하는 것이 아니라, 각 학문의 관점이 어떻게 상호작용하며 문제를 입체적으로 조명하는지를 파악하는 것이다. 현대 사회의 복잡한 문제들—팬데믹, 인공지능, 도시화—은 모두 간학문적 접근을 요구한다.

(3) 인식론적 지식Epistemic Knowledge

지식이 만들어지는 방식에 대한 지식이다. 과학에서 가설은 어떻게 검증되는가? 역사적 사실은 어떻게 확정되는가? 이러한 메타인지적 이해가 없으면, 지식을 비판적으로 평가하지 못한다. 인식론적 지식은 '왜 이것이 참인가?', '어떻게 알 수 있는가?'라는 질문을 하게 한다. 특히 허위 정보가 범람하는 디지털 시대에, 지식의 신뢰성을 판단하고 출처를 검증하는 능력은 필수적이다. 각 학문 분야의 고유한 탐구 방법과 검증 기준을 이해할 때, 학습자는 단순히 정보를 받아들이는 것이 아니라 지식을 능동적으로 구성하는 주체다.

(4) 절차적 지식Procedural Knowledge

방법과 과정에 대한 지식이다. 과학 실험을 설계하는 방법, 에세이 쓰는 방법, 데이터 분석하는 방법 등이 이에 해당한다. 절차적 지식 없이는 지식을 활용할 수 없다. 개념을 안다는 것과 그 개념을 활용하여 뭔가를 할 수 있다는 것은 다른 차원의 문제다. 절차적 지식은 이론과 실천을 연결하는 다리 역할을 하며, 학습자가 지식을 도구 삼아 실제 문제를 해결할 수 있게 한다. 이는 단순한 기능적 숙련을 넘어서, 상황에 따라 적절한 방법을 선택하고 적용하는 판단력까지 포함한다.

2022 개정 교육과정은 이러한 OECD의 지식 분류를 상당 부분 수용한다. 교과별 핵심 개념을 중심으로 내용을 재구조화한 것은 학문적 지식의 깊이를 추구하는 시도이고, 범교과 학습 주제와 융합 선택과목 도입은 간학문적 지식을 지향한다. 내용 체계를 '지식·이해', '과정·기능', '가치·태도'로 분류하는데, '과정·기능' 범주는 절차적 지식을 교육과정에 명시적으로 자리매김한 의미 있는 진전이다. 그

러나 인식론적 지식은 여전히 교육과정 문서에서 충분히 다루어지지 못하고 있다. '왜 이것이 참인지', '이 지식은 어떤 탐구 과정을 거쳐 구성된 것인지'를 묻는 메타인지적 차원의 학습은 교사 개인의 역량과 판단에 맡겨진 실정이다. 허위 정보가 범람하는 디지털 시대에 인식론적 지식의 중요성은 갈수록 커지므로, 이를 교육과정과 교실 수업에 어떻게 체계적으로 반영할 것인가는 풀어야 할 과제다. OECD가 제시한 네 가지 지식 유형이 교육과정에 균형 있게 구현될 때, 지식교육과 역량교육의 통합은 구호가 아닌 실체를 갖추게 된다.

결국 역량교육은 지식교육을 대체하는 것이 아니라, 지식을 어떻게 활용하고 적용할 것인가라는 문제를 다룬다. 역량은 지식이 없으면 발휘될 수 없다. 비판적 사고력은 충분한 지식과 정보가 전제되어야 작동한다. 창의적 문제해결은 해당 분야에 대한 깊은 이해가 있을 때 가능하다. 협력적 소통도 자기 지식과 관점을 명료하게 표현할 수 있을 때 의미가 있다.

2) 2022 개정 교육과정의 '깊이 있는 학습'

2022 개정 교육과정은 이런 논쟁을 인식하고, '깊이 있는 학습'을 강조함으로써 균형을 모색한다. 깊이 있는 학습이란 단편적 지식 암기가 아닌 핵심 개념의 이해(많은 것을 피상적으로 아는 것보다, 중요한 것을 깊이 이해하는 것), 지식의 구조와 맥락 파악(개별 사실이 아니라, 사실들이 어떻게 연결되고 구조화되는지 파악), 개념 간 연결과 전이 가능한 학습(한 맥락에서 배운 것을 다른 맥락에 적용할 수 있는 학습)을 강조한다.

예를 들어, 초등학교 과학에서 '광합성'을 배운다고 하자. 피상적 학습은 광합성의 정의를 외우고, '빛+물+이산화탄소 → 포도당+산소' 공식을 암기한다. 이 경우 시험에서 빈칸 채우기 문제의 정답을 맞힐 수 있지만 깊이 있는 학습을 했다고 볼 수는 없다. 깊이 있는 학습에서는 왜 식물이 광합성을 하는지(에너지 획득), 광합성이 생태계에서 어떤 의미인지(생산자 역할), 광합성이 지구 대기 구성에 어떤 영향을 미치는지(산소 축적) 등을 이해한다. 그리고 광합성 개념을 기후변화, 식량 문제, 바이오 에너지 등 다양한 맥락에 연결할 수 있다. 깊이 있는 학습에는 더 많은 시간이 필요하다. 하지만 한번 제대로 이해하면 오래 기억되고 다양하게 응용된다. 피상적 학습은 빠르지만, 금방 잊고 전이되지 않는다.

2022 개정 교육과정은 지식과 역량을 이분법으로 보지 않고 통합적으로 접근한다. 개념학습 측면에서 지식을 이해하고, 문제 해결 과정에서는 지식을 적용하며, 가치 창출은 곧 지식의 창조라고 할 수 있다. 이를 구조화하면 아래와 같다.

지식의 이해	⟹	지식의 적용	⟹	지식의 창조
⇓		⇓		⇓
(개념학습)		(문제 해결)		(가치 창출)

이는 앤더슨과 크래스월[2001]의 신교육목표분류학과 일맥상통한다. 이들은 블룸[1956] 교육목표분류학을 발전시켜 인지 영역을 '기억-이해-적용-분석-평가-창조'의 위계로 제시했다. 역량교육은 이 위계의 상위 단계(적용-분석-평가-창조)를 강조하는 것이지, 하위 단계(기억-이해)를 무시하는 것이 아니다. 오히려 하위 단계가 견고해야 상위 단계로 나아갈 수 있다. 실제로 지식교육과 역량교육의 교집합은 매우 크다는 것을 인정해야 한다. 진영 논리를 벗어나 양측이 주장하는 바를 자세히 들여다보면, 결국 지향하는 바가 크게 다르지 않다.

(1) 탄탄한 기초 개념 이해

지식교육을 강조하는 이들은 체계적 교과 내용을 순서대로 착실히 습득하자고 한다. 기초가 부실하면 고차적 학습이 불가능하기 때문이다. 건물을 지을 때 토대가 견고해야 하듯, 학습에서도 선행 개념에 대한 확실한 이해가 후속 학습의 전제가 된다. 역량교육을 강조하는 이들은 '핵심 개념'을 깊이 있게 이해하자고 한다. 피상적 지식은 금방 잊히고 실제 상황에서 활용되지 않는다. 단편적 사실의 나열보다는 개념들의 관계를 파악하고 그 의미를 내면화하는 것이 중요하다는 것이다. 두 접근 모두 개념의 확실한 이해를 중시한다. 방법에 차이가 있을 뿐이다.

(2) 사고력 신장

지식교육에서는 논리적 사고와 비판적 사고를 훈련해야 한다고 말한다. 이는 지식을 단순 암기가 아니라 이해하고 추론해야 한다는 논리다. 주어진 명제의 타당성을 검토하고, 전제와 결론의 관계를 따지며, 논증의 허점을 발견하는 능력이야말로 진정한 학습의 증거라고 본다. 역량교육은 복잡한 문제를 해결하는 능력을 길러야 하는데, 주어진 정보를 분석하고 판단하는 힘이 필요하다고 말한다. 불확실한 상황에서 대안들을 비교하고, 맥락을 고려하여 최선의 선택을 하는 것이 현대 사회가 요구하는 사고력이라는 것이다. 두 접근 모두 사고력을 중시한다.

(3) 학습의 전이

지식교육을 강조하는 사람들은 원리를 이해하면 다양한 문제에 응용할 수 있다고 본다. 그러므로 근본 원리에 대한 이해가 중요하다고 한다. 예컨대 수학의 기본 정리를 확실히 알면, 그것이 물리학이든 경제학이든 다른 영역의 문제를 푸는 데 활용될 수 있다. 역량 교육을 강조하는 사람들은 맥락을 넘나드는 적용력이 필요한데, 학교에서 배운 것을 실제 삶에 연결할 수 있어야 한다고 말한다. 교실 안의 지식이 교실 밖 경험과 분리되지 않고, 실제 문제 상황에서 의미 있게 작동해야 진정한 학습이라는 것이다. 두 접근 모두 전이 가능한 학습을 추구한다.

(4) 학습자의 능동성

지식교육을 강조하면 스스로 이해하고 질문하는 자세가 필요하다. 단순 암기가 아니라 능동적 학습이어야 한다는 것이다. 교사가 전달하는 지식을 수동적으로 받아들이는 것이 아니라, 학습자 스스로 개념의 의미를 묻고 논리의 타당성을 따져보는 과정이 중요하다. 역량교육을 강조하면 학생이 주도적으로 학습하고, 스스로 의미를 구성해야 한다. 주어진 과제를 해결하는 과정에서 자신만의 이해를 만들어가고, 동료와의 협력을 통해 지식을 재구성하는 경험이 필요한 것이다. 두 접근 모두 '능동적 학습자'를 지향한다.

위의 문제의식에 따르면 극단적 이분법에 기울어진 논쟁을 넘어 실행의 질을 담보하는 것이 중요한 과제로 떠오른다. 문제의 본질은 어떻게 가르치고 배우게 할 것인가에 있다. 나쁜 지식교육은 맥락 없는 암기로 채워지며 이해 없이 공식을 적용하기만 한다. 시험 문제 패턴만 암기하거나 단편적 사실들을 나열하기만 할 뿐이다. 정작 그것들이 어떻게 연결되는지는 다루지 않는다. 이런 교육은 학생들에게 지식의 껍데기만 남기고, 진정한 이해는 일어나지 않는다. 반면 좋은 지식교육은 전혀 다른 모습이다. 개념의 의미를 깊이 탐구한다. 원리를 이해하고 다양한 상황에 적용한다. 지식 간 연결 구조를 파악하도록 돕는다. 실제 세계의 현상과 연결하여 지식이 살아있게 만든다. 이런 교육을 받은 학생은 지식을 단순히 기억하는 것을 넘어, 그것으로 사고하고 문제를 해결한다.

역량교육도 마찬가지다. 나쁜 역량교육은 지식 없는 빈 껍데기 활동으로 채워진다. 프로젝트 학습을 하지만, 깊이 있는 학습은 일어나지 않는다. 평가 없이 방임하며, 학생이 무엇을 배웠는지 확인하지 않는다. 과정만 강조하고 결과는 무시하며, 학습의 성취를 점검하지 않는다. 이런 교육은 활동은 많지만, 실제 역량은 길러지지 않는다. 좋은 역량교육은 충실한 지식 기반에서 이루어진다. 의미 있는 활동을 통해 깊이 있는 탐구 과정을 경험하게 한다. 성장을 돕는 형성평가를 통해 학생이 어디까지 왔고 어디로 가야 하는지 안내한다. 과정과 결과의 균형을 잡아, 배움의 과정도 중시하지만, 최종적인 성취도 확인한다. 이런 교육을 받은 학생은 지식을 활용하여 실제 문제를 해결하는 역량을 기른다. 결국 우리에게 필요한 것은 '무엇what'과 '어떻게how'의 조화다. 무엇을 가르칠 것인가라는 내용으로서의 지식과, 어떻게 가르칠 것인가라는 방법으로서의 역량은 분리될 수 없다. 둘은 동전의 양면처럼 함께 가야 한다.

6. 미래지향적 학력관을 향하여

이상의 논의를 한 문장으로 정리하면, "지식 없는 역량은 공허하고, 역량 없는 지식은 무용하다"라는 것이다. 지식이 없으면 비판적으로 사고할 수 없다. 창의적 문제 해결도 해당 분야의 지식이 전제되어야 가능하다. 새로운 것은 기존 지식의 재조합에서 나온다. 역량은 공중에 떠있는 추상이 아니라, 구체적인 지식을 기반으로 발휘된다. 반대로, 역량 없이 지식만 있으면 그것은 죽은 지식이다. 실제 맥락에 적용하지 못하고, 책에만 갇혀 있다. 새로운 문제에 전이하지 못하고, 시험이 끝나면 잊힌다. 단순히 암기한 지식은 삶에서 의미가 없으며, 학생에게 배움의 즐거움도 주지 못한다.

거트 비에스타[2017]는 권위주의적 가르침에 대한 해법을 '가르침을 폐지하고 학습으로 전환하자'라며 또 다른 이분법에 기대는 것을 비판한다. 비에스타는 발달과 선발, 지식과 역량의 이분법에 갇혀 있는 교육 담론을 극복하고 권위와의 '성숙한 관계 수립'이라는 제3의 선택지를 제안한다. 선발을 발달로 대체하거나 지식을 역량으로 전환하는 것이 아니라, 선발과 지식이 학습자의 삶에서 어떤 의미와 권위를 지녀야 하는지를 묻고 이들과 성숙한 관계를 세우는 것이 통합적 학력관의 핵심이 되어야 한다는 것이다. 비에스타는 지식과 역량의 통합은 교육의 세 기능 중 '자격화Qualification'와 '사회화Socialization'를 충실히 하기 위한 필수 조건이라고 말한다. 하지만 미래지향적 학력관이 지향해야 할 궁극적인 지점은 여기서 한 걸음 더 나아간 '주체화Subjectification'에 있다. 아무리 깊이 있는 지식을 갖추고 탁월한 역량을 발휘하더라도, 그것이 사회적 요구에 부응하거나 유능한 도구가 되는 데 그친다면 교육은 여전히 학생을 객체로 다루는 '학습화Learnification'의 굴레를 벗어나지 못한다. 이는 발달과 선발, 지식과 역량의 양극단을 배제하고 순기능적 통합을 기반으로 하는 미래지향적 학력관을 수립하는 데 유용한 시사점을 준다. 요컨대 진정한 미래지향적 학력이란, 지식과 역량을 도구 삼아 타자와 세계의 요구에 책임 있게 응답하며, 세상 속에서 고유한 존재이자 주체로 서는 방법이자 개념이다.

우리는 입시 제도가 당장 획기적으로 바뀌지 않는다는 것을 안다. 제도적 틀이 개편될지라도, 교육을 즉각적인 효용의 도구로만 간주하는 사회적 관성이 지속되는 한, 교육을 대하는 우리의 태도는 오랜 타성에서 벗어나기 어렵다. 현실은 현실대로 인정하면서도 교육의 본질적 가치를 포기하지 않는 접근이 필요한 이유다. 아이들의 온전한 발달을 포기할 수 없기 때문이다. 지식의 깊이와 사고의 힘을 함께 키워주어야 한다. 이는 이상과 현실 사이에서 하나를 선택하는 이분법적 논리가 아니다. 오히려 견고한 입시 체제라는 외압 속에서도, 한 개인이 점수라는 숫자로 치환되지 않는 고유한 인간성을 지켜낼 수 있도록 내면의 근육을 길러주는 실천에 가깝다. 교육이 제도에 순응하는 기술을 전수하는 데 그치지 않고, 그 틀 안에서도 삶의 주도권을 잃지 않는 주체적 성찰의 공간을 확보해 주어야 하기 때문이다.

이 과제는 완결된 해법이 아닌 지속적인 모색 과정이다. 교사와 학생, 학부모와 정책 입안자가 각자의 현실적 제약과 불안을 정직하게 대면할 때, 교육의 본질을 놓지 않는 접점이 보이기 시작할 것이다. 이 모색은 추상적 당위가 아니라 각자 자리에서 시작되는 구체적 전환이어야 한다. 교사는 교육과정 재구성의 자율적 공간을 확보하고, 교실에서 '깊이 있는 학습'이 실현될 수 있도록 수업의 질을 높여가야 한다. 정해진 진도를 소화하는 데 그치지 않고, 학생이 지식과 삶을 연결하는 경험을 설계하는 것이 교사 전문성의 핵심이다. 학부모는 자녀의 상대적 순위가 아닌 현재 경험의 질에 주목할 필요가 있다. '지금 이 학생이 무엇에 몰입하고 있는가?', '어떤 관계 속에 성장하고 있는가?'라는 질문이 '집단 내에서 몇 등인가?', '어느 학원에 다니는가?'라는 질문을 대체할 때, 학생의 발달은 비로소 제자리를 찾는다.

정책 입안자는 평가 체제 다원화를 통해 서열화의 압력을 완화하는 방향으로 나아가야 한다. 단일한 척도로 학생을 줄 세우는 구조가 유지되는 한, 어떤 교육적 이상도 현실의 벽 앞에서 무력해진다. 입시 제도 변화가 단기간에 이루어지기 어렵다면, 적어도 초등교육과 중학교 단계에서만큼은 발달 중심 교육이 온전히 작동할 수 있는 제도적 여건을 마련하는 것이 현실적 출발점이다. 한 번에 이상적인 답을 도출할 수는 없다. 그러나 작은 합의를 축적하고, 구체적 맥락에서 효과적 대안을 가다듬어 가는 과정 자체가 교육적 성숙을 만들어낸다. 현실의 제약을 직시하되, 그 안에서도 한 사람 한 사람의 성장 가능성을 도외시하지 않는 것, 이것이 지금 우리가 선택할 수 있는 최선이다.

참고문헌

교육부(2022). 초·중등학교 교육과정 총론. 교육부 고시 제2022-33호.

교육부(2015). 초·중등학교 교육과정 총론. 교육부 고시 제2015-74호.

김은영(2025). OECD 교수 나침반과 국내 교원정책 시사점. KEDI Brief 2025. Vol.17.

질병관리청(2024). 2024년 청소년 건강행태 조사 통계. 질병관리청.

통계청(2026). 2025년 초중고 사교육비 조사 결과. 통계청.

함영기(2014). 교육사유. 바로세움.

함영기(2023). 교사, 학습공동체에서 미래교육을 상상하다. 한울림.

비고츠키교육학실천연구모임(2025). 본능에서 개념적 사고까지. 살림터.

Bloom, B. S., Engelhart, M. D., Furst, E. J., Hill, W. H., & Krathwohl, D. R. (1956). Taxonomy of educational objectives: The classification of educational goals. Handbook I: Cognitive domain. David McKay Company.

Bobbitt, F.(1918). The curriculum. Houghton Mifflin.

Daisy Christodoulou(2014). Seven Myths about Education(일곱 가지 교육 미신. 김승호 역, 2018). 페이퍼로드.

Dewey, J.(1938). Experience and education. Macmillan.

Dewey, J.(1916). Democracy and education: An introduction to the philosophy of education. Macmillan.

Dweck, C. S.(2006). Mindset: The new psychology of success. Random House.

Elkind, D.(1981). The hurried child: Growing up too fast too soon. Addison-Wesley.

Frank, R. H., & Cook, P. J.(1995). The winner-take-all society: Why the few at the top get so much more than the rest of us. Free Press.

Gardner, H.(1983). Frames of mind: The theory of multiple intelligences. Basic Books.

Gert J. J. Biesta(2017). The Rediscovery of Teaching(가르침의 재발견. 곽덕주·박은주 역, 2024). 다봄교육.

Lev Semyonovich Vygotsky(1978). Mind in Society(마인드 인 소사이어티 비고츠키의 인간 고등심리 과정의 형성과 교육. 정회욱 역, 2009). 학이시습.

Lorin Anderson·David Krathwohl etc.(2001). A Taxonomy for Learning, Teaching, and Assessing: A Revision of Bloom's Taxonomy of Educational Objectives. —A Revision of Bloom's Taxonomy of Educational Objectives. Longman(Pearson).

Montessori, M.(1949). The absorbent mind. Theosophical Publishing House.

OECD.(2019). OECD Learning Compass 2030: A series of concept notes. OECD Publishing.

OECD.(2019). PISA 2018 results: What students know and can do. OECD Publishing.

Pestalozzi, J. H.(1801/1894). How Gertrude teaches her children(L. E. Holland & F. C. Turner, Trans.). Swan Sonnenschein & Co.

Piaget, J.(1952). The origins of intelligence in children. International Universities Press.

Rousseau, J. J.(1762/1979). Emile, or on education (A. Bloom, Trans.). Basic Books.

Schön, D. A.(1983). The reflective practitioner: How professionals think in action. Basic Books.

WHO(2020). WHO Guidelines on Physical Activity and Sedentary Behaviour. World Health Organization 2020. https://www.ncbi.nlm. nih.gov/books/NBK566046/.

Young, M.(1958). The rise of the meritocracy. Thames and Hudson.

●함영기 ─────────────────────────────

오랜 공직 생활을 마치고 글쓰기에 몰두하고 있다. 서울시교육청, 교육부, 시도교육감협의회를 거치며 교육행정을 경험했으며, 연세대학교 교육학부에서 예비교사들과 교육과정을 공부하고 있다. 『인공지능이 답할 때 교육은 무엇을 묻는가』 등 십여 권의 교육 관련 책을 썼다. 자유의지를 지닌 창조적 주체를 기르는 '혁신미래교육'을 꿈꾼다.

7.
혐오의 시대, 공존의 길:
존엄의 공동체를 만드는 시민교육[1]

김혜자_각화중학교 교장

우리 사회에 혐오와 차별이 공공연히 표출되면서 '혐오 시대'라는 진단이 설득력을 얻고 있다. 특히 학교 현장은 이런 변화가 고스란히 반영되는 공간으로, 교실에서도 외모, 장애, 성별, 성소수자, 인종·민족 등을 겨냥한 혐오 표현이 일상화되고 있다.

초연결사회에서 태어난 이른바 '포노사피엔스Phono Sapiens' 세대인 오늘날의 학생들은 스마트폰을 신체의 연장으로 여기며 성장했다. 학생들에게 온라인과 오프라인의 경계는 모호하며, 디지털 공간에서의 경험은 현실만큼이나 강력한 영향력을 행사한다. 학생들은 온라인 커뮤니티나 게임, SNS에서 접한 극단적 표현을 무비판적으로 따라 하거나, 패드립이나 여성 혐오 발언을 농담 삼아 사용하며 즐긴다. 혐오가 놀이 문화가 되면서 많은 교사가 혐오 표현의 증가를 체감한다.

교실에 혐오가 만연하지만, 교사들의 대응은 쉽지 않다. 전국 교사 200명을 대상으로 한 한국다양성연구소2025의 조사에 따르면,

---

1. 이 글은 '2026 대한민국 교육의 미래를 만드는 사회적 대화'(세종특별자치시교육청 외 16개 기관 공동주최)에서 발표된 원고를 기초로 재작성했다.

95% 이상이 학교 내 혐오 표현을 심각한 문제로 인식하지만, 일상적으로 대응한다고 답한 비율은 53%에 그쳤고, 항상 대응한다는 비율은 14%에 불과했다. 교사들은 혐오 표현이 나왔을 때 '어떻게 개입해야 할지, 표현의 자유를 침해하는 것은 아닐까' 하며 망설이게 되며, 이로 인해 적극적으로 개입하지 못하고 방관자로 머무르는 구조적 한계에 직면한다.

학교는 사회와 분리된 별도의 단위가 아니라 사회의 흐름과 맥락을 반영하는 또 하나의 공간이다. 이런 점에서 학교는 사회적 갈등과 분리된 공간이 아니라 사회적 갈등과 이어진 공간이며, 어떤 면에서는 학교가 하나의 사회적 갈등이 일어나는 공간임을 알 수 있다.옹진환 외, 2024: 18-19 학교 현실에서는 이런 갈등이 교실에서 재현되고 더욱 심화하는 양상을 보인다. 혐오 표현의 확산은 바로 이러한 사회적 갈등이 학교 공간에서 왜곡된 형태로 표출되는 대표적 사례다. 따라서 학교는 시민교육을 통해 사회적 갈등을 논의할 필요가 있다. 이 모든 과정에서 핵심은 '혐오에 맞서는 시민교육'이다. 그동안 혁신교육의 중요한 축이던 민주시민교육이 학교 내 민주적 의사결정 구조와 학생자치 활성화에 중점을 두었다면, 이제는 그 방향성을 확장해야 한다. 학교민주주의를 넘어 우리 사회의 갈등과 현안을 교육적으로 어떻게 다룰 것인가의 문제, 그리고 모든 구성원의 존엄이 보장되는 공존의 공동체로서 학교를 어떻게 만들어갈 것인가의 문제로 접근해야 한다.

이 글에서는 혐오의 시대, 혐오 문화를 극복하기 위해 존엄의 문화, 공존의 시민교육 가능성에 대해 살펴보고자 한다.

1. 교실 안 현실, 판도라가 열렸다

열려서는 안 되는 판도라의 상자가 열린 것처럼 위험한 변화들이 일어나고 있다. 혐오 표현, 혐오 사회, 혐오 시대. 혐오를 호명하는 말들이 넘쳐나고 있다. 2024년 12월 3일 계엄 이후 혐오 문제는 다시 심각한 사회 이슈가 되고 있으며, 특히 교실에서 학생들의 혐오 표현 문제가 도를 넘어서고 있다. 우리 사회가 온라인 중심의 혐오 문화를 걱정한 지도 벌써 10여 년이 지났다. 전국 청소년의 약 42.7%가 온라인상에서 욕설이나 성희롱 등 사이버폭력을 경험했으며, 이는 전년 대비 2%p 증가한 수치다.방송통신위원회·한국지능정보사회진흥원, 2024 특히 이 조사에서 18.6%의 청소년이 '디지털 혐오' 표현을 사용한 적이 있다고 답했는데, 이는 학교 밖의 혐오가 교실 안으로 고스란히 유입되고 있음을 의미한다.

교사들은 일상 수업에서 학생들의 혐오 표현이 늘고 있음을 피부로 느낀다. 실제로 전국 단위 설문에서 교사들은 학교에서 가장 자주 목격하는 혐오 표현 대상으로 외모·장애·성별·성소수자·인종·민족 등을 꼽았으며, 이런 표현들이 주로 온라인 커뮤니티나 또래 관계를 통해 확산한다고 응답했다.한국다양성연구소, 2025

1) 혐오의 일상화·대중화·세력화: 교실을 잠식하는 위험한 흐름

오늘날 교실에서 목격되는 혐오 현상은 단순한 일탈이나 청소년기 특유의 언어 실험이 아니다. 이는 혐오가 우리 사회에서 일상화·대중화·세력화되는 과정이 학교라는 공간으로 확산한 결과다. 혐오는 이제 특정 극단주의자들만의 언어가 아니라, 일상적 대화와 유머 코드에 자연스럽게 녹아들었고, 대중문화와 미디어를 통해 광범위하게 확산했으며, 나아가 정치적·이념적 세력화의 기반이 되고 있다.

먼저 혐오의 일상화 현상을 보자. 학생들은 '급식충', '틀딱', '한남충', '김치녀' 같은 세대·성별 혐오 표현을 아무렇지 않게 사용한다. 이런 표현들은 처음에는 온라인 커뮤니티의 은어였지만, 이제는 교실 대화에서 자연스럽게 쓰이는 일상어가 되었다. 문제는 이 과정에서 혐오 표현의 폭력성과 차별성이 희석되고, '그냥 재미로', '별 뜻 없이' 사용되는 가벼운 말장난으로 인식된다는 점이다. 혐오가 놀이가 되고, 유머가 되면서 그것이 타인에게 가하는 상처와 사회적 배제의 메커니즘은 보이지 않게 된다.

혐오의 대중화는 더욱 심각하다. 유튜브, 틱톡, 인스타그램 등 학생들이 일상적으로 소비하는 미디어 플랫폼에서 혐오는 '조회 수'와 '좋아요'를 얻는 효과적인 콘텐츠 전략이 되었다. 자극적인 제목, 극단적인 주장, 특정 집단에 대한 비하와 조롱은 알고리즘의 추천을 받아 더 많은 청소년에게 노출된다. 학생들은 이런 콘텐츠를 반복적으로 소비하면서 무의식적으로 혐오의 논리와 프레임을 내면화한다. '여자는 원래 그래', '외국인은 범죄율이 높아', '장애인은 혜택을 많이 받아' 같은 편견과 고정관념이 '팩트'로 포장되어 확산되고, 학생들은 이를 비판 없이 수용한다.

가장 우려스러운 것은 혐오의 세력화다. 혐오는 단순한 표현을 넘어 조직화된 정치적 힘으로 작동하고 있다. 특정 유튜브 채널과 온라인 커뮤니티는 혐오를 연료 삼아 거대한 영향력을 구축했고, 이들은 청소년을 포함한 대중의 정치적 의견 형성에 직접 개입한다. 2024년 12월 3일 계엄 사태 이후 일부 학생들이 교실에서 특정 정치 세력을 옹호하거나 민주주의 절차를 조롱하는 발언을 서슴지 않는 것은, 이들이 온라인에서 접한 극우적 관점과 음모론을 그대로 재현하는 것이다. 이는 개인의 일탈이 아니라, 체계적으로 조직되고 확산하는 혐오 세력의 영향력이 교실까지 침투한 결과다.

학교 공간에서 발생하는 다양한 혐오와 차별의 유형

유형	실태
성차별과 성적	성차별: 남성성, 여성성의 이분법적 강요
혐오 표현, 외모 차별	성적 혐오 표현: 여성 혐오 표현 심각, 사이버 성교육 부재 외모 차별: 초등교육 단계에서 외모 중심의 사고와 표현이 시작되어 일상화됨
다문화 차별과 혐오 표현	이주민 학생에 대한 교사의 무의식적 편견 발언과 '다문화' 표현의 한계
능력차별	성적우선주의에 따른 학력주의 및 능력주의 강화와 차별의 내재화
장애 차별/정신적 질병에 대한 편견	신체적 장애인에 대한 보호 의식 강화에도 정신적 측면에서 장애와 비장애인의 경계 현상에 대한 부정적 표현 확산
계층차별	취약 가정 학생의 학교폭력 피해 발생과 미진한 해결 문제 가족폭력 피해자가 학교폭력과 연루됨

한희정, 2021: 233)

2) 온라인 플랫폼: 위험한 사회화 기관의 등장

아이들을 언제까지 시장에 맡길 것인가? 이 질문은 오늘날 교육이 직면한 가장 근본적인 도전이다. 포노사피엔스 세대에게 스마트폰은 단순한 도구가 아니라 세계와 소통하는 주요 창구이자, 정체성 형성의 핵심 공간이다. 학생들이 하루 중 가장 많은 시간을 보내며, 세계관과 가치관을 형성하는 주요 공간이 더 이상 학교나 가정이 아니라 온라인 플랫폼이 되었기 때문이다. 유튜브, 틱톡, 인스타그램, 디스코드 등은 단순한 정보 제공이나 오락의 도구가 아니다. 이들은 학생들에게 무엇이 옳고 그른지, 누가 우리 편이고 적인지, 세상이 어떻게 작동하는지를 가르치는 '사회화 기관'으로 작동하고 있다.

문제는 이런 플랫폼들이 교육적 목적이나 공공성을 전혀 고려하지 않고 철저히 이윤 추구를 목적으로 하는 사적 영역이라는 점이다. 알고리즘은 사용자의 체류 시간과 참여도를 극대화하도록 설계되어 있으며, 이를 위해 자극적이고 극단적인 콘텐츠를 우선적으로 추천한다. 학생들은 처음에는 호기심이나 재미로 특정 콘텐츠를 클릭하지만, 알고리즘은 그와 유사하거나 더 극단적인 콘텐츠를 계속 제공한다. 이 과정에서 학생들은 의도하지 않았음에도 혐오와 편견, 음모론과 가짜 뉴스로 가득한 '필터 버블'에 갇히게 된다.

실제로 많은 학생이 '추천 영상'을 통해 자신이 원하지도 않은 극단적 정치 콘텐츠나 혐오 채널에 노출된다. 처음에는 게임 공략이나 유머 영상을 보다가, 어느새 특정 성별이나 세대를 비하하는 콘텐츠, 역사를 왜곡하는 영상, 민주주의를 조롱하는 채널을 보고 있는 자신을 발견한다. 이러한 콘텐츠들은 전문적인 편집 기술과 감정적 호소로 무장하여 청소년의 비판적 사고력을 압도한다. '정보의 바다'에서 검색력은 화려해졌으나 사고력은 오히려 줄어든 것이다.

이런 상황에서 온라인 플랫폼은 사적 영역의 위험한 사회화 기관이 되고 있다. 과거에 학생들의 사회화는 주로 가정, 학교, 지역사회라는 공적·반半공적 영역에서 이루어졌다. 이들 기관은 나름의 교육적 책임과 윤리적 기준이 있었다. 그러나 온라인 플랫폼은 어떠한 교육적 책임도 지지 않으면서, 학생들의 가치관 형성에 결정적인 영향을 미치고 있다. 이들은 혐오 콘텐츠를 확산시키면서도 '표현의 자유'를 명분으로 책임을 회피하고, 청소년 보호장치는 형식적으로만 운영한다.

공교육 정상화의 틀에서 적극적인 대응이 필요하다. 학교가 학생들의 주요 사회화 기관으로서 역할을 회복하려면, 디지털 환경에서 비판적으로 사고하고 판단하는 능력을 길러주어야 한다. 또한 온라인 플랫폼에 대한 규제와 책임 부과가 필요하다. 플랫폼 기업들이 청소년 보호와 혐오 콘텐츠 차단에 실질적인 책임을 지게 해야 하며, 알고리즘의 투명성을 확보하고, 청소년에게 유해한 콘텐츠의 추천을 제한하는 정책적 개입이 시급하다.

독일과 핀란드를 비롯한 유럽 국가들은 청소년의 우경화와 혐오 문제를 '민주주의에 대한 실존적 위협'으로 규정하고 국가 차원의 정교한 대응 체계를 구축했다.[2] 독일연방정치교육원은 극우 세력의 온라인 포섭 전략에 대응하기 위해 'Hidden Codes'라는 스마트폰 게임을 개발하여 전국 학교에 보급했다. 학생들은 이 게임을 통해 소셜 미디어 속 극우주의자의 프로필을 식별하고, 친구가 포섭될 때 어떻게 대화해야 하는지를 연습한다. 게임은 실제 극우 세력이 사용하는 암호, 상징, 언어 패턴을 학습하도록 설계되어 있으며, 강의식 교육이 아닌 체험형 학습을 통해 학생들이 능동적으로 극우주의를 식별하는 능력을 기른다. 독일의 '디지털 스트리트워크' 프로그램은 전문 상담가들이 유튜브, 틱톡, 디스코드 등 청소년이 주로 활동하는 온라인 공간에서 극우 콘텐츠에 노출된 청소년을 조기 발견하고 1:1로 접근하여 대화를 시도한다. 이들은 청소년을 비난하지 않고 그들의 이야기를 경청하며 대안적 관점을 제시하여, 극우 이념에 완전히 흡수되기 전에 개입함으로써 높은 실효성을 보인다.

미디어 리터러시 교육도 '가짜 뉴스를 조심하라'는 수준을 넘어, 영상 편집 방식, 배경음악이 감정을 조작하는 방식, 정보가 생략되거나 왜곡된 방식 등 '선동 기술'을 구체적으로 분석하게 한다. 핀란

---

2. 독일과 핀란드의 체계적 대응에 관한 내용은 다음 자료들을 참고하여 재구성했다. Hidden Codes는 독일 연방정치교육원과 Anne Frank 교육센터가 개발한 모바일 게임으로, 청소년들이 소셜 미디어에서 극우주의 급진화를 인식하고 대응하도록 교육한다(Tribukait, 2024). 핀란드의 KiVa 프로그램은 방관자의 행동 변화에 초점을 맞춘 학교 기반 괴롭힘 예방 프로그램으로, 대규모 무작위 통제 실험에서 효과가 입증되었다(Salmivalli et al., 2011; Kärnä et al., 2011).

드의 키바KiVa 안티불링 프로그램은 피해자나 가해자가 아닌 '방관자'에 주목한다. 이 철학을 혐오 표현 대응에 응용하면, 학생들이 혐오 표현을 목격했을 때 침묵하지 않고 안전하고 효과적으로 개입하는 '방어자'가 되도록 교육한다. 직접적인 대면 대응, 피해자 지지, 교사에게 보고 등 다양한 형태의 개입 방법을 연습하며, '혐오 표현은 용납되지 않는다'는 집단적 규범을 형성한다. 핀란드의 연구에 따르면, 방관자들이 적극적으로 개입하는 학급에서는 혐오 표현과 괴롭힘이 현저히 줄어든다. 이들 국가의 사례가 주는 핵심 교훈은 명확하다. 혐오 대응은 개별 교사의 즉흥적 판단이나 일회성 교육으로 해결될 수 없으며, 국가 차원의 체계적이고 지속적인 노력이 필요하다는 것이다.

3) 공감의 반경: 편향된 공감이 만드는 분열의 심리학

장대익2024의 '공감의 반경' 개념은 오늘날 한국 사회, 특히 청소년 사이에서 벌어지는 혐오 현상을 이해하는 핵심 열쇠를 제공한다. 역설적이게도, 오늘날 한국 사회에서 가장 과잉된 감정은 공감이다. 그러나 그것은 모두를 향한 보편적 공감이 아니라, 자기편에게만 작동하는 편향된 공감이다. 우리에게 부족한 것은 공감 능력 그 자체가 아니라 '공감의 반경', 즉 느낄 줄 아는 능력이 아니라 누구에게까지 느낄 것인가의 문제다.

학생들 사이에서도 이러한 편향된 공감의 메커니즘이 강하게 작동한다. 내집단에 속한 친구나 같은 성별, 같은 정치적 성향을 지닌 사람들에게는 깊은 공감과 연대를 보이지만, 외집단으로 분류된 이들에게는 냉소와 혐오를 서슴지 않는다. '우리 편'이 겪는 어려움에는 극도로 민감하게 반응하면서도, '저쪽 편'의 고통에는 무감각하거나 오히려 조롱한다. 이러한 공감 과잉과 부족이 동시에 나타나는 현상이 대한민국의 갈등을 가장 깊고 견고하게 만드는 심리적 메커니즘이다.

특히 심각한 것은, 혐오를 연료로 삼는 유튜브 채널들이 정치의 주연이 되어 가짜 뉴스와 음모론을 생산하고 확산시키는 현상이다. 이들 채널은 '우리 편'의 정당성을 강화하고 '저쪽 편'을 악마화하는 콘텐츠를 끊임없이 생산한다. 복잡한 사회 문제를 단순한 적대 구도로 환원하고, 감정적 분노와 두려움을 자극하여 클릭과 조회 수를 얻는다. 학생들은 이런 콘텐츠를 소비하면서 자신도 모르게 편향된 공감의 틀에 갇히게 되고, 세상을 '우리 대 그들'의 이분법으로 바라보게 된다.

이러한 공감의 반경 축소는 민주주의에 치명적이다. 민주주의는 다양한 의견과 입장을 가진 사람들이 대화와 타협을 통해 공존하는 체제다. 그러나 공감의 반경이 내집단으로 한정되면, 타협은 배신이 되고, 대화는 불가능해지며, 정치는 전쟁이 된다. 교실에서도 마찬가지다. 학생들이 자기와 의견이 다른 친구를 '적'으로 간주하고, 그의 말에 귀 기울이기를 거부한다면, 민주적 토론과 협력적 학습은 불가능해진다.

따라서 교육의 과제는 학생들의 공감 능력을 키우는 것이 아니라, 공감의 반경을 넓히는 것이다. 자신과 배경, 정체성, 의견이 다른 사람들에게도 공감할 수 있게 돕는 것이다. 이는 단순히 '다른 사람을 이해하자'는 추상적 구호가 아니라, 실제로 다양한 사람들과 접촉하고 교류하며 그들의 이야기를 듣는 구체적 경험을 통해서만 가능하다. 공감의 반경을 넓히는 교육이야말로 혐오의 시대에 학교가 할 수 있는 가장 중요한 역할이다.

4) 디지털 공간에서의 10대 우경화와 혐오의 역동

디지털 공간에서 10대의 우경화는 단순한 정치적 성향의 변화가 아니라, 플랫폼 알고리즘이 조장한 구조적 현상이다. 유튜브, 틱톡, 인스타그램 등 숏폼 플랫폼의 추천 알고리즘은 사용자가 한 번이라도 클릭한 콘텐츠와 유사하거나 더 극단적인 콘텐츠를 끊임없이 노출시킨다. 이 과정에서 학생들은 '확증 편향의 늪'에 빠지게 된다. 처음에는 호기심으로 클릭한 하나의 영상이, 알고리즘을 통해 비슷한 관점의 수십, 수백 개 영상으로 이어지면서, 학생들은 다양한 관점을 접할 기회를 잃고 하나의 세계관에 갇히게 된다.

특히 우려스러운 것은 숏폼 콘텐츠의 특성이다. 15초~1분 내외의 짧은 영상은 복잡한 사회 문제를 지나치게 단순화하고, 자극적인 편집과 선동적인 내러티브로 청소년의 감정을 압도한다. '여성은 이래서 문제', '이주민이 일자리를 빼앗아', '장애인 특혜는 과도해' 같은 극단적 주장이 화려한 편집과 중독성 있는 배경음악으로 포장되어 확산한다. 학생들은 이런 콘텐츠를 반복 소비하면서 문해력과 비판적 사고력을 기를 기회를 잃는다. 긴 글을 읽고 논리를 따라가며 스스로 판단하는 능력 대신, 자극적인 영상에 즉각 반응하고 감정적으로 동조하는 패턴이 강화된다.

실제로 학생들이 혐오 표현을 '선택'한 것이 아니라, 온라인과 오프라인의 혐오 콘텐츠에 오랜 시간 노출된 결과로 볼 수 있다. 예를 들어, 한 조사에서 약 절반의 청소년은 '보복', '상대가 싫어서' 등의 이유로 사이버 폭력을 행했다고 밝혔으며, 특히 학생들은 사회적 책임이나 상황 이해 없이 재미·장난삼아 증오적 언어를 사용하기도 했다. 학생들은 혐오 표현의 경계를 분별하지 못하고 커뮤니티의 언어를 무비판적으로 복제하는 경향이 있으며, 이에 대해 지도하지 않으면 곧바로 집단 사이버 폭력과 교실 갈등으로 이어진다. 학생들은 성숙한 시민이기 이전에 가장 취약한 정보 소비자다.

교실에서 관찰되는 혐오는 대체로 다음 단계를 거친다.

① 혐오 표현의 의미 인식이 내면화되지 않은 표현
② 커뮤니티 언어를 앵무새처럼 모방하는 표현
③ 웃기기 위한 놀이로 소비되는 표현

이 과정에서 혐오는 이념이 아니라 10대와 20대의 문화 코드가 된다. 중요한 점은 이 학생들이 혐오를 선택했다기보다 혐오가 유통되는 환경에 오래 노출되었다는 사실이다. 반대와 혐오는 다르다. 반대는 민주주의의 일부분이다. 그러나 혐오는 민주주의의 파괴 요소다. 반대는 주장이고 혐오는 존재 부정이다. 이것은 정치적 의견이 아니라 민주주의 언어의 파괴다.

영화 〈아바타: 불과 재〉에 등장하는 망칸족은 단순한 악이 아니라 고통의 순환 속에 형성된 결과물로 그려진다. 불은 빛을 만들지만 동시에 모든 것을 태운다. 불은 혐오와 증오의 은유다. 우리 앞의 학생 혐오 역시 본성이 아니라 불안, 좌절, 인정받지 못한 감정 위에 붙여진 세계관일 수 있다. 혐오는 개인의 성향이 아니라 환경이 만들어낸 결과다. 아도르노는 파시즘과 극우가 민주주의의 상처와 흉터에서 자라난다고 생각했고, 사회적으로 극우가 출현하는 시기는 시민의 자아가 위축되었을 때라고 했다.

5) 혐오의 '놀이 문화'화: 우경화와 함께 나타나는 위험한 패턴

우경화 흐름과 함께 특히 우려스러운 현상은 성차별, 이주민 혐오, 약자 비하를 '놀이 문화'로 소비하는 행태다. 학생들은 온라인 커뮤니티에서 유행하는 혐오 표현을 교실에서 농담처럼 사용하고,

함께 웃으며 즐긴다. '김치녀', '한남충', '급식충', '틀딱' 같은 성별·세대 혐오 표현이나, 이주민과 장애인을 비하하는 유머가 또래 집단에서 공유되고 강화된다. 이 과정에서 혐오는 그것이 지닌 폭력성과 차별적 본질을 잃은 채, 재미와 소속감의 도구가 된다.

문제는 이러한 놀이 문화가 혐오를 정상화하고 확산시킨다는 점이다. 혐오 표현을 농담으로 사용하는 학생들 대부분은 자신이 누군가에게 상처를 주고 있다는 사실을 인식하지 못한다. 그들에게 혐오는 '그냥 웃자고 하는 말'이며, '다들 쓰는 표현'일 뿐이다. 그러나 이러한 놀이 문화는 피해자에게는 일상적 폭력이며, 사회적으로는 차별과 배제를 정당화하는 기제로 작동한다. 더욱이 이러한 놀이 문화에 참여하는 것이 또래 집단에서 '쿨하고' '재미있는' 사람으로 인정받는 방법이 되면서, 학생들은 혐오 표현 사용에 대한 사회적 보상을 받게 되고, 이는 혐오의 재생산을 강화한다.

2. 교사들의 딜레마

이런 현상은 교실을 넘어 학교 문화의 문제로 인식해야 한다. 한국다양성연구소 조사에서 교사들이 혐오 표현에 대응하지 못한 원인을 분석한 결과, 구체적 대응 방법을 모르는 역량 부족이 1위였다. 그다음이 실질적 조치가 불가능한 구조적 제약, 수업 흐름을 끊기 싫어서, 학교 차원의 명확한 지침이나 지원 부재, 민원 등 불이익에 대한 두려움 순이었다. 교사들은 빠르게 진화하는 디지털 혐오의 문법을 완전히 이해하기 어려우며, 혐오 표현이 나왔을 때 어떻게 개입해야 할지 적절한 시점과 방법을 찾기가 어렵다. 게다가 많은 교사가 혐오 표현을 지도하다가 자칫 '표현의 자유 침해'나 '아동 학대'

로 오해받을까 걱정하여 소극적으로 대응하는 경향을 보인다.

실제로 교사들이 대응하기 어려운 이유를 구체적으로 서술한 응답을 보면, 여러 층위의 어려움이 드러난다.

첫째, 교육적 효과성에 대한 회의감이 크다. '즉각 대응하기에는 여러 가지 맥락이 복잡하게 얽혀있음', '그런 말 쓰지 말라고만 하고 넘어가는 것이 더 큰 상황을 만들기도 함', '개입해도 변하지 않는 경우가 많음', '대응해도 그때뿐이고 귀담아듣지 않음' 같은 지속적 효과 부족을 호소한다. '이미 세뇌되어 있거나 가치관으로 굳어진 경우가 많음', '인식과 가치관에 대한 문제는 한두 번 말해서 될 수 있는 것이 아님' 같은 가치관 변화의 어려움도 크다.

둘째, 교실 상황의 제약과 부작용 우려가 있다. '수업 진도에 쫓길 때 특히 지도하기 힘듦', '진행하는 수업을 끊고 하기가 어려울 때가 많음', '길게 얘기해야 해서 다른 학생 수업권에 방해됨' 같은 수업 진행의 연속성 문제가 있다. '모르던 학생이 혐오 표현을 알게 됨', '전체 대상으로 교육할 때 혐오 표현을 모르던 학생들에게 오히려 가르치는 계기가 될까 봐 걱정' 같은 역효과 우려도 있다. '주변 학생들이 혐오 표현을 사용한 학생에게 동조하는 분위기', '너무 많은 학생이 사용해서 개별지도에 어려움' 같은 집단 동조 현상도 문제다.

셋째, 민원 및 보복에 대한 두려움이 가장 교사들을 위축시킨다. '강력하게 지도하거나 보호자에게 연락했을 때 생길 수 있는 민원 문제', '학부모 민원이 걱정될 때가 많음' 같은 학부모 민원 우려, '아동학대 신고를 받을 수 있어 위축됨', '아동학대 신고에 대한 우려'

등의 우려가 있다. 특히 '페미 교사라는 조롱만 돌아옴', '선생님 페미예요? 소리가 듣기 무서움', '정치적 성향이나 젠더 성향 등을 물으며 지도의 진정성을 왜곡함' 같은 학생들의 역공격 우려는 여성 교사들이 특히 심각하게 느끼는 점이다.

넷째, 전문성 및 자료 부족도 크다. '어떻게 개입해야 할지 구체적인 대응 방법을 몰라서', '매뉴얼이 없다', '적절한 대응 방법에 대한 지식, 확신 부족' 같은 대응 방법론 부족, '어떻게 이해하기 쉽게 설명해야 할지 모르겠음', '구체적으로 왜 이것이 혐오 표현인지 저도 익숙지 않아서 아이들에게 설명하기 어려움' 같은 설명의 어려움이 있다.

교사들은 특히 성소수자나 여성 관련 혐오 발언을 가장 다루기 어렵다고 응답했다. 실제로 교사들이 특히 대응하기 어렵다고 느끼는 혐오 표현 이슈를 보면, 성소수자 차별 관련이 최고 난도였고, 그다음이 여성 차별 관련이었다. 이는 사회적 논란과 가치관 충돌이 첨예한 분야이기 때문이다. 결국 혐오 표현이 일어나면 교사는 방어자나 중재자가 되기보다 방관자로 머물게 되고, 그것이 교실 내 혐오 문화 개선을 어렵게 하는 주요 원인이 된다.

교사의 적극적인 혐오 표현 중재와 학급 내 응집력 강화가 학생들의 방관자적 태도를 줄이고 긍정적인 행동을 촉진하는 핵심 요인임을 고려하면, 교사가 혐오 표현을 어떻게 해석하고 대응하느냐가 학교 내 혐오 문화 개선의 결정적인 변수라고 할 수 있다. 더욱 심각한 것은, 교사들 대부분이 혐오 표현 대응 시 악성 민원 등으로부터 보호받을 수 있는 안전망이 없다고 인식한다는 점이다. 안전망이 있다고 느끼는 교사는 단 7%에 불과했다. 이것이 바로 교사들이 대응

의지는 있지만, 제도적 뒷받침 부족으로 인해 소극적이 될 수밖에 없는 구조적 문제를 명확히 보여준다.

3. 혐오의 확산과 극단화, 어떻게 대응할 것인가?

교사 개인이 혐오 표현 대응의 전부가 되어서는 안 된다. 교실에서의 개입은 출발점일 뿐이며, 그 효과와 지속 가능성은 학교·교육청·국가가 어떤 책임 구조를 설계하느냐에 달려 있다. 지금까지 혐오 문제는 교사 개인의 역량에 맡겨져 교육과 책임이 개인에게 전가되어 왔다. 그러나 현장 경험은 분명하다. 교사 혼자의 판단과 용기에만 맡긴 대응은 오래가지 못한다. 혐오는 반복되고, 조직화되며, 알고리즘과 커뮤니티를 통해 다시 교실로 유입된다. 따라서 지금 필요한 것은 '선언적 대응'이 아니라 책임 주체가 분명한 다층적 대응 구조다. 본 제언은 교실-학교-교육청-교육부의 네 층위에서 누가 무엇을 책임지고, 어디까지 보호받는지를 명확히 하는 데 초점을 둔다.

1) 공감의 반경을 넓히는 교육: 다양성과 다정한 학교

혐오에 맞서는 강력한 교육적 대응은 학생들의 공감의 반경을 넓히는 것이다. 다양성 지수가 곧 공감 지수다. 학생들이 다양한 배경, 정체성, 경험을 지닌 사람들과 만나고 그들의 이야기를 듣는 경험을 통해서만 편견의 벽을 넘어설 수 있다. 이는 단순히 '차별은 나쁘다'라는 식의 도덕적 훈계가 아니라, 타자에 대한 구체적이고 생생한 이해를 통해 공감의 반경을 확장하는 과정이다.

MBC VR 휴먼 다큐멘터리 〈용균이를 만났다〉는 공감 교육의 강력한 가능성을 보여준다. 이 프로그램은 VR 기술을 활용하여 희귀병으로 세상을 떠난 아들을 어머니가 다시 만나는 과정을 담았다. 시청자들은 기술을 통해 상실의 고통과 사랑의 깊이를 깊이 공감하게 된다. 이처럼 기술과 스토리텔링을 결합한 공감 교육은 학생들에게 강력한 정서적 경험을 제공하고, 타인의 삶에 대한 이해를 확장시킨다.

2015년 뉴욕타임즈가 제작한 VR 다큐멘터리 〈난민The Displaced〉역시 중요한 사례다. 이 작품은 시리아, 우크라이나, 남수단의 전쟁으로 집을 잃은 어린이들의 이야기를 360도 VR로 담아냈다. 시청자들은 난민 캠프의 현실을 직접 '경험'하며, 추상적 통계나 뉴스 보도로는 결코 느낄 수 없는 깊은 공감을 하게 된다. 교실에서 이러한 콘텐츠를 활용한다면, 학생들은 '외국인'이나 '난민'을 추상적 타자가 아니라 구체적인 삶과 고통을 지닌 존재로 이해하게 될 것이다.

그러나 가장 효과적인 공감 교육은 직접적인 접촉과 교류다. '접촉하고 교류하고 더 넓게 다정해지기'는 단순한 구호가 아니라 사회심리학적으로 검증된 편견 해소 전략이다. 학생들이 다양한 배경을 가진 또래들과 협력 프로젝트를 수행하고, 장애 학생들과 활동하며, 다문화 가정 친구들의 이야기를 듣는 경험은 그 어떤 교과서 학습보다 강력하다. '다정한 학교'는 이러한 접촉과 교류가 일상화된 공간이다.

독일 주간지 《디 차이트》의 편집장 바스티안 베르브너는 저서 『독일을 말한다』에서 중요한 통찰을 제공한다. '어떤 사람을 진짜 알게되면 더는 그를 증오하지 않는다.' 이는 공감 교육의 핵심을 관통하는 진리다. 혐오는 대부분 무지와 거리에서 자란다. 어떤 집단에 대해 실제로 아는 것이 없고, 그들과 만난 경험이 없을 때, 편견과 고정관념이 그 빈자리를 채운다. 그러나 진정한 만남과 이해가 이루어지면 증오는 설 자리를 잃는다.

이런 원리를 체계적으로 적용한 것이 '사회 접촉 프로젝트'다. 학교는 학생들이 다양한 사회 구성원들과 만나고 교류하는 프로젝트를 설계할 수 있다. 예를 들어, 지역 노인복지관이나 장애인 시설을 방문하여 함께 활동하는 프로그램, 다문화 가정 학생들과 함께하는 문화 교류 프로젝트, 탈북 청소년과 대화 시간 등이 가능하다. 이런 경험을 통해 학생들은 '틀딱', '장애인', '다문화'라는 추상적 범주가 아니라, 각자의 이름과 이야기를 지닌 구체적인 사람들을 만나게 된다.

문학, 영화, 다큐멘터리 등 다양한 서사를 활용한 공감 교육도 중요하다. 좋은 이야기는 우리를 타인의 세계로 초대하고, 그들의 눈으로 세상을 보게 한다. 학생들이 소수자 관점에서 쓰인 소설을 읽고, 차별의 역사를 담은 영화를 보며, 사회적 소수자들의 목소리를 담은 다큐멘터리를 시청하는 것은 공감의 반경을 넓히는 강력한 도구다. 중요한 것은 이런 자료들을 단순히 '감상'하는 것이 아니라, 함께 토론하고 자신의 경험과 연결하며 성찰하는 과정이다.

2) 책임을 분산하지 않는 다층적 대응 체계의 재설계

교실 차원: 공존하는 교실

교실에서 혐오 표현을 만났을 때 교사가 가장 먼저 해야 할 일은, 발언을 즉각 제압하거나 처벌하는 것이 아니라 그 발언이 침해한 기준을 명확히 드러내는 것이다. 중요한 점은 교사의 개입이 개인 의견 표명이나 정치적 입장 개진이 아니라, 학생 간 상호작용에서 존엄을 침해하는 언어를 중단시키는 직무 수행이라는 점을 분명히 하는 것이다.

예컨대 학생이 "너 ○○라서 그렇잖아" 같은 표현을 사용했을 때, 교사는 다음과 같은 방식으로 개입할 수 있다. "이건 개인 의견의 문제가 아니라, 특정 정체성을 이유로 상대의 존엄을 깎아내리는 표현이다. 우리 교실에서는 그런 방식의 발언을 허용하지 않는다." 이 개입은 '중립을 깨는 행위'가 아니라, 교실이 지켜야 할 공적 규범을 집행하는 행위다.

교실 차원의 대응은 혐오 표현을 금지어 목록으로 다루는 것이 아니라 왜 그것이 문제인지 질문하고 그 표현이 어떤 사회적 맥락과 구조에서 나왔는지를 함께 해석하며 대체 가능한 언어를 탐색하는 교육적 과정이어야 한다. 다만 분명히 해야 할 점은, 교실 대응은 출발점이지 종착점이 아니라는 사실이다. 교사의 판단이 고립되면, 그 대응은 곧 무력화된다.

궁극적으로 혐오에 대응하는 교육의 목표는 존엄성 회복이다. 모든 학생이 자신의 정체성, 배경, 의견과 무관하게 존엄한 존재로 존중받는 교실, 서로 다름을 인정하고 공존하는 법을 배우는 교실을 만드는 것이다. 이는 단순히 혐오 표현을 금지하는 것이 아니라, 존엄과 평등이라는 가치가 교실의 일상적 관계와 상호작용에 뿌리내리게 하는 것이다.

공존하는 교실은 다음과 같은 특징이 있다.[3] 첫째, 차이가 존중받는 공간이다. 학생들은 자신과 다른 배경, 정체성, 의견을 가진 친구들을 배제의 대상이 아니라 배움의 기회로 여긴다. 둘째, 갈등이 건설적으로 다뤄지는 공간이다. 의견 차이나 갈등이 발생했을 때, 상대를 공격하거나 배제하지 않고 대화와 토론을 통해 이해를 넓히며 해결책을 찾는다. 셋째, 모든 학생의 목소리가 경청되는 공간이다. 다수 의견만이 아니라 소수자의 관점도 존중되고, 침묵하는 학생들도 자기 생각을 안전하게 표현할 수 있다.

이러한 교실을 만들려면 성찰적 시민성을 기르는 교육이 필요하다. 성찰적 시민성이란 단순히 규칙을 따르고 의무를 수행하는 수동적 시민성이 아니라, 자신의 편견과 특권을 성찰하고, 불의에 맞서며, 더 나은 공동체를 위해 능동적으로 참여하는 시민성이다. 학생들은 자신의 무의식적인 편견을 들여다보고, 자신이 속한 집단의 특권을 인식하며, 타인의 고통에 공감하고 연대하는 법을 배워야 한다.

또한 실천적 지혜를 모으는 것이 중요하다. 혐오 대응과 공감 교육에는 정답이 없으며, 각 학교와 교실의 맥락에 따라 효과적인 방법이 다를 수 있다. 따라서 교사들이 실천 경험을 공유하고, 성공과 실패를 함께 분석하며, 집단적 지혜를 축적하는 것이 필요하다.

학교 차원: 존엄의 공동체

교실의 변화를 위해서는 학교 문화 전반의 변화가 필요하다. 교실 규칙을 만들 때부터 학생들이 함께 참여하여 존엄과 존중의 가치를

---

3. 공존하는 교실의 세 가지 특징은 포용적 교육(inclusive education)과 학생 참여(student voice)에 관한 연구들을 종합하여 재구성한 것이다. 첫째, 차이를 존중하는 교실에 대해서는 많은 연구가 다양성을 학습자원으로 활용할 때 학생들의 비판적 사고와 공감 능력이 향상됨을 보여준다(Bowman, 2010; Antonio et al., 2004). 포용적 학교 문화는 모든 구성원이 자기 정체성과 무관하게 존중받고 포용되는 환경을 조성함으로써, 학생들이 차이를 위협이 아닌 대안적 현실로 인식하도록 돕는다(Bayram, Özdemir & Boersma, 2021). 둘째, 갈등을 건설적으로 다루는 교실에 관해서는 갈등해결교육(conflict resolution education) 연구들이 갈등을 학습 기회로 전환할 때 학생들의 문제해결 능력, 의사소통 능력, 공감 능력이 발달함을 입증한다(Stone Norton, 2008; Meyers, 2003). 포용적 교수자들은 갈등을 최소화하려 하지 않고 오히려 학문적 갈등과 불일치를 추구하며, 적절히 조정된 갈등은 더 많은 아이디어가 학습 영역으로 진입하게 한다(Osei-Kofi, Richards, & Smith, 2004). 셋째, 모든 학생의 목소리가 경청되는 교실에 대해서는 학생 참여 연구들이 학생들이 교육적 의사결정에 참여하고 영향을 미칠 기회가 있을 때 학업적·사회정서적 역량이 향상되고, 특히 전통적으로 소외된 학생들의 참여가 보장될 때 교육 불평등 해소에 기여함을 보여준다(Mitra, 2018; Cook-Sather, 2006; Robinson & Taylor, 2007).

구체화하는 과정을 거칠 수 있도록 학급공동약속의 구조를 설계할 필요가 있다. 교사들 또한 혐오 표현이나 차별적 행동이 발생했을 때 단순히 금지하는 것을 넘어, 왜 그것이 공동체의 가치에 반反하는지, 어떻게 대안적으로 표현할 수 있는지를 함께 탐구할 수 있는 학습공동체 활동이 필요하다. 또한 학교는 다양성을 가시화하고 축하하는 기회를 만들어야 한다. 다문화의 날, 장애 인식 주간, 성평등 교육 등은 단순한 행사가 아니라, 학생들이 차이를 긍정적으로 경험하고 존중을 실천하는 교육의 장이 되어야 한다.

존엄의 공동체로서 학교는 세 가지 핵심 원칙을 토대로 해야 한다. 첫째, 모든 구성원의 존엄성은 협상 불가능한 가치다. 어떤 이유로도 특정 학생의 존엄을 침해하는 언어나 행동은 용납될 수 없다. 둘째, 차이는 배제의 근거가 아니라 배움의 자원이다. 다양한 배경과 정체성을 가진 학생들이 함께 있는 교실은 서로에게서 배우고 성장할 수 있는 풍부한 환경이다. 셋째, 갈등은 회피할 대상이 아니라 성장의 기회다. 차이에서 비롯되는 갈등을 건설적으로 다루는 경험을 통해 학생들은 민주적 소통과 공존의 기술을 익힌다.

이런 상황일수록 타자에게 집중하고 그들의 목소리에 귀 기울이는 경험이 중요하다. 특히 디지털 사회에서는 이런 경험의 부재에서 민주주의의 위기가 초래된다고 본다.^{한병철, 2023: 54} 학교는 단순히 지식을 전달하는 공간이 아니라, 학생들이 서로의 존엄을 인정하고 존중하는 법을 배우는 공동체여야 한다. 혐오와 차별이 일상화된 교실에서는 진정한 배움이 일어날 수 없다. 모든 학생이 자신의 정체성과 배경에 관계없이 안전하고 존중받는다고 느낄 때, 비로소 학습과 성장이 가능하다.

차별의 씨앗이 자라 차별을 선동하고 혐오 문화로 자리 잡아가는 문제를 시민교육의 시급한 문제 상황으로 인식해야 한다. 잠재적 교육과정으로 작동하는 혐오, 차별, 배제의 문제를 비롯하여 남학생과 여학생 간에 서로에 대한 공격·혐오, 성별 간 결합 회피 및 방어 현상이 심화하는 학교에서의 성별 극단화 문제도 예사롭지 않다는 진단이다.조진희, 2025

현장에서 교사들이 가장 두려워하는 질문은 이것이다. "이게 교육인가, 정치적 개입인가?", "민원이 들어오면 누가 책임지는가?" 이 질문에 답하지 않는 한, 교실 개입은 지속될 수 없다. 따라서 학교 차원에서는 혐오·차별 발언 대응을 개인 교사의 판단이 아니라 학교의 공식 기준으로 끌어올려야 한다.

학생 생활 규칙, 학교 규칙, 학교폭력 대응 매뉴얼 등에 다음과 같은 원칙을 명시할 필요가 있다. ① 혐오·차별 발언은 개인 의견이 아니라 학교가 보호해야 할 존엄의 문제 ② 대응 목적은 처벌이 아니라 인식 전환과 재발 방지 학습 ③ 회복적 대화와 교육적 개입을 기본 원칙으로 한다. 이는 교사를 보호하기 위한 장치이자, 학생에게도 "이 문제는 교사 개인의 가치관이 아니라 학교의 공적 기준"임을 분명히 전달하는 메시지다.

특히 중요한 것은 민원 대응 구조다. "혐오·차별 발언 대응과 관련한 민원은 개별 교사가 아니라 학교 명의로 접수·대응한다." 이 한 문장이 교실의 공기를 바꾼다. 교사는 혼자가 아니라 학교라는 제도적 울타리 안에서 발언하고 개입할 수 있게 된다. 학교 내 공동 대응 협의체는 사안을 '문제 학생'의 일탈로 처리하는 기구가 아니라, 문제 상황을 구조적으로 해석하고 역할을 분담하는 기구여야 한다. 이때 교사의 역할은 '발언 교정자'가 아니라 대화를 촉진하고, 기준을 연결하며, 공동체가 학습하도록 돕는 조정자로 재정의된다.

교육청 차원: '보호 선언'을 넘어 책임 구조 만들기

교사들이 가장 절실하게 요구하는 것은 '격려'나 '연수'가 아니라 책임을 나누어 지는 구조다.

교육청 차원의 혐오 표현 대응 가이드라인에는 다음 사항이 명확히 포함되어야 한다. ① 평등·인권·혐오 대응 교육은 정치적 중립 위반이 아님 ② 수업 중 혐오 표현에 대한 개입은 교육활동으로 인정됨 ③ 관련 민원 발생 시, 교육청이 1차 대응 책임을 진다. '교사를 보호한다'는 선언이 아니라, 어디까지가 교육청의 책임인지 구체적으로 적시해야 한다.

연수는 더 이상 추상적 가치 교육이어서는 안 된다. 교사가 실제로 마주치는 것은 커뮤니티 은어, 혐오 밈, 음모론, 알고리즘 기반 세계관이다. 따라서 연수는 교실 사례 분석, 즉각 대응 언어 훈련, 민원 발생 시 시뮬레이션 등 현실 기반 훈련 중심으로 재구성되어야 한다.

교육부 차원: 선언이 아니라 구조 설계

혐오 대응은 선택적 교육 프로그램이 아니라, 학교시민교육의 핵심 의제로 재정의되어야 한다. 학교시민교육 체계 안에 혐오와 차별, 극단주의, 알고리즘 리터러시를 필수 요소로 명시하고, 학교가 이를 다루지 않을 수 없도록 구조화해야 한다.

특히 학교시민교육은 우리 사회의 모습을 있는 그대로 반영하는 사회현안을 교육과정에 담아낼 수 있어야 한다. 학생들은 미래의 시민이 아니라 현재의 시민이다. 그들은 지금 이 순간 혐오와 차별, 정치적 갈등과 사회적 분열을 경험하고 있다. 따라서 학교시민교육은 이런 현실을 회피하거나 유예하는 것이 아니라, 학생들이 우리 사회의 여러 갈등을 이해하고 이를 헌법의 가치—인간의 존엄, 민주주의, 평등, 정의—에 기반하여 스스로 사고하고 판단하며 해결 방안을 모색할 수 있도록 방향을 잡아야 한다. 이는 논쟁적 이슈를 교육과정에서 배제하는 것이 아니라, 오히려 민주적이고 성찰적인 방식으로 다룰 수 있는 교육적 역량과 제도적 기반을 마련하는 것을 의미한다.

교사에게 책임을 전가하지 않는 정책 언어를 교육부 공식 문서에서 분명히 해야 한다. 혐오 대응은 정치 개입이 아니라 헌법 가치 수호이며, 그 책임은 교사 개인이 아니라 교육 시스템 전체에 있다. 교사를 혼자 세워두는 교육정책으로는 혐오를 막을 수 없다.

3) 시민성 교육 사회협약과 다층적 대응 체계 제도화

공감 교육과 혐오 대응이 개별 교사나 학교의 자발적 노력에만 의존해서는 지속 가능하지 않다. 이를 위해서는 사회적 합의에 기반한 제도적 기반이 필요하다. 시민성 교육 사회협약은 학교, 교육청, 지역사회, 시민단체, 학부모가 함께 참여하여 민주시민교육의 방향과 원칙을 합의하고, 이를 실천하기 위한 역할과 책임을 명확히 하는 것이다.

이러한 협약은 다음과 같은 내용을 포함해야 한다. 첫째, 혐오와 차별에 반대하며 존엄과 평등을 옹호하는 것이 학교교육의 핵심 가치임을 명시한다. 둘째, 교사가 혐오 표현에 대응하는 것은 정치적 중립 위반이 아니라 교육적 의무임을 분명히 한다. 셋째, 학생들에게 다양성을 존중하고 비판적으로 사고하며 민주적으로 소통하는 시민 역량을 기르는 것을 교육 목표로 설정한다. 넷째, 이를 위한 교육과정, 교원 연수, 학교 문화 개선 방안을 구체적으로 제시한다.

특히 중요한 것은 교육부 차원의 청소년 디지털 환경영향 평가 제도 도입이다. 현재 청소년들이 노출되는 디지털 환경이 그들의 가치관과 세계관 형성에 미치는 영향은 막대하지만, 이에 대한 체계적인 평가와 대응은 부재하다. 청소년 디지털 환경영향 평가는 온라인 플랫폼, 게임, SNS 등이 청소년에게 미치는 영향을 정기적으로 조사하고, 유해 콘텐츠 확산 경로를 파악하며, 플랫폼 기업의 청소년 보호 책임을 강화하는 제도다.

이 평가는 유해 콘텐츠 차단을 넘어, 청소년의 디지털 웰빙과 건강한 미디어 이용 환경 조성을 목표로 해야 한다. 알고리즘의 투명성 확보, 혐오 콘텐츠 확산 방지 장치, 청소년 대상 추천 알고리즘의 윤리적 기준 설정 등이 포함되어야 한다. 또한 플랫폼 기업들이 청소년 보호에 실질적 책임을 지도록 규제하고, 위반 시 명확한 제재 조치를 할 수 있어야 한다.

4. 존엄의 문화를 만드는 공화적 시민교육으로

교실에서 만난 혐오는 개인의 악의가 아니라, 학생들이 장기간 노출된 디지털 환경이 만들어낸 결과이자 우리 사회가 함께 풀어야 할 구조적 과제다. 김현수[2025]가 『극우 청년의 심리적 탄생』에서 강조했듯이, 옳음보다 친절함이, 한병철[2021]이 『불안 사회』에서 말한 것처럼 불안을 치유하는 희망이 필요하다. 희망은 구체적으로 약속할 수 있는 미래가 있을 때 생겨난다. 제대로 된 민주주의 교육과 정치교육, 교실 내 혐오에 대한 질적 연구가 지금 당장 필요하다.

2009년 경기도교육청의 혁신학교 정책 이후, 혁신교육은 한국 교육의 새로운 패러다임을 제시해왔다. 혁신학교는 민주적 의사결정 구조, 협력 중심 수업, 학생자치 활성화를 통해 학생들이 민주주의를 경험하는 공간을 만들었다. 2018년 이후 많은 교육청의 민주시민교육 조례 제정으로 시민교육은 공식 영역으로 제도화되었다.

그러나 오늘날 혐오와 분열의 위기는 기존 민주시민교육의 한계를 드러낸다. 그동안 우리 교육은 투표, 선거, 의사결정 등 민주주의의 절차적 측면에 집중했다. 학생회 선거로 대의민주주의를, 학급회의로 다수결을, 토론으로 의견 표현을 배웠다. 이는 중요하지만, 교실에서의 혐오와 배제 문제를 해결하기엔 충분치 않다.

이제 절실한 것은 공화주의republicanism의 가치, 즉 공동선common good과 시민적 덕성civic virtue을 강조하는 교육이다.[4] 민주주의가 나의 권리를 보장한다면, 공화주의는 우리 공동체를 함께 돌보는 책임을 강조한다. 공화주의적 시민교육은 네 가지 핵심 원리에 기반한다.[5]

첫째, 공동선에 대한 헌신—학생들은 개인 이익뿐 아니라 공동체 전체의 이익을 고려해야 한다. 둘째, 시민적 덕성의 함양—절제, 공정성, 연대, 책임감, 공감 같은 덕목을 공동체를 위해 자발적으로 실천하는 능력이다. 셋째, 적극적 참여와 책임—방관자가 아닌 능동적 참여자로서 우리 공동체를 지키기 위해 내가 무엇을 할 수 있는가를 묻는 자세다. 넷째, 공적 이성public reason 함양—사적 이해관계를 넘어 우리 공동체 전체에 정의롭고 공정한가의 기준으로 판단하

---

4. 공화주의는 정치적 존재로서의 국민이 시민적 덕성을 발휘하여 자치를 실행해야 하며, 정치공동체로서의 국가는 법치를 통해 공동선에 봉사하고 국민의 자유를 보호하여야 한다는 원리를 말한다(최경호, 2022: 134)

5. 공화주의적 시민교육의 핵심 원리는 다음의 논의를 종합하여 재구성했다. Peterson(2011)은 공화주의 시민성의 핵심 원칙으로 ① 시민적 의무의 인식 ② 사적 이익을 넘어선 공동선에 대한 인식 ③ 시민적 덕성에 따른 행동 ④ 민주주의에서의 숙의적 참여를 제시한다. Dagger(1997)는 공화주의적 자유가 시민들의 공동선에 대한 헌신과 시민적 덕성을 통해 실현된다고 강조한다. 국내 연구에서도 조일수(2011)는 공화주의적 시민성의 핵심으로 공동선 추구, 시민적 덕성, 정치참여를 제시하며, 최경호(2022)는 공화국 원리의 핵심 요소로 시민적 덕성과 공동선을 강조한다.

는 능력이다.

이를 실천하려면 학교는 지식 전달 공간이 아니라 공동선을 실천하는 작은 공화국mini-republic이어야 한다. 학급 규칙을 만들 때 나에게 편리한 규칙이 아니라 모두가 존엄하게 대우받을 규칙을 고민하는 과정이 공화적 시민교육이다. 덕목 교육은 추상적 암기가 아니라 구체적 실천이어야 한다. 혐오 표현을 목격했을 때 모른 척하지 않는 용기, 피해 학생에게 다가가는 연대, 가해 학생과도 대화하는 공정성을 실천하는 경험이 시민적 덕성을 기른다. 무엇보다 교사가 공화적 시민의 모델이 되어야 한다. 교사가 혐오 표현에 맞서는 것은 개인 선호가 아니라 공동체 존엄을 지키는 시민적 의무이며, 이것이 학생들에게 시민이란 무엇인가를 가장 강력하게 가르친다.

결국 혁신교육이 일궈온 민주적 학교 문화의 토대 위에 공화주의적 가치와 덕성을 강화할 때, 혐오의 시대를 넘어 공존과 평화의 시대로 나아갈 수 있다. 투표하는 시민을 넘어 공동선을 실천하는 시민, 권리를 주장하는 시민을 넘어 책임을 다하는 시민, 의견을 표현하는 시민을 넘어 타인의 존엄을 지키는 시민을 길러내는 것이 우리 교육이 나아가야 할 길이다.

궁극적으로 우리가 지향할 것은 간단하다. 혐오를 금지하는 것이 아니라 존엄을 지키는 언어와 문화를 만드는 것, 다층적이고 협력적인 접근으로 민주시민을 길러내며 혐오에 대한 탐구와 질문과 토론이 있는 교실 수업, 사회 현안을 다루는 시민교육, 구체적 정책을 구현하는 것이다. 무엇보다 대한민국 민주공화국의 청소년이 독립적으로 사고하고 판단하는 능력을 형성할 수 있도록 제도화해야 한다. 학교는 미래의 시민을 양성하는 곳이 아니라 지금 여기의 시민을 형성해야 하기 때문이다.

참고문헌

국가인권위원회(2019). 혐오 리포트. 국가인권위원회.

교육공동체 벗(2025). 오늘의 교육, 11+12월호.

김현수(2025). 극우 청년의 심리적 탄생. 클라우드나인.

백병부, 엄수정, 성열관, 최종철, 김혜자(2021). 민주주의 정원으로서의 학교 실현 방안. 경기도교육연구원.

바스티안 베르브너(2023). 독일을 말한다. 열린책들.

볼프강 잔더, 케르시틴 폴(2025). 독일 정치교육: 학생의 비판적 사고역량, 어떻게 기르나? 살림터.

서부원(2025). 기울어진 교실. 내일을 여는 책.

신진욱, 이재정, 양승훈, 이승윤(2025). 광장 이후. 문학동네.

옹진환, 차조일, 배화순, 성경희, 김재우, 김명정, 이재희(2024). 중립성 원칙 기반 교육프로그램 개발: 학교시민교육의 개념 및 원칙 연구. 한국 교육과정평가원.

장대익(2024). 공감의 반경. 바다출판사.

전국사회교사모임(2025). 혐오의 시대, 사회교사의 길찾기 워크숍 자료집.

조일수(2011). 공화주의적 시민성에 대한 연구: 아테네적 전통과 로마적 전통의 차이를 중심으로. 윤리연구, 1(80), 291-318.

참여연대(2025). 참여사회, 11+12월호.

최경호(2022). 헌법상 공화개념의 현대적 해석에 관한 소고. 법학논집, 26(3), 133-148.

한국다양성연구소(2025). 청소년 혐오 표현 대응의 인식-실행 간극 해소 방안. 한국다양성연구소.

한병철(2021). 불안 사회(김태환 역). 문학과지성사.

한희정(2021). 학교 공간의 혐오와 차별 연구. 교육비평, 47, 226-254.

Dagger, R.(1997). Civic Virtues: Rights, Citizenship, and Republican Liberalism. Oxford: Oxford University Press.

Kärnä, A., Voeten, M., Little, T. D., Poskiparta, E., Kaljonen, A., & ·Salmivalli, C.(2011). A large-scale evaluation of the KiVa anti-bullying program: Grades 4-6. Child Development, 82(1), 311-330.

Peterson, A.(2011). Civic Republicanism and Civic Education: The Education of Citizens. London: Palgrave Macmillan.

Salmivalli, C., Kärnä, A., & Poskiparta, E.(2011). Counteracting bullying in Finland: The KiVa program and its effects on different forms of being bullied. International Journal of Behavioral Development, 35(5), 405-411.

Salmivalli, C., & Poskiparta, E.(2012). KiVa antibullying program: Overview of evaluation studies based on a randomized controlled trial and national rollout in Finland. International Journal of Conflict and Violence, 6(2), 294-302.

Tribukait, M.(2024). History education as prevention: The topic of right-wing extremism in German educational media. History Education Research Journal, 21(1), 12. https://doi.org/10.14324/HERJ.21.1.12

MBC(2020). VR 휴먼 다큐멘터리 용균이를 만났다.

The New York Times(2015). The Displaced(VR Documentary). New York: The New York Times.

●김혜자 ─────────────────────────

중학교 사회교사를 거쳐 각화중학교 교장으로 재직 중이다. 전국사회교사 모임, 혁신학교, 교육부 민주시민교육과에서의 경험은 시민인 교육자로서의 정체성을 분명히 하는 계기가 되었다. 학교시민교육의 가능성을 넓히기 위해 『더불어 사는 민주시민』(경기도교육청) 중학교 교과서를 비롯하여 『민주학교의 탄생』(공저) 등 동료들과 여섯 권의 책을 집필했다. 세상을 품은 학교, 미리 경험하는 공화국으로서 학교에서 시민으로 자라는 학생의 삶을 설계하고 실행하는 데 관심을 두고 있다.

8.
혁신교육의 본질,
예술로 빚는 전인적 발달:
심미적 감수성과 인간 존엄의 교육학

구민정_홍익대학교 공연예술학부 교수

1. 들어가며: 두 소년과 음악

전쟁이 있었다. 제2차 세계대전. 로맹 가리Romain Gary의 소설 『유럽의 교육Education Européenne』[1945]에는 14세 소년 야네크Janek 가 등장한다. 나치 점령 하 폴란드 숲속에서 파르티잔으로 살아가는 그에게 음악이 찾아왔다. 동료의 연인이 연주하는 쇼팽의 〈폴로네즈〉, 우연히 이끌려간 집에서 나이든 독일인이 치는 피아노. 전쟁 중에도, 적군과의 경계에서도 음악은 멈추지 않았다.

야네크의 여자친구 조시아는 피아노 연주를 듣고도 아름답다고 느낄 수 없다며 흐느꼈다. 그 눈물이 전쟁의 상흔 가운데 가장 뼈아프게 다가온다. 작가는 하나의 명제를 제시한다. 예술은 인간이 여전히 인간임을 증명하는 행위라고.

80년이 흘렀다. 2025년 한국 독립영화 〈3학년 2학기〉에서 직업계 고등학교 3학년 창우가 등장한다. 창우는 졸업을 앞두고 중소기업 현장실습에 나선다. 미숙련 청소년을 저임금으로 고용하는 구조, 안전이 보장되지 않는 작업장, 10대 청소년에게는 모진 일상이 그를 기다렸다.

창우는 기타를 끌어안았다. 헨델의 〈울게 하소서〉를 연습한다. 초보다. 음이 고르지 않고 리듬이 흔들린다. 영화 말미, 그의 연주는 조금 나아져 있다. 기술적 완성도는 중요하지 않다. 중요한 것은 그가 기타를 놓지 않았다는 사실이다.

〈울게 하소서〉는 억압과 속박에서 벗어나려는 절절한 염원을 담고 있다. 창우가 공장에서 돌아와 이 곡을 연주할 때, 그 음악은 취미가 아니다. 그것은 자신이 기계의 부속품이 아닌, 느끼고 표현하는 인간임을 확인하는 행위다.

두 작품은 80년의 시간과 전혀 다른 맥락에 놓여 있다. 그러나 본질은 공명한다. 극한에 내몰린 인간에게 예술은 사치가 아니라 존엄의 마지막 보루다. 야네크가 적군의 피아노 연주에 이끌렸듯, 창우가 노동의 고통 속에서 기타를 끌어안았듯, 예술은 인간이 단순히 생존하는 존재가 아니라 아름다움과 의미를 추구하는 존재임을 증명한다.

질문이 남는다. 오늘날 한국 교육은 창우와 같은 학생들에게 무엇을 주고 있는가. 급변하는 사회 속 비인간적 현실 앞에서 자신의 존엄을 지킬 수 있는 내면의 힘을 길러주었는가.

혁신교육이 지향하는 '전인적 발달'은 이 질문과 직결된다. 전인적 발달이란 시험 성적이나 취업률로 측정되는 것이 아니다. 그것은 어떤 환경에서도 자신의 존엄성을 지키고, 타인과 연대하며, 삶의 의미를 창조할 수 있는 온전한 인간을 키우는 것이다. 예술교육은 이러한 전인적 발달의 핵심이다.

2. 혁신교육에서 예술교육의 목적과 개념: 심미적 감수성의 재발견

1) 전인적 발달과 인간화: 수단이 아닌 목적으로서의 인간

혁신교육이 지향하는 전인적 발달은 지적·정서적·신체적 영역의 기계적 균형이 아니다. 그것은 파울로 프레이리Freire, 1970가 말한 '인간화humanization'의 문제다. 그것은 억압받는 존재가 자신의 주체성을 되찾는 과정이다. 인간이 사물이나 도구로 취급받지 않고, 스스로 생각하고 선택하며 세계를 변화시키는 존재로 서는 것이다.

창우는 '현장실습생'이라는 이름으로 저임금 노동력을 제공했다. 직업계의 중점 교육은 그를 노동시장이 요구하는 '성실한 인력'으로 훈련시켰다. 그러나 그가 위험한 작업 환경에서 아슬아슬하게 노동에 임할 때, 어려운 가정 형편 때문에 그 일을 거절하지 못할 때, 자신의 존엄함을 지킬 수 있는 내면의 힘은 주변부로 여겨지는 동아리 활동 혹은 다른 기회에서 배운 기타를 연주하는 순간 고양되었다. 스스로 아름다움을 연주할 때 그는 비로소 숨 쉴 수 있었다.

마사 누스바움Nussbaum, 2010은 경고했다. 경제적 효용성만 추구하는 교육은 민주주의와 인간성을 위협하는 조용한 위기를 낳는다고. 그가 대안으로 제시한 것이 인문학과 예술 중심의 교육이다. 예술교육은 학생들에게 타인의 입장에서 생각하는 능력, 자신의 전통을 비판적으로 검토하는 능력, 인간 삶의 복잡성을 이해하는 능력을 기른다.

존 듀이Dewey, 1934는 예술적 경험이 인지·정서·신체가 분리되지 않은 '완전한 경험'임을 강조했다. 하워드 가드너Gardner, 1983의 다중지능 이론 역시 인간의 능력이 논리수학적·언어적 지능에 국한되지 않음을 보여준다. 음악적 지능, 신체운동적 지능, 공간적 지능, 대인 관계 지능, 자기성찰 지능은 각각 고유한 가치를 지니며, 예술교육은 학교에서 상대적으로 소외되어 온 이러한 지능들을 발달시키는 중요한 영역이다. 한국 교육 현실은 여전히 인지적 영역에 편중되어 있다. 중학교에서 음악·미술 교과 시수는 전체 교육과정에서 차지하는 비중이 매우 작으며, 고등학교에서는 더욱 축소된다. 특히 직업계 고등학교의 경우, 취업 중심 교육과정에서 예술교육은 거의 설 자리를 잃었다.

창우가 다닌 학교에서 그는 음악을, 미술을, 문학을 제대로 배울 수 있었을까? 공장에서 느낀 소외와 모욕을 표현할 언어를, 자신의 감정을 돌볼 방법을, 꿈을 상상할 공간을 학교가 세심하게 제공했을까. 영화 속 창우가 기타를 접한 것은 정규 교육과정이 아니라 주변부의 우연한 기회였을 가능성이 크다.

예술교육이 교육의 중심이 아니라 여유가 있을 때 하는 부가적인 활동으로 여겨지는 현실에서, 창우 같은 학생들은 자신을 표현하고 존엄을 지킬 수 있는 내면의 힘을 기를 기회를 충분히 얻지 못한다. 혁신교육이 전인적 발달을 지향한다면, 예술교육은 주변부가 아닌 핵심 영역이 되어야 한다. 그것은 인간을 '완성된 제품'으로 출하하는 것이 아니라, 어떤 환경에서도 자신의 인간성을 지키고 키워갈 수 있는 주체로 성장시키는 교육의 본질적 요소다.

2) 예술교육의 본질적 가치: 심미적 감수성과 실존적 저항

『유럽의 교육』에서 야네크가 적군의 피아노 연주에 이끌리는 장면은 의미심장하다. 단순한 호기심이 아니다. 전쟁이라는 극한 상황에서도 음악에 귀 기울이는 행위는 실존적 저항이다. '나는 여전히 인간이다. 나는 야만에 굴복하지 않았다'는 무언의 선언이다.

예술교육의 본질적 가치는 여기에 있다. '심미적 감수성Aesthetic

Sensitivity' 계발이며, 더 근본적으로는 나날이 비인간화하는 세계에 맞선 실존적 저항 능력을 기르는 것이다.

심미적 감수성은 단순히 아름다운 것을 감상하는 능력이 아니다. 맥신 그린Greene, 1995은 예술적 경험을 '깨어있는 상태wide-awakeness'로 정의한다. '깨어있는 상태wide-awakeness' 개념의 핵심은 세 가지다. 첫째, 세계를 수동적으로 받아들이지 않는 능동적 지각. 둘째, 익숙한 것을 낯설게 보는 탈자동화. 셋째, 새로운 가능성을 상상하는 열린 의식. 이것이 바로 예술적 경험의 본질이다. 그린1995은 『상상력의 해방Releasing the Imagination』1995에서 '예술을 통해 우리는 당연하게 여겼던 것들을 새롭게 본다. 익숙한 세계가 낯설어지고, 그 낯섦 속에서 우리는 다시 질문하고 상상하고 선택할 수 있게 된다.'고 했다.

〈3학년 2학기〉의 창우가 공장에서 경험하는 것은 그 반대다. 무감각화desensitization, 반복되는 노동, 기계의 소음, 패스트푸드. 이런 환경은 인간을 점점 무감각하게 만든다. 느끼지 않는 것이 견디는 방법이 되고, 질문하지 않는 것이 적응하는 방법이 된다. 이것이 비인간화의 메커니즘이다.

예술교육은 이러한 비인간화에 맞서는 훈련이다. 그것은 학습자에게 '느낄 권리', '표현할 권리', '상상할 권리'를 돌려준다. 자크 랑시에르Rancière, 1991는 『무지한 스승The Ignorant Schoolmaster』1991에서 '해방은 무능력하다고 여겨진 이들이 스스로 능력을 발견하는 것'이라고 했다. 예술교육은 이러한 해방의 실천이다. 야네크의 여자친구 조시아가 "나는 그게 아름답다고 생각하지 못했어. 전혀!"라고 울며 고백하는 장면은 전쟁의 폐단, 교육의 부재를 극명하게 보여준다.

심미적 감수성을 이해하려면 먼저 인간의 지각을 들여다봐야 한다. 음악을 듣거나 그림을 볼 때, 그것은 눈과 귀만의 일이 아니다. 온몸이 움직인다. 세계와 마주하는 실존의 행위다. 메를로-퐁티 Merleau-Ponty, 1945가 말한 '체화된 인지embodied cognition'는 사고와 신체를 분리할 수 없다는 통찰이다. 우리는 신체를 '가진' 것이 아니라 신체로 '존재'한다. 예술 활동에서 신체는 단순한 도구가 아니라 의미를 생산하는 주체 그 자체다.

창우가 기타를 연주한다. 손가락이 현을 누른다. 귀가 소리를 듣는다. 몸이 리듬을 느낀다. 이 순간 그는 음을 재생산하는 것이 아니다. 신체를 통해 세계와 관계 맺는다. 공장에서 그의 신체는 생산 도구였다. 명령을 수행하고 동작을 반복했다. 결과를 산출하는 기계의 일부였다. 기타 앞에서는 다르다. 그의 신체는 표현의 주체가 된다. 감각의 원천이 된다. 의미를 만드는 장소가 된다. 도구적 신체에서 살아있는 신체로. 수단적 존재에서 목적적 존재로. 예술교육은 이 전환을 가능하게 한다.

예술 경험은 놀이의 구조를 지닌다. 놀이는 참여자를 자신 밖으로 이끈다. 놀이 자체의 운동 속으로 빨아들인다. 예술 작품 앞에서 우리는 주체의 자리를 내려놓는다. 작품이 펼치는 세계 속으로 들어간다. 일상적 자아를 넘어선다. 새로운 의미의 지평과 만난다. 가다머Gadamer, 1960는 놀이를 '자기 목적적 활동'으로 정의한다. 놀이는 외부의 목적을 위한 수단이 아니라, 참여 그 자체가 의미를 갖는다. 예술 작품과의 만남도 마찬가지다. 우리는 어떤 결과를 얻기 위해 예술을 경험하는 것이 아니라, 그 경험 자체에서 존재의 의미를 발견한다.

야네크가 적군의 피아노 연주에 이끌린 순간을 보라. 그는 '적과 아군'이라는 전쟁의 논리를 넘어섰다. 음악이라는 놀이 속에서 그는 생존을 위해 싸우는 파르티잔이 아니었다. 아름다움을 인식하는 인간이었다. 예술이 인간을 도구적 이성에서 해방시키는 순간이었다.

들뢰즈와 가타리^{Deleuze & Guattari, 1991}가 말한 '정동_{affect}'은 개인적 감정을 넘어선 존재론적 강도다. 예술 작품이 담아내는 것은 작가의 주관적 느낌이 아니라, 감각 그 자체를 하나의 독립적 존재로 만든 것이다. 이렇게 물질화된 감각은 시대와 장소를 넘어 다른 이들에게 전달될 수 있다.

예술은 감각 그 자체를 물질화한다. 작곡가는 소리의 덩어리를 만든다. 화가는 색채의 덩어리를 만든다. 작가는 언어의 덩어리를 만든다. 이 덩어리들은 창조자의 생애를 넘어 존속한다. 다른 이들에게 감각의 경험을 전달한다. 예술 작품은 개인의 주관적 감정을 넘어선다. 하나의 객관적 실재로 세계에 존재한다.

조시아가 음악을 듣고도 아름다움을 느끼지 못했다. 그것은 개인의 정서적 둔감함이 아니었다. 전쟁이 그의 '감각하는 능력' 자체를 손상시켰다. 감각하고, 느끼고, 반응하는 능력. 그것이 마비되었다. 그가 흘린 눈물은 그 능력의 상실에 대한 애도였다. 예술교육은 손상된 감각의 능력을 회복시킨다. 심미적 감수성은 단순한 감상 능력이 아니라, 세계와 관계 맺으며 실존적 주체로 서기 위한 근본 조건이다.

창우가 공장에서 느낀 소외를 보라. 그것은 열악한 노동 조건의 문제만이 아니었다. 감각하고 표현하는 주체로서의 자신을 상실하는 실존적 위기였다. 기타는 그에게 그 주체성을 되찾는 통로였다. 그는 연주하며 숨을 쉬었다.

심미적 감수성은 세 가지 차원에서 인간화에 기여한다. 첫째, 자아 발견과 정체성 형성이다. 빌헬름 폰 훔볼트^{Humboldt, 1792}는 교육의 목적을 '인간 내면에 있는 힘들을 최대한 조화롭게 발전시키는 것'이라고 정의했다. 예술 활동은 이러한 내면의 힘을 발견하고 형성하는 과정이다.

둘째, 인지적·정서적 통합이다. 안토니오 다마지오 ^{Damasio, 1994}는 『데카르트의 오류』에서 감정과 이성이 분리될 수 없음을 밝혔다. 인간의 의사결정과 학습에는 감정이 필수적이다. 예술교육은 바로 이 지점에서 독특한 역할을 한다. 학생들이 기후위기를 주제로 협력 미술 프로젝트를 진행할 때, 그들은 과학적 데이터를 분석하면서 위기감과 책임감을 느끼고, 이를 시각적으로 표현한다. 교육연극에는 '전문가의 망토'라는 기법이 있는데, 학생들은 자신이 과학자가 된 듯이 프로젝트를 진행하게 된다. 이 과정에서 인지와 정서는 통합되어 깊이 있는 학습이 이루어진다. 존 듀이 ^{Dewey, 1934}가 강조했듯, 예술적 경험은 '완전한 경험complete experience'이며, 이를 통해 진정한 학습이 일어난다.

셋째, 공동체적 소통과 공감이다. 예술은 본질적으로 소통 행위다. 수잔 랭어 ^{Langer, 1953}는 예술을 '감정의 논리적 형식'이라고 정의했다. 예술 작품은 감정을 표현할 뿐 아니라, 그 감정의 구조와 질을 타인이 이해할 수 있는 형식으로 제시한다. 이러한 소통은 공감 능력 발달로 이어진다. 타인의 예술 작품을 감상할 때, 우리는 그 사람의 내면세계를 간접적으로 경험한다. ^{구민정, 2023}

3) 혁신교육 체제 속 예술교육의 위상 재정립

〈3학년 2학기〉의 이란희 감독은 평범한 창우를 주인공으로 삼은 이유를 이렇게 밝혔다.

아무래도 대단한 재능이 있거나 타고난 배경이 좋거나 일찍부터 꿈을 향해 도전하고 노력을 많이 하는 등, 특출난 점이 있는 캐릭터가 주인공이 되는 경우가 많다. 하지만 대부분의 사람들은 그렇게 특출나지 않다. 그럼에도 세상은 그런 평범한 사람들이 기반이 되어 돌아간다. 그런데도 공부 못하고 노력하지 않고 끈기가 없다는 이유로 평범한 사람들이 벌을 받듯 살아가고 있는 건 아닐까. 그래서 평범한 인물을 주인공으로 삼고 싶었다.[1]

이 문장은 교육의 본질적 질문을 제기한다. 교육은 누구를 위한 것인가? 뛰어난 소수를 위한 것인가? 평범한, 모든 인간의 존엄을 위한 것인가? 혁신교육이 후자를 선택한다면, 예술교육의 위상은 재정립되어야 한다. 창우가 기타를 끌어안으며 고된 일터에서 돌아와 휴식을 취할 때 바라보는 사람은 평화의 마음을 느끼게 된다. 그 음악이 어설프더라도 그가 잠시라도 자신과 공명하는 악기와 하나 되는 존엄의 시간을 누린다는 것에. 창우에게 교육은 무엇을 알게 했을까.

이런 까닭에 교육과정의 통합적 재구조화가 필요하다. 예술을 별도의 교과로만 다루는 것이 아니라, 모든 교과 학습에 예술적 경험을 통합하는 접근이 요구된다. 역사를 배울 때 그 시대의 예술 작품을 분석하면서 시대정신을 이해하고, 과학 개념을 시각예술이나 음악으로 표현하는 과정에서 추상적 개념이 체화되도록. 널리 알려진 STEAM 교육이나 현상기반 학습Phenomenon-based Learning은 이러한 통합적 접근의 사례다. 교육과정 통합curriculum integration은 단순히 여러 교과를 섞는 것이 아니다. STEAM 교육이나 현상기반 학습Phenomenon-based Learning이 지향하는 바는 실제 세계의 복잡한 문제가 학문의 경계를 넘나든다는 인식이다. 예술을 '특별활동'이 아닌 모든 학습의 통합적 요소로 재배치해야 한다.

1.《씨네 21》[인터뷰] 첫 현장, 첫 직장에서 고심하는 현재와 미래, 〈3학년 2학기〉 이란희 감독. https://cine21.com/news/view/?mag_id=106223

특히 직업계 고등학교에서 예술교육 강화가 시급하다. 창우 같은 학생들은 가장 이른 나이에 노동 현장에 투입되며, 가장 가혹한 비인간화를 경험할 위험에 처해 있다. 바로 이들에게 예술교육이 필수적이다. 자신의 노동 경험을 성찰하고 표현할 수 있는 언어를, 자신의 존엄을 지킬 수 있는 내면의 힘을 기를 수 있도록.

또한 평가 체제의 근본적 전환이 필요하다. 현재의 결과 중심, 정량적 평가 체제는 예술교육의 본질적 가치를 포착할 수 없다. 교육학자 엘리엇 아이스너Eisner, 1979는 『교육적 상상력』에서 '교육과정에서 가장 중요한 것은 측정할 수 없는 것들'이라고 지적했다. 예술 학습에서 핵심은 결과물의 완성도가 아니라, 학습자가 그 과정에서 어떻게 자신을 발견하고, 타자와 소통하며, 세계를 새롭게 인식하게 되었는가다. 이미 교육 현장에서 적용하고 있지만, 실질적으로도 포트폴리오 평가, 자기성찰 저널, 동료 피드백 등 질적 평가 방법을 통합적으로 활용해야 한다.

학교 공간과 시간의 재구성이 요구된다. 예술 활동을 위한 물리적 공간 확보와 함께, 예술적 경험이 가능한 시간적 여유가 보장되어야 한다. 40, 45, 50분 단위의 획일적 시간표는 깊이 있는 예술적 몰입을 방해한다. 블록타임제, 프로젝트 기반 학습 시간 등 유연한 시간 운영이 필요하다.

무엇보다 교육 철학의 전환이 중요하다. 예술을 '부가적인 것', '여유 있을 때 하는 것'으로 보는 관점에서 벗어나, '인간화의 핵심', '전인적 발달의 중심'으로 인식하는 패러다임 전환이 필요하다. 로맹 가리가 보여주었듯, 예술은 모든 것이 풍족할 때가 아니라 모든 것이 박탈당할 때 절망 앞에서 희망을 만나기 위해 더욱 절실해진다.

3. 학습자 발달 단계별 특성: 예술적 경험의 충위

1) 초등 단계: 감각적 탐색과 표현 능력의 발견

초등학교 시기는 구체적 조작기에서 형식적 조작기로 이행하는 시기다. 피아제Piaget, 1952는 이 시기 아동은 구체적이고 감각적인 경험을 통해 세계를 이해하며, 추상적 사고는 아직 완전히 발달하지 않았다고 보았다. 따라서 예술교육은 직접 만지고, 그리고, 움직이며 온몸으로 경험하는 방식으로 이루어져야 한다. 이 시기 아이들은 구체적이고 감각적인 경험을 통해 세계를 이해한다.

또한 에릭 에릭슨Erikson, 1950에 따르면, 초등학교 시기는 '근면성 대 열등감'의 단계로, 자신의 능력을 발견하고 유능감을 발달시키는 결정적 시기다.

이 맥락에서 초등 단계 예술교육의 핵심은 모든 아이가 자신의 표현 능력을 발견하고 긍정하는 경험을 제공하는 것이다. 로맹 가리의 『유럽의 교육』에는 파르티잔 활동가들이 전쟁 중에도 시를 쓰고 소설과 동화를 낭송하는 장면이 등장한다. 그들은 전문 예술가가 아니었다. 하지만 그들은 죽음 앞에서도 표현했다. 예술의 가치는 완성도가 아니라 표현 그 자체에 있다. 어린이들에게 예술은 내면의 예술적 씨앗, 자기와 타인에 대한 존엄의 씨앗을 심어주는 활동이다.

초등 저학년(1~3학년)에서 예술은 자연스러운 놀이의 연장이다. 비고츠키Vygotsky, 1978는 놀이를 통해 아이들이 '근접발달영역Zone of Proximal Development'을 확장한다고 보았다. '근접발달영역ZPD'은 아이가 혼자서는 할 수 없지만 타인의 도움으로 도달할 수 있는 영역이다. 놀이는 바로 이 영역을 자연스럽게 확장시킨다. 놀이 속에서 아이들은 현실을 넘어서는 상상을 하고, 새로운 역할을 시도하며, 스스로 규칙을 만든다. 예술은 구조화된 놀이로서 이러한 발달을 촉진한다. 놀이 속에서 아이들은 현실을 넘어서는 상상을 하고, 역할을 실험하며, 규칙을 창조한다. 예술은 필연적으로 타인을 전제한다. 그 행위의 미적인 경험은 본질적으로 사회적이기 때문이다.

한 아이를 상상해보자. 매일 아침 15분간 자유표현 시간이 있다. 아이들은 그림, 점토, 블록, 악기 등 다양한 매체 중 하나를 선택하여 자유롭게 표현한다. 특별한 기술을 요구하지 않는다. 평가도 하지 않는다. 한 아이는 매일 아침 자신의 기분을 색으로 표현한다. 교사가 "오늘은 왜 이 색을 선택했니?"라고 물으면, 아이는 "오늘은 기분이 막 막 뛰는 느낌이에요"라고 답한다. 이 아이는 자신의 감정을 언어로 명확히 설명할 수는 없지만, 색을 통해 표현할 수 있다. 몇 달 후, 이 아이는 점차 자신의 감정을 말로도 표현하기 시작한다. 예술적 표현이 언어적 표현의 토대가 된 것이다.

초등 고학년은 자의식이 발달하면서 자신의 표현 능력에 비판적이 되는 시기다. "나는 그림을 못 그려"라는 말이 빈번해진다. 빅터 로웬펠드Lowenfeld & Brittain, 1987는 이 시기를 '위기의 시기'라고 불렀다. 많은 아이들이 이 시기에 예술에 대한 흥미를 잃는다.

이때 필요한 것은 기술 습득과 자유로운 표현의 균형이다. 루돌프 아른하임Arnheim, 1954은 말했다. '기술은 사고를 가능하게 하는 도구'라고 했다. 더 많은 예술적 기술을 갖출수록 더 풍부한 표현이 가능해진다.

마을 벽화 프로젝트를 상상해보자. 학생들은 자신들이 살고 있는 지역에 벽화를 그린다. 지역 어르신들을 인터뷰하여 그분들의 삶의 이야기를 듣는다. 자신들의 꿈을 녹여낸다. 학생들은 이 이야기와 꿈을 시각화하기로 한다. 미술 전문가가 학교에 와서 벽화 기법을 가르친다. 그리고 역할을 나눈다. 그림 잘 그리는 학생은 주요 형태를 스케치하고, 색감이 좋은 학생은 색 배합을 담당하며, 꼼꼼한 학생은 세부 작업을 맡는다. 모든 학생이 자신의 강점에 따라 기여한다.

완성된 벽화에는 과거의 논밭과 현재의 아파트가 함께 그려진다. 젊은 시절의 할머니와 현재의 할머니가 손을 잡고 있다. 마을 어르신들이 말한다. "아이들이 마을을 이토록 밝고 생기 있게 만들어줘서 감동이에요." 학생들은 말한다. "처음엔 낯선 골목이었는데, 이제는 우리가 만든 공간이라서 너무 자랑스러워요." 그 순간 아이들은 깨달았을 것이다. 예술은 자신을 표현하는 것만이 아니라, 타인의 이야기를 듣고 그것에 형태를 부여하는 것, 그리하여 공동체의 기억을 보존하고 세대를 연결하는 힘을 지닌다는 것을.

2) 중학생 단계: 자아 정체성과 비판적 사고의 발달

중학교 시기 청소년들은 '나는 누구인가?'라는 근본적 질문과 씨름한다. 에릭슨Erikson, 1950의 심리사회적 발달 이론에서 청소년기(12~18세)의 핵심 과제는 정체성 형성이다. '나는 누구인가'라는 질문에 답하는 과정에서 청소년은 다양한 역할을 시도하고, 때로는 혼란을 겪으며 자기를 찾아간다. 예술은 이 탐색 과정에서 안전한 실험실이 된다.

따라서 이 시기 예술교육의 핵심은 정체성 탐색의 안전한 공간 제공과 비판적 의식의 계발이다. 영화 〈3학년 2학기〉의 창우는 고등학생이지만, 그가 겪는 정체성 혼란은 많은 중학생도 경험한다. '나는 왜 이 일을 하고 있는가?', '이것이 내가 원한 삶인가?', '나는 누구에게나 이렇게 대우받아야 하는가?' 이런 질문들은 청소년기의 보편적 고민이다.

중학생들은 복잡한 감정을 경험한다. 불안, 분노, 우울, 혼란. 제임스 페니베이커Pennebaker, 1997의 연구에 따르면, 감정을 표현하지 못하고 억압할 때 심리적·신체적 건강에 부정적 영향을 미친다. 예술은 언어가 닿지 못하는 내면을 표현하는 대안적 통로다. 중요한 것은 감정을 '분출'하는 것이 아니라 '의미 있게 구조화'하는 것이다. 예술적 표현은 혼란스러운 내면을 하나의 형태로 만들어 객관화하는 과정이다.

한 중학교 교실에서 진행했던 '나의 감정 지도 만들기' 활동을 살펴보자. 학생들은 한 학기 동안 자신이 경험하는 다양한 감정을 시각화했다. 매주 한 가지 감정을 선택하고, 그 감정을 색, 형태, 질감, 선으로 표현했다. 한 여학생은 자신의 불안을 검은색과 붉은색이 뒤엉킨 소용돌이로 나타냈다. "내 안에 이런 게 있었구나"라고 소감을 말했다. 그림 그리는 과정 자체가 자기 감정을 객관화하고 이해하는 경험이 되었다. 학기말에 모든 학생은 서로의 작품을 감상하며 대화를 나누었다. 한 남학생은 친구의 작품 앞에서 오래 서 있던 장면이 떠오른다. 그 순간 두 학생은 언어 없이 깊은 공감을 나누었을 것이다.

중학생 시기에는 정의와 불의에 대한 민감성이 발달한다. 그들은 세상의 모순을 발견하고 분노하기 시작한다. 헨리 지루Giroux, 1988는 『비판적 교육학』에서 "교육은 학생들이 세계를 읽고, 그것에 대해 쓰고(행동하고), 변화시킬 수 있는 능력을 길러야 한다"고 했다. 예술은 이 세 단계를 통합하는 필수적인 매체이며 과정이다.

서울의 한 중학교에서 세대 간 갈등을 이해하기 위한 교육연극 프로젝트 수업을 실행한 경험이 있다. 수업은 특정 세대를 비판하거나 옹호하는 방식이 아니라, 서로 다른 시대적 경험에서 형성된 가치관과 삶의 조건을 탐구하는 데 초점을 두었다.

아우구스토 보알Boal, 1979의 『억압받는 자의 연극』은 프레이리의 교육철학을 연극으로 실행한 것이다. 관객과 배우의 경계를 허물고, 참여자들이 해결책을 탐색하는 '스펙트-액터spect-actor' 개념은 교육연극의 핵심이다. 관객(학생)은 관찰자가 아닌 행위자로서 사회 문제에 참여하는 것이다.

학생들은 먼저 '세대 갈등'이라는 개념이 개인의 성격 차이나 예의의 문제라기보다, 사회 변화 속도와 경험의 차이에서 비롯된 구조적 현상임을 자료 조사와 토론을 통해 이해했다. 이어서 교육연극 기법을 활용해, 서로 다른 세대의 입장을 역할로 경험하는 드라마를 구성했다.

수업에서 학생들은 한 공동체를 설정하고, 그 안에서 여러 세대의 인물을 맡았다. 어떤 학생은 경제 성장기의 가치관을 지닌 인물로, 또 다른 학생은 현재의 청소년 세대를 대표하는 인물로 참여했다. 교사는 '이 공동체가 중요한 결정을 내려야 하는 상황'이라는 가상의 맥락을 제시하고, 등장인물들이 각자의 입장에서 의견을 제시하도록 유도했다. 학생들은 갈등 장면을 즉흥극으로 구성하고, 대화·침묵·몸짓 등 다양한 극적 표현을 통해 인물의 감정과 논리를 드러냈다.

드라마가 진행되면서 학생들은 같은 문제를 두고도 세대에 따라 무엇을 우선시하는지, 무엇을 두려워하는지, 무엇을 지켜내고자 하는지가 다르다는 사실을 체감하게 되었다. 특히 토론이나 설명으로는 쉽게 드러나지 않던 감정의 층위—답답함, 억울함, 불안, 책임감—가 연극적 상황에서 자연스럽게 표면화되었다.

활동 후에는 역할에서 벗어나 성찰 대화를 했다. 학생들은 '왜 그 인물은 그렇게 말할 수밖에 없었는지', '갈등이 심화된 지점은 어디였는지', '다른 선택의 가능성이 있었는지'를 함께 되짚었다. 이 과정에서 세대 갈등을 '이해하지 못하는 상대'의 문제로 단순화하기보다,

각 세대가 처한 역사적·사회적 조건의 차이로 인식하려는 태도가 형성되었다. 이 과정에서 학생들은 단순한 이해를 넘어섰다. 인식의 구조 자체가 변했다.

역할 수행은 내면화를 가져온다. 학생들이 다른 세대의 역할을 맡는다. 그 세대의 목소리를 외부에서 관찰하지 않는다. 자신의 내부로 가져온다. 이것은 모방이 아니다. 타자의 관점을 인지 구조 안에 통합하는 일이다.

한 학생이 노년 세대의 역할을 연기한다. '왜 저 세대는 이렇게 생각할 수밖에 없었을까?'를 묻기 시작한다. 그의 내면에는 이제 두 목소리가 공존한다. 자기 목소리와 타자의 목소리. 이것이 인식론적 전환이다.

세계를 바라보는 방식이 확장된다. 단일한 관점에서 복수의 관점으로. 교실 밖 일상에서 학생들은 대개 자신이 속한 세대의 관점으로만 본다. 연극에서는 다르다. 여러 관점이 동시에 타당할 수 있음을 체험한다.

한 사안에 대해 노년 세대의 관점도 타당하다. 청년 세대의 관점도 타당하다. 이 둘이 충돌하는 이유는 무엇인가. 어느 한쪽이 틀려서가 아니다. 각자가 처한 여건과 경험이 다르기 때문이다.

진정한 이해는 독백이 아니다. 서로 다른 목소리들이 충돌하고 대화하는 과정이다. 교육연극은 이러한 다성악적 공간을 만든다. 한 학생이 노년 세대의 역할을 맡는다. 그는 자기 목소리를 억누르지 않는다. 노인의 목소리를 대신 말하지도 않는다. 오히려 두 목소리가 내면에서 대화를 시작한다. 양립 불가능해 보이던 관점들이 공존 가능한 복수의 진실로 재구성된다. 교육연극에서 학생들이 다양한 세대의 역할을 맡을 때, 그들의 내면에는 복수의 목소리가 공존하게 된다. 이것이 바로 대화적 사고dialogical thinking의 시작이다.

사회 정의에 대한 이해도 깊어진다. 세대 간 갈등은 자원 분배 문제만이 아니다. 각 세대의 경험과 가치가 정당하게 인정받는가의 문제다. 학생들이 서로 다른 세대의 입장을 연기한다. 관객이 되어 바라본다. 그들은 인정의 상호성을 체험한다. 내 관점이 인정받으려면 타자의 관점도 인정해야 한다. 이것이 민주적 공존의 토대다.

정체성에 대한 이해도 바뀐다. 정체성은 고정된 본질이 아니다. 반복적 수행을 통해 구성된다. 중학생들이 교육연극에서 다양한 역할을 한다. 자신의 정체성이 유동적임을 안다. 재구성 가능함을 안다.

'나는 누구인가'라는 질문. 그 답은 하나로 고정되지 않는다. 나는 상황에 따라 다른 존재가 될 수 있다. 관계에 따라, 선택에 따라. 정체성의 이러한 유연성은 중학생 시기의 혼란을 병리가 아닌 성장의 자원으로 바꾼다. 가장 중요한 것은 의식화다. 진정한 교육은 학습자가 세계를 주어진 것으로 받아들이지 않게 한다. 비판적으로 읽게 한다. 변화시킬 수 있는 주체로 성장시킨다.

세대 갈등을 다룬 교육연극에서 학생들은 갈등을 자연스러운 현상으로만 보지 않는다. 질문한다. 이 갈등은 어떤 사회 구조에서 만들어졌는가? 누구의 이익에 복무하는가? 어떻게 변화시킬 수 있는가? 이것이 의식화다.

여기서 예술교육은 독특한 위치를 갖는다. 사회과 수업에서 학생들은 갈등 원인을 분석한다. 해결책을 토론한다. 교육연극은 그 이상을 가능하게 한다. 학생들은 지적 이해를 넘어선다. 신체적·정서적·존재론적 차원에서 갈등을 경험한다. 머리로 아는 것과 몸으로 느끼는 것. 그 간극이 메워진다. 비판적 의식은 이제 추상적 개념이 아니다. 삶을 살아가는 구체적 태도가 된다. 몸에 밴다.

3) 고등학교 단계: 심화된 사유와 실존적 질문

고등학교 시기는 형식적 조작기가 완성되어 추상적·복합적 사고가 가능해지는 시기다. 동시에 대학입시라는 현실적 압박이 가장 큰 시기이기도 하다. 특히 직업계 고등학교 학생들은 〈3학년 2학기〉의 창우처럼 조기에 노동 현장에 투입되며, 실존적 질문과 맞닥뜨리게 된다.

이 시기 예술교육의 핵심은 인문학적 사유의 심화와 실존적 질문에 대한 탐구다. 『유럽의 교육』에 등장하는 청년들은 전쟁이라는 극한 상황에서 삶과 죽음, 자유와 억압, 인간성과 야만에 대한 깊은 질문을 던진다. 예술은 그들이 이러한 질문을 견디고, 탐구하며, 자신만의 답을 찾아가는 과정을 돕는다.

예술을 통한 철학적 탐구 측면에서 보면, 고등학생들은 근본적인 질문을 던질 수 있는 인지적 역량을 갖추고 있다. '좋은 삶이란 무엇인가?', '정의란 무엇인가?', '나는 어떻게 살아야 하는가?' 예술교육은 이러한 철학적 질문을 구체적인 예술 작품을 통해 탐구하게 할 수 있다.

한 공립형 대안학교에서 '예술과 철학' 수업을 진행했다. 이 수업에서 학생들은 다양한 시대의 예술 작품을 그 시대의 철학적·사회적 맥락에서 분석했다. 한 수업에서 피카소의 〈게르니카〉를 분석했다. 학생들은 먼저 스페인 내전과 게르니카 폭격에 대한 역사적 배경을 학습했다. 그리고 작품을 자세히 관찰하며 상징들을 해석했다.

토론이 이어졌다. '예술가는 정치적 사건에 대해 입장을 취해야 하는가?', '예술은 전쟁을 막을 수 있는가?', '고통을 예술로 표현하는 것은 윤리적인가?' 교사는 답을 제시하지 않았다. 학생들이 스스로 고민하고, 서로의 의견을 듣고, 자기 생각을 형성해가게 했다.

한 학생은 "나는 예술이 전쟁을 직접 막을 수는 없다고 생각한다.

하지만 〈게르니카〉는 70년이 지난 지금도 전쟁의 참혹함을 우리에게 일깨운다. 그렇다면 예술은 우리가 전쟁을 기억하고, 다시는 반복하지 않게 하는 힘이 있다."라고 말했다.

실존적 위기와 예술의 치유적 역할을 살펴보자. 『3학년 2학기』의 창우는 현장실습 과정에서 실존적 위기를 경험한다. 자신이 기계의 부속품처럼 취급받는 현실, 병역특례 기회마저 실습 성적으로 엇갈리고, 산업재해로 팔에 부상을 입고. 이런 경험들은 '나는 어디에 있는가?', '나는 존엄한 존재인가?'라는 근본적 질문을 던지게 했을 것이다.

많은 고등학생, 특히 직업계 고등학생들이 이러한 실존적 위기를 경험한다. 그들은 종종 '학벌 사회'로부터 '비주류', '실패자'로 낙인찍히며, 자존감이 심각하게 손상된다. 빅터 프랭클Frankl, 1946은 『죽음의 수용소에서』에서 극한 상황에서도 인간이 살아갈 수 있는 것은 '의미'를 발견할 때라고 했다.

조시아가 음악을 듣고도 아름다움을 느끼지 못했을 때, 그 아이가 흘린 눈물은 '존재의 의미'를 모르는 막막함 때문이었을 것이다. 예술은 혼돈 속에서 의미를 창조하는 행위이며, 특히 실존적 위기를 겪는 청소년에게 삶의 의미를 구성하는 통로가 된다.

4. 실천적 사례 분석: 학교 현장의 협력적 예술 실천

1) 서울시교육청 '협력종합예술활동': 과정 중심의 통합 예술교육

서울시교육청은 2017년 전국 최초로 중학교 협력종합예술활동을 시작했다. 여러 예술 장르를 통합하고 학생들의 협력을 강조하는 프로젝트 기반 예술교육이다. 중학교 3년 중 최소 한 학기 이상 교육과정 내에서 학급의 모든 학생이 뮤지컬, 연극, 영화 등의 종합예술 활동에 역할을 분담하여 참여하고 발표한다.

2017년 173개 중학교로 시작했고, 2018년에는 319개교로 확대되었다. 전체 중학교의 83%다. 이 빠른 확산은 무엇을 말하는가. 현장 교사와 학생들이 체감한 변화가 분명했다는 증거다. 한 중학교 교사는 이렇게 말했다. "수업시간에 한 번도 손을 들지 않던 학생이 무대 뒤에서 조명을 맡으며 자신의 역할을 찾았습니다."

이 프로그램의 철학적 기반은 존 듀이^{Dewey, 1934}의 '경험으로서의 예술' 개념과 맥락을 같이한다. 듀이는 예술을 완성된 작품이 아니라 창조 과정 자체의 경험으로 이해했다. 이는 시작과 전개와 완결을 갖춘 유기적 전체로서, 경험 그 자체가 성장을 이끄는 것이다. 협력종합예술활동은 바로 이 원리를 실천한다.

이 과정에서 주목할 점은 모든 학생이 참여한다는 것이다. 연기 잘하는 학생은 배우로, 목소리 좋은 학생은 노래로, 그림 좋아하는 학생은 무대 제작에, 글쓰기 좋아하는 학생은 대본 작업에 참여한다. 기획, 연출, 무대장치, 의상, 분장, 안무, 조명, 방송, 촬영, 편집 등 다양한 역할이 분담된다.

2017년 44개 중학교 교사 86명과 학생 1,386명을 대상으로 한 연구 결과를 비롯하여 해마다 보고된 자료에 의하면, 학생들의 자기효능감이 높아졌고, 협력과 소통 능력이 발달했으며, 창의적 표현력과 예술적 감수성이 높아졌다. 학생들은 협력종합예술활동이 진행됨에 따라 만족감이 더 높아졌다. 교사들은 이 활동이 학생 진로 탐색과 생활지도에 도움이 된다고 생각했다.

서울시교육청은 현장 지원을 위해 뮤지컬, 연극, 영화 총 3종의 안내서를 개발·보급했다. 안내서에는 이론, 실제 운영 사례, 활동지가 담겼다. 교사 연수와 워크숍을 운영하고, 학교 여건에 맞춰 연습실 구축비를 지원했으며, '교복 입은 예술가 영화제' 등 학생들의 성과를 공유하는 장을 마련했다.

이러한 체계적 지원 속에서 공교육 내 예술교육이 자리를 잡아가고 있다. 그러나 이것이 일시적 성과로 그치지 않으려면 중요한 조건이 있다. 안정적 예산 확보, 학교와 지역사회의 지속적 협력, 교사와 예술강사 간의 유기적 소통, 학교와 교육청의 신뢰 관계. 이 네 축이 흔들리지 않을 때 비로소 예술교육은 혁신교육의 핵심으로 뿌리내릴 수 있다.

2) 지역 기반 예술교육: 학교 밖 세계와의 연결

전주의 한국전통문화전당과 전주시가 공동 운영하는 '초등학생을 위한 1인 1전통공예 프로그램' 지역 기반 예술교육의 가능성을 보여준다. 전주 지역 초등학교 4학년을 대상으로 하는 이 프로그램은 전통 한지를 중심으로 세 가지 활동으로 구성된다. 나만의 한지등 만들기, 한지뜨기, 줌치한지(여러 겹 한지를 두드려 만든 질긴 한지) 응용 소품 만들기. 2019년 1,312명, 2020년 877명의 학생이 참여했다.

특히 주목할 점은 한지산업지원센터 내 한지제조실에서 학생들이 직접 한지를 만드는 과정이다. 종이가 만들어지는 원리를 머리가 아니라 손으로 익힌다. 백 번의 설명보다 한 번의 체험이 강력한 이유다. 학생들은 지역 문화유산을 박물관 안 유물이 아니라, 자신이 만지고 변형할 수 있는 살아있는 재료로 만난다.

여기서 중요한 전환이 일어난다. 전통은 보존 대상에서 창조의 재료가 된다. 한지로 등을 만들고 소품을 디자인하는 과정에서 학생들은 옛것을 오늘의 언어로 번역한다. 이것이 바로 '전통의 재맥락화'다. 무형유산 전문가들은 기법을 전수하는 데 그치지 않는다. 시대에 맞춰 전통을 재해석하고, 학생들이 그 안에서 자기 의미를 발견하도록 돕는다.

지역사회의 고유한 문화 자원과 예술교육이 만날 때, 학생들은 자연스럽게 정체성의 질문과 마주한다. '나는 어디서 왔는가?', '이 땅은 무엇으로 이루어져 있는가?'. 지역 기반 예술교육은 학생들에게 뿌리에 대한 성찰과 함께, 그 뿌리로부터 새로운 것을 창조할 힘을 준다.

3) 개인적 경험: 예술교육의 치유적 힘

나는 약 30년간 중학교에서 사회과를 가르치며 연극을 수업에 적용해 왔다. 그 시간 동안 점점 분명해진 것은, 연극이 사회과 개념 이해를 돕는 교수 전략을 넘어선다는 사실이다. 연극은 학생들이 자신과 타자를 새롭게 인식하도록 이끄는 치유적이고 윤리적인 힘을 지니고 있었다.

치유의 두 차원

교육연극의 치유적 기능은 두 차원에서 작동한다. 첫째, 카타르시스catharsis로서, 억압된 감정의 정화. 둘째, 통찰insight로서, 자기 이해의 심화. 중요한 것은 연극이 단순한 감정 분출이 아니라 거리두기distancing를 통해 자신과 상황을 객관적으로 성찰하게 한다는 점이다.

중학교 시기는 자기 정체성이 흔들리는 동시에, 타인과의 관계에서 상처를 경험하기 쉬운 시기다. 그러나 학교 교육은 종종 성취와 규범의 언어로 학생들을 다루며, 서로 다른 감정과 삶의 조건을 지닌 타자를 이해할 경험을 충분히 제공하지 못한다. 사회과 교실도 마찬가지다. 갈등, 차이, 불평등을 다루지만, 그것이 학생 개인의 관계 경험과 깊이 연결되지는 않는다. 나는 이 간극을 메우는 방식으로 연극을 선택했다.

안전감, 치유의 출발점

연극을 수업에 도입했을 때 학생들은 처음에는 불안과 저항을 보였다. 자기 생각을 말해야 하고, 타인의 시선을 의식해야 하며, 정답 없는 상황에 놓이는 것이 익숙하지 않았기 때문이다. 그러나 연극적 상황에서 학생들은 점차 달라졌다. 평가 대상이 아니라, 하나의 존재로 참여하는 경험을 하게 되었다. 자신이 판단받지 않는다는 감각, 즉 교육적 안전감이 형성되고, 이 안전감은 치유의 출발점이 되었다.

타자를 '살아보기'

특히 타인의 입장을 역할로 살아보는 과정은 학생들에게 중요한 전환을 가져왔다. 갈등 상황 속 인물을 연기하면서 학생들은 '옳고 그름'을 판단하기 전에, 그 인물이 처한 여건과 감정을 먼저 마주하게 되었다. 연극은 타자를 이해하라고 설득하지 않는다. 대신, 타자의 삶을 잠시 함께 살아보게 한다living through. 학생들은 타인을 설명의 대상이 아니라 관계 속 존재로 경험하게 되었다.

이 과정에서 학생들은 종종 모순적인 감정을 동시에 경험했다. 동의할 수 없지만 이해하게 되는 순간, 불편하지만 외면할 수 없는 감정, 분노와 연민이 교차하는 지점들. 이러한 감정의 복합성은 교실에서 흔히 회피되지만, 연극은 이를 제거하지 않고 견디게 하는 힘을 제공했다. 바로 이 지점에서 예술교육의 치유적 힘은 윤리적 차원으로 확장된다.

이해는 동의가 아니다

연극 후 성찰 대화에서 학생들은 이렇게 말하곤 했다. "그 인물의 행동은 여전히 마음에 들지 않지만, 왜 그렇게 했는지는 알 것 같아요." 이 한 문장이 중요한 깨달음을 담고 있다. 타자에 대한 존중은 반드시 동의나 합의에서 출발하지 않는다. 존중이란 타자를 나와 같은 존재로 만들려는 시도가 아니라, 나와 다름에도 그 존재를 인정하는 태도다. 학생들은 이것을 경험을 통해 배웠다.

이런 경험은 사회과 개념 이해에도 깊은 영향을 미쳤다. 민주주의, 인권, 사회적 갈등 같은 개념은 연극 속에서 타자와의 관계 문제로 구체화되었다. 학생들은 사회 문제를 '멀리 있는 이야기'가 아니라, 나와 타인이 어떻게 함께 살아갈 것인가의 문제로 인식하기 시작했다. 이는 지식 습득을 넘어, 사회적 감수성과 시민적 책임의 형성으로 이어졌다.

위협이 아닌 질문으로

무엇보다 중요한 점은, 연극 기반 수업이 학생들로 하여금 타자를 위협이 아닌 질문으로 마주하게 했다는 것이다. 이해되지 않는 존재를 즉각 배제하거나 단정하지 않고, '왜 저 사람은 그렇게 말했을까?', '내가 알지 못한 조건은 무엇일까?'를 묻게 했다. 이 질문하는 태도 자체가 치유의 핵심이며, 민주 사회를 살아가기 위한 중요한 역량이다.

관계적 감각 회복

이 경험을 통해 나는 예술교육의 치유적 힘을 이렇게 정의하게 되었다. 그것은 개인의 상처를 직접 치유하는 기술이 아니라, 자신과 타자를 존엄한 존재로 인식할 수 있는 관계적 감각을 회복시키는 힘이다. 연극은 학생들에게 상처를 고백하라고 요구하지 않는다. 상처를 포함한 삶을 타자와 함께 사유할 수 있는 이야기로 전환하게 한다.

결국 예술교육의 치유적 힘이란, 교실 안에서 한 인간이 존재를 인정받고, 타자를 대상화하지 않으며, 삶의 조건이 서로 다른 존재들과 함께 살아갈 수 있는 감각을 기르는 데 있다. 내가 사회과 수업에서 연극을 30년간 지속해 온 이유는 바로 여기에 있다. 연극은 학생들이 자신을 회복하는 동시에 타자를 존중하는 시민으로 성장하도록 돕는 교육적 통로가 되어주었다.

5. 미래 전망과 과제: 지속 가능한 예술교육 생태계를 위하여

1) 기술 시대, 인문학적 가치의 수호자로서의 예술교육

우리는 급격한 기술 변화의 시대를 살고 있다. 인공지능, 자동화, 가상현실이 교육 현장에도 빠르게 들어오고 있다. 이러한 변화 속에서 역설적 질문이 떠오른다. 기술이 발달할수록 예술교육은 덜 중요해지는가, 더 중요해지는가?

답은 명확하다. 더 중요해진다. 인공지능이 많은 인지적 과업을 대체할수록, 인간 고유의 감수성, 창의성, 공감 능력의 가치는 더욱 부각된다. 계산과 예측을 AI에게 맡길수록, 느끼고 상상하는 능력이야말로 인간을 인간이게 하는 핵심 역량이 된다.

기술과 인간의 관계: 하이데거의 통찰

기술 시대 예술교육의 의미를 이해하려면 기술과 인간성의 관계를 근본에서 성찰해야 한다. 하이데거[Heidegger, 1977]는 현대 기술의 본질을 '집-세움Enframing'이라 불렀다. 이는 단순히 도구를 만드는 행위가 아니라, 세계를 바라보는 특정한 방식이다. 기술적 시선 아래서 모든 존재는 자원으로 드러난다. 숲은 목재가 되고, 강은 수력발전의 에너지가 되며, 인간은 노동력이거나 데이터가 된다.

『3학년 2학기』의 창우가 현장실습에서 경험한 것이 바로 이것이다. 그는 학습하는 주체가 아니라 저렴한 노동력 자원으로 취급되었다. '생산 라인에서 효율적으로 작동하는지'만이 중요했다. 이것이 기술 문명이 인간을 대상화하는 방식이다.

그런데 하이데거는 또한 희망을 말한다. 집-세움의 본질을 이해하면 우리는 기술에 완전히 지배되지 않는 관계를 맺을 수 있다고. 그 가능성이 열리는 곳이 예술이다. 예술은 세계를 다르게 드러낸다. 기술적 시선이 존재자를 자원으로 환원하면, 예술은 존재자를 그 자체로 드러낸다. 반 고흐의 〈농부의 구두〉는 신발을 단순히 신는 도구로 보여주지 않는다. 그 그림은 농부의 삶, 땅과 노동의 세계 전체를 연다. 창우가 기타를 연주할 때도 마찬가지다. 그 순간 그는 생산 라인의 부품이 아니라, 느끼고 표현하는 온전한 인간이 된다.

AI 시대의 창조적 관계 맺기

그렇다면 AI 시대에 우리는 기술을 어떻게 대해야 하는가. 중요한 것은 거부가 아니라 관계다. 기술을 인간 외부의 도구로만 볼 것인가? 아니면 인간과 함께 진화하는 환경으로 볼 것인가? 소외적 관계에서는 인간이 기술의 부속품이 된다. 창조적 관계에서는 인간과 기술이 함께 새로운 가능성을 만들어낸다. AI 시대의 예술교육은 바로 이 창조적 관계 맺기를 훈련한다.

예를 들어 학생들이 AI 도구를 사용하여 시각 작품을 만든다고 하자. 중요한 것은 AI가 자동으로 생성한 결과를 그대로 받아들이는 것이 아니다. AI의 제안과 자신의 의도 사이에서 대화하는 것이다.

AI가 생성한 이미지를 비판적으로 검토하고, 무엇을 선택하고 변형할지 결정하는 것이다. 이 과정 전체가 주체적 창조 행위다. 학생들은 기술에 종속되지 않으면서도 기술을 활용하는 능력을 기른다. 질문하고 선택하고 결정하는 주인은 여전히 인간이다.

쓸모를 넘어선 존엄

스티글러Stiegler, 1998는 기술을 인간의 '외재화exteriorization'로 본다. 인간은 생물학적으로 미완의 존재로 태어나 기술을 통해 자신을 완성해간다. 문자, 도구, 예술 모두가 이러한 외재화의 형태다. 우리의 기억은 책에, 계산 능력은 컴퓨터에, 상상은 예술 작품에 외재화된다.

그러나 현대 자본주의는 이 외재화를 상품화한다. SNS는 우리의 관계를 데이터로 전환하고, 알고리즘은 우리의 선택을 예측하고 유도한다. 이에 맞서는 대안은 '돌봄의 기술'이다. 기술을 착취의 도구가 아닌 돌봄의 매개로 전환하는 것이다.

예술교육은 바로 이 돌봄의 기술이다. AI가 학생의 글쓰기를 대신하거나 그림을 자동 생성해주는 것은 돌봄이 아니다. 학생의 사유와 표현 능력을 위축시킬 뿐이다. 반면 학생이 AI와 대화하며 자기 생각을 정교화하고, AI가 제시한 이미지를 자신만의 미적 감각으로 변형한다면, 이것이 진정한 돌봄이다.

한나 아렌트Arendt, 1958는 『인간의 조건』에서 경고했다. 현대 기술문명이 인간을 '노동하는 동물animal laborans'로 축소시킬 위험을. 인간이 단순히 효율적으로 생산하고 소비하는 존재로 전락할 때, 사유하고 창조하고 의미를 만들어내는 인간성의 핵심이 상실된다.

AI 시대의 가장 큰 위험은 대다수 인간이 '쓸모없는 계급'으로 전락하는 것일지 모른다. AI가 대부분의 인지적·육체적 노동을 한다면, 인간의 존재 이유는 무엇인가?

예술교육은 이 질문에 답한다. 인간의 존재 이유는 쓸모에 있지 않다고. 인간은 느끼고, 창조하고, 의미를 만들어낸다. 이것은 효용성으로 측정될 수 없다. 로맹 가리의 파르티잔들을 보라. 그들은 전쟁 중에도 시를 쓰고 음악을 연주했다. 그것이 전쟁 승리에 도움이 되어서가 아니다. 인간이 단순히 생존하는 존재가 아니라 의미를 창조하는 존재임을 증명하기 위해서다.

AI 시대에 예술교육이 지켜야 할 것도 마찬가지다. 인간을 유용한 자원이나 쓸모없는 계급으로 규정하는 모든 논리에 맞서, 인간 존재 자체의 존엄과 가치를 수호하는 것. 이것이 기술 시대 인문학적 가치의 수호자로서 예술교육이 감당해야 할 사명이다.

비판적 주체의 형성

예술교육은 학생들에게 '너는 생산성으로 측정되는 존재가 아니다. 너는 느끼고, 상상하고, 창조하는 고유한 존재다'라고 말한다. 또한 예술교육은 기술을 비판적으로 성찰하게 한다. 학생들이 기술 발전이 가져오는 윤리적 문제—감시, 불평등, 소외, 환경 파괴—를 예술 프로젝트로 탐구할 수 있다. 이를 통해 학생들은 기술을 무비판적으로 수용하는 소비자가 아니라, 기술과 인간의 관계를 성찰하는 비판적 주체가 된다.

미래 교육의 핵심 과제는 기술과 인문학의 균형이다. 학생들이 기술을 사용할 줄 아는 동시에, 왜 사용하는지, 어떻게 사용해야 하는지, 인간적 가치를 지키면서 사용하는 방법이 무엇인지 고민할 수 있어야 한다. 이것이 바로 예술교육이 기술 시대에 담당해야 할 역할이다.

2) 교사 역량 강화와 전문성 개발

예술교육의 질은 결국 교사의 역량에 달려 있다. 그러나 현실적으로 많은 교사가 예술교육에 대한 충분한 준비 없이 수업을 진행한다.

예비교사 교육 강화가 필요하다. 교육대학과 사범대학 교육과정에 예술교육 관련 과목을 필수로 포함시켜야 한다. 예술교육의 철학과 이론, 발달 단계별 접근법, 프로젝트 기반 학습 설계, 질적 평가 방법 등을 다루어야 한다. 이론뿐 아니라 실습 경험이 중요하다. 예비교사들이 예술 프로젝트를 기획하고 실행하며, 학생들과 상호작용하는 경험을 교육실습 과정에 포함시켜야 한다.

현직 교사를 위한 지속적 연수도 필요하다. 단발성 연수는 효과가 제한적이다. 더 효과적인 것은 학기 중에 지속적으로 참여할 수 있는 교사 학습공동체Professional Learning Community 형태의 연수다. 같은 지역의 교사들이 월 1~2회 모여 수업 사례를 공유하고, 함께 프로젝트를 설계하며, 서로의 수업을 관찰하고 피드백하는 협력적 학습이 이루어질 수 있다. 이미 실천하고 있는 교사들이 있다는 것이 매우 고무적이다.

서울의 한 중학교 교원학습공동체로부터 교육연극 연수 요청 메일을 받은 적이 있다. 이 공동체는 특정 교과에 국한되지 않은, 서로 다른 교과를 담당하는 교사들로 구성된 자발적 학습 모임이었다. 메일에는 현재 학교 예산이 충분하지 않지만, 그럼에도 수업과 학생지도 방식에 변화를 주고 싶다는 절실한 문제의식이 담겨 있었다.

나는 이 요청을 단순한 연수 의뢰가 아니라, 현장 교사들이 스스로 교육의 방향을 모색하고 있다는 신호로 받아들였다. 연수는 방과 후 시간을 활용해 진행되었고, 참여 교사들은 각자의 업무와 학생 사안으로 매우 바쁜 일정에서도 빠짐없이 자리를 지켰다. 연수 목적은 교육연극 기법을 '배우는 것'에 그치지 않고, 이를 각자 교과 수업과 생활지도, 학급 운영에 어떻게 적용할 수 있을지를 함께 탐색하는 데 있었다.

연수 과정에서 교사들은 자신이 겪고 있는 실제 수업 장면과 학생 갈등 사례를 연극적 상황으로 재구성했다. 어떤 교사는 교실 내 갈등 장면을 역할극으로 풀어내는 방법을 실험했고, 또 다른 교사는 사회과·국어과·도덕과 수업에서 과정드라마를 활용할 가능성을 모색했다. 이 과정에서 성공 사례뿐 아니라, 적용이 어려웠던 점과 실패 경험도 공유되었다. 연수는 일방적인 강의가 아니라, 교사들의 경험을 중심으로 한 공동 탐구의 장으로 작동했다.

무엇보다 깊은 인상을 남긴 것은 교사들의 태도였다. 연극 경험이 거의 없는 교사들도 '잘해야 한다'는 부담보다 '학생들에게 도움이 될 수 있다면 시도해 보고 싶다'는 마음으로 활동에 참여했다. 연극적 표현이 낯설고 어색할 때도 서로를 평가하지 않고 지지하는 분위기가 자연스럽게 형성되었다. 이는 교육연극이 교사 집단에서도 신뢰와 연대의 감각을 형성할 수 있음을 보여주었다.

이 사례는 예술교육 연수가 단순한 기술 전수가 아니라, 교사 전문성을 회복하고 확장하는 과정이 될 수 있음을 시사한다. 특히 예산과 제도적 지원이 충분하지 않은 상황에서도, 현장의 교사들이 스스로 배움을 조직하고 외부 전문가와 연결되려는 시도는 주목할 만하다. 이는 위로부터 제공되는 연수 체계와 다른, 아래로부터 생성되는 전문성 형성의 사례라 할 수 있다.

3) 교육 정책과 제도적 지원

예술교육이 학교 현장에 뿌리내리려면 정책적·제도적 지원이 필수적이다.

첫째, 교육과정에서 예술교육의 위상 강화가 필요하다. 현재 중·고등학교에서 예술교과 시수는 계속 축소되고 있다. 예술을 선택과목이 아닌 필수과목으로 하고, 충분한 시수를 확보해야 한다. 특히 직업계 고등학교의 경우 시급하다. 『3학년 2학기』가 보여주듯, 이들은 가장 이른 나이에 노동 현장에 투입되며, 가장 가혹한 비인간화를 경험할 위험에 처해 있다. 바로 이들에게 예술교육이 필수적이다.

둘째, 예술교육 인프라 구축이 필요하다. 학교에 적절한 예술 활동 공간을 확보하고, 필요한 재료와 장비를 지원해야 한다. 특히 농어촌 지역이나 소규모 학교의 경우, 지역 문화시설과 연계를 통해 부족한 인프라를 보완할 수 있다.

셋째, 평가 체제 개선이 병행되어야 한다. 예술교과 자체의 평가를 결과 중심에서 과정 중심으로, 정량적 평가에서 질적 평가로 전환해야 한다. 완성도 높은 작품을 만들었는가보다, 학생이 그 과정에서 어떻게 자신을 탐색하고, 타자와 소통하며, 세계를 새롭게 인식하게 되었는가를 평가해야 한다. 2022 개정 교육과정에서는 '과제 없는 수업, 실기 및 참여 중심의 과정 평가'를 더욱 강조하므로, 이것이 실질적으로 반영될 수 있어야 한다. 예술교과만이 아니라 예술을 범교과 교육에 적용할 경우의 평가방식도 고안해야 할 것이다.

넷째, 지역사회 연계 체계의 제도화가 요구된다. 학교와 지역 문화시설, 예술가, 문화단체가 협력하는 네트워크를 구축하고, 이를 지원하는 예산과 제도를 마련해야 한다. 전주 프로젝트에서 보았듯, 지역 장인, 예술가, 문화시설과의 연계는 학생들에게 실제적이고 의미있는 학습 경험을 제공한다.

4) 학부모와 사회의 인식 전환

제도와 정책만큼 중요한 것이 학부모와 사회의 인식이다. 여전히 많은 학부모는 예술교육을 '있으면 좋지만 없어도 되는 것'이나 '입시에 도움이 되지 않는 것'으로 인식한다.

예술교육의 가치 가시화가 필요하다. 학교는 정기적으로 학생들의 예술 활동과 그 성과를 학부모와 공유해야 한다. 전시회, 공연, 포트폴리오 발표회 등을 통해 학부모가 자녀의 성장을 확인할 수 있게 해야 한다. 부모들이 예술 활동을 통한 자녀의 변화를 목격할 때 인식이 바뀐다.

데이터와 사례 기반 설득이 필요하다. 예술 활동이 학생의 전반적 발달(자기효능감, 협력 능력, 문제해결력, 정서 조절 능력 등)에 미치는 긍정적 영향을 연구 데이터로 제시하는 것도 효과적이다. 또한 구체적 사례를 널리 알려야 한다. 예술 프로젝트를 통해 학교폭력이 감소했다거나, 학습 부진 학생의 자신감이 회복되었다거나, 지역사회 문제가 해결되었다는 이야기들을 들려주어야 한다.

문화적 패러다임이, 궁극적으로는 사회 전체의 문화적 패러다임이 바뀌어야 한다. 성공을 성적과 경제적 성취로만 정의하는 사회에서, 풍요로운 내면과 의미 있는 관계, 창조적 삶을 포함하는 더 넓은 성공 개념으로의 전환이 필요하다.

6. 나가며: 예술로 빚는 인간다운 교육

『3학년 2학기』는 창우의 이야기로 끝나지 않는다. 영화가 끝나도 질문은 남는다. 우리 교육은 창우에게 무엇을 주었는가? 비인간적인 현실에서 존엄을 붙들 수 있는 힘을 길러주었는가?

창우가 기타를 끌어안고 헨델의 〈울게 하소서〉를 연주하는 장면. 그는 초보다. 음이 고르지 않고 리듬은 흔들린다. 그러나 중요한 것은 완성도가 아니다. 그가 기타를 놓지 않았다는 사실이다. 공장에서 돌아온 몸은 지쳐 있었고, 하루는 모멸감으로 끝났을지도 모른다. 그럼에도 그는 연주했다. 그 연주는 기술이 아니라 태도였다. 그가 여전히 인간이라는 사실을 스스로에게 확인하는 방식이었다.

80년 전, 폴란드 숲속에서 야네크도 그랬다. 전쟁 한가운데서 그는 음악에 귀 기울였다. 적군의 피아노 소리에도 발걸음을 멈추었다. 그가 견딘 것은 총성과 굶주림만이 아니었다. 인간으로 남는 일을 견뎌냈다.

이 글이 말하려는 것은 네 가지다.

첫째, 예술교육의 본질. 예술교육은 심미적 감수성을 기르는 일이지만, 근본적으로는 인간을 인간이게 하는 과정이다. 학생들은 예술을 통해 자기 안의 목소리를 발견하고, 타인을 이해하며, 세계와 관계 맺는 법을 배운다.

둘째, 발달 단계에 따른 의미. 초등의 아이들에게 예술은 '나는 표현할 수 있다'는 최초의 긍정이다. 중등의 청소년들에게는 흔들리는 정체성을 안전하게 탐색하는 공간이다. 고등의 청년들에게는 실존적 질문을 견디는 힘이다.

셋째, 실천 가능성. 협력종합예술활동, 지역 기반 전통공예 교육, 교육연극은 이상이 아니라 이미 작동하고 있는 현실이다.

넷째, 남은 과제. 기술 시대에 인간의 자리를 지키는 일, 교사 역량을 키우는 일, 제도를 정비하는 일, 인식을 바꾸는 일. 이것들은 함께 풀어야 한다.

이 모든 논의의 중심에는 하나의 문장이 있다. 예술은 인간을 인간이게 한다. 로맹 가리의 파르티잔들이 숲속에서 쇼팽을 연주할 때, 창우가 공장에서 돌아와 기타를 끌어안을 때, 그들은 말하고 있었다. "나는 아직 인간이다." 교육이 주어야 할 것도 다르지 않다. 어떤 현실 앞에서도 "나는 여전히 인간이다"라고 말할 수 있는 힘. 그 힘의 근원이 예술이다.

미래 교육은 기술과 인간성의 균형을 찾아야 한다. 인공지능이 계산하고 예측하는 시대에, 인간에게 남는 것은 감수성과 상상력, 타인을 향한 공감이다. 예술교육은 이 역량을 키우는 가장 확실한 길이다.

혁신교육이 전인적 발달을 지향한다면, 예술교육은 중심에 있어야 한다. 모든 학생이 자기 안에 하나의 음악을 갖출 수 있도록. 어떤 현실에서도 하늘을 올려다볼 수 있는 눈을, 어둠 속에서도 빛을 알아보는 감각을, 그것을 표현할 수 있는 언어를 갖도록. 예술은 사치가 아니다. 그것은 인간다움을 지키는 최소한의 조건이다. 예술로 빚는 전인적 발달, 그 길 위에 우리는 이미 서 있다.

참고문헌

교육부(2022). 2022 개정 교육과정 총론. 교육부.

구민정(2023). 온라인 실시간 양방향 연극교육/교육연극에서 신체화(몸을 통한 구현)의 활성화를 위한 수업모델에 관한 연구. 교육연극학, 12(2), 1-22.

서울특별시교육청(2023). 2023 협력종합예술활동 운영 결과보고서. 서울: 서울특별시교육청.

이란희(감독).(2024). 3학년 2학기[영화]. 서울독립영화제.

Arendt, H.(1958). *The Human Condition*. Chicago: University of Chicago Press.

Arnheim, R.(1954). *Art and Visual Perception*. Berkeley: University of California Press.

Boal, A.(1979). Theatre of the Oppressed. London: Pluto Press.

Damasio, A.(1994). Descartes' Error: *Emotion, Reason, and the Human Brain*. New York: Putnam.

Deleuze, G., & Guattari, F.(1991). What is Philosophy? New York: Columbia University Press.

Dewey, J.(1934). *Art as Experience*. New York: Minton, Balch & Company.

Erikson, E.(1950). Childhood and Society. New York: Norton.

Eisner, E.(1979). *The Educational Imagination*. New York: Macmillan.

Frankl, V.(1946). *Man's Search for Meaning*. Boston: Beacon Press.

Freire, P.(1970). *Pedagogy of the Oppressed*. New York: Continuum.

Gadamer, H.-G.(1960). Truth and Method. London: Continuum.

Gardner, H.(1983). *Frames of Mind: The Theory of Multiple Intelligences*. New York: Basic Books.

Gary, R.(1945). *Éducation européenne*. Paris: Calmann-Lévy.

Giroux, H.(1988). *Teachers as Intellectuals*. Granby: Bergin & Garvey.

Greene, M.(1995). *Releasing the Imagination: Essays on Education, the Arts, and Social Change*. San Francisco: Jossey-Bass.

Heidegger, M.(1977). The Question Concerning Technology. New York:

Harper & Row.

Humboldt, W.(1792). The Limits of State Action. Cambridge: Cambridge
University Press.

Langer, S.(1953). *Feeling and Form*. New York: Scribner.

Lowenfeld, V. & Brittain, W. L.(1987). Creative and Mental Growth (8th
ed.). New York: Macmillan.

Merleau-Ponty, M.(1945). Phénoménologie de la perception. Paris:
Gallimard.

Nussbaum, M.(2010). *Not for Profit: Why Democracy Needs the
Humanities*. Princeton: Princeton University Press.

Pennebaker, J.(1997). *Opening Up: The Healing Power of Expressing
Emotions*. New York: Guilford Press.

Rancière, J.(1991). T*he Ignorant Schoolmaster*. Stanford: Stanford
University Press.

Stiegler, B.(1998). Technics and Time, 1: The Fault of Epimetheus.
Stanford: Stanford University Press.

Vygotsky, L.(1978). Mind in Society. Cambridge: Harvard University Press.

● **구민정**

여전히 연극과 교육의 만남을 주선한다. 30년간 중학교 사회과 교사로 교
실에서 연극을 했다. 학생들은 역할 속에서 타자를 만났다. 지금은 홍익대
학교 공연예술대학원에서 예술가들에게 교육연극을 가르친다. 고전희곡을
과정드라마로 풀어내며, 포럼 시어터로 시민과 만난다. 『교과서로 연극하
자』, 『수업중에 연극하자』, 『말이 몸이 되는 날』 등을 썼다. 공교육 안 연극
교육과정, 교수학습 방법을 연구한다. 연극이 지닌 공동체 치유의 힘을 믿
는다.

제3부

새로운 패러다임을 위한
도전과 확장

9.
혁신교육과 IB의 변증법적 지양: 교육과정-수업-평가 혁신을 위한 숙의 시스템 구축

이형빈_가톨릭관동대학교 교수

1. 변증법적 과정으로서의 혁신교육

정正-반反-합合. 헤겔의 변증법 철학에서 사물의 변화 발전 방식을 설명하는 개념이다. 낡은 것 속에서 새로운 것이 싹트고, 새로운 것이 다시 낡은 것을 대체한다. 그러나 그 새로움도 영원할 수는 없다. 내부의 모순이나 외부의 충격을 계기로 다시 한 단계 높은 단계로 발전할 수 있다. 그렇다고 기존 것이 모두 사라지는 것은 아니다. 그 안에 담긴 긍정적 가치와 의미는 유지된 채, 더 높은 차원으로 승화된다. 이것이 곧 끊임없는 변화와 발전, 변증법적 지양의 과정이다.

혁신교육 역시 끊임없는 변화와 발전의 과정이다. '혁신革新'이라는 한자어를 풀이하면 '가죽'을 '새로운 것'으로 만드는 것에 비유할수 있다. 동물의 일부였던 가죽을 북, 구두, 가방 등 새로운 쓰임새로 탄생시키는 과정과 같다. 반동反動은 낡은 질서를 고수하는 태도이고, 혁명革命이 기존 질서와의 급격한 단절을 꾀하는 것이라면, 혁신은 낡은 것을 끊임없이 새로운 것으로 재구성하는 창조 과정이라할 수 있다.

지난 10여 년 혁신교육의 역사가 그러했다. 한국 공교육의 핵심은 보존하되, 시대 정신과 어울리지 않는 것을 끊임없이 고쳐가며 새로운 것을 만들어 온 과정이었다. 그 속에서 새로운 담론과 실천이 창출되었다. 예전에는 존재하지 않았던 개념, 예를 들어 전문적 학습공동체, 교육과정 재구성, 배움중심수업, 성장중심평가, 회복적 생활교육, 마을교육공동체 등이 공교육의 토양에서 발아하고 구체적인 실천으로 열매를 맺었다. 한 학교에서 창의적으로 시작된 사례는 다른 학교로 전파되며 새로운 형태로 진화되었고, 이러한 실천은 교육청을 통해 공적 시스템으로 정착되었다. 그 과정에서 교사, 학생, 학부모, 마을활동가, 연구자 등 다양한 혁신 주체들이 함께 성장해 왔다.

그러나 그 과정이 순탄하지만은 않았다. '학력' 논쟁, '학생 인권' 논쟁으로 대표되는 보수진영의 공격, '혁신의 피로감'에 대한 내부의 우려, '코로나 팬데믹'이라는 전대미문의 충격, 그리고 '서이초 비극' 이후 교직 사회 전반에 확산된 위축 등 새로운 환경 변화에 능동적으로 대처하는 데 분명한 한계도 있었다. 여기에 위기 학생 증가, 저출생 고령화 사회로의 진입, 인공지능 기술의 도전 등 시대 변화가 더해지면서, 기존 혁신교육 담론과 실천에 대한 근본적인 성찰이 필요해지고 있다.

어려운 시기일수록 교육의 근본을 다시 성찰해야 한다. 교육의 근본은 결국 '인간의 성장'에 있다. 학교 교육이 던져야 할 근본적인 질문은 "학생들을 어떤 인간으로 성장시킬 것인가?", "이를 위해 학교에서 무엇을 배우게 할 것인가?"이다. 이 질문에 대해 교육 주체가 집단지성을 발휘해 도출한 답변을 체계적으로 정리한 것이 바로 '교육과정'이다. 그렇기에 학교 교육의 중심은 바로 '교육과정'이다.

교육과정 역시 변증법적인 변화와 발전의 과정을 거쳐 왔다. 과거에는 국가주의 교육과정이 입시 중심 경쟁교육과 결합하면서 고질적인 병폐를 낳았다면, 혁신교육 시대에는 교사의 자율적 전문성에 따른 교육과정 재구성을 통해 이러한 모순을 부분적으로 극복해 왔다. 최근에는 〈OECD Education 2030〉으로 대표되는 미래교육 담론, IB International Baccalaureate로 대표되는 국제 교육과정 등이 국내에 도전적 영향력을 미치고 있다. 이 과정에서 새로운 변증법적 지양이 이루어질 것으로 보인다.

이 글에서는 혁신교육의 흐름 속에 학교 교육과정이 어떻게 새롭게 변화해 왔는지, 그 성과와 한계는 무엇인지 개괄적으로 살펴보고자 한다. 그리고 최근 많은 관심을 받고 있는 IB 교육과정의 특징을 분석하고 이로부터 얻을 수 있는 시사점을 도출하고자 한다. 그리고 향후 과제를 '교육과정-수업-평가 혁신을 위한 숙의 시스템 구축'으로 제안하며, 그 실행 방안을 모색하고자 한다. 이러한 시도 또한 고정된 답을 찾는 것이 아니라 끊임없는 변증법적 지양 과정에서 이루어져야 할 것이다.

2. 교육과정 혁신-국가 교육과정의 한계 극복을 위한 모색

1) 교육과정 혁신의 성과

교육과정이란 '학생이 무엇을 어떻게 왜 배워야 하는지'에 대해 체계적으로 설계한 계획이다. 여기에는 '교육목표, 교육내용, 교육방법, 교육평가' 등의 요소가 담겨 있다. "학생을 어떤 인간으로 성장시킬 것인가?", "그렇게 성장한 학생이 어떤 사회를 만들어 가게 할 것인가?", "이를 위해 무엇을 어떻게 배워야 하는가?", "이러한 목표에 도달했다는 것을 어떻게 확인할 수 있는가?" 등에 대한 체계적인 답변이 곧 교육과정이다.

이 질문에 대한 답변은 누가 마련해야 할까? 교육과정 운영 주체인 교사가 답변을 마련하고 이를 체계화하는 것이 가장 바람직하다. 하지만 전국 50만 명에 이르는 교사가 모두 각자 교육과정을 만드는 것은 현실적으로 가능하지 않다. 그래서 정부가 국가 수준의 교육과정을 개발하고, 학교에서는 이를 토대로 교사가 교육과정을 운영한다. 다만 국가 교육과정을 개발하는 과정 역시 교사와 전문가, 학생, 학부모 등 다양한 주체가 폭넓게 참여하는 방식으로 이루어져야 한다. 하지만 우리나라 교육과정은 여전히 중앙집권적이다. 국가가 주도하고 학교와 교사의 자율성은 상대적으로 제한적이다.

혁신교육이 확산하면서 이러한 획일적 교육과정의 한계를 넘어서려는 시도가 활발히 이루어졌다. 이를 대표하는 담론이 바로 '교육과정 재구성'이다. 그 성과는 크게 보아 '교육과정 주체로서 교사의 성장', '학생의 전인적 성장을 위한 교육과정', '시대 정신을 반영한 교육과정'으로 나눌 수 있다.

(1) 교육과정 주체로서 교사의 성장

혁신교육 이후 나타난 가장 큰 변화 가운데 하나는 '교사가 교육과정의 주체'라는 인식과 실천이 확산했다는 점이다. 이와 함께 '교육과정 재구성' 운동이 널리 확산했다. 교육과정 재구성이란 '국가 교육과정의 취지와 한계를 성찰하고, 학생들에게 더 의미 있는 배움을 제공하기 위해 학교와 교사 차원에서 교육과정을 새롭게 구성하는 것'을 의미한다. 이러한 결실은 수많은 자료를 통해 확인될 수 있다.[1]

교사가 교육과정의 주체로 성장하면서 수업 역시 새롭게 변화해 왔다. 주입식·암기식에서 벗어나 학생이 적극적으로 참여하고 토론하는 모둠활동, 학생이 스스로 문제를 제기하고 해결방안을 탐구하는 프로젝트 활동 등이 활발히 이루어졌다. 이러한 수업 방식을 통칭하여 '배움중심수업'이라고 부르기도 했다.

수업이 변화하면 평가도 변화해야 한다. 그러나 평가의 변화는 결코 쉽지 않다. 교육과정과 수업은 학교와 교사의 노력만으로도 어느 정도 변화시킬 수 있지만, 평가는 입시와 내신 등 제도 전반의 구조적인 변화가 필요하기 때문이다. 그럼에도, 교사들은 주어진 한계 속에서도 평가 혁신을 위해 노력했다. 수행평가와 논술형 평가 등 다양한 평가 방식을 도입했고, 이를 수업과 연계시켜 왔다. 이러한 흐름을 대표하는 담론이 '과정중심평가'다.

이러한 변화는 교사에게 더 많은 노력을 요구한다. 교사 입장에서는 전통적인 교과서 위주의 수업과 오지선다형 평가가 훨씬 수월하다. 그럼에도 교사들이 교육과정-수업-평가 혁신에 나선 이유는, 이 과정을 통해 '교사로서의 효능감', '전문가로서의 성장 경험'을 느낄 수 있었기 때문이다. 혁신교육은 이처럼 교사의 전문성 성장을 토대로 발전해 왔다.

(2) 학생의 전인적 성장을 위한 교육과정

혁신교육이 지향하는 인간성은 '전인적으로 성장한 인간'이다. 전인적 성장이란 어느 한쪽으로 치우침 없이 성숙한 인간으로서의 면

---

1. 다음 단행본을 통해 교사들이 집단지성을 통한 학교 교육과정의 성과를 확인할 수 있다.
    •서정초등학교 사례:『수업을 살리는 교육과정』(2013) •삼각산고등학교 외 6개교 사례:『주제통합수업』(2013) •장곡중학교 사례:『어! 교육과정? 아하! 교육과정 재구성!』(2014) •의정부여자중학교 사례:『수업을 비우다 배움을 채우다』(2015) •서울신은초등학교 사례:『리셋, 교육과정 재구성』(2015) •덕양중학교 사례:『평화의 교육과정 섬김의 리더십』(2020) •서울강명초등학교 사례:『혁신학교의 꽃, 교육과정 다시 그리기』(2020) •이리동산초등학교 사례:『우리, 학교 교과서 만들자』(2021) •인천남동초등학교 사례:『학교교육과정을 하다』(2021) •선학중학교 사례:『다시, 혁신학교』(2022) •구미봉곡초등학교 사례:『미래학교는 역량을 가르친다』(2023)

모를 고루 갖추는 것이다. 전통적으로 교육은 '지知·덕德·체體'의 조화로운 성장을 추구해 왔으며, 이를 교육학적으로는 '인지적 영역, 정의적 영역, 심동적 영역'이라 부른다. 이를 바탕으로 교육과정 문서에서는 내용 영역을 '지식, 기능, 태도 및 가치'로 구분한다. 이런 맥락에서 혁신교육이 추구하는 교육과정은 '아는 만큼 느끼고 느낀 만큼 실천하는' 전인적 인간을 기르는 교육과정이다.

혁신교육에서는 이를 구체적으로 표현하기 위해 '역량'이라는 개념을 사용했다. 본래 '역량'은 기업에서 쓰이던 용어로, 개인이 맡은 직무를 능동적이고 효과적으로 수행하는 능력을 의미한다. 이후 OECD에서는 이를 확장해 '미래사회 핵심역량'을 체계화했다. 이를 참고하여 혁신교육 진영에서는 단편적 지식 위주의 기존 학력관을 극복하기 위해 역량 개념을 교육적으로 새롭게 정립했다. 국가 교육과정 차원에서도 2015 개정 교육과정부터 역량 개념이 도입되었지만, 이를 선도적으로 이끈 것은 혁신교육 진영이다.

혁신교육이 추구하는 역량은 '지식, 기능, 태도 및 가치가 삶의 맥락에서 총체적으로 발휘되는 능력'을 의미하며, 이는 궁극적으로 '개인과 사회의 행복', '자아실현과 사회적 기여'를 지향한다. 학생들이 이런 역량을 바탕으로 전인적으로 성장하여 미래사회를 더욱 바람직한 방향으로 만들어 가게 하는 것, 이것이 혁신교육의 궁극적 지향점이기도 하다.

(3) 시대정신을 반영한 교육과정

새 술은 새 부대에 담아야 하듯, 새로운 교육과정에는 시대정신이 담겨 있어야 한다. 교육과정에는 '좋은 세상에 대한 꿈'을 담아야 한다. 우리 아이들이 살아갈 사회에는 기후 위기, 불평등, 인구 소멸, 인공지능의 도전 등 수많은 어려움이 놓여 있다. 〈OECD Education

2030〉에서는 미래사회의 특징을 '불확실성'으로 보고, 이러한 위기에 대응하기 위해 '주도성'을 바탕으로 '변혁적 역량'을 길러야 한다고 제안한다.OECD, 2018 이런 맥락에서 볼 때, 미래교육은 '미래 사회의 변화에 적응하게 하는 교육'뿐만 아니라 '미래 사회를 바람직한 방향으로 바꾸는 능력을 기르는 교육'을 의미한다.

혁신교육은 이러한 시대정신을 적극적으로 반영해 왔다. 이는 교육과정 변화를 통해서도 확인할 수 있다. 교사들은 교육과정 재구성 과정에서 여기에 '생태, 인권, 평화, 지속가능성, 민주시민' 같은 미래지향적 가치를 담아 왔다. 이를 추상적인 명제로 제시하는 데 그치지 않고 교과와 창의적 체험활동 등 학교 교육과정 전반에 구체적으로 녹여 내어 학생의 삶과 연결된 교육활동으로 구현해 왔다.

그동안 교육과정 재구성을 통해 가장 많이 다룬 주제는 '생태'일 것이다. 이는 기후위기가 이미 우리 일상에 직접적인 영향을 미치고 있으며, 인류공동체가 해결해야 할 가장 절박한 위기이기 때문일 것이다. 생태전환 문제는 단순한 환경보호 차원을 넘어 삶의 방식 자체를 성찰하고 전환할 것을 요구한다. 그만큼 교육적으로도 매우 중요한 의미를 지닌다. 교사들은 학년별 위계와 교과의 특성에 따라 생태 체험, 생태 탐구, 기후위기 극복 프로젝트 등을 교육과정에 담아 왔다.

또한 학생들의 삶과 직결된 문제를 교육과정에 반영해 왔다. 교과 내용을 추상적 지식으로 습득하기보다 자기 삶의 문제와 연계하여 다룰 때 진정한 배움이 이루어지기 때문이다. 예컨대 학생 사이에서 흔히 벌어지는 갈등 문제를 해결하기 위해, 공감과 소통, 존중과 평화 등의 가치를 교과 내용과 연계하여 다루었다. 이를 바탕으로 사회적 약자를 존중하고 차별을 극복하며, 민주시민의 자질을 기르는 교육과정을 확장해 왔다.

국가 교육과정인 2022 개정 교육과정에서 '생태전환교육', '민주시민교육' 등을 핵심적으로 다루게 된 것도 이러한 현장에서의 변화를 반영한 것이다. 이는 새로운 시대정신이 국가 교육과정이라는 공식적 담론과 제도로 정착되어 왔음을 보여준다.

2) 교육과정 혁신의 한계

지금까지 언급한 것은 몇몇 혁신학교만의 성과는 아니다. 이는 선도적 구호가 아닌 일상적 담론으로, 그리고 소수의 실천이 아닌 다수의 상식으로 확장해 왔다. 그럼에도 그동안 진행되어 온 교육과정 혁신의 노력에는 몇 가지 한계가 있다. 이는 제도적 한계, 실천적 한계, 전략적 한계 등으로 나누어 볼 수 있다.

(1) 제도적 한계-국가 교육과정 및 평가 시스템 문제

그동안 교사들은 자율적 전문성에 따라 교육과정 재구성을 활발히 실천해 왔으나, 여기에는 근본적인 한계가 있다. 학교와 교사 차원의 교육과정 재구성도 국가 교육과정의 틀을 벗어날 수 없다는 점이다. 국가 교육과정에는 학년(군)별·교과별로 가르쳐야 할 목표와 내용이 명확하게 제시되어 있다. 현행 검인정 중심 교과서 제도 역시 근본적인 제약으로 작용한다.

물론 우리나라 국가 교육과정에서도 '교육과정 자율화'를 강조해 왔다. 하지만 이는 선언적 수준에 머무르는 경우가 많다. '교과 시수 증감', '신설과목 개설', '학교자율시간' 등 몇몇 제도적 조치가 마련되어 왔지만, 학교에서의 실제 실행 양상을 살펴보면 이는 '소극적 허용으로서의 자율화' 혹은 '위장된 강요로서의 자율화'라는 비판에서 자유롭지 못하다.

이보다 더 넘기 어려운 걸림돌은 평가 제도다. 입시경쟁 체제에서 비롯된 상대평가, 일제식 평가의 한계는 교사의 노력만으로는 결코 넘어설 수 없다. 수행평가나 논술형 평가의 중요성이 지속적으로 강조되고 있음에도, 이른바 평가의 공정성 담론과 일제식 평가 관행으로 인해 그 취지를 충분히 살리지 못하는 상황이다. '과정중심평가', '성장중심평가'의 담론과 실천이 많은 성과를 거두었지만, 현행 평가제도의 한계를 근본적으로 넘어설 수는 없다.

(2) 실천적 한계-체계성 문제

교육과정 재구성 운동은 교사의 자발적인 헌신과 실천 경험에서 출발했다. 이는 특정 이론이나 모델에 근거한 것이 아니다. 실천적 경험이 쌓이면서 대략적인 절차와 방법이 조금씩 정리되어왔을 뿐이다. 게다가 교사, 교과, 학생, 학교의 특성에 따라 교육과정 재구성은 다양한 양상을 보일 수밖에 없다. 이는 자발성, 다양성, 현장 적합성 측면에서는 장점이 되지만, 체계성, 안정성, 일반화 가능성 측면에서는 한계를 지닌다.

교육과정 재구성 역량이 충분히 축적된 학교에서도 공통적으로 나타나는 한계가 있다. 교육철학, 목표와 비전, 인간상, 교육과정 주제 등을 거창하게 설정했으나, 이것이 구체적인 단원 수업 설계와 평가로 충분히 연결되지 못하는 현상이다. 학교 교육과정의 방향은 공동체적으로 정했으나, 수업과 평가는 교사 개인의 몫으로 맡겨지는 상황이다. 이는 비유적으로 말해 '시작은 거창했으나 끝은 흐지부지되는, 총론은 강하지만 각론은 약한 용두사미형 교육과정'이라 할 수 있다.

이런 현상의 원인은 크게 시간적 한계와 체계성의 부재, 두 가지로 볼 수 있다. 학교에서 교육과정 재구성 작업이 가능한 시기는 2월 중하순이다. 이 기간에 학교 교육목표 수립에서 수업 및 평가 계획 설계까지 종합적으로 이루어지기에는 시간적 여유가 충분치 않다. 그래서 보통 총론에 해당하는 부분만 논의하고, 교과별 수업 및 평가 계획은 교사 개인의 몫으로 맡기는 경우가 많다. 그러다 보니 교육과정-수업-평가 계획이 일관성 있게 마무리되기 어렵다.

학교 교육과정 설계 및 운영 시스템의 체계성이 부족한 점도 문제다. 학교 교육과정에 대한 총론적 논의가 수업 및 평가 계획까지 이어지려면, 더 촘촘하고 정합성 있는 원리와 방법론이 필요하다. 하지만 국가 교육과정 문서에서 이러한 절차와 방법이 충분히 제시되어 있는 것도 아니고, 교사 누구나 쉽게 이해하고 체계적으로 적용할 만한 자료도 마땅치 않다. 또한 교육과정 운영에 대한 점검과 피드백, 평가와 환류가 일상적으로 이루어져야 하지만, 이런 시스템이 작동하는 학교는 많지 않다.

(3) 전략적 한계 - 일반화 가능성 문제

앞에서 언급한 한계는 곧 '일반화 가능성의 한계'로 이어진다. 여러 학교에서 의미 있는 성과를 거두었지만, 이러한 성과가 여러 학교로 확산하여 안정적으로 정착되지는 못하고 있다. 이는 혁신학교 운동 전반의 한계와도 연결되는 문제다. 교사의 자율성과 전문성을 바탕으로 모범적 사례를 도출하고, 이를 모든 학교에 일반화하려 했지만, 이를 뒷받침할 만한 전략은 상대적으로 부족했다.

교육과정 재구성 경험이 없는 교사의 입장에서는 혁신학교의 사례가 높은 장벽으로 다가올 수도 있다. 교사 전문성 역량과 협력적 문화가 충분히 축적되지 않은 학교에서는 무엇부터 시작해야 할지 막막한 상황이 발생할 수도 있다. 이에 대한 체계적인 안내와 지원을 받을 방법을 찾지 못할 수도 있다. 역량을 축적해 온 학교라 할지라도 교원 인사이동이 발생하면 그동안 쌓인 역량이 소멸되는 경우도 있다.

게다가 최근에는 학교 안팎에 여러 가지 어려움이 생겨나고 있다. 교직 사회 전반에 협력적 문화보다 단절적 문화가 확산하고 있다. 코로나 시기와 교권 침해 사태 등을 거치며 전문적 학습공동체 운영 역시 침체를 겪는 것이 단적인 예다. 이는 교사의 집단지성이 핵심적으로 요구되는 교육과정 재구성이 활발하게 이루어지기 어려운 환경이 조성되고 있음을 보여준다.

그렇기에 암묵적으로 의존했던 기존 방식, 즉 '모범적 사례의 전파'나 '교사 개인의 역량에 대한 의존'만으로는 더더욱 문제 해결이 어렵다. 이제는 '모범적 사례'뿐만 아니라 '접근 가능한 방법론'이 필요하고, '교사 개인의 역량'뿐만 아니라 '시스템적 사고'가 요구된다. 이를 위해서는 교사의 전문성과 협력을 이끌어내는 숙의 시스템을 구축하고, 이를 토대로 교육과정 개발의 체계성과 교육과정 운영의 안정성을 담아낼 수 있는 구조화된 실행 절차가 요구된다.

3. IB의 도전-표준화된 혁신 교육과정의 틀

1) '공교육에 IB를 도입하는 것'의 의미

최근 IB에 대한 관심이 확산하고 있다. IB를 주목하는 것은 이를 통해 한국 교육의 고질적 병폐, 즉 입시 위주 교육과 획일화된 평가를 극복할 가능성을 보았기 때문이다. 이에 몇몇 시도교육청에서는 학교 현장에 IB 도입을 권유하고 있다. 그러나 IB의 타당성과 효과성에 대한 논의가 교육계 전반에 충분히 공유되고 있다고 보기에는 아직 이르다. IB에 대한 관심이 일시적 유행으로 그칠지, 아니면 교육혁신을 위한 의미 있는 경험으로 정착할지는 여전히 불확실하다.

IB는 'International Baccalaureate'의 약자로, '국제 표준 고교졸업 자격 기준 교육과정'으로 이해할 수 있다. IB의 등장 배경에는 국제기구 주재원 등의 자녀와 같이 국경을 넘나들며 교육을 받아야 하는 학생들을 위한 공통의 졸업 자격 기준에 대한 요구가 있었다. 특히 대학 진학을 앞둔 고등학교 단계에서 국가 간 통용될 수 있는 졸업 기준을 마련하는 것이 필요해졌다. 이를 위해 스위스에 본부를 둔 비영리 민간단체 IBO가 국제 고등학교 교육과정인 DP Diploma Programme를 개발했고, 이후 중학교 과정인 MYP, 초등학교 과정인 PYP까지 확대되었다. 나아가 IBO는 IB 교육과정을 도입하는 학교에 대한 인증과 질 관리 시스템까지 담당하게 되었다. 이런 점에서 IB는 본래 '외국인이 다니는 국제학교 간에 통용되는 교육과정'이라는 성격을 지닌다.

우리나라 공교육에 IB를 도입하는 것은 그 성격이 다르다. 이는 국가 교육과정을 유지한 채 IB에서 제시하는 구조와 절차에 따라 교육과정을 재구성하거나 IB 과목을 '고시 외 과목'으로 개설하는 것을 의미한다. 이 과정에서 교사들은 IBO에서 제공하는 각종 연수 프로그램을 이수하고, 지속적인 질 관리를 받아야 할 의무가 있다. 학교는 IBO 본부에 연간 1천만 원이 넘는 운영비를 납부해야 한다. 이들 학교는 대체로 4~5년에 이르는 동안 관심학교, 후보학교 단계를 거쳐 최종적으로 인증학교로 승인받게 된다.

하지만 여러 가지 논란이 존재하는 것도 사실이다. IB가 우수한 프로그램이라 하더라도, 이를 고비용을 들여 해외로부터 도입해야 할 필연성이 있는가? 이는 교육 당국이 해야 할 일을 외국 민간 기관에 외주화하는 것은 아닌가? IB에 분명한 장점이 있다면 이를 반영해 국가 교육과정 자체를 개선하는 것이 합리적인 대안은 아닌가? IB 학교가 늘어나더라도 이것이 일반 학교에까지 긍정적인 영향을 미칠 수 있는가? IBO라는 외부적 권위에 의존하여 학교교육을 새롭게 하는 전략이 효율적인가, 아니면 IB를 참고하여 교육과정 혁신의 흐름을 우리 맥락에 맞게 진화시키는 것이 바람직한가?

2) IB 교육과정의 특징과 장점

이러한 쟁점을 정리하려면 우선 IB 교육과정의 특징과 장단점을 비판적으로 검토해 볼 필요가 있다. IB 교육과정의 전반적인 체계는 다음과 같다.IBO, 2007; 2014

IB 교육과정 프레임워크

교육목표(Mission)

⇩

학습자상(Learner Profile): 탐구하는 사람, 지혜로운 사람 등 10가지

⇩

교수법(Approach to Teaching): 탐구 활동, 개념 이해 등
학습법(Approach to Learning): 사고, 연구, 의사소통 등

⇩

교육과정의 내용(The Written Curriculum)

지식 (knowledge)	– PYP 초학문적 주제(Transdisciplinary Themes) 6가지 　예) "우리는 누구인가?" 등 – MYP 세계적 맥락(Global Context) 6가지 　예) '세계화와 지속가능성' 등
개념 (Concepts)	핵심 개념: PYP 7가지, MYP 18가지 예) 형태, 기능, 변화, 연결 등
기술(Skills)	사고 기술, 사회적 기능, 의사소통 기술, 자기관리 기술 등
태도(Attitudes)	감상, 협력, 창의력, 호기심 등
행동(Action)	'선택 → 행동 → 성찰'의 반복

⇩

교육과정의 운영(The Taught Curriculum)

탐구 프로그램	프로그램의 흐름
탐구 단원	단원 설계의 틀

평가계획(The Assessed Curriculum)
PYP, MYP: 내부평가(총괄평가 및 형성평가), 기록 및 통지 DP: 내부평가+외부평가(IBO 출제)

⇩

교과 교육과정
PYP 6개 교과군/MYP 8개 교과군/DP 6개 교과군

⇩

기타
MYP: 봉사활동, 프로젝트/DP: 지식론, 소논문, 봉사활동

IB 단원 설계 모형

핵심 개념	관련 개념	세계적 맥락

탐구 진술문		

탐구 질문		

목표	총괄평가	
	평가 개요:	탐구 진술문과의 관계:

학습 접근 방법		

내용	학습과정	
	학습경험 및 교수전략:	
	형성평가:	
	개별화 학습계획:	

학습 자료		

성찰		
단원 지도 전:	단원 지도 중:	단원 지도 후:

이와 같은 IB 교육과정 프레임워크의 특징을 분석하면 다음과 같다.[이형빈, 2024]

첫째, IB 교육과정 프레임워크는 '교육과정 질 관리'를 위한 체계적인 구조를 지닌다. IB의 본래 목적은 세계 각국의 인증학교에서 운영되는 교육과정의 질을 관리함으로써, 학생들의 졸업 자격을 균등하게 인정되도록 하는 데 있다. 이러한 목적을 달성하기 위해서는 일관되고 체계적인 교육과정 관리 틀이 필수적이다. 반면, 국내 공교육에서 IB를 도입하는 목적은 졸업 자격 인증에 있지 않다. 그럼에도 IB 교육과정 프레임워크는 교사들이 교육과정을 재구성하는 과정에서 체계적인 지원 도구로 기능할 수 있다.

둘째, IB는 교육과정-수업-평가 전반을 유기적으로 연계하는 체계적인 틀을 제시한다. 이는 국내에도 잘 알려진 백워드 교육과정 설계의 원리를 적극적으로 차용한 것이다. 백워드 교육과정 설계는 '학생이 진정한 이해에 도달할 수 있도록, 교육목표, 평가, 수업 역순으로 설계하는' 방식이다.[Wiggins & McTighe, 2000] IB에서 말하는 '탐구 진술', '탐구 질문'이 백워드 교육과정의 '빅 아이디어', '핵심 질문'에 각각 대응한다. 여기에 접근하는 통로로 '핵심 개념'과 '세계적 맥락' 혹은 '초학문적 주제'가 활용된다.

셋째, IB는 연역적 방식에 기초한 교육과정 프레임워크다. 연역적 방식이란 추상적이고 논리적 원리에서 출발하여 구체적인 상황을 만들어 가는 접근법을 의미한다. IB는 초학문적 주제, 세계적 맥락, 핵심 개념 등과 같이 사전에 선정된 원리를 바탕으로 교사가 단원을 설계해 가는 연역적 방식의 프레임워크다. 이 과정의 중심에는 '개념concept'이 놓여 있다. IB 교육과정에는 학교 급별로 적용될 수 있는 개념, 그리고 이를 활용해야 할 맥락global context이 목록화되어 제시되어 있다. IB는 이와 같은 방식으로 에릭슨Erikson

과 Lanning이 제시한 '개념 기반 교육과정'의 개념을 구현하고 있다.^{Erickson & Lanning, 2014}

넷째, IB 프레임워크는 교사의 교육과정 재구성과 학생의 개념 탐구 과정을 단계적으로 안내할 수 있다. '핵심 개념'과 '탐구 질문'을 중심에 두는 IB 교육과정 프레임워크는 단편적 지식 전달이나 목적 없는 학습활동에 머무르지 않고, 전이 가능성이 높은 핵심 아이디어를 지속적으로 탐구하도록 설계되어 있다. 이런 점에서 IB 프레임워크는 교사의 수업 설계와 학생의 의미 있는 학습을 동시에 지원하는 체계적 도구로 기능할 수 있다.

다섯째, IB는 특히 평가의 타당도와 신뢰도를 체계적으로 확보하는 데 강점을 지닌다. IB의 평가 체계를 흔히 '논술형 평가'로 이해하는 경우가 있지만, 이는 단편적 인식에 불과하다. IB 교육과정 프레임워크에서는 평가를 '형성평가'와 '총괄평가'로 구조화하여, 학생의 학습이 충분히 축적된 후 구술 평가, 에세이 평가, 프로젝트 평가 같은 고차원적 평가가 이루어지도록 설계되어 있다. 나아가 교사의 평가 결과에 대한 '평가 조정moderation 시스템', 학교 단위의 '내부 평가'와 IBO 주관의 '외부 평가'의 결합을 통해 평가의 신뢰도를 제도적으로 보완하고 있다.

3) IB 교육과정의 한계

이처럼 IB 교육과정 프레임워크는 높은 수준의 체계성과 완결성을 지니는 점에서 분명한 강점이 있다. 그러나 이런 장점은 동전의 양면처럼, 국내 공교육의 맥락에서는 오히려 한계로 작동할 가능성도 있다.

첫째, IB 교육과정 프레임워크의 체계성은 곧 폐쇄성으로 전환될 수 있다. IB는 '빈칸'으로 표상되는 '체계적인 틀' 위주로 구성되는데, 이는 다양한 가능성을 배제하는 폐쇄적 모델이 될 수 있다. 교육과정에 대한 고전적 이론을 정립한 타일러와 워커에 의하면 교육과정 개발에 필요한 것은 교사의 숙의다. 교육과정 숙의는 '좋은 질문에 답하는 과정'을 통해 이루어진다.Tyler, 1948; Waker, 1971 교육과정 개발에 필요한 근본적 질문은 "학교가 달성해야 할 목표는 무엇인가?", "그 목표에 달성하려면 무엇을 배우도록 해야 하는가?" 등이다. 이에 대한 답변을 교사들이 하나하나 찾아가는 과정이 교육과정 숙의 과정이다. 그러나 교육과정 IB 프레임워크 자체만으로는 이러한 숙의와 상상력을 불러일으키기 어렵다. IB 교육과정 프레임워크에서는 '교육의 비전', '학습자상', '교육과정 주제', '핵심 개념' 같은 핵심적인 교육목표와 방향이 제시되어 있으며, 교사의 역할은 주로 단원 설계나 평가 계획의 구체화에 집중되는 경향이 있다. 이를 세칭 '답정너'에 비유할 수 있는데, 핵심적인 방향과 기준은 이미 설정되어 있고 교사는 그 틀 안에서 세부 내용을 채워 가는 방식의 프레임워크라는 점에서 그러하다.

둘째, IB는 도구적 합리성에 기초한 탈가치적·탈맥락 교육과정으로 흐를 수 있다. 이는 IB가 국제 표준 프레임워크라는 점, 그리고 연역적 방식에 기반한 구조를 지닌다는 점에서 피하기 어려운 한계다. 이런 특성으로 인해 각 국가와 지역이 지닌 고유한 교육 현실과 현장성을 충분히 반영하는 데는 제약이 따를 수 있다.

IB의 이론적 배경인 개념 기반 교육과정은 개별적인 사실fact들로부터 이를 포괄할 수 있는 개념concept을 도출하고, 이를 교육과정 운영의 중심에 두는 접근이다. 이때 개념을 도출하는 출발점은 본질적으로 구체적 경험과 사례에 기반한 귀납적 과정일 수밖에 없으며, 그렇게 형성된 보편적 개념 또한 특정한 역사적·사회적 맥락에서 산출된 것이다. 그러나 IB 교육과정 프레임워크에서는 이러한 핵심 개념과 세계적 맥락이 선험적으로 제시되는 연역적 구조를 취하고 있다. 따라서 IB가 제시한 개념이나 맥락이 구체적인 학교 현장과의 충분한 상호작용 없이 적용될 경우, 탈맥락적이고 추상적인 의미로 수용될 가능성이 있다.

셋째, IB 교육과정의 이론적 토대인 '개념 기반 교육과정' 자체의 한계 또한 검토할 필요가 있다. 이는 듀이의 경험 중심 교육과정Dewey, 1938이나 아이즈너의 예술적 교육과정Eisner, 1979이 전제하는 인식론적 입장과는 구별되는 접근이다. 이들 관점에서 보면, 개념을 선험적으로 제시하는 교육과정은 학생들이 지닌 다양한 삶의 경험이나 교육과정에서 생성되는 예술적·창조적 의미를 충분히 반영하는 데 한계가 있을 수 있다.

또한 교육과정 조직의 중심 원리는 반드시 '개념'에 한정될 필요는 없다. '화제topic', '사회적 쟁점issue', '학생의 흥미interest' 역시 교육과정 통합과 조직의 유의미한 출발점이 될 수 있다.Beane, 1997 이런 관점에서 볼 때, 특정 개념을 교과 통합의 핵심 원리로 명시하고 이를 중심으로 교육과정을 구성하는 방식은 교육과정 설계의 다양한 가능성을 제한할 위험을 내포한다.

더욱이 IB에서처럼 교육과정의 중심이 되는 개념을 초등학교 과정 7가지, 중학교 과정 18가지로 확정하는 것은 무리일 수 있다. 이러한 제한된 개념 목록만으로는 다양한 교과의 특성을 충분히 포섭하기 어려운 경우가 발생할 수 있다. 듀이가 강조했듯이, 모든 학문적 개념은 일상적 경험에서 비롯된 것이기에 학교는 학생들이 학문적 개념을 자신의 생생한 경험과 연결하도록 도와야 한다.Dewey, 1916 따라서 좋은 교육과정을 구성하기 위해서는 '구체에서 추상으로, 다시 추상에서 구체로 나아가는 변증법적 사고'가 전제되어야 한다. 그러나 IB 교육과정 프레임워크는 이러한 인식론적 긴장과 교육적 성찰을 충분히 포괄하기에는 구조적 한계를 지닌다.

넷째, IB 교육과정 프레임워크는 교사의 교육과정 재구성을 촉진하는 매개로 기능할 가능성을 지니나, 교육과정 재구성을 '빈칸 채우기식 활동'에 머무르게 하여 교사의 탈전문화를 초래할 위험도 내포하고 있다. 이 경우 IB는 교사의 전문적 판단과 교육적 숙고를 최소화한 채도 일정한 결과를 산출할 수 있기를 기대하는, 이른바 '교사 배제 교육과정teacher-proof curriculum'으로 작동할 가능성마저 있다. 교사 배제 교육과정이란 교사의 전문성이나 역량의 차이를 고려하지 않더라도, 주어진 절차와 틀을 충실히 따르기만 하면 비교적 균질한 산출물이 도출될 수 있다는 관점에 기반한 것이다.

태너와 태너는 교사의 교육과정 실행 수준을 '모방적 수준', '매개적 수준', '창조적 수준'으로 구분했다.Tanner & Tanner, 1980 이 중 '모방적 수준'은 기존 교육과정을 있는 그대로 따르는 수준을, '매개적 수준'은 이를 학교 상황에 맞게 조정하여 적용하는 수준을, '창조적 수준'은 교육과정을 새롭게 개발하는 수준을 말한다. 그동안 학교 현장에서 실행되었던 교육과정 재구성은 주로 매개적 수준에 해당한다. 그러나 특정 프레임워크의 정해진 틀을 채우는 방식으로 교육과정 재구성이 이루어질 경우, 이는 오히려 교육과정 실행을 모방적 수준으로 되돌려 놓아 교사의 탈전문화를 낳을 수 있다.

여섯째, IB 교육과정 도입은 '교육개혁의 외주화'로 비판받을 소지가 있다. IB 교육과정은 높은 수준의 체계적 완결성을 갖추고 있으며, 이는 엄격한 질 관리 시스템에 의해 뒷받침된다. 그만큼 IB 교육과정을 온전히 이해하고 실행하는 일은 결코 쉽지 않으며, 장기간의 연수와 전문가의 지속적인 코칭이 요구된다. 또한 적지 않은 비용을 부담하며 관심학교-후보학교-인증학교의 절차를 거쳐야 한다.

사실, 이러한 질 관리와 전문성 신장 시스템은 교육부나 교육청

등 교육 당국에서 마련했어야 했다. 이러한 노력이 충분히 이루어지지 않은 채 IB 학교 확대에 집중하는 것은 사실상 '교육개혁의 외주화'에 다름 아니다. 따라서 IB 학교가 늘어난다 하여 IB 교육과정의 장점이 일반학교 전반에 확산할 가능성이 높다고 보기는 어렵다. 오히려 이 점은 혁신학교가 지닌 일반화 가능성의 한계보다도 분명할 수 있다.

4. '교육과정-수업-평가 혁신을 위한 숙의 시스템'을 위한 제언

서두에서 언급했듯이, 모든 제도의 변화와 발전은 정-반-합의 변증법적 과정으로 설명될 수 있다. 혁신교육과 IB의 관계 역시 이러한 과정으로 이해할 수 있다. 혁신교육은 기존 교육체제에 대한 문제의식에서 출발하여, 교사의 자율적 전문성에 기반한 새로운 교육 실천을 모색해 왔다. 그러나 그 과정에서 체계성 부족과 일반화 가능성의 한계를 점차 드러내 왔다. 이러한 한계를 보완할 대안으로 최근 IB가 새롭게 주목받고 있다.

하지만 IB가 지닌 높은 수준의 체계성 또한 폐쇄성, 탈맥락성, 교사 배제성으로 전환될 위험이 있다. 따라서 과제는 IB를 단순히 도입하거나 대체하는 게 아니라, IB의 장점을 비판적으로 수용하면서 한국적 혁신교육의 맥락에 부합하는 새로운 대안을 모색하는 데 있다. 이는 혁신교육과 IB를 대립시키는 선택의 문제가 아니라, 두 흐름을 변증법적으로 지양하여 혁신교육의 다음 단계를 설계하는 문제라 할 수 있다.

1) 한국형 혁신 교육과정 프레임워크 개발

혁신교육의 흐름과 성과를 계승하면서도 이를 체계화·보편화하려면 공동체적 숙의 시스템을 구축해야 한다. 숙의란 민주적 절차에 따라 집단지성을 발휘하는 과정으로, 민주주의의 핵심 원리 중 하나다. 이는 특정 개인이 의사결정을 독점하거나 다수결의 원리로 모든 문제를 단순화는 방식이 아니라, 충분한 심사숙고와 의견 조율을 거쳐 더 좋은 대안을 찾아가는 과정을 의미한다. 이러한 숙의 민주주의는 대의제 민주주의나 다수결 원칙의 한계를 넘어 실질적 민주주의, 성숙한 단계의 민주주의로 나아갈 수 있다.

교육과정 숙의를 적극적으로 이끌기 위해서는 '교육과정 프레임워크'가 필요하다. '교육과정 프레임워크'란 '교육과정을 공동으로 숙의하고 개발하기 위한 구조화된 틀'을 의미한다. IB는 국제적으로 통용되는 교육과정 프레임워크 가운데 하나다. 앞에서 분석했듯이 IB는 분명한 장점과 한계를 동시에 지닌다.

그렇기 때문에 우리에게 요구되는 과제는 한국 교육의 맥락과 혁신교육의 흐름에 따른 교육과정 프레임워크를 다양한 층위에서 개발하는 것이다. 이를 위해 시도교육청이나 학교는 각자 여건과 특성에 맞는 교육과정 프레임워크를 개발하고, 이를 토대로 다양하고 창의적인 교육과정, 지속 가능한 혁신 교육과정을 개발하는 것이 필요하다. 일부에서는 이를 KB Korea Baccalaureate라는 용어로 제안하기도 하지만, 바칼로레아라는 단어가 '고교 졸업자격'이라는 의미를 담고 있어 적합하지는 않다. 이런 문제의식을 바탕으로, 향후 개발해야 할 한국형 혁신 교육과정 프레임워크의 지향점은 다음과 같다.

첫째, 교사의 교육과정 숙의를 유도하고 촉진할 수 있어야 한다. 교육과정 운영 주체인 교사의 의견이 반영되는 과정에서 충분한 숙의가 이루어질 때 더 좋은 교육과정이 개발될 수 있다.Walker, 1971 교육과정 숙의를 유도하려면 교육과정 프레임워크에 '좋은 질문'이 구조적으로 담겨야 한다. 좋은 교육과정에는 "우리 학생들을 어떤 인간으로 성장시켜야 할 것인가?", "그렇게 성장한 사람들이 만들어갈 미래사회는 어떠해야 하는가?", "이를 위해 학생들이 무엇을 알아야 하고, 무엇을 할 수 있어야 하는가?" 같은 질문이 구체적으로 제시되어 있어야 한다. 타일러가 "교육목표 달성을 위해 무엇을 가르칠 것인가?"라는 질문으로 과학적 교육과정 이론을 정립했다면Tyler, 1949, 애플은 "학교에서 가르치는 지식은 누구를 위한 것인가?"라는 질문을 통해 교육과정사회학을 개척했다.Apple, 1979 오늘날 '지금 이곳'의 교육과정에 필요한 새로운 질문은 외부에서 주어지는 것이 아니라, 교육과정 주체가 스스로 제기해야 한다. 앞서 분석했듯이 IB에는 비전, 목표, 학습자 상 등 교육과정의 본질적인 부분이 정교하게 제시되어 있어, 교육과정의 지향점이나 핵심 원리에 대한 교사의 숙의가 개입될 여지가 제한적이다. 한국형 혁신 교육과정 프레임워크는 이러한 근본적 질문에 대한 숙의에서 출발해야 한다.

둘째, '교육과정-수업-평가'를 모두 아우르는 '구조화된 절차'를 제시해야 한다. 교육과정 숙의가 선언적 논의에 그칠 경우, 그 결과는 구체적인 실천으로 이어지기 어렵다. 여기서 말하는 '구조화된 절차'는 숙의의 성과를 실제 교육과정으로 구체화하는 과정이다. 이를 통해 교육과정 철학과 비전에서 출발하여 수업과 평가에 이르기까지 일관성 있는 교육과정 운영이 가능해지며, 나아가 여러 학교의 실천 성과를 수렴함으로써 혁신교육의 일반화 가능성을 확보할 수 있다. 앞서 언급했듯이, 혁신교육이 실천해 온 교육과정 재구성은 목표와 비전, 인간상 같은 거시적 차원에서 강점을 지녔으나, 이를 수업과 평가 계획까지 구체화하는 방법론은 상대적으로 취약한 경향이 있었다. 총론 차원에서는 교사의 집단지성이 발휘되었지만 각론 차원은 교사 개인의 역량에 의존하는 경향이 강했고, 교육과정 재구성 결과가 수업과 평가로 이어지지 못하는 경우도 적지 않았다. 이를 보완하는 '구조화된 절차'가 반드시 필요하다.

셋째, 모든 교사가 쉽게 이해하고 적용할 수 있는 교육과정 프레임워크가 마련되어야 한다. 그래야 일반화·보편화 가능성을 확보할 수 있다. 이미 한국의 교사는 전반적으로 높은 수준의 교육과정 전문성을 갖추고 있으며, 다수의 교사가 교육과정 재구성 경험을 축적해 왔다. 문제는 전문성과 경험의 부족이 아니라, 이를 공동의 언어와 구조로 엮어내는 매개적 도구의 부재에 있다. 이런 점에서 IB 교육과정 프레임워크 역시 매개적 도구 역할을 할 수 있다. 그러나 IB에 내재된 특정 이론과 주요 개념, 그리고 주로 사용되는 용어가 한국적 맥락과 다소 동떨어져 있어 모든 교사가 이를 직관적으로 이해하고 일상적으로 사용하기에는 한계가 있다.

이러한 문제의식을 바탕으로 〈좋은교육과정연구소〉는 한국 혁신교육의 흐름과 교사들의 실천 경험을 토대로 '좋은 교육과정 프레임워크'를 개발하고 있다.좋은교육과정연구소, 2025 아래 제시된 내용은 이 프레임워크에 제시된 '교사 숙의를 돕는 질문'의 흐름이다. 이를 바탕으로 각 단계에 필요한 '구조화된 절차'가 제시되어 있다. 이 프레임워크는 완결된 것이 아니라, 실천에 기반한 연구를 통해 꾸준히 갱신되고 있다. 이러한 작업을 참고로 시도교육청 등 여러 단위에서 교사, 연구자들의 실행연구를 바탕으로 새로운 교육과정 프레임워크를 만들 수 있을 것이다.

〈좋은 교육과정 프레임워크〉 개요

1. 교육과정 평가 분석	
1. 시사점 찾기	교육과정 평가를 통해 어떤 시사점을 얻을 수 있을까요?
2. 발전 방안 찾기	평가 결과를 통해 볼 때 지속/폐지할 것과 보완/발전시킬 것은 무엇일까요?
3. 우선순위 정하기	중요도와 실행 용이성을 통해 볼 때, 향후 교육과정에서 가장 우선하여 반영할 것은 무엇인가요??

⇩

2. 교육과정 목표 수립	
1. 미래 사회의 전망	학생들이 성인이 되어 살아갈 미래 사회의 모습은 어떠할까요? 선생님은 학생들이 미래 사회를 어떤 세상으로 만들어 가기를 원하시나요?
2. 바라는 인간상	미래사회를 전망해 볼 때, 학생들이 어떤 존재로 성장하기를 원하시나요? 그러기 위해서는 학생들이 무엇을 알아야 하고, 무엇을 할 수 있어야 할까요?
3. 학생의 필요와 요구	이상적인 모습에 비추어 학생들에게 부족한 것은 무엇일까요? 이를 위해 특히 무엇을 가르쳐야 할까요? 학생들이 자신에 대해, 세상에 대해 배우고 싶어 하는 것은 무엇일까요?
4. 교육과정 목표 진술	우리 학교가 지향해야 할 목표를 학년, 교과별로 단어나 문장으로 진술해 봅시다.

⇩

3. 교육과정 주제 선정 및 조직	
1. 학생의 의견 수렴 결과 분석	학생들이 자신에 대해, 세상에 대해 배우고 싶어 하는 것은 무엇인가요? 그중에서 학교 교육과정에 반영할 만한 것은 무엇인가요?
2. 교육과정 주제 선정	학교 교육목표, 교사의 견해, 학생의 의견 등을 종합적으로 고려해 볼 때, 교육과정에서 다루어야 할 주제는 무엇인가요?
3. 교육과정 주제 조직	학생의 발달 단계와 학년별 목표를 고려해 볼 때, 교육과정 주제를 어느 학년에 배치해야 할까요? 교육과정 주제를 반복하고 심화시켜 다루려면 학년과 학년 사이에는 어떤 위계가 있어야 할까요?

⇩

4. 주제 중심 통합 교육과정 설계	
1. 교육과정 주제와 교과의 연관성 분석	선정된 교육과정 주제를 반영할 수 있는 교과는 무엇이고, 이를 어떤 방식으로 반영할 수 있나요?
2. 교육과정 주제 운영 시기 결정	주제의 특성, 교과 운영의 흐름, 학사 일정 등을 고려해 볼 때 각각의 주제를 다루는 시기는 언제가 적합한가요?
3. 통합적 학습활동 계획 수립	각각의 주제를 여러 교과와 연계할 수 있는 학습활동은 무엇인가요?

5. 교육과정 단원 설계	
1. 성취기준 재구조화	학습 목표를 구체적이면서도 풍부하게 제시하려면 성취기준을 어떻게 재구조화해야 할까요?
2. 핵심 아이디어 진술	학생들이 성인이 된 이후에도 간직해야 할 개념이나 깨달음은 무엇일까요?
3. 핵심 질문 제시	학생들이 핵심 아이디어에 도달하도록 도우려면 어떤 질문을 제기해야 할까요?
4. 지식, 탐구, 실천 및 성찰 단계 구조화	학생들이 반드시 알아야 할 것, 탐구해야 할 것, 실천하며 성찰해야 할 것은 무엇일까요?
5. 단원별 평가 계획 수립	학생들이 학습 목표에 도달하는 과정을 확인하고 이를 촉진하려면 어떤 평가를 시행해야 할까요?
6. 차시 설계, 개별화 지원 계획 수립	'지식-탐구-실천 및 성찰'의 흐름에 따라 수업 차시를 나누면 어떻게 될까요? 소외되기 쉬운 학생에게 개별적 특성에 맞는 도움을 주려면 어떻게 해야 할까요?

⇩

6. 평가 계획 수립	
1. 핵심 목표	학생들이 최종적으로 도달해야 할 중요한 목표는 무엇인가요?
2. 총괄평가	핵심 목표에 도달했다는 것을 입증하기 위해 학생들은 무엇을 해야 할까요?
3. 형성평가	총괄평가에 필요한 지식/기능/태도를 형성하는 과정을 확인하고 이를 촉진하기 위해서는 어떤 형성평가를 시행하고, 피드백을 어떻게 제공해야 할까요?
4. 진단평가	선수지식 습득 여부 및 학습 태도 확인이 필요한 단원은 무엇이며, 진단평가를 어떤 방식으로 해야 하나요?
5. 학기별 평가 계획	전체 평가의 흐름을 어떤 틀로 구조화할 수 있을까요?

⇩

7. 수업 설계	
1. 수업 방식	앞에서 설계한 교육과정을 실현하려면 어떤 방법으로 수업을 진행해야 할까요?
2. 공동체적 수업 원리	학생의 성장을 위해 우리 학교 교사가 함께 실천해야 할 수업의 원리는 무엇일까요?

2) 타당도와 신뢰도를 갖춘 평가 시스템 구축

　'교육과정-수업-평가'는 하나의 연속적인 흐름을 이루지만, 이 중에서 상대적으로 혁신이 가장 어려운 영역은 평가다. 특히 우리나라는 대입 경쟁으로 인한 상대평가 제도가 여전히 남아 있고, 이른바 평가의 공정성 담론에 따라 오지선다형 문항 중심의 일제식 평가 관행이 강하게 유지되고 있다. 수행평가와 논술형 평가가 확대되어 왔지만, 오래된 평가 제도 및 관행의 모순을 극복하기에는 역부족이다.

이러한 문제를 해결하기 위해서는 근본적으로 절대평가 확대 등 평가 제도의 변화가 필요하다. 하지만 이와 동시에, 현 제도 속에서 가능한 평가 혁신의 최대치를 모색하려는 노력 역시 병행되어야 한다. 특히 평가의 '타당도'와 '신뢰도' 확보 방안을 교사 개인의 몫이 아닌 시스템적 차원에서 구축해야 한다.

'타당도를 갖춘 평가'는 '교육목표를 제대로 반영하는 평가, 학생에게 충분한 학습 기회를 제공한 후 실시하는 평가'를 의미한다. '신뢰도를 갖춘 평가'는 '평가 결과의 객관성과 일관성을 확보한 평가'를 의미한다. 이 점에서 IB는 좋은 참고 자료가 된다. 특히 '교육목표와 연계된 총괄평가와 형성평가의 체계적 연계', '평가 결과에 대한 조정 시스템'은 한국의 평가 현실에 적합한 방식으로 적용할 필요가 있다.

현재 교육부의 지침에 따르면 학생 평가는 '지필평가'와 '수행평가'로 구분하여 실시하게 되어 있다. 이로 인해 학교 현장에서는 '오지선다형 문항 중심의 중간·기말고사'와 '학기별 3~4회 정도 실시하는 수행평가'가 구조화된 관행으로 굳어져 왔다. 그러다 보니 '지필평가와 수행평가의 분리', '단편적 수행평가의 분절화' 현상을 극복하기 어렵다. 여기에 '채점 결과에 대한 공정성 우려'가 더해지면서, 수행평가와 논술형 평가의 취지도 충분히 살리지 못하는 경우가 많다.

이런 한계를 극복하려면 현재의 지필평가와 수행평가를 '진단평가-형성평가-총괄평가'의 흐름 속에서 재구조화할 필요가 있다. 그 구체적인 흐름은 다음과 같다.

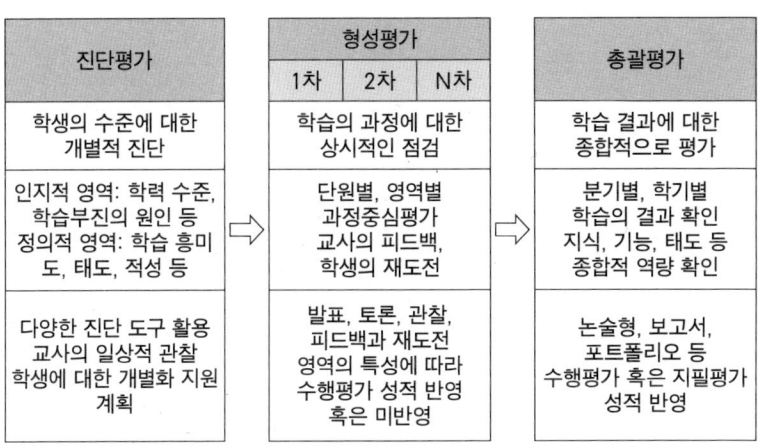

진단평가	형성평가			총괄평가
	1차	2차	N차	
학생의 수준에 대한 개별적 진단	학습의 과정에 대한 상시적인 점검			학습 결과에 대한 종합적으로 평가
인지적 영역: 학력 수준, 학습부진의 원인 등 정의적 영역: 학습 흥미도, 태도, 적성 등	단원별, 영역별 과정중심평가 교사의 피드백, 학생의 재도전			분기별, 학기별 학습의 결과 확인 지식, 기능, 태도 등 종합적 역량 확인
다양한 진단 도구 활용 교사의 일상적 관찰 학생에 대한 개별화 지원 계획	발표, 토론, 관찰, 피드백과 재도전 영역의 특성에 따라 수행평가 성적 반영 혹은 미반영			논술형, 보고서, 포트폴리오 등 수행평가 혹은 지필평가 성적 반영

이러한 재구조화가 이루어지면 현재의 수행평가, 논술형 평가의 관행이 상당 부분 달라질 것으로 보인다. 예컨대 논술형 평가는 학생 입장에서 볼 때 고부담 평가에 해당한다. 따라서 수업시간에 학생이 충분히 배우고 익힐 기회를 주고, 교사가 이를 관찰하여 피드백을 제공하여 이를 바탕으로 학생이 서·논술형 평가에 필요한 역량을 점진적으로 쌓아가는 과정이 필요하다. 그 과정에서 '피드백과 재도전이 있는 성장중심평가'[이형빈·김성수, 2022]의 취지를 충분히 살려야 한다. 그래서 고부담 평가를 최소화하고, 교수학습 과정에서 실시되는 형성평가를 중심으로 학생의 배움이 축적되고, 총괄평가를 통해 학습의 성장이 확인되도록 해야 한다. 이러한 시스템이 정착되면 수행평가 부담을 둘러싼 논란도 상당 부분 해소될 수 있을 것이다.

평가 결과에 대한 신뢰도 확보도 매우 중요하다. 이를 통해 고등학교 절대평가 전면화를 위한 조건이 형성될 수 있다. IB에서 평가의 신뢰성을 확보하는 과정은 평가 루브릭의 정교화, 평가 결과에 대한 외부적 조정 시스템, 학교 내부 평가와 IBO 주관 외부 평가의 결합 등 세 가지로 구성되어 있다.

그러나 이런 체계를 한국에 그대로 적용하여 외부 평가나 외부적 조정 시스템을 도입하는 것은 가능하지도 바람직하지도 않다. 이는 자칫 '교사 불신에 기반한 통제 시스템'으로 작동할 수 있기 때문이다. 또한 일부에서 논의되는 'AI 채점 시스템' 역시 교사의 탈전문화를 조장할 수 있다. 그래서 외부적 통제보다는 '내부적 평가 전문성과 책무성'에 기반한 체제를 구축하는 것이 바람직하다. 그 방향은 '평가 루브릭 개발 전문성 개발', '전문적 학습공동체 기반 채점 공유 경험 축적', '교사 지원 전문적 시스템 구축'이 될 것이다.

우리나라에서는 '평가 루브릭' 개념이 주로 '공정한 채점 기준'의 의미로 수용되고 있다. 하지만 평가 루브릭은 단순한 채점 기준을 넘어, 평가의 타당도와 신뢰도 구축을 위한 핵심 준거이자, 학생들에게 평가 목적과 방향에 대해 친절하게 안내하는 장치로 이해될 필요가 있다. 따라서 향후 개발될 교육과정 프레임워크에 '평가 루브릭'의 원리와 범주를 설정하고, 이를 토대로 교과 내 혹은 교과 간 평가 루브릭을 공유하고 점검하는 과정을 통해 평가에 대한 '공동의 합의와 감각'을 형성하는 것이 필요하다.

논술형 평가 및 수행평가 채점 결과에 대해서는 '전문적 학습공동체 기반 채점 공유 경험 축적'이 필요하다. 예컨대, 샘플 문항과 예상 답안에 대해 교사들이 공유된 루브릭에 따라 채점하고, 그 결과에 대해 의견을 조정하며 '채점자 간 신뢰도'를 확보하는 경험이 축적되어야 한다. 이런 과정을 통해 '공동 채점'이 교사 자율성을 침해하는 장치가 아니라, 교사 전문성을 확장하는 경험으로 인식될 수 있게 해야 한다.

필요하다면 이 과정에 외부 전문가의 조언이 결합될 수도 있다. 다만 교사들이 이를 외부적 통제나 감사의 의미로 받아들이지 않게 하는 섬세한 정책 설계가 필요하다. 무엇보다 중요한 것은 교사의 평가 전문성을 공동체적으로 신장할 수 있도록 학교문화를 바꾸고 전문적 지원을 강화함으로써 '교사 숙의를 통한 공동체적 신뢰도'를 확보하는 것이다.

3) 교육과정 혁신 전문가 양성 시스템 구축

IB학교의 특징은 IB에서 제공한 표준화된 교육과정 프레임워크와 체계적 질 관리 시스템이 결합되어 있다는 것이다. IB학교의 성과는 교육과정 프레임워크 자체의 효과성보다 오히려 질 관리 시스템의 효과성에서 나온다고 해도 과언이 아니다. 교사들은 의무적으로 관련 연수에 참여해야 하며, 외부 코디네이터의 조언을 통해 교육과정 운영을 점검받아야 하고, 대학원 연계 전문가 과정인 IBECIB Educator Certificate을 이수하기도 한다. 이 과정에서 교사들의 교육과정 문해력과 설계 및 운영 전문성이 향상된다.

어찌 보면 이런 과정은 혁신교육 확산 과정에서도 반드시 진행되었어야 할 과정이기도 하다. 시도교육청별로 이와 유사한 시스템이 없었던 것은 아니지만, IB학교처럼 필수 과정이 체계적으로 운영되었던 것은 아니다. 이와 반대로 IB학교를 확산하는 과정은 IBO에 적지 않은 비용을 지출하는 형태의 '연수 및 질 관리 시스템 외주화'라고 볼 수 있다. 이러한 외주화 방식은 단기적으로는 일정한 수준의 질을 보장할 수 있으나, 장기적으로 교육 주체의 자체 역량 강화로 이어지기에는 한계가 있다.

우리나라 혁신교육의 축적된 경험과 교사들의 전문성 수준에서 볼 때, 한국적 맥락에 맞는 혁신 교육과정 프레임워크 개발, 전문가

양성 및 질 관리 시스템은 충분히 자체적으로 수행할 수 있다. 다만 이를 개발하는 것을 학교에 전적으로 맡기기는 어렵다. 이러한 작업은 시도교육청 혹은 지역교육지원청 단위에서 책임 있게 추진하는 것이 적합하다.

각 시도교육청은 '시도 교육과정 편성 운영 지침'이라는 공식 명칭으로 '지역 교육과정'을 개발해 왔다. 이러한 제도를 활용해 '한국형 혁신 교육과정 프레임워크'를 지역의 특성과 교사들의 집단지성을 바탕으로 개발할 수 있다. 각 학교의 교육과정 혁신 사례를 지역 단위에서 공유하고 그 의미를 함께 성찰하며, 문제를 분석해 개선점을 도출하는 작업이 활성화될 필요가 있다. 나아가 이러한 과정을 체계적으로 축적·정리할 수 있는 공유 플랫폼을 구축해야 한다. 이 과정에서 교사들은 교육과정의 수동적 실행자가 아니라 주체로 성장하는 경험을 하게 되며, 그 결과 지역의 실정과 학생의 요구, 교사의 전문성이 온전히 반영된 교육과정이 개발될 수 있을 것이다.

또한 각 시도교육청 연수원, 지역 교육지원청 단위에서 '혁신 교육과정 전문가 과정'을 운영할 수 있다. 일부 시도교육청에서 진행한 '혁신 교육대학원' 운영 경험을 토대로, IBEC 양성 과정을 참고로 하여 더 좋은 전문가 양성 과정을 체계적으로 운영할 수 있다. 이렇게 양성된 인력이 지역과 학교에서 교육과정 전문가 그룹의 리더가 성장하여, 새로운 '팀 리더십'과 전문적 협력 문화가 확산하는 선순환 구조를 형성하는 데 핵심적인 역할을 하게 될 것이다.

한국 교사들은 더 나은 교육과정을 설계하고 운영할 수 있는 전문성을 충분히 축적해 왔다. 이를 개인의 헌신이나 자발성에만 맡기거나, 반대로 외부의 표준화된 체계에 의존해 관리하는 것이 아니라, 교사들의 전문성과 숙의를 모아갈 공동체적 시스템을 구축해야 한다. 이러한 공동체적 숙의 시스템은 기술적 장치나 제도적 설계만으로 완성되지 않는다. 그 안에는 학생 한 명 한 명의 성장을 진지하게 고민해 온 교사들의 경험과 성찰, 그리고 더 나은 사회와 새로운 세상에 대한 교육적 상상이 함께 담겨야 한다.

참고문헌

서울특별시교육청(2016). 서울혁신교육 프레임워크.

이형빈(2024). IB 교육과정 프레임워크에 대한 비판적 고찰. 교육과정연구, 42(2), 55-79.

이형빈·김성수(2022). 백워드로 설계하고 피드백으로 완성하는 성장중심평가. 살림터.

좋은교육과정연구소(2025). 좋은교육과정프레임워크.

Apple, M.(1979). *Ideology and curriculum*. New York and London: Routledge.

Beane. J. A.(1997). *Curriculum integration: Designing the core of democratic education*. New York: Teachers College Press.

Dewey, J.(1938). *Experience and education*. New York: Macmillan.

Eisner, E.(1979). *The educational imagination: On the design and evaluation of school programs*. New York: Macmillan.

Erickson, H. & Lanning, L.(2014). *Transitioning to concept-based curriculum and instruction: How to bring content and process together*. CA: Corwin Press.

Finnish National Board of Education. (2014). *National Core Curriculum for Basic Education 2014*. Helsinki: The Finnish National Board Education.

Freire, P. (1970). *Pedagogy of the oppressed*. New York: Herder and Herder. 남경태 역(2009). 페다고지. 그린비.

IBO(2007). *Making the PYP Happen: A Curriculum Framework for International Primary Education*. International Baccalaureate Organization.

IBO(2014). *MYP: From Principles into Practice*. International Baccalaureate Organization.

OECD(2018). *The Future of Education and Skills: Education 2030*. Position paper. Paris, France: OECD Publishing.

Tanner, D. & Tanner, L. N.(1980). *Curriculum development: Theory into practice.* New York: Macmillan.

Tyler. R.(1949). *Basic Principles of Curriculum and Instruction.* Chicago: University of Chicago Press. 이형빈 역(2024). 타일러 교육과정과 수업 설계의 기본 원리. 살림터.

Walker, D.(1971). A Naturalistic Model for Curriculum Development. *School Review, 80,* 51-65.

Wiggins, G., & McTighe, J.(2000). *Understanding by design* (2nd Ed.). VA: Association for Supervision & Curriculum Development.

● 이형빈 ──────────────────────────────

가톨릭관동대학교 교수. 한국 교육연구네트워크, 좋은교육과정연구소 등을 통해 교육 연구와 실천 활동을 하고 있다. 저서로『사교육 해방 국민투표』(2025),『더 좋은 교육과정 더 나은 수업』(2024),『백워드로 설계하고 피드백으로 완성하는 성장중심평가』(2022),『교사를 위한 교육학 강의』(2020),『평화의 교육과정 섬김의 리더십』(2020),『교육과정-수업-평가 어떻게 혁신할 것인가』(2015) 등이, 역서로『교육과정과 수업 설계의 기본 원리(R. Tyler)』(2024),『교육은 사회를 바꿀 수 있을까(M. Apple)』(2014) 등이 있다.

10.
교육복지에서 교육인권으로

김지용_이우중·고등학교 교장

1. 새로운 서막: 지원의 언어에서 보장의 언어로

학생맞춤형통합지원(이하 학맞통)이 2026년 3월부터 전면 시행된다. 기초학력 저하, 경제적 어려움, 심리·정서 위기, 학교폭력 등 복합적인 문제가 있는 학생을 조기 발견하고 통합 지원하는 체계를 구축하는 것을 핵심으로 하는 학맞통은 그동안 분절적으로 이루어지던 학생 지원체계를 학생 중심으로 하나로 묶는 혁신적인 교육 시스템으로 평가된다.

기존 교육복지에서 볼 수 없던 학맞통 정책의 진일보한 특징을 들면 다음과 같다. 먼저 사업간 장벽을 허물었다. 이는 개별적으로 운영되던 기존 복지 지원, 기초학력 지원이나 상담 등을 연계하여 중복 지원을 피하고 빈틈은 메우는 맞춤형 패키지를 제공하겠다는 의미다. 둘째, 학맞통은 지역사회와의 연계를 확실히 한다. 학교에서 해결하기 어려운 복합 위기 학생의 경우, 교육지원청의 '학생맞춤통합지원센터'를 통해 지역 유관기관과 연계하여 지원한다. 셋째, 교육·복지·사회서비스 정보시스템을 연계하여 학생의 위기 징후를 조기에 포착할 수 있는 데이터 기반 시스템을 운영한다. 데이터 기반 시스템 운영은 개인정보보호라는 한계에도 불구하고 학생의 생애주기에 따라 사전 발굴만이 아니라 사후 결과까지 단절 없이 지원하겠다는 의지의 정책적 발현이다.

'학생 맞춤형'이라는 말에는 교육복지 대상을 범주화하여 그 세세한 차이를 흐리거나 뭉뚱그리지 않고 개별 학생의 특수성을 복합적으로 충분히 고려한다는, '개별성 지향'의 의미가 담겨 있다. 그동안 교육복지 대상을 선정할 때는 영역별 기준이 단순하거나 달라 사각지대가 발생하기도 하고, 중복 지원으로 피로감을 유발하기도 했다.

'통합지원'이라는 말에는 다층적 의미가 있는데, 현실에서 지원 학생의 문제는 복합적이므로 지원 또한 분절적이고 병렬적으로 이뤄질 것이 아니라 종합적이고 통합적인 지원이 되어야 한다는 의미가 있다. 그뿐만 아니라 이를 위해서는 부처 간, 사업 간 칸막이를 허물고 지속적이고 안정적인 연계과 협력를 통해 공적 지원 체계로 끌어들인다는 원칙도 담겨 있다.

하지만 '학생맞춤형통합지원'이라는 조어에는 직관적으로 유추할 수 없는 제3의 의미도 담겨 있다. 단순히 교육복지의 대상인 위기학생에 국한하여 시혜적인 맞춤형통합지원을 하겠다는 의미가 아니라 모든 학생을 대상으로 개별적으로 '교육받을 권리'를 실질적으로 보장하겠다는 지향점도 담아내고 있다. 이 정책이 의의를 지니려면 가난하거나 성적이 낮은 학생만을 골라 지원하던 선별적 방식에서, 모든 학생이 전인적으로 성장할 수 있도록, 그 인권적 가치의 실현을 돕는 보편적 복지로 패러다임이 바뀌어야 한다. 이러한 전환은, 학생의 개인적 환경이 성장과 발달의 걸림돌이 되지 않도록 국가와 학교가 끝까지 책임진다는 책임교육을 부각한다는 측면에서 '교육인권'이라 부를 만하다. 그러기 위해 '지원'이라는 말을 여전히 쓰는 것은 유감이다. 지원은 학생을 결핍이나 부족이 있는 대상으로 전제하는 용어이기 때문이다. '지원'을 대신해 '보장'이라는 말을 쓸 경우 권리를 가진 주체로 학생을 상정한다. 지원은 부족과 결핍을 채워주는 것에 한정하는 소극적 의미이지만 보장은 기본권으로서의 교육의 최대치를 확보하겠다는 적극적 의미가 드러난다. '학생맞춤형통합지원'을 '학생맞춤형 통합보장'으로 했다면 어땠을까.

한편, 학맞통을 현장에서 당장 실행해야 하는 학교와 교사들의 입장은 교육부·교육청과 다소 상충된다. 학맞통은 학교 내 교장·교감, 담임, 상담·보건·특수·영양교사 및 교육복지사가 참여하는 학생맞춤통합지원팀을 구성하게 되어 있다. "교사 혼자 짊어지던 위기 학생 문제를 학교 전체가 공유하게 되어 심리적 부담이 줄었다"며 정책의 취지에 공감하는 반응도 있지만, 현장에서는 업무 과중과 역할 모호성에 대한 우려가 커지고 있다.

일부 지역에서 소개되는 우수사례들, '학생 가정 방문 후 가족과 고기를 구워 먹기, 화장실 수리, 부모의 대출 비교 및 대환 안내, 보험 상품 변경, 아침 식사 제공, 반찬·김치 지원기관 연계, 학부모 정신건강 상담 연계, 교사의 식품 조리로 아침밥과 방학 중 점심까지 제공' 등은 "학교는 교육기관이지 만능 심부름센터가 아니다."라는 볼멘 목소리를 낳고 있다. 학맞통이 과도하게 해석되어 '교육의 본질적 역할'을 벗어나 복지 기관이 해야 할 일까지 맡게 되면서 학교가 복지서비스만 넘쳐나는 곳으로 변질된다는 인식이 강한 것이다.

교육부·교육청의 정책 의도와 그 정책의 집행자인 현장 교사의 반응 사이에 어떤 괴리가 있는 것일까? 교사들은 행정 처리와 회의 시간 증가에 따른 업무 부담 가중을 우려하지만, 교육청이 관련 업무를 전담하는 교육복지사를 모든 학교에 배치하면 이 정책은 지속 가능한가? 그동안 우리는 이러한 양태를 숱하게 반복해왔다. 교육부와 교육청은 정책을 선 시행하고 이후 수습해오는 관행을 여전히 계속하고 있다. 현장 교사들이 매번 비슷한 대응을 보여 온 것도 마찬가지다. 정책이 교사의 선의와 희생에만 의존하는 것에 분노하고 저항했으며, 충분한 예산과 인력과 시스템을 요구하면 상담교사, 진로상담교사, 지역사회교육전문가, 학생부 담당교사 수업 지원 등 인력을 확충하거나 예산을 증액하거나 업무를 효율화한다면서 또 다른 지침을 양산했다. 그러는 가운데 정책의 실질적 목적은 흐려지고 그 효과는 정책 시행 전후 별반 차이가 없이 흐지부지되었다.

이 글은 한국 교육복지가 '결핍을 보완하는 지원의 언어'에서 '교육받을 권리를 보장하는 인권의 언어'로 이동해 온 역사적 흐름을 살펴보고, 교육복지 정책 실행 과정에서 반복되는 긴장과 갈등, 그리고 학교가 감당해야 할 돌봄과 배움의 경계를 교육인권 관점에서 재해석해보고자 한다.

2. 교육복지 정책이 지나온 길: 결핍을 메우는 정책, 권리를 실현하는 제도

우리나라 교육복지의 흐름은 시대 변화에 따른 교육이나 학교에 대한 사회적 기대 혹은 합의를 반영한다. 시기적으로 편차가 있겠지만 대체로 선택적이고 분절적인 복지에서 보편적이고 통합적인 교육복지로의 전환 과정이었다고 볼 수 있다.

대한민국 교육복지 정책이 걸어온 길(2003-2026)

시기	주요 교육복지 정책	비고
1995	5.31 교육개혁 '교육복지국가(edutopia)' 비전	문민정부(1993~1998)
1997	정부, 교육복지 종합대책(1997~2001) 발표	한국 IMF 외환위기(~2001)
2003	교육복지투자우선지역 지원 사업 시작(서울, 부산) -2006년 전국 확대 -2011년 교육복지우선지원사업 전환	참여정부(2003-2008)
2008	Wee 프로젝트 사업 도입	이명박 정부(2008-2013)
2009	경기도 혁신학교 시작 -2011년 강원·광주·서울·전남·전북 -2015년 경남, 부산, 세종, 인천, 제주, 충남, 충북 -2016년 대전 -2019년 울산, 경북, 대구 경기 혁신교육지구 시작 -2021년 전국 2,000개 이상 운영	
2010	경기도 학생인권조례 제정 -2011 광주, 2012 서울, 2013 전북 -2020 충남, 2021 제주	첫 민선 교육감 선거(2010) 학교운영위원회 법제화 (2010)
2011	서울시 공립 초등 무상급식 시범 운영 -2021년 전국 모든 초·중·고 전면 시행	박근혜 정부(2013-2017)
		진보교육감 13곳(2014)
2016	경기도 청소년 자치 배움터 몽실학교 개교 -2022년 서울시 다가치 학교 시작	중학교 자유학기제 전국 도입(2016) 문재인 정부(2017-2022)
		2015 개정교육과정 시행 (2017~2020)
2018	경기도 광명 중·고 교복지원비 지원 -2020년 12개 광역지방자치단체로 확대	진보교육감 14곳(2018)
2019	서울시교육청 교육지원청에 학교통합지원센터 설치	
2021	기초학력보장법 제정	
2022	서울 다가치 학교 1호(오류중학교 내) 개교	진보교육감 9곳(2022) 국가교육위원회 출범(2022~) 윤석열 정부(2022-2025)
2024	경기도 고등학교 숙박형 현장체험학습비 지원	2022 개정교육과정 시행 (2024~2027)
2025	경기도 고등학생 역량 강화 지원 사업 시작	국민주권정부(2025~)
2026	전국 학생맞춤형통합지원 및 사회정서교육 SEL) 시행	

1) 교육복지 패러다임의 형성

(1) 전사前史, 교육복지의 등장

교육복지가 한국 교육 정책에 등장한 것은 1995년 5·31교육개혁에서 교육비전으로 교육복지국가가 제시된 것이 처음이다. 당시 교육개혁 비전에는 누구나, 언제, 어디서나 원하는 교육을 받을 수 있는 열린교육체제를 구축하며, 모든 국민이 자아실현을 극대화할 수 있는 '교육복지국가edutopia'를 만든다고 선언했다. 정책 실현에는 불분명한 구석과 뚜렷한 한계가 있었지만, 선언적 의미가 있었다.

1997년에는 교육복지 종합대책이 발표되었다. 1997년 외환위기를 거치며 계층 간 소득불평등 심화와 사회 양극화 및 빈곤의 대물림이 사회적 이슈로 등장하면서 교육에서 기회 보장과 질 높은 교육 서비스를 취약계층에 제공하는 것이 복지 국가 실현에 핵심으로 떠올랐다. 교육복지의 태동에 작동한 시대적 배경에는 다음과 같은 것들이 있다.김정원 외, 201

- 1990년대 중반 이후 사회의 소득분배 구조가 악화되었다. 중산층 비중이 감소하고 북한이탈주민과 외국인 근로자 등 신 취약계층을 포함한 빈곤층이 확대되었다.
- 도시 인구 집중이 지속되면서 도시와 농촌 간 계층 분화 현상이 뚜렷해졌고, 그것이 명확히 드러나는 현장이 학교가 되었다. 같은 지역에서도 학교 간 계층 분화가 이뤄졌다.
- 소득 격차 확대는 성취동기, 자기효능감, 일상생활 습관 및 학교 적응력, 정신건강, 시민의식, 장래에 대한 기대 등 정의적 성취 영역의 취약성으로 표출되었고, 학교에서는 이러한 취약성을 문

제행동으로 인식하기 시작했다.

2000년대 초반, 교육 격차가 심화함에 따라 학교는 보호 기관이자 사회적 안전망의 일부로 이해되며 교육취약계층에 대한 방과후학교, 급식, 장학, 상담 등이 교육복지로 시행되었다. 학습 결손이나 가정환경 결손을 보완하고 학생을 보호한다는 차원에서 이뤄진 사후적이고 단편적인 사업들에서 학생은 권리의 주체라기보다는 지원 대상으로 여겨졌다.

(2) 태동, 교육복지의 제도적 발화

'교육복지'라는 말이 본격적인 정책명으로 등장한 것은 2003년 '교육복지투자우선지역 지원사업'부터였다. 교육복지투자우선지역 지원사업은 빈곤층을 비롯한 취약계층 아동·청소년의 삶의 질을 높임으로써 그들이 질 높은 교육의 기회를 가질 수 있게 한다는 취지로 중앙정부 차원에서 시작한 지역 단위 특별지원사업이다. 2011년에는 '교육복지우선지원사업'으로 명칭을 변경하면서 중앙정부 직영사업에서 벗어나 지방교육자치 영역으로 편입되었고, 재원도 특별교부금에서 보통교부금으로 전환했다.

교육복지투자우선지역 지원사업은 당시 정부가 추진하던 다른 복지정책, 예를 들어 급식비·학비·방과후 특기적성 활동비·PC 지원 등 다양한 형태의 '경비 지원' 사업과는 성격이 다르다고 정의했다. 이 사업은 학력증진, 문화·체험, 심리·정서, 복지, 교사·학부모 지원 등의 영역을 통합적으로 지원하는 종합 교육복지 정책으로 설계되었다. 그럼에도 사업의 기본 구조는 위험 집단을 선별하고 이들을 대상으로 집중 지원하는 형태였다. 지원은 특정 집단에게 '추가'로 제공되며 그들이 누리는 교육적 경험은 여전히 '보충' 혹은 '보상'의 성격을 강하게 띠었다. 교육복지는 권리라기보다 정책적 배려에 가까운 언어로 이해되었다. 이에 따라 학교는 이들을 찾아내고 분류하는 관리의 장이자 다양한 서비스와 프로그램으로 연결하는 운영기관으로 여겨졌다. 아래와 같이 이 사업의 특징을 정리해 보면 현재 시행을 앞둔 '학맞통'의 맹아가 고스란히 보인다.

- 중앙정부 차원에서는 교육과학기술부, 보건복지가족부, 노동부 등이 공동 협의하는 중앙교육복지정책협의회를 운영하고, 시·도교육청과 시청, 지역교육청과 구청이 함께 만나도록 하며, 궁극적으로 학교와 지역사회가 만나 통합지원체제를 만들어 갈 것을 핵심적으로 강조했다.
- 통합지원체제는 특별히 관심을 기울이고 지원해야 하는 집단을 발굴하고 이들의 필요를 파악해 각종 지원 프로그램들과 연결시켜 주거나 직접 프로그램을 개발 운영해 이들의 교육적 성취를 도모했다.
- 무엇보다 이 사업은 통합지원체제를 구축해 교육취약집단의 교육적 성취를 제고한다는 단기 목표 외에도 능동적 시민 양성을 통한 사회통합과 교육에서의 형평성 실현이라는 장기 비전을 명확히 했다.

한편, 2008년 도입된 Wee 프로젝트 사업은 교육복지 영역이 학습 지원을 넘어 학생의 심리·정서적 삶 전반으로 확대되었다는 것을 보여주는 중요한 변화 가운데 하나였다.

2) 교육복지에서 교육인권으로 전환

(1) 전개, 무상급식과 보편적 교육복지

학교 급식은 1980년대에 핵가족화가 진행되고, 여성의 사회참여도 확대되면서 가족의 식사나 자녀의 도시락 준비가 부담으로 인식되자 제기되었다. 초등학교 급식은 1993년부터 크게 확대되어 1998년부터 전국에서 실시하게 되었고, 2003년을 기점으로 초·중·고 학교급식이 전면 실시되었다.

무상급식은 2000년대 중반 일부 농어촌 지역에서 시작해 2011년 서울시 공립 초등학교 시범 실시를 거쳐 학교급에 따라 단계적으로 확대하면서 본격화했고, 마침내 2021년에 이르러 전국의 모든 초·중·고등학교가 전면 시행했다. 무상급식은 나라가 잘살게 되면서 자연스럽게 따라온 탈 맥락적 정책이 아니었다. 1997년 외환위기 이후 급식비를 내지 못한 학생들이 급격하게 늘었음에도 정치권은 싸늘한 반응을 보여 왔는데, 2010년대 진보 성향 교육감들이 무상급식 전면 확대를 공약으로 들고 나오면서 치열한 사회적 논란을 불러일으켰다.

'모두에게 지원해야 한다'라는 입장은 급식도 교육의 일환이고, 세금을 낸 국민은 누구나 혜택을 받을 권리가 있으므로 국가가 부담해야 한다는 근거를 내세웠다. 부유한 집 아이와 가난한 집 아이가 차별받지 않고 밥을 먹게 해야 한다는 평등과 인권의 차원에서 호소했다. 반면 '필요한 곳에 집중 지원해야 한다'라는 반대 입장에서는 부자에게까지 무료로 급식을 주는 것은 예산 낭비며 교육 예산이 제한적인 만큼 가난한 학생에게 더 많은 지원을 하는 것이 합리적이라고 주장했다. 혁신교육, 교육복지, 평등 교육을 핵심 가치로 내건 진보 교육감이 대거 진출해 전국 교육 현장의 주류가 되면서 무상급식을 점진적으로 확대했다. 무상급식의 승리는 혁신교육 운동에 강력한 정치적·사회적 추진력을 제공하기도 했다.

무상급식은 단순히 학교가 학생들에게 식사를 제공한다는 차원을 넘어 학생의 건강 증진과 평등권 및 행복권을 보장하는 보편적 교육복지로의 전환을 이뤄낸 변곡점이다. 가난한 아이든 부유한 아이든 눈치 보지 않고 밥 먹을 권리는 이후 모든 아이가 질 높은 교육을 받을 권리로 확장되었다. 다음의 교육복지 정책들은 보편적 교육복지로서 무상급식과 동일선상에 있다.

- 2025년 기준, 전국 중·고등학교 신입생에게 소득 수준과 관계없이 지자체에서 1인당 약 30~40만 원 내외의 교복비 또는 입학준비금을 지원한다.
- 경기도는 교육복지 확대 및 학부모 경제 부담 경감을 위해 도내 고등학교 1, 2학년 학생을 대상으로 별도의 복지 자격 없이도 1인당 최대 50만 원의 숙박형 현장체험학습비를 지원한다.
- 경기도교육청은 2025년부터 도내 고등학교 3학년 학생들의 원활한 사회 진출과 미래 설계를 돕기 위해 1인당 최대 30만 원 한도에서 운전면허 취득, 어학 자격증 응시 및 교육 등 각종 국가 공인 자격증 취득에 실비용을 지원한다.

(2) 전환, 혁신교육 운동과 '학생 중심', '권리' 언어의 확산

혁신교육 운동은 1980년대 참교육 운동에서 시작되고 1990년대 대안교육 운동으로 이어진 것으로, 교사 중심의 자발적이고 집단적이며 지속적인 학교 변화 운동의 연장선에 있다. 하지만 이런 흐름의 전국적 확산과 제도화는 진보 교육감 시대에 빚진 바 크다. 2010년 무상급식 논쟁이 핵심 쟁점으로 떠오른 첫 민선 16개 시·도교육감 선거에서 6명, 2014년 13명, 2018년에는 14명이 당선되면서 진보 교육 철학이 교육 현장에 뿌리내렸다.

진보 교육감의 당선과 궤를 같이한 혁신학교는 2009년 경기도 혁신학교 지정을 시작으로 전국으로 확대되고 2017년 중앙정부의 국정과제로까지 확장되면서 2010년대 내내 제도화되었다. 2010년대 진보 교육감이 교육 정책의 주도권을 유지한 시기에 전국의 교육 현장에서는 학교운영 체제와 교육과정, 수업 등에 많은 변화가 일어났다. 입시 위주 교육에서 벗어나 배움의 즐거움을 강조하는 학생 중심의 협력적 교육활동을 진행했으며, 학생 자치와 토론 있는 교직원 회의 등 학교 운영의 민주성과 자율성을 강화했다.

무엇보다 학생의 권리와 인권을 보호하는 제도적 기반으로 학생인권조례를, 2010년 경기도를 시작으로 광주, 서울, 전북, 충남, 제주, 인천 등에서 제정했다. 학생인권조례는 교육복지 담론을 교육인권 담론으로 격상시키는 기폭제 역할을 했다. 학교폭력, 체벌, 두발 규제 등 생활지도 영역을 인권의 관점에서 재해석하며 통제 중심의 기존 생활지도를 관계 회복 중심의 생활교육으로 전환했다. 단순히 폭력과 체벌로부터의 자유를 넘어 차별받지 않을 권리, 개성을 실현할 권리, 학생자치·학생참여기구를 통한 정책 결정 참여권, 쾌적한 교육환경과 건강권을 명시함으로써 학교 규범의 기초를 바꾸는 역할을 했다. 이는 존엄으로서의 인권을 학교 문화의 중심에 세우는 과정이었고, 학생을 대상이 아닌 주체로 바라보는 시각 변화로 이어졌다.^{박종훈, 2021}

혁신학교 담론의 핵심은 학생을 보호나 통제의 대상이 아니라 능동적 학습자이자 교복 입은 시민으로 재개념화한 데 있다. 학생 참여형 수업, 전문적 학습공동체, 학생자치 활동 강화는 학교를 단순히 지식을 전달받는 장소가 아닌, 교육인권이 일상적으로 작동하는 장으로 만듦으로써 권리를 연습하는 생활 공간으로 변모시켰다. 기존 교육복지가 학교 밖의 사회적 격차를 학교 내에서 완화하려는 시도였다면, 혁신학교는 학교 운영 체제와 수업 방식 자체를 민주적으로 바꿈으로써 교육복지를 학교 내부의 구조적 개혁으로 끌어들였다. 교육복지가 취약한 곳을 찾아 지원하는 문법이라면, 혁신학교는 구조를 바꿔 권리를 실현하는 문법을 택한 것이다.

이러한 변화는 2015 개정교육과정과 맞물리면서 상당 부분 설득력을 갖게 되었다. 2015 개정교육과정은 단순히 지식을 머릿속에 집어넣는, '무엇을 아는가?'에서 벗어나, 배운 것을 삶의 맥락에서 사용할 줄 아는 '무엇을 할 수 있는가?'에 집중한 커다란 변화였다. 역량 중심 교육과정의 취지를 살리기 위해 토론, 프로젝트 학습, 실험·실습 등 학생이 주도적으로 참여하는 수업을 권장했고, 학생이 어떤 과정을 거쳐 문제를 해결하고 역량을 발휘하는지를 평가하는 과정 중심 평가의 도입을 촉구했다. 이는 교육복지의 개념을, 단순한 물질적·정서적 지원에서 배움의 질을 담보한 능동적 학습의 보장으로 전환할 근거가 되었다.

3) 정착, 교육인권의 제도화

(1) 교육청의 역할 변화, 학교통합지원센터

2019년 1월, 당시 조희연 서울특별시교육청 교육감은 서울 시내 11개 교육지원청에 학교통합지원센터를 일제히 설치했다. '통센'이라는 별칭으로 불리는 학교통합지원센터는, 학교 현장의 복잡한 문제들을 교육지원청이 통합하여 지원하겠다는 의지가 담겨 있다. '학교지원센터', '학교지원본부' 등 명칭과 세부 조직 구성에 조금씩 차이가 있지만, 통센 같은 역할을 하는 기구는 전국 17개 시도교육청에 모두 있다. 이 기구들의 공통점은 '교사는 가르치고 학생은 배우는 본질에 집중하게' 돕는 데 있다. 학교를 관리·감독하는 곳이던 과거 교육지원청의 모습을 탈피해 현재는 서비스와 지원을 제공하는 곳으로 교육청의 역할을 새롭게 자리매김하고 있다.

통센 설립에는 복지, 상담, 안전 등에 문제가 발생하면 학교가 교육청의 여러 부서를 일일이 찾아다녀야 했던 분절적·중복적 행정을 원스톱으로 해결할 필요성이 크게 작용했다. 교육청이 통센과 같은 학교지원센터를 설립, 운영함으로써 교육복지 서비스 간 연계·협력 부족, 중복과 편중에서 벗어나 교육복지를 유기적으로 연결하는 기반을 마련한 것은 교육복지의 흐름에서도 매우 중요한 변화였다. 교육복지 대상자를 중심으로 그들의 욕구에 맞춘 통합적인 서비스를 지속적으로 제공할 수 있는 사례관리 시스템을 마련한 점에서도 의의가 크다. 비로소 사업의 안정성을 확보함으로써 사업의 효과성과 효율성을 기대할 수 있게 되었고, 이는 '학생맞춤형통합지원' 사업의 전개를 가능하게 하는 물적 토대가 되었다.

2026년 1월 교육부가 입법 예고한 「지방교육자치에 관한 법률 시행령」 및 「지방교육행정기관의 행정기구와 정원 기준 등에 관한 규정」 일부개정령안은, 교육지원청의 '학교 지원'을 법적 기능으로 명문화했다. 또, 교육지원청의 명칭, 위치, 관할 구역에 관한 규정을 대통령령에서 삭제하고 이를 각 시·도 조례로 위임하면서 시·도 교육감이 지역 여건에 맞춰 교육지원청을 신설하거나 통합할 수 있게 했다. 이에 따라 교육지원청은 학교 현장을 돕는 서비스 기관으로서 체질 개선을 본격화할 전망이다.

(2) 학교의 문을 넘어 마을 교육공동체로

학교 담장을 넘어 지역사회 전체가 배움의 터전이 되는 마을교육

공동체는 학생의 시민적 참여권을 보장하는 실질적 공간이 된다. 혁신교육 운동이 개별 학교의 실험에서 그치는 것이 아니라 지역으로 확장하거나 지역과 결합하는 시도를 해온 결과다. 이러한 시도 중 주목할 만한 것은 다음과 같다.

- 몽실학교와 다가치 학교 몽실학교는 국내 청소년 자치 배움터이자 마을학교의 원조 격이다. 경기도교육청이 2016년 의정부 소재 옛 경기도교육청 북부청을 학생 복합 문화공간으로 탈바꿈하면서 시작했다. '우리가 하고 싶은 것으로 세상을 이롭게 하자'는 슬로건을 내걸고, 청소년 주도 프로젝트, 학교 교육과정 연계 체험형 교육과정, 마을 협력 학교 밖 배움터 등을 운영했다. 최근 '경기공유학교' 체제에 통합되면서 지역사회의 대학, 기업, 공공기관과 연계하여 IT·미래기술·예술 등 전문화한 교육까지 제공하는 광범위한 교육 플랫폼으로 확장하고 있다. 현재 경기도 31개 시·군 전역으로 확대해 운영 중이다.
경기도의 몽실학교를 벤치마킹하여 2022년부터 시작된 서울의 '다가치 학교'는 학교 안 자치 공간을 확보하여 학생들이 방과 후나 주말에 안전하게 자신만의 프로젝트를 할 수 있는 거점이다. 남부 오류중학교를 처음으로 북부 방학중학교, 강서·양천 양서중학교, 강남·서초 이수중학교 등 4개소가 운영 중이고, 교육지원청별 1개소 설립을 목표로 늘려가고 있다.
- 혁신교육지구 운영 진보교육감들이 대거 당선되면서 전국으로 확산한 혁신교육지구는 학교와 지역사회가 협력하여 아이 키우기 좋은 환경을 만드는 교육 거버넌스의 핵심 모델이었다. 학교 내부 혁신만으로는 입시 위주 교육과 돌봄 공백 문제를 해결하기 어렵다는 인식이 확산하면서 교육청(학교)과 지자체(마을)

가 예산과 인력을 공동 투입하여 학교 밖 청소년 카페, 마을 탐방 프로그램, 지역 인재를 활용한 진로 체험 등, 지역 특성에 맞는 교육 서비스를 제공했다. 이는 지자체 공무원, 교육청 장학사, 마을 활동가가 함께 정책을 결정하는 민·관·학 거버넌스를 구축하여 교육 자치와 지방 자치를 결합하고 마을교육공동체의 이상과 철학을 실현하려는 시도였다.

최근 몇 년간 지자체장과 교육감의 성향 변화, 그리고 정부 정책의 기조 변화로 많은 지역에서 '혁신교육지구'라는 명칭을 '미래교육(협력)지구'로 바꾸었고, 마을 활동가 중심의 거버넌스에서 지자체-교육청 중심의 실무 협의로 무게추가 이동했다. 혁신교육지구는 지자체가 교육 주체로 참여하는 문화를 정착시켰다는 긍정적인 평가를 받지만, 정치적 변화에 따라 지속가능성이 흔들린다는 숙제를 남겼다.

(3) 학습권의 법제화와 국가 책임 교육

2021년 「기초학력보장법」 제정은 학습권을 국가와 교육청의 법적 의무로 명문화한 사건이다. 「기초학력보장법」은 모든 학생이 학교 교육과정을 통해 최소한의 읽기, 쓰기, 셈하기 및 전략적 사고 능력을 갖출 수 있도록 국가와 지방자치단체, 학교의 책무를 규정한 법률이다._{교육부, 2022}

이 법의 제정 및 시행에는 변화된 인식이 전제되어 있다. 기초학력 미달은 보충되어야 할 학생의 결핍이 아니라 배움의 권리가 침해된 상태라고 보는 관점이다. 「기초학력보장법」에 따른 맞춤형 지원은 학생이 누려야 할 당연한 권리이며, 이를 보장하는 것은 국가의 책무다. 국가 책임교육이라는 말은 학습 부진 학생을 낙인찍거나 국가가 단순히 교육을 더 많이 해준다는 것이 아니라 국가가 책임지고 지원해야 하는 교육 권리의 선언이며, 모든 학생이 학습 기회에서 소외되지 않도록 체계적인 지원을 하겠다는 의지의 발로다. 진정한 교육적 평등은 학교 안의 다문화 학생, 느린 학습자, 장애 학생 등 소수자가 자신의 정체성을 긍정하고 교육과정에서 배제되지 않는 것, 즉 누구나 '배움의 질'을 보장받는 것이 핵심이다. 이제 교육복지는 시혜적 성격을 탈피하여 '책임교육'이라는 권리 보장의 언어로 전환하고 있으며, 「기초학력보장법」 시행 역시 국가의 책무성과 학습권이라는 인권적 관점에서 해석해야 한다.

2000년대 이후 대한민국 교육복지의 흐름을 살펴보면 그 경향성을 파악할 수 있다. 우리나라 교육복지는 대상과 지원범위에서 개별화하면서 보편화하는 방향으로 진행되었다. 소득이라는 단순한 기준으로 범주화해서 이뤄지던 저소득층에 대한 물질적 지원을 개별 학생의 심리적·정서적 특수성까지 고려한 물질적·심리적 지원으로 개별화했다. 선별적으로 지원되던 것들을 모든 학생에게 보편적으로 지원하는 양적 확대도 함께 이뤄졌다. 교육복지의 행정적 전달 체계에서도 단위별로 분절되고 중복되는 행정, 난립하는 프로그램에서 유기적 통합을 지향함으로써 지속적이고 안정적이며 효율적인 시스템을 갖춰가는 방향으로 나아갔다.

전체적으로 교육복지를, 교육을 잘하기 위한 부가적 지원이라는 개념에서 교육 자체에 복지 개념이 내재한 것으로, 다시 말해 기본적 복지로서 교육 기본권을 강화하는 방향으로 진행되어 왔다. 이러한 교육복지의 진화는 산업화의 성공과 그 그늘의 극복, 민주화의 성공과 그 그늘의 극복 과정에 따른 교육적 대응이자 그 사회 변화 속에 몸담고 살아가는 사람들의 관점 변화를 반영한 것이다.

3. 교육은 사다리인가, 시민권인가

우리 사회에서 학교교육이 수행하는 지위 배분 기능이 상당히 커서 출신 배경을 대신해 사회적 형평성을 유지하는 역할을 학교가 수행하고 있다.김병성 외, 1982

지금 우리나라의 교육을 경험했거나 하고 있는 사람들이라면 동의하기 힘든 결론일 것이다. 그러나 놀랍게도 위 인용은 1980년 초 진행된 학교교육과 사회이동에 관한 국내 연구의 결론이다. '개천에서 용 난다'는 신화는 한국 전쟁으로 기득권 계층이 전부 사라지고 백지에서 모두가 새롭게 출발해야 했던 시절, '새벽종이 울렸네, 새 아침이 밝았네'의 산업화 시대를 배경으로 한다. 노력한 만큼 성취했고, 그래서 능력주의 신화가 먹혔으며, 이는 사회의 전반적인 근면성을 높여 중산층을 키웠다. 그러나 그 시절의 신화는 1980~1990년대 초까지만 유효했다.

1990년대 이후, 특히 외환위기를 거치면서 그리고 최근 감염병의 세계적 유행을 거치면서 '금수저·흙수저' 담론이 힘을 얻어왔다. 재정학연구에 실린 논문에서는 자체 개발한 '개천용 기회불평등지수'를 분석하며 "외환위기 영향으로 2000년까지는 '개천용 불평등지수'가 하락했지만, 이후로는 상승하는 경향이 뚜렷하다"고 말한다. 이어서 "1990년대 초까지 한국 소득불평등은 낮은 수준을 유지했고 세대 간 계층 상승 기회도 비교적 높았"지만 "이후 높은 불평등과 양극화로 기회평등에 대한 믿음은 크게 약화됐고 자녀 교육을 통한 신분상승 희망도 사라지는 중"이라고 덧붙였다.주병기 외, 2017 이런 상황에서 한국 교육은 계층 이동의 주요 통로가 아니라, 계층적 배경이 교육을 통해 자녀에게 대물림되는 것에 가까울 것이다.

사회·정치적 변화는 어떤 제도나 시스템이 어떤 목적으로 어떤 기능을 해야 하는지에 대한 기대를 바꾸고, 그 기대는 여러 담론을 형성하면서 경쟁하다가 어떤 계기로 합의에 이르며, 그것이 지속될 경우 상식에 이른다. 교육도 마찬가지다. 사람들이 교육의 목적을 무엇으로 보는지, 교육에 대한 기대치가 어떠한지에 따라 교육복지 정책이 어디에 초점을 맞추고 전개될지가 달라진다. 그러니까 교육의 목적에 대해 사회가 어떤 역사적 경로를 거쳐 어떤 사회적 합의에 이르렀는지가 현재 혹은 미래 교육복지의 제도적 구현 양상을 좌우한다.

공교육이 민주사회를 유지하고 발전시키는 것을 목적으로 하고 교육을 통해 민주시민 양성을 추구하기로 사회적 합의에 이른 경우가 있을 수 있다. 이 경우, 교육복지란 시민권의 일부로, 공평한 교육 기회와 양질의 교육 경험을 모든 시민에게 차별 없이 제공함으로써 교육의 형평성을 제고하고 교육적 정의 구현에 기여하는 제도적 노력을 의미한다. 이때 교육과 복지는 별도로 작동하는 것이 아니라 교육제도가 교육복지 역할을 하게 되고, 결과적으로 교육 자체가 사회적 평등의 실현이 된다.

다른 한편, 공교육을 사회구성원 개개인에게 사회적 계층 이동의 개방된 통로로 보는 입장이 있을 수 있다. 이런 관점에서 교육은 계층 간 불평등 완화를 위한 핵심적 제도로 인식되며, 사회구성원은 교육에 대하여 교육소비자 관점에서 접근하려는 동기를 강하게 지닌다. 이런 관점에서 시행되는 교육복지는 지위 획득 경쟁에서 불리한 입장에 있는 집단을 효과적으로 선별하고 이들에게 추가적 자원을 제공함으로써 교육기회 불평등 및 교육격차를 완화하려는 노력에 초점을 둘 가능성이 높다.

교육이 한 사회의 민주적 성숙에 기여할 수 있어야 한다는 관점이 교육의 목적을 거시적인 사회적 맥락 층위에서 조망한 것이라면, 교육이 사회이동 통로로 기능할 수 있어야 한다는 관점은 교육의 목적을 개인적 차원에 둔 것이라고 할 수 있다. 어떤 관점을 취하느냐에 따라 교육복지가 포괄해야 할 대상이 사회 모든 구성원이냐 취약한 개인을 포함한 특정 계층이냐로 나뉜다.

우리 사회는 민주시민 양성을 공교육의 목적으로 표방해왔으나 실질적으로는 가족의 입신양명 수단, 개인의 계층 상승 수단으로 충실하게 노릇해 왔다. 능력주의 신화와 학벌 중심 사회 구조는 그 과정의 산물이다. 교육은 공공재로서 인식되기보다는 사적 재화로서의 성격을 강하게 지니게 되었고, 이는 교육에 대한 과도한 기대, 세계 최고 수준의 교육열로 표출되었다. 과도한 교육열은 가속화된 교육 기회의 확대로 이어졌고, 대중교육 보편화를 넘어 고등교육의 급격한 팽창으로까지 이어졌다. 대한민국의 대학진학률은 1990년대 초반 30%대에서 2001년 70%를 돌파했고, 2008년 80% 근접 이후 최근까지 줄곧 70~80% 수준의 매우 높은 비율을 유지하고 있다. OECD 국가 중 최상위권이다. 이러한 학력 인플레이션으로 사회구성원의 전체적인 학력은 꾸준히 높아지면서 일정 수준의 학력, 특정 졸업장이 갖는 교환가치는 계속 하향 재조정되었고, 이는 다시 과열 경쟁과 차별화된 교육에 대한 소비 수요를 부추겼다. 이에 조응하여 교육에 대한 시장 개입도 가속됨으로써 악순환의 서클이 형성된다.

교육은 사회적 제도이기 때문에 일정한 사회적 기능을 담당하는데, 그 기능이 사회 각 분야가 요구하는 다양한 인적 자원을 효율적으로 생산하는 것으로 보는 입장도 있다. 이때 교육은 현재와 미래의 세분화되고 복잡한 노동시장의 수요를 효과적으로 예측 반영하여 여러 형태와 다양한 수준으로 조직되고 변화할 것을 요구받는다.

교육을 이렇게 이해했을 때, 교육복지는 모두에게 표준화된 형태의 교육기회를 제공하기보다는 사회적 효율성의 원칙에 따라 개별 학생의 적성과 흥미에 따라 다양한 교육기회와 탈획일화된 학교 형태를 제공하는 것에 초점을 맞춘다. 일반적으로 학교계열의 조기 분리 형태로 나타나며 직업 교육 계열이 교육체제 안에서 커다란 부분을 차지한다. 독일 같은 경우다.^{박주호 외, 2014}

우리나라 직업교육은 직업계 고등학교 수와 학생 수만으로 보아도 그 실패를 직감할 수 있다. 전체 고등학교 수 및 학생 수에 비해 직업계 고등학교 수 및 학생 수는 1970년부터 2015년에 이르기까지 계속 줄어든 것으로 나타난다. 시대의 요구에 맞춰 직업교육은 다변화해왔지만 학령 인구 감소와 맞물려 현재는 정원을 채우기도 모자라는 지경에 이르렀다. 2022~2024년 통계에 따르면, 특성화고·마이스터고·일반고 직업반 등 직업계고 졸업생의 취업률은 줄고 있는데 대학 진학률은 늘고 있다.^{강경숙, 2025} 독일과 같이, 학교 계열의 조기 분리가 잘 정착된 나라는 직업 간 소득 격차가 크지 않고 사회 및 교육의 복지 수준이 높기 때문에 조기 분리가 교육을 통한 지위 경쟁을 잠재우는 효과로 이어진다. 하지만 우리나라의 경우, 교육이 경쟁을 통한 개인의 계층 이동 수단으로 강하게 여겨지기 때문에, 사회가 요구하는 인적 자원을 공급하기 위해 직업 교육이 다양하게 자리 잡기보단 외고·과학고·자사고 같이, 자신을 타인과 구분 짓기 위한 선별되고 차별화된 '명문' 교육기관의 공급을 교육소비자의 선택권 보장이라는 명목으로 확대 유지해 왔다.

교육을 통한 계층 상승 신화는 관습처럼 끈질기게 남아있으나, 학력 인플레이션이 모두의 비용 대비 모두의 효용이 떨어지는 제로섬 게임에 지나지 않음이 밝혀지고 있다. 이런 상황에서 교육에 어떤 목적을 부여하고 그에 따른 교육복지를 어떻게 펼쳐야 하는지,

사회적 합의는 어떤 방향으로 전환되어야 하는지, 대한민국은 기로에 서 있다.

4. 학교 문법을 바꾸는 '교육인권'의 언어

한국의 학교 현장은 지난 20여 년 동안 눈에 띄는 변화를 겪어왔다. 2000년대 초반만 해도 '교육복지'라는 말은 주로 가난한 아이, 위험에 처한 아이를 돕는 정책의 이름이었다. 결핍을 보완하고, 위험 요인을 줄이고, 최소한의 교육 기회를 보장하는 것이 교육복지의 핵심 언어였으며, 지원 대상과 수단이 비교적 또렷했다. 그러나 2010년대를 지나며, '복지'의 언어만으로는 설명되지 않는 상황이 교육 현장에 빠르게 늘어났다. 지원이 '있느냐 없느냐'를 넘어, 학생이 어떤 존재로 대우받는지, 학교가 누구의 목소리를 제도적으로 승인하는지, 차별과 배제의 경험을 정책이 어떻게 책임지는지가 교육의 핵심 의제로 들어오기 시작한다.

이런 흐름은 혁신교육 운동과 학생인권조례의 확산과 맞물리면서 학교와 학생을 바라보는 시선을 바꾸어 놓았다. 도와줄 대상이던 학생은 권리를 가진 주체, 교육과 학교를 함께 구성해 가야 할 시민으로 등장한다. '지원'의 언어는 '배움의 권리, 존엄과 참여, 학교 민주주의'라는 언어와 결합하며 '교육인권'이라는 새로운 프레임을 낳기 시작했다.

2010년대 동안 혁신학교는 전국적 공교육 개혁 프로젝트가 되었고, 각 교육청은 이를 자신들의 교육철학과 결합해 서울형혁신학교, 강원 행복더하기학교, 전남 무지개학교, 충북 행복씨앗학교, 인천 행복 배움학교 등 다양한 이름과 운영 철학으로 구체화했다. 혁신학교는 단순한 프로그램이 아니라, 학교 운영 전반을 다시 짜는 모델 학교였다. 흥미로운 점은, 혁신학교 담론에서 '교육복지'라는 말보다 '권리, 민주주의, 자치, 공동체' 같은 언어가 점점 더 전면에 등장한다는 것이다.

충북교육청의 행복씨앗학교는 스스로를 "학교공동체가 협력적인 문화를 형성하고, 창의적인 교육활동을 실현하여, 따뜻한 품성을 가진 역량 있는 민주시민으로 함께 성장하는 공교육 모델 학교"라 정의하며, 그 목표로 "모든 학생의 배움의 권리를 보장하여 단 한 명의 아이도 소외되지 않는 교육을 책임 있게 실현하는 학교"를 제시한다.[1] 여기서 '배움의 권리', '단 한 명의 아이도 소외되지 않는 교육'이라는 표현은 과거 교육복지 정책의 언어와 닮아있으면서도 결정적인 차이를 보여준다. 더 이상 특정 취약계층만을 위한 추가 지원이 아니라, '모든 학생'에게 '보장되어야 할 권리'로 서술된다. 교육복지가 '누구에게 더 줄 것인가'를 고민했다면, 혁신학교는 '학교가 누구의 공간이며, 학교에서 누구의 권리가 어떻게 보장되어야 하는가'를 묻는 정책으로 자리잡기 시작한 것이다. 혁신교육 운동은 교육복지를 부족한 것을 메워주는 시혜에서 학교 운영 전반을 학생의 존엄과 참여, 배움을 보장하는 시스템으로 재조직함으로써 교육인권 담론으로의 전환을 이끌었다. 혁신교육 운동이 교육복지를 교육인권 담론으로 전환시킨 핵심 원리는 다음과 같이 정리할 수 있다.

- **'대상자 지원'에서 '학교 체제 전환'으로 이동** 기존 교육복지가 경제적 취약계층 등 특정 대상을 선정하여 프로그램을 제공하는 선별적 지원에 집중했다면, 혁신학교와 인권조례는 학교 운영

---

1. 충청북도교육청(2024). '행복씨앗학교란?', '행복씨앗학교의 목표'.

방식을 민주적으로 재구조화하여 모든 학생의 '배울 권리'가 실현되는 공적 공간을 만드는 데 주력했다. 결핍을 전제로 한 '도움'의 문법을 넘어, 학교라는 구조 안에서 권리가 자연스럽게 실현되게 하는 '체제' 전환이었다.

- **학생을 '수혜자'에서 '권리의 주체'로 재정의** 혁신교육 운동은 학생을 정책의 수동적인 수혜자가 아닌, 자신의 배움과 학교 운영에 참여하는 능동적인 주체로 호명했다. 기초학력을 '국가와 학교가 보장해야 할 당연한 권리'로 재해석하여 지원을 요구할 수 있는 청구 가능성을 부여함으로써 학습권을 실질화했고, 이는 학교의 책무성을 강화했다. 또한 학생자치와 민주적 거버넌스를 통해 학생들이 학교의 규범을 스스로 만들고 참여하게 함으로써, 학교를 '권리-공동체'로 재구성했다.

- **'생활 규율'을 '관계의 권리'로 전환** 혁신교육 운동은 학교 내의 규율 방식을 통제 중심에서 존중과 관계 회복 중심으로 변화시켰다. 이는 인권을 별도의 교육 주제로 다루는 것이 아니라, 민주적 학교 운영과 차별 없는 일상적 대우를 통해 학교를 민주주의와 인권이 살아 숨 쉬는 학습장으로 재구성하려는 시도였다.

- **분절된 사업'의 '통합적 보장 체계' 구축** 방과 후, 상담, 급식 등으로 파편화되어 운영되던 기존 교육복지와 달리, 혁신학교는 이를 학생 중심의 통합적 지원체계로 묶어냈다. 학생의 개인적 환경이 학습의 걸림돌이 되지 않도록 국가가 끝까지 책임지는 인권적 가치를 제도화하려했다.

- **'보편적 복지'를 통한 '존엄의 평등' 실현** 무상급식, 무상교복 등으로 이어지는 보편적 교육복지의 확산은 학생들 사이의 낙인감을 해소하고 인간으로서의 존엄을 지켜주는 역할을 했다. 이는 교육복지가 교육의 공공성을 강화하고 비차별적 접근을 보장하

는 인권의 토대임을 증명한 것이다.

이러한 변화는 한국만의 독자적 발명이라기보다 2010년대 국제 교육 거버넌스가 공유해 온 흐름과 긴밀하게 맞닿아 있다. 2015년 세계교육포럼의 결과물인 「인천선언」[2016]은 교육을 '공공재'이자 '기본적 인권'으로 재확인하면서, 새 교육비전이 인간의 존엄·사회정의·포용·책무성 같은 가치에 기반한다고 못 박는다. 특히 '포용과 형평'을 변혁적 교육의 초석으로 규정하고, 교육 목표는 '모든 사람에게서 충족되지 않으면 달성된 것으로 볼 수 없다'고 선언한다. 이 선언의 함의는 크다. '복지'가 종종 지원·서비스의 확대에 초점을 둔다면, '인권'은 교육을 권리의 실현으로 본다.

이후 2021년 UNESCO의 「함께 그려보는 우리의 미래: 교육을 위한 새로운 사회계약」[2022]에서는 한 걸음 더 나아가, 교육을 둘러싼 사회적 합의 자체를 '새로운 사회계약'으로 부른다. 이 보고서는 우리가 직면한 과제를 '모든 아동·청소년·성인에게 양질의 교육을 받을 권리를 보장하겠다는 미완의 약속을 이행하는 일'로 규정하면서, 새 사회계약은 '인권에 기초하고 교육을 공적 노력이자 공동선으로 강화'해야 한다고 말한다. '교육복지'의 도식이 주로 분배와 접근성의 확대에 머물렀다면, '교육인권'의 도식은 교육체제를 권리·존엄·차별금지·공동선의 관점에서 재조직하는 것을 지향한다.

OECD는 유네스코처럼 인권이라는 법적 언어를 전면에 내세우지는 않지만, 2010년대 후반 이후 교육의 목표를 '웰빙well-being'과 학습자 주도성, 책임 쪽으로 확장시키며, 결과적으로 권리 담론과 접속 가능한 기반을 만든다. 「OECD 학습 나침반 2030」은 교육이 지식 습득을 넘어 학습자가 미래 형성의 주체가 되는 것을 강조하고, 그 과정에서 책임과 성찰을 중요한 준거로 둔다. 이것은 지원 확대만으로는 담보되지 않는, 교육의 질과 경험, 특히 학교가 학생을 어떤 시민 혹은 어떤 권리 주체로 길러내는가를 전면화한다는 점에서 '교육인권'의 문제의식과 잘 결합한다.윤성혜 외, 2022

이러한 국제적 교육 담론의 동향과 2010년대 혁신교육 운동에 따른 정책 변화를 보면 '교육복지'가 담당하던 과제가 어느 지점에서 '교육인권'의 과제로 재정의되었는지 확인할 수 있다. 물론 이러한 변화가 교육 현장의 현실을 충분히 바꾸었다고 하기는 어렵다. 여전히 많은 학교에서 학생인권과 교권의 갈등은 반복되고, 교육복지와 인권 정책은 재정과 인력 부족, 지역 간 격차, 정치적 갈등 속에 흔들리고 있다. 그러나 분명한 것은, 정책의 언어가 변할 때 학교를 보는 눈도 바뀐다는 점이다. 이제 필요한 것은, 교육복지와 교육인권을 서로 다른 트랙으로 볼 것이 아니라, 서로를 보완하는 이중의 렌즈로 엮어내는 작업일 것이다. 혁신교육 운동은 한 시기의 정책 유행이 아니라, 교육복지에서 교육인권으로 이동하는 한국 공교육의 커다란 전환이었으며, 이런 맥락에서 학생의 복지와 권리, 보호와 자치, 배움과 돌봄을 한 몸으로 보는 관점이 더욱 절실해진다.

5. 돌봄 없는 배움은 가능하지 않다

억울한 일이겠지만, 학교는 학교로서만 기능하면 되는 곳이 아니라 가정과 마을의 역할까지 맡게 된 유일한 공간이 되어왔다.

산업화 속에 대가족이 해체되고 산업적 요구와 여권 신장 속에 여성의 사회 진출이 늘고 있다. 통계청 자료2025에 의한 2024년 추세를 보면, 배우자가 있는 가구 중 맞벌이 가구의 비중이 급격히 높아지고 있다. 전체는 48.0%에 이르고 특히 18세 미만 자녀를 둔 가구의 경우 58.5%로 급등한다. 또한 2024년 출생 통계 기준, 전체 출생아 중 첫째 아이가 차지하는 비중은 61.3%로, 1자녀 중심의 가족 구조가 고착화하고 있다. 현재 대한민국은 자녀는 한 명만 낳고 부모는 둘 다 일하는 구조가 가장 보편적인 가족 모델로 자리 잡아가고 있다. 경제적 자립과 육아 병행이 필수가 된 사회적 분위기에서 전통적인 가정교육은 사라진 지 오래고, 가정교육까지도 학교가 맡아야 하느냐는 교사의 한탄도 옛말이다.

'한 아이를 키우기 위해 온 마을이 필요하다'는 말에서 '마을'이라는 단어는 산업화 이전 농촌사회에서나 나올 법한, 낭만적인 말일지 모른다. 산업화와 병행하여 진행된 도시화는 2019년 말, 역사상 처음으로 수도권 인구가 전체 인구의 50%를 돌파하면서 국토 면적의 12% 남짓한 공간에 절반이 모여 사는 기형적 구조가 심화되었다. 2000년 이후 도시화는 양적 팽창을 넘어, 수도권 집중화와 지방의 소멸 위기라는 질적인 변화를 겪고 있다. 인구의 대부분이 도시에 살고 있다는 것이 자라는 아이들에게 뜻하는 것은, 집과 학교를 제외한 나머지 공간은 사적인 비용으로 안전과 놀이를 구매해야 하는 곳이라는 것이다. 도시의 대부분은 위험에 노출되어 있으니, 아이를 다 같이 키웠던 마을의 역할도 고스란히 학교로 들어올 수밖에 없었다.

가정과 마을의 실종은 본의 아니게 학교를 폭력이 난무하는 장으로 이끌었고, 이는 급기야 대한민국을, 인성교육을 법으로 정한 세계 최초의 나라로 만들었다. 2015년 인성교육진흥법이 제정된 것이다. 학교는 매 학년 초 인성교육계획을 세워야 하고, 교사는 이를 교과 수업이나 창의적 체험활동에 녹여내야 한다. 관련 연수도 의무적으로 이수해야 한다. '인성을 법으로 강제할 수 있는가'라는 원론적 논의를 차치하더라도 자연스럽게 공감과 존중을 배울 수 있는 일상의 문화를 어떻게 만들 것인가를 생략한 채 진행된 이 법에 교사들은 회의적으로 반응했다. 이는 형식화된 계획 수립과 수업 시수를 채우는 단순한 방식으로 이어졌으며, 정책은 형식화되고 말았다.

가정과 마을의 교육적 기능이 사라지면서 또 다른 사회적 이슈로 떠오른 것이 아이들의 방과후 돌봄이다. 사교육비 절감과 저출산 문제 해결을 위해 국가가 돌봄을 책임져야 한다는 거대 담론 속에 2025년부터 전국 초등학교 '늘봄학교'가 운영되고 있다. '늘봄학교'는 단순히 아이를 누가 맡느냐의 문제를 넘어, 학교의 역할과 운영 주체를 둘러싼 복합적인 논쟁과 갈등을 야기했다. 이에 현장 교사들이 가장 우려한 것은 교육과 돌봄의 경계 붕괴였다. 돌봄은 복지 영역이므로 운영 주체는 지자체가 되어야 하며, 학교가 교육기관이 아닌 '보육 거점'으로 인식되면 교사의 전문성이 경시될 거라고 우려했다.[이광호 외, 2024]

업무 폭탄, 공간 침해, 책임 전가 등 교사들이 돌봄의 학교 유입을 방어하는 논리에서 배움과 돌봄의 경계를 나눌 수 있고 각각의 영역에 책임 주체를 명확히 할 수 있을 거라는 교사들의 인식적 한계가 드러난다. 그러나 이러한 한계에 대해, 교사들이 자기중심적이고 편의적 접근이라고 비판하는 것은 문제를 해결하기보다 오히려 문제를 키운다. 그동안 사교육비 증가, 돌봄 격차 등 학부모의 사회적 요구가 분출할 때마다 그것의 해결을 학교와 교사의 몫으로 떠넘겨온 교육정책의 관행과 그 관행이 낳은 교사의 무기력을 외면하는 처사이기 때문이다. 현재 늘봄학교 운영은, 학교는 장소를 제공하고 운영 실무는 지자체나 교육지원청 소속의 전담 인력이 맡는, 행정 체계 분리 방식으로 점차 자리를 잡아가겠지만, 이는 교육복지의 흐름이 유기적 협력과 기본적이고 구조적인 통합을 지향하는 것과 어긋난다.

교육부가 2025년 시범 운영을 거쳐 2026년부터 전국의 모든 초·중·고등학교로 확산한 사회정서교육Social and Emotional Learning도 비슷한 맥락을 띤다. 사회정서교육의 도입은 인성교육과 겹치는 측면이 적지 않지만, 복잡한 사회 문제를 해결하고 개인의 행복도 보장하기 위해서는 심리적 회복탄력성과 대인관계 능력을 기르는 교육이 필수라는 절박한 요청이 반영되어 있다.박현영·채수은, 2022 그러나 학습에서 문화로의 확장을 강조하고 관계 회복과 갈등 해결 역량을 키우는 회복적 생활교육으로서의 예방 교육에 주력한다지만, 여전히 학교와 교사에게 부가적인 업무로 치부되고 위에서의 정책이 아래에서 형식화, 무력화될 공산이 크다. 새로운 정책이나 사업이 기존 것을 그대로 두고 계속 쌓이며 늘어날 때 일어나는 현상이다. 교사들에겐 전문성을 갖출 여유가 부족하고, 교과 진도와 교육과정을 유연하게 설계할 자율권이 부재하다.

집안의 마당과 집 밖의 마을 공터가 사라진 곳에서 학교는 가정과 마을의 기능을 홀로 감당해 왔다. 교사들도 상담교사, 사서교사, 진로교사 등 다양하게 분화했고, 실무사, 조리사, 지역사회교육전문가 등 다양한 인력들도 학교로 들어왔다. 당분간 이런 추세를 거스를 수 없을 것이며, 학교는 동질적이고 단순한 조직에서 이질적인 주체들이 공존하고 복잡하게 얽히는 조직으로 변했다. 이제 학교는 다양한 주체의 권리들이 충돌하면서 민주적으로 조정되고 협력하여 합의하고 책임을 분산하는 생활정치 공간으로 바뀌고 있다. 더불어 학교의 역할도 공부만 하는 곳에서 생활하고 살아가는 곳으로 영역을 확장하고 전환하도록 요청받고 있다. 이런 상황에서 물질과 정서, 문제행동과 삶, 배움과 돌봄 등의 분리가 아닌 통합이 새롭게 인식되고 모색되어야 한다. 돌봄을 '누가, 언제, 어디서 아이를 돌보게 할 것인가'의 문제로만 인식하는 것은 행정의 언어다. 우리는 행정의 언어 이전에 '돌봄은 무엇이고 왜 필요한가'라고 교육의 언어로 물을 수 있어야 한다.

선발중심 교육관에서 발달중심 교육관으로의 전환 시대는 배움과 돌봄의 통합을 요구한다. 지식을 전수하고 전수된 지식을 수치화하여 평가하고 선발하는 것을 교육과 학교의 역할이라고 생각하는 사회는 배움만 강조한다. 하지만 지식과 기능과 태도의 총합으로서의 역량을 실제 경험을 통해 함양하는 것이 중요하며 교육과 학교가 수단이 아니라 목적이 되어야 한다고 생각하는 사회는 배움만이 아니라 돌봄까지도 교육 영역에 포함한다. 개인주의적 생존 사회에서 성과주의와 능력주의로 치닫는 오늘날, 돌봄의 공동체적 실천은 더욱 절실해졌고, 자라나는 세대에게 그 실천의 장으로 학교가 유일하리라는 전망은 확실하다. 구체적인 인간관계와 상호작용이 끊임없이 진행되는 교육 실천의 장에서 돌봄이 내세우는 가치, 즉 공감과 연민, 상호성과 친밀성 등은 배움의 외적 요소나 부가적 요인으로 치부될 수 없다. 이미 여러 실증적 연구에서도, 정서적으로 안정된 학생이 인지적 집중력도 높아 학업 성취도가 우수하다는 사실을 입증했다.

인간은 누구나 어리고 약할 때와 늙고 아플 때를 겪으므로 돌봄이 필요하다는 사실은 경험적인 보편성을 지닌다. 내가 지금 또는 앞으로 돌봄을 받을 터이니 당신 또한 돌보는 것이 마땅하다는 말도 돌봄의 필요성에 대한 현실적 논리다. 그럼에도 우리 사회는 여태껏 돌봄을 개인 책임으로 간주하면서 보이지 않는 누군가의 희생을 강요해왔다. 또 그 누군가가 돌봄을 제공함으로써 사회가 유지되고 있다는 사실을 감춤으로써 돌봄을 경시해왔다.김준혁, 2024 그러나 돌봄의 필연성을 개인의 취약성과 의존성에서만 찾는 것이 아니라 인간 존재의 조건이자 기초로서 보는, 보다 근원적인 시각이 확산하며 힘을 얻고 있다.

에마뉘엘 레비나스는 오랫동안 당연하게 여겨진 개인의 자율과 독립에 의문을 제기하며 인간의 근원적 조건으로서 타인의 우선적 존재성을 강조했다. 그에 따르면 타인을 통해 만날 수 있는 다름이야말로 미래가 열리는 곳이다. 나와는 다른 것, 내가 알 수 없는 것, 즉 다름을 경험하지 못하면 '나'라는 동일자로 끝없이 회귀할 수밖에 없으며, 타인을 돌볼 책임을 지지 않고서는 지금과 다른 미래도 열리지 않는다.우치다 다츠루, 2023 조안 트론토2014는 돌봄이 민주주의의 핵심 가치이자 근간이 되어야 하며 그런 의미에서 돌봄 책임이 면제되어야 할 사람은 없다고 말한다. 민주주의의 본질은 돌봄의 책임을 정의롭게 분배하는 것이며, 이럴 때 우리에게 더욱 절실하게 요구되는 것은 가까운 사람에 대한 돌봄을 넘어 정의로운 제도 내에서 모르는 낯선 사람에 대한 돌봄까지로 나아가는 것이다.

세상은 고립되고 독립적인 개인으로 구성된 것이 아니라 언제나 다른 사람과의 관계 속에 상호 의존하는 인간들로 구성된다. 개인 역시 개별적인 하나의 개체가 아니라 자아가 놓여 있는 관계들로 정의되며, 따라서 세상의 출발점은 내가 아니라, 나를 존재할 수 있게 하는 관계다. 세상과 삶의 본질적 속성으로서 관계성과 상호성이 바로 돌봄이 탄생하는 자리이고, 돌봄이 세상의 기초가 된다는 주장의 근거다.

돌봄이 인간 존재의 근원적인 관계성과 상호성에 발생하는 윤리이자 활동이라면 돌봄은 배움과 불가분하다. 배움이야말로 끊임없는 관계 속에 이뤄지는 활동이며, 의미 있는 배움은 의미 있는 관계에서만 일어나기 때문이다. 심성보2018는 돌봄을 '인간관계가 이루어지는 삶의 도처에서 좋은 삶을 기획하고 증진할 삶의 기본 방식이자 삶의 올바른 방향을 제시해주는 기술'이라고 정의하며, '교육에서 돌봄의 상실은 심대한 사회적 질병의 신호'라고 했다. 사회는 개인을 넘어 서로를 보듬고 함께 살아가기 위한 장치이고, 교육이 그런 사회를 꿈꿀 수 있게 하는 동력이라면 돌봄을 교육의 언어로 새롭게 해석하는 것은 더 나은 미래를 위해 꼭 필요하다. 배움과 돌봄은 관념 속에서나 경계를 나눌 수 있을 뿐, 현실에서는 따로 존재하지 않는다. 교육과 복지도 그러하다.

6. 누구도 소외되지 않는 '권리-공동체'를 향하여

평등equality과 공평equity을 구별하는, 잘 알려진 야구장 그림에 보면, 키 작은 아이에게 발판을 주는 경우를 공평이라고 한다. 이럴 경우, 키 작은 아이는 자신의 키가 작다는 사실을 알아차리게 될 뿐 아니라 발판을 배려받았다는 사실을 의식할 수밖에 없다. 반면 키 큰 아이는 타고난 큰 키를 자신의 능력으로 오인할 가능성이 생기고, 자신에게 제공되지 않은 발판에 대해 억울함을 호소할 수도 있다. 이것이 선별적 복지의 한계이자 위험이다. 이런 문제를 해결하는 길은 야구장의 담장을 없애 모두가 발판 없이 자신의 키로 경기를 구경하게 하는 것이다. 과거 교육복지가 키 작은 아이에게 발판을 주는 것이었다면, 미래의 교육복지는 야구장의 담장을 없애는 것이 될 것이다. 이것이 보편적 복지의 힘이다.

그러나 선별적이든 보편적이든 '교육복지'라는 말에는 '지원'이라는 뜻이 내포되어 있다는 점을 유념해야 한다. 그리고 지원에는 시혜자와 수혜자 사이에 수직적이고 일방적인 위계를 형성할 위험이 상존한다. 보편적 교육복지를 넓혀 가되 그 말을 '교육 인권'으로 바꿀 이유가 여기에 있다. 교육 인권이라 할 때 인권은 '지원'의 대상이 아니라 '보장'의 대상이다. 보장은 주체가 지닌 권리를 확보해주고 책임지는 것이며, 지속적이고 필수적이며 의무적이다.

교육복지를 지원 개념에 국한시킬 때 생기는 또 다른 문제는, 교육에 복지 개념이 내재되어 있음에도 교육과 복지를 나누고 교육을 중심에, 복지를 주변에 놓게 된다는 점이다. 교육복지 사업이 교육정책의 보조 수단처럼 여겨지게 된다. 2003년 교육복지투자우선지역 지원사업이 시작된 이래 교육복지가 교육정책의 중심이 된 적이 한 번도 없다는 푸념은 그렇게 발생한다. 2000년대 이후 모든 정책이 교육복지적 함의를 지님에도 각각의 정책을 하나로 묶어줄 교육복지에 대한 포괄적 개념, 즉 교육에 복지가 내재해 있다는 관점이 부족했다. 각각의 교육정책은 교육복지와의 유기적 맥락을 잃고 별개의 독립된 정책과 사업으로 추진되었고, 그러다 보니 효율성이 떨어지고 시너지 효과도 기대하기 힘들었다. 이런 관행으로 학교 현장에선 '밑 빠진 독에 물 붓기'라는 학습된 무기력이 커졌다. 어떤 제안이나 정책도 회의와 불신의 시각으로 바라보게 되고, 부담이 조금이라도 늘어날 것 같으면 저항하는 몸짓을 해 왔다. '학맞통'이 맞이한 현실이 그렇다. 교육청이 소통과 설득에 힘을 쓰지 않아서도 아니고, 교사 개인이나 집단이 이기적이거나 편의를 추구해서도 아니다. 구 패러다임의 효용이 한계에 직면했을 뿐이다.

패러다임 전환은 기존 중심축이 이동하는 것을 말한다. 기존 중심축으로 배열된 것들이 끊임없이 도전과 저항에 직면할 때, 바로 그때가 세상을 바라보는 프레임 자체를 바꿀 시점이다. 그러지 않을 경우 문제는 계속되고 반복된다. 교육복지를 강조하거나 전면에 내세우는 차원이 아니라, 교육청의 정책을 교육인권(교육복지) 패러다임으로 재조정할 필요가 있다. 교육복지의 전개 과정에서 병렬과 중복 및 누락을 없애고 그 효율과 효과를 높이기 위해 통합성을 지향했듯, 교육청의 정책도 교육인권 패러다임으로 전환하여 유기성과 통합성을 높여 누가적이고 중복적인 사업을 줄이고 누락된 영역을 메워야 한다. 그래야 현장에 여유가 생기고 그 여유로운 자리에 정책 실행 의지가 생긴다.

한편, 교육인권으로서의 보편적 교육복지는 모든 아이에게 똑같은 물질적 지원을 하고 기회를 고르게 준다는 것만을 의미하지 않는다. 교육복지가 현실화할 때 다루는 영역을 투입-과정-결과로 나눌 때 무상급식 등은 투입에 해당하고, 교육과정 운영이나 교사의 질 등은 과정에 해당하며, 학업성취도 등은 결과 요소로 분류된다. 교육복지 영역을 이렇게 분류할 때 우리나라 교육복지는 그동안 투입, 과정, 결과 중 물질적 지원의 성격이 강한 '투입'과 계량화가 가능한 '결과'에 집중해왔음을 알 수 있다. 교육청의 예산 투입과 투입된 예산에 대한 실적 확인이라는 순환 속에 정작 양질의 교육과정 운영이나 교사의 질 관리 등 교육복지 '과정'에 대한 세밀함은 상대적으로 부족하거나 간과되었다.

양적 복지에서 질적 복지로 전환하려면 물질적 투입과 계량화된 결과만이 아니라 관계적 과정이 담보되어야 하고, 이때 요청되는 것이 돌봄에 대한 재인식이다. 물론 이것이 교사 개인의 양심과 도덕에 호소하는 식이어서는 곤란하다. 교사가 배움과 돌봄을 자기 역할로 자연스럽게 받아들이는 문화를 만들려면, 그리고 이것이 역할의 강요나 업무 증가로 여겨지지 않으려면, 교육복지와 교권을 대립 항으로 설정하는 담론을 넘어서야 한다. 교육인권은 학생의 권리와 교사의 전문성을 동시에 강화하는 방향으로 설계될 때 지속 가능하다. 이는 업무의 추가적 누적이 아니라 학교 체제의 재구조화를 의미하고, 그에 선행하여 교육청의 체제나 정책도 '교육이 곧 복지며 인권이고, 돌봄이 곧 배움'이라는 패러다임의 전환을 통해 재구조화할 것을 요구한다.

한국의 혁신교육이 본격적으로 돛을 올린 지 어느덧 15년이 흘렀다. 혁신교육 운동은 공교육의 경직성을 깨고 배움의 즐거움과 민주적 학교 문화라는 새로운 표준을 제시했다. 그러나 우리가 마주한 현실은 녹록지 않다. 혁신교육은 이른바 '성공의 위기'에 직면해 있다. 담론은 익숙해졌고 제도는 관료화되었으며 현장의 에너지는 소진되었다는 우려가 나온다. 우리는 질문해야 한다. 지난 10여 년간 한국 교육을 이끌어온 혁신교육은 이러한 '성공의 위기'를 어떻게 돌파할 것인가? 그 답은 교육복지가 교육인권으로 전환되는 지점에 있다. 이는 단순히 인권 교육 강화 차원을 넘어, 정책의 구조 자체를 취약계층 지원에서 차별 없는 접근과 참여의 보장으로, 프로그램 제공에서 제도적 의무와 거버넌스 재설계로 전환하는 것을 의미한다.

교육복지에서 교육인권으로의 이행은 단순히 용어의 변화가 아니다. 교육 목적을 성적 향상이나 사회 적응에서 '존엄한 인간으로서의 성장'으로 이동시키는 근본적인 전환이다. 교육복지에서 교육인권으로의 전환은 복지를 폐기하는 것이 아니라 권리 기반으로 더욱 견고하게 재조직하는 과정이다. 선별 지원은 보편적 보장으로, 일시적 사업은 지속 가능한 제도로, 참여율 중심의 성과는 실질적인 권리 실현으로 나아가야 한다.

교육복지가 비바람을 막아주는 '우산'을 빌려주는 일이었다면, 교육인권은 누구나 비바람을 견디며 스스로 길을 찾아갈 수 있도록 단단한 '길'을 닦아주는 일과 같다. 우리 교육은 일시적인 빌려줌을 넘어, 누구도 길 위에서 소외되지 않는 견고한 토대를 만들어야 한다. 우리가 꿈꿀 미래 교육은 모든 아이가 자신의 삶을 스스로 기획하고, 타인과 연대하며, 지구 공동체의 시민으로서 당당히 살아갈 권리를 누리는 세상이다. 학교가 모든 학생의 존엄이 지켜지고 각자의 주체성이 꽃피는 '권리-공동체'가 될 때, 혁신교육의 희망은 다시 시작될 것이다.

참고문헌

각 시도교육청(2025). 2025년 주요업무계획 및 기초학력 보장 시행계획.

강경숙(2025). 국회 교육위원회 강경숙 의원 2025.10.6. 보도자료.

경기도교육연구원(2021). 혁신학교 정책 전국 확산 연구보고서. 경기도교육연구원.

경기도교육청(2010). 혁신학교 운영 매뉴얼. 경기도교육청.

교육부(2022). 기초학력 보장법 시행령 및 기본계획.

교육부(2022). 제1차 기초학력 보장 종합계획(2023~2027). 보도자료.

김병성, 정영애, 이인효(1982). 학교교육과 사회적 성취. 한국 교육개발원 연구보고서.

김정원 외(2010). 교육복지의 이론과 실제. 학이시습.

김준혁(2024). 돌봄의 역설. 은행나무.

박종훈(2021). 학생인권조례 10년, 그 성과와 한계. 인권연구.

박주호 외(2014). 교육복지의 논의: 쟁점, 과제와 전망. 박영stroy.

박현영, 채수은(2022). 국내 사회정서학습(SEL) 프로그램 효과에 관한 메타분석. 한국인간발달학회, 인간발달연구 제29권 제1호.

심성보(2018). 한국 교육의 현실과 전망. 살림터.

우치다 다쓰루(2023). 레비나스, 타잘를 말하다. 세창출판사.

유네스코한국위원회(2016). 교육 2030 인천선언과 실행계획. 유네스코한국위원회.

유네스코한국위원회(2022). 함께 그려보는 우리의 미래: 교육을 위한 새로운 사회계약. 유네스코한국위원회.

윤성혜 외(2022). 미래교육 인사이트 2. 지식과 감성.

이광호 외(2024). 대한민국 교육트렌드 2025. 에듀니티.

이재정 외(2012). 혁신학교 정책의 성과와 과제. 교육행정학연구.

조안 C 트론토(2014). 돌봄 민주주의. 아포리아.

주병기, 오성재(2017). 한국의 소득기회 불평등에 대한 연구. 재정학연구.

통계청(2025). 2024년 하반기 지역별고용조사 및 2024년 출생 통계. 통계청.

●김지용 —————————————————————————————

2019년 9월, 인생 계획에 없던 혁신학교 공모 교장이 되었다. 때마침 코로나19 시기와 겹쳤지만 오히려 보람차고 행복했다. 2024년부터 경기도 대안교육 특성화 학교인 이우중·고등학교에서 교장을 맡고 있다. 공동체성과 공공성의 균형과 조화야말로 우리 교육의 새로운 대안이 되지 않을까 고민하며, '스스로, 더불어, 한 걸음씩'이란 말이 삶의 자세가 되도록 애쓰고 있다. 학교 혁신을 위한 교장 직무 가이드라인, 『교장의 일』(2024)을 공저했다.

11.
생태전환교육의 성과와 미래:
'선언'에서 '체제와 표준'으로,
지속가능교육의 새로운 표준

정대수_마산 신월초등학교 교장

1. 서문: 전환의 시대, 교육은 무엇을 선택할 것인가?

1) 전환의 시대, 교육의 응답

기후위기는 더 이상 '환경'의 문제가 아니다. 이는 학습권, 안전권, 건강권, 나아가 생존권을 위협하는 총체적 위기이며, 교육의 존재 이유를 다시 묻게 하는 문명적 전환의 신호다. 연이은 폭염과 미세먼지, 초국적 기상이변 속에 아이들의 일상이 위태로워졌고, 지역과 계층에 따라 그 위험은 불균형하게 쏠리고 있다. 이 변화 앞에서 우리는 묻는다. "왜 지금 다시 '교육'인가? 그리고 학교는 이 전환의 시대에 어떤 응답을 해야 하는가?"

이 질문에 가장 선도적으로 응답한 실험이 바로 '생태전환교육'이다. 그것은 교육이 더 이상 개인의 실천을 독려하는 '계몽의 언어'에 머물 수 없음을 보여준다. 가정에서 플러그를 뽑고, 물을 아끼자는 캠페인을 넘어, 삶의 방식과 사회 시스템을 총체적으로 재설계하는 실천이어야 한다. 서울시교육청은 이 흐름의 중심에서 "생태전환교육"이라는 새로운 언어를 선언했다. 이는 환경교육을 교과 단원에서 끌어내어 학교의 운영, 공간, 민주주의, 교육과정 전체로 확장하는 철학적 선언이었다. 다시 말해, 근대화의 토목적 상상력을 넘어서는 '생태적 문명 전환'의 교육적 실험이었다.

이제 그 실험은 '선언Declaration'에서 '체제 전환System Transformation'으로 나아가야 할 시점에 있다. 캠페인과 행사 중심 프로젝트는 제한된 효과를 남기지만, 학교의 운영 규정, 시간표, 급식 체계, 에너지 구조, 교육과정과 예산, 학생의회 거버넌스까지 바꿀 때 비로소 생태전환은 '시스템'이 된다. 이 글은 생태전환교육이 이 전환의 문턱에서 무엇을 이뤘고, 무엇을 넘어야 하는지를 분석하며, 그 이후를 묻는다.

2026년은 우리 교육이 새로운 패러다임으로 진입하는 결정적 시기가 될 것이다. 지속가능발전을 위한 국제적 기준과 지역 교육 자치의 고도화가 맞물리면서, 학교 현장의 교육과정을 생태적·미래 지향적으로 전환해야 할 시대적 과업이 우리 앞에 놓여 있다. 이 격동의 흐름에서 교육은 다시금 사회를 이끄는 제도로서의 책임을 요구받고 있다. 이제 우리는 "기후위기 시대의 교실에서 희망을 찾을 수 있는가"라는 질문에 응답할 차례다. 생태전환교육은 그 답이 될 수 있다.

2) 혁신교육의 다음 단계, 생태전환교육

혁신교육은 한동안 "수업을 바꾸자", "학교를 민주적으로 만들자"는 구호 아래 달려왔다. 그 덕분에 학생 참여, 학생자치, 마을과 함께하는 교육이 조금씩 자리를 잡았다. 그런데 기후위기 시대가 도래하면서, 혁신교육은 더 이상 교실 안에서만 완성될 수 없게 되었다.

기후위기는 과학 지식을 조금 더 배운다고 해결되는 문제가 아니다. 폭염과 폭우, 미세먼지와 감염병, 먹을거리 불안과 생물 다양성

붕괴는 모두 우리 삶의 방식과 연결돼 있다. 무엇보다 학교가 매일 운영되는 방식과 직결된다. 예를 들면 학교는 하루에도 엄청난 전기를 쓰고, 난방과 냉방을 하고, 수백·수천 명의 급식을 만들고, 쓰레기를 배출하고, 학생들은 통학을 한다. 이 모든 것이 탄소와 에너지, 돌봄과 안전 문제로 이어진다. 따라서 이제 교육은 "환경 단원"을 하나 더 추가하는 수준이 아니라, 학교생활 자체를 바꾸는 생태전환교육이 되어야 한다.

서울시교육청이 학교 운영과 생태전환교육을 중장기 계획으로 묶고, 그린급식의 날, 생태전환교육의 달, 인정도서 개발 같은 장치를 만든 것은 이런 이유에서 의미가 크다. 좋은 프로그램을 몇 개 늘린 것이 아니라, 전환교육을 학교 운영과 교육과정 토대 위로 안착시키려 했기 때문이다. 채식 급식은 "먹는 방식이 기후와 건강, 윤리와 연결된다"는 사실을 학생들이 몸으로 배우게 만든다. 에너지 절감과 학교 탄소 진단은 학생들이 숫자를 통해 "우리 학교가 얼마나 쓰고, 어디서 줄일 수 있는지"를 찾아보게 한다. 이런 활동이 학생의회, 학교 규칙, 예산과 연결되면, 학생들은 단순한 참여자가 아니라 학교를 바꾸는 시민이 된다.

여기서 한 걸음 더 나아가면, 교육이 지역을 끌어갈 수 있다. 학교는 도시 한복판에 있는 거대한 생활 인프라다. 학교가 급식과 에너지를 바꾸면 지역의 먹을거리 체계와 에너지 정책에도 영향을 준다. 학교가 폭염 대응을 준비하면 지역의 돌봄과 안전망이 강화된다. 그래서 생태전환교육은 "학교가 지역을 따라가는 교육"이 아니라, 학교가 지역 전환을 견인하는 교육이 될 수 있다.

또 하나 중요한 점은, 생태전환교육이 학생에게 죄책감만 주는 "자학 교육"이 되어서는 안 된다는 것이다. "우리가 지구를 망쳤다"는 서사로 끝나면 학생은 무력해진다. 무력감을 강화하는 환경교육과 비난 중심 서사를 넘어 생태전환교육은 "우리는 회복할 능력이 있다"는 자기긍정으로 가야 한다. 먹을거리, 에너지, 이동, 돌봄을 바꾸는 일은 불편만 강요하는 것이 아니라, 더 건강하고 안전하고 관계가 살아 있는 삶으로 나아가는 길이기 때문이다.

결국 기후위기 시대의 혁신교육은 이런 질문으로 바뀐다.

"수업을 얼마나 재미있게 했나?"를 넘어서, "이 교육이 삶을 바꾸고 세상을 바꿀 힘을 길러주었나?" 생태전환교육은 바로 그 질문에 답하려는 혁신교육의 다음 단계다. 생태전환교육은 혁신교육의 연장이 아니라, 그 목적지를 바꾸는 전환이다. 민주성 위에 지속가능성을 더하는 것이 아니라, 민주성을 생존과 공존의 관점에서 다시 해석하는 일이다.

3) 시스템적 은유를 넘어, '물질적 생태'가 살아있는 학교로

우리는 '교육 생태계'라는 표현을 즐겨 쓴다. 그러나 그 말이 관계의 은유에 머문다면 충분하지 않다. 이제는 지구의 물질적 조건을 직면해야 한다. 탄소, 물, 에너지, 자원은 추상이 아니라 현실이다.

AI가 작동하기 위해 소비되는 전력과 냉각수, 디지털 기기의 채굴과 폐기 과정이 교실에서 다뤄지지 않으면, 생태전환교육은 공허해진다. 연결을 말하기 전에 희생을 직시해야 한다.

K-GEP는 여기서 출발해야 한다. 생태를 비유로 소비하는 교육이 아니라, 물질적 생태 위에 서는 교육. 기술을 맹목적으로 찬양하는 교육이 아니라, 그 비용을 계산할 줄 아는 교육. 빠른 정답보다 느린 성찰을 택하는 교육.

이 지점에서 생태전환교육은 단순한 환경교육을 넘어 문명 비판이 된다.

2. 지난 10년의 성과: 생태전환교육 핵심 분석

1) 서울 생태전환교육의 철학과 실천

서울시교육청은 기후위기 시대에 대응하여 생태전환교육을 추진해 왔다. 생태전환교육은 "기후위기 비상시대, 인간과 자연의 공존과 지속가능한 삶을 위해 개인의 생각과 행동 양식뿐 아니라 조직문화·시스템까지 총체적 전환을 추구하는 교육"을 뜻한다. 이는 단순한 환경체험을 넘어 기후변화·환경재난 대응, 생태중심 환경교육, 지속가능발전교육이 통합된 개념이다. 기후위기와 생태파괴는 계급·젠더·지역·식민성 등에 따라 불평등하게 영향을 미치며 특히 세대 간 부정의가 심각하다. 따라서 생태전환교육은 지구적 위기의 원인과 구조를 직시하고, 미래세대의 생존권과 기후정의를 지지하는 교육으로 나아가야 한다. 기존 환경교육이 주로 자연보호·환경지식 함양에 그친 반면, 생태전환교육은 인류문명 자체의 대전환('생태문명 전환')을 지향한다.

서울교육청은 이 명칭 도입에 앞서 생태민주주의·교육생태학 등 철학을 검토하여, "환경문제 해결에 책임의식을 가지고 협력하는 생태시민" 양성을 강조해 왔다. 전통적 환경교육의 한계를 직시하고, 학교와 사회·산업 전반을 아우르는 교육과제 전환이 필요하다고 본 것이다. 조희연 전 교육감은 "지난 10년 혁신교육의 성과 위에 생태적 관점을 강화하는 것이 생태전환교육의 시작"이라고 밝힌 바 있다. 이는 민주적·공공적 교육공동체 구현과 배움 방식의 실천적 진화를 의미한다. 실제로 서울시교육청은 학생·교사·학부모가 참여하는 탄소중립 실천동행단 운영, 학생 참여형 프로젝트 학습, 교과 간 융합수업 등을 통해 민주성과 협력성을 교육 현장에 확대해 왔다.

2) 제도적 기반과 체제화 노력

생태전환교육은 법적·제도적 뒷받침 아래 체계화되었다. 앞서 언급한 서울시 조례 외에도, 중앙정부 차원에서는 2021년 교육기본법 개정을 통해 국가·지자체의 생태전환교육 시행 의무를 명문화했다. 서울시교육청에도 전담 조직(교육혁신과·민주시민교육과 등)을 설치하여 정책 총괄과 조정 기능을 강화했고, 전담 예산과 기금을 조성하여 프로그램 운영의 안정성을 높였다. 교육공동체의 협력체계를 위해 학부모·지자체·환경단체·공공기관으로 구성된 지원단을 꾸렸으며, '생태전환교육 위원회'를 운영해 주요 사업을 심의하고 지원하게 했다.

3) 무엇이 '기후위기 대응 생태전환교육'을 혁신교육의 변혁 토대로 만들었나?

혁신교육이 '수업 혁신'과 '학교 민주주의'의 언어로 달렸다면, 기후위기 시대의 혁신교육은 더 이상 교실에만 머물 수 없다. 기후위기는 "과학 지식의 부족"이 아니라, 에너지, 소비, 이동, 먹을거리, 돌봄 등 삶의 방식 전체와 연결된 위기이기 때문이다. 따라서 생태전환교육은 '환경 단원'의 추가가 아니라, 혁신교육이 현실의 생존 과제를 만나 변혁의 토대가 되는 방식으로 등장한다.

서울교육청의 생태전환교육은 정책 문서 차원에서도 "교육과정-환경-참여-역량"을 묶어 하나의 체제로 설계하려 했다. 중장기 발전계획(2020~2024)은 실천 중심 교육과정, 저탄소 학교환경, 민주시민 참여 및 기후행동, 생태시민 역량 강화라는 구조로 제시되었다. 이 구조는 자치, 참여, 프로젝트, 지역연계 등 혁신교육의 강점을 그대로 끌어오되, 목표를 '성취'가 아니라 '전환'으로 옮겨놓는다. 즉, 혁신교육의 엔진에 생태전환교육이 연료를 공급한 것이 아니라, 엔진

자체의 목적지를 바꾼 셈이다.

중요한 질문은 "생태전환교육이 학교에 들어왔나?"가 아니라, "학교가 도시 전환의 일부가 되었나?"이다. 기후위기는 도시의 에너지 시스템·교통·건물·소비 구조와 직결된다. 학교는 '가르치는 기관'인 동시에, 도시 전환의 생활 인프라(실험장·거점·문화 생성기)가 된다.

4) 경남교육청의 생태전환교육과 학생 안전망 구축

경남교육청은 기후위기 대응과 학생 안전 확보를 위해 관련 정책들을 도입하며 교육행정의 변화를 모색했다. 2020년 교육청 차원의 기후위기 대응 선언을 선포하고, 같은 해 7월 전국 17개 시·도교육청의 '학교환경교육 비상선언'에 동참하여 기후위기 대응 교육의 의제화에 기여했다.

경남교육청의 생태전환교육 성과는 조직 혁신, 시설 안전, 건강권 확보의 세 측면에서 두드러진다.

첫째, 기후환경교육 전담 조직의 신설이다. 2021년 '기후환경 교육추진단'을 신설하여 상설 행정 체계 구축을 시도했다. 교사와 학생을 주축으로 한 '실천교사단'과 '기후천사단' 운영, 지역 특성을 반영한 교재 개발, 탄소중립 학교 모델 지원 등 인적·물적 인프라를 통합적으로 구축했다. 이러한 경남의 시도는 타 시·도교육청의 생태교육 정책 확산 흐름과 궤를 같이했다.

둘째, 유해물질로부터 안전한 학교환경 조성을 추진했다. 2016년 학교 우레탄 트랙 유해물질 전수조사를 하고, 전면 교체를 진행했다. 이는 국가 KS 기준 강화 및 학교 유해물질 관리체계 개편의 사회적 흐름과 맞닿아 있다.

셋째, 데이터 기반의 미세먼지 대응과 학생 건강권 강화다. 2017

년 전국시도교육감협의회를 통해 미세먼지(PM2.5) 기준을 국제 수준으로 강화할 것을 정부에 제안하여 2018년 국가 환경기준 강화에 기여했다.

5) 기후위기 비상선언에 담긴 생태적 전환의 문명사적 가치

'기후위기 비상선언'은 단순한 선언문이 아니다. 이 선언은 교육이 더 이상 중립의 안전지대에 머물 수 없음을 인정하는 정치적 전환의 신호이며, 교육계가 기후위기를 공적 책임과 대응의 의제로 명시하는 행위다. 특히 시·도교육감들이 기후위기 비상선언을 공동 발표한 것은, 교육이 국가와 도시의 기후정치 안으로 본격적으로 편입된 상징적인 사건으로 평가할 수 있다. 이 선언은 지역사회와 연합하고, 정책의 방향성을 명확히 하며, 이후 학교 현장의 실천과 제도 설계를 견인하는 기준점이 된다.

중요한 것은 선언의 문장이 아니라 그 선언이 실행으로 어떻게 번역되는가이다. 경남과 서울교육청 사례에서 '기후위기 비상선언'은 생태전환교육 조례 제정, 채식 중심의 그린급식 확대, 생태전환교육의 달 운영, 인정도서 개발, 중장기 실행계획 발표 등으로 이어졌다. 이는 선언이 선언에 머물지 않고, 행정·예산·교육과정·학교 운영으로 연결되었음을 보여준다. 그 결과 "기후위기 대응은 교육의 책무인가?"라는 질문은 미래 교육의 핵심 가치이자, 우리 사회 전체가 지혜를 모아야 할 공동 의제로 자리매김하게 되었다. 이처럼 기후위기 선언은 교육의 정치성을 열어젖히는 행위이며, 실천으로 뿌리내릴 수 있는 구조를 설계하는 출발점이다.

3. 한계와 성찰: 지속가능성을 위한 질문들

1) 정치적 변동성과 조례 폐지 시도

생태전환교육은 적지 않은 제도적 기반과 학교 현장의 실천을 이끌어냈다. 하지만 그 성과는 여전히 위태롭다. 2023년 서울시의회의 '생태전환교육 조례 폐지' 시도는 충격적인 사건이다. 이는 교육의 가치가 정치적 이해관계에 따라 얼마나 쉽게 흔들릴 수 있는지를 보여준 단적인 사례다. 제도와 조례, 예산, 조직으로 체계화된 듯했던 생태전환교육조차 헌법적 가치나 사회적 합의의 수준까지 뿌리내리지 못했음을 인정해야 한다. '기후위기 대응 교육'이 시민 교육의 기본권이라는 사회적 공감대를 확보하지 못하면, 생태전환교육은 언제든 '지워질 수 있는 실험'으로 후퇴할 수 있다.

2) 학교 간 편차와 입시 중심 구조

학교 현장의 편차도 여전히 크다. 일부 혁신학교와 교사들은 탄소중립학교, 그린급식, 생태공간 조성 등에서 선도적 실천을 보여주었지만, 다수 일반 학교에서 생태전환교육은 여전히 '동아리 활동'이나 일회성 '이벤트' 수준에 머무르고 있다. 입시 중심의 평가 체제는 여전히 생태전환교육을 주변화하는 구조로 작동하며, 교사들이 지속적 실천을 하기 어려운 현실적 제약으로 작용한다. 생태전환교육이 학교의 운영 원리이자 문화로 뿌리내리려면, '평가-경쟁-서열화'로 연결된 입시 패러다임을 흔드는 근본적 시도가 필요하다.

3) 교과서 중심 환경교육의 한계

가장 심각한 문제는 기후재난이 일상이 되었음에도 교실이 이를 담아내지 못한다는 사실이다. 기후위기와 생태불안을 체감하는 학생들은 많지만, 교육과정과 교과서 속 환경교육은 여전히 '지식'에 머무르며, 삶과 연결되지 못하고 있다. 2022 개정 교육과정에는 '지속가능성' 개념이 확장되었지만, 정치적 갈등 속에 '생태전환'이라는 명시는 빠졌고, 생태감수성과 정의, 회복탄력성을 다루는 실질적 내용도 부족하다. 학교현장에서 환경교육 연구가 활성화되고, 교사들이 자발적으로 새로운 수업을 만들어내는 점은 희망적이지만, 여전히 제도와 행정이 그 흐름을 온전히 뒷받침하지 못하고 있다. 결국 기후와 생태는 활자화된 지식으로 존재할 뿐, 삶의 전환과 연결되지 못한다. 이제는 교육과정 전체의 재설계가 필수다.

부분적인 '개혁'이 아니라 근본적인 '대전환'이 필요한 시점이다. 교과서 한 줄을 바꾸는 수준을 넘어, 교육과정 전체, 평가 기준, 학교 운영 체계, 교육거버넌스 전반이 구조적으로 재설계되어야 한다. 생태전환교육이 더 이상 '소수의 헌신'이나 '일시적 캠페인'을 넘어 교육의 기본 조건으로 자리 잡는 것은, 우리가 어떤 질문을 하고 어떤 체계를 만들어낼 것인가에 달려 있다. 생태전환교육의 다음 단계는, 교육이 진정 '전환'을 말할 수 있는지에 대한 우리 모두의 응답에 달려 있다.

4. 생태전환교육 과제와 전망

1) [철학과 인간상] 존재의 재구성: 인간 중심주의를 넘어

지구생태시민: 기후위기 시대 교육이 길러야 할 새로운 인간상

기후위기와 생물종 대멸종, 전쟁과 불평등이 뒤엉킨 시대에 우리는 다시 묻는다. "학교는 어떤 사람을 길러야 하는가?" 교문 앞에 걸린 "바른 인성과 창의력을 갖춘 글로벌 인재"라는 문구는 무너져 가는 생태계와 미래세대의 고통을 감당할 답이 되지 못한다. 한때 환경교육은 환경 지식과 생활 실천을 중시하는 '환경시민'을, 세계시민교육은 인권·평화·연대를 강조하는 '세계시민'을 이상으로 제시했다. 하지만 개인의 착한 실천과 인간 사회 내부의 관계에만 머무는 시민성으로는 기후정의·생태정의·세대 간 정의를 끝까지 밀고 가기 어렵다. 재난의 피해는 이미 가난한 이들, 취약한 지역, 비인간 존재와 아직 태어나지 않은 아이들에게 더 깊게 가해지고 있기 때문이다.

이 지점에서 제안되는 인간상이 바로 '지구생태시민'이다. 지구생태시민은 자신을 특정 국가의 국민, 한 도시의 시민에 국한하지 않고, 강과 숲, 바다와 습지, 눈앞의 동물과 식물, 그리고 미래세대와 서로 얽혀 있는 존재로 이해한다. 지구생태시민은 "나 하나 잘하자"를 넘어 학교의 에너지와 급식, 통학과 공간, 지역 개발과 정책을 바꾸는 일까지 자신의 책임 범위로 가져오려 한다. 교육의 언어로 풀면, 지구생태시민은 기후·생태·정의에 대한 '앎', 생명과 타자, 지구의 고통에 공감하는 '느낌', 일상 실천을 넘어 제도와 정책을 바꾸는 '행동', 인간과 비인간·현재와 미래·지역과 지구를 잇는 '관계'를 재구성할 힘을 함께 지닌 존재다.

생태전환교육은 바로 이 지구생태시민을 길러내기 위해, 학교와 교육청, 국가가 공식 문서에 적어 넣을 인간상을 "환경을 배려하는 학생"에서 "지구와 더불어 살아갈 지구생태시민"으로 다시 쓰는 작업이어야 한다.

결국 지구생태시민은 인간과 비인간, 미래세대를 연결하며 앎과 감응, 행동과 관계를 통합하는 시민성이다.

우리는 정말 같은 행성에 살고 있는가?:
환경 커뮤니케이션과 '조응'의 교육

기후위기 앞에서 우리는 "과연 우리는 모두 같은 행성에 살고 있는가?"라는 뼈아픈 질문을 마주한다. 기후재난을 체감하는 현실과 위기를 인식하는 방식이 개인과 집단에 따라 너무도 다르기 때문이다. 이처럼 단절된 인식을 극복하고 지속가능한 미래로 나아가려면 '환경 커뮤니케이션'이 필수다. 이는 단순히 과학적 지식을 전달하는 수단이 아니라, 자연을 바라보고 이해하는 틀을 새롭게 짜는 상징적인 소통 행위다.

이를 교실에 구현하는 탁월한 상상력이 바로 브뤼노 라투르Bruno Latour의 '사물의 의회'다. 숲, 강, 동식물 등 비인간 존재를 소통의 공론장으로 초대하는 이 생태민주주의 실험에서, 학생들은 말 못하는 자연의 대변인이 되어 윤리적 합의를 이끌어내는 법을 배운다. 결국 조응의 교육은 고통과 생존의 담론을 넘어 자연과 '함께 살아가는 법'을 체화하는 과정이며, 기후위기를 돌파할 새로운 '사회계약 페다고지Social Contract Pedagogy'의 출발점이다.

'사물의회'는 왜 생태전환교육의 다음 과제인가?

사물의회는 왜 생태전환교육의 다음 과제인가? 우리는 중요한 결정을 할 때 사람들끼리 모여서 회의를 한다. 학생회도 있고, 학급회의도 있다. 그런데 혹시 이런 회의에 숲, 물, 새, 벌, 나무, 공기, 흙도 참석할 수 있다고 상상해 본 적이 있는가? 사람처럼 말을 할 수는 없지만, 사실 이 모든 존재도 우리가 살아가는 데 아주 중요한 역할을 한다.

프랑스의 철학자 브뤼노 라투르라는 이런 상상을 펼쳤다. 그는 '사물의회'라는 특별한 회의를 만들어, 사람뿐 아니라 동물과 식물,

자연도 함께 의견을 나눌 수 있어야 한다고 주장했다. 기후변화와 환경오염 때문에 생명들이 위험해지고 있는데, 정작 그 당사자들은 회의에 참여하지 못하기 때문이다.

이 이야기를 학교로 가져와 보자. 예를 들어 우리 학교 근처 개천이 오염되고 있다면, 그 개천을 지키기 위해 '개천 대표'가 회의에 나와야 한다. 급식 잔반이나 육류 식단 때문에 지구 온도가 올라간다면, '지구 대표'나 '소 대표', '기후 대표'가 말할 수 있어야 한다. 물론 진짜 소나 개천이 말할 수는 없지만, 우리가 그들의 입장에서 말할 수 있다. 그렇게 학생들끼리 각자의 사물을 대표해서 회의하면, 사람만을 위한 것이 아닌 모두를 위한 결정을 내리게 된다.

이렇게 하는 것이 '사물의회'다. 단순히 환경 문제를 배우는 게 아니라, 세상을 어떻게 함께 살아갈지 결정하는 새로운 민주주의의 실천이다. 따라서 사물의회는 생태전환교육의 다음 과제가 된다. 더 나은 지구를 만들기 위해, 사람뿐 아니라 자연도 함께 의견을 낼 수 있는 방법을 배우는 것. 그것이 우리가 꼭 함께 만들어야 할 학교의 모습이다.

생태전환교육은 '자학'이 아니라
어떻게 '자기긍정(자존감)'의 교육이 되는가?

생태전환교육은 기후위기와 생태위기의 심각성을 직면하는 교육이다. '문제의식'을 심어주는 데 그치지 않고, 학생이 그 변화의 주체가 될 수 있다는 자기긍정의 감각을 키우는 교육이어야 한다. "지구가 망가졌고, 너희가 그것을 고쳐야 한다"는 식의 메시지는 학생에게 무력감과 죄책감을 줄 뿐, 지속가능한 실천으로 이어지기 어렵다. 실제로 기후위기에 대한 우울감과 불안감을 뜻하는 '기후우울감eco-anxiety'은 전 세계 청소년들에게 공통적으로 나타나는 정서적 반응이다.

이런 상황에서 생태전환교육은 죄책감을 심는 '자학적 서사'가 아니라, 회복과 전환을 가능케 하는 힘을 학생 안에서 발견하게 하는 교육이 되어야 한다. "우리가 망쳤다"라는 말에서 멈추지 않고, "우리는 회복할 능력이 있다"라는 메시지로 나아가야 한다. 이를 위해 교육은 '금지와 절제'보다는 삶의 질 향상, 새로운 문화 창조, 공동체적 즐거움으로 전환의 과정을 재구성해야 한다.

결국 생태전환교육은 학생에게 부담을 지우는 교육이 아니라, '자기긍정(자존감)-녹색 감수성-공동체적 마을성'을 함께 키우며 전환을 견디고 창조하는 힘을 심어주는 교육이 되어야 한다. 그것이 바로 미래를 향한 교육의 정서적 토대이며, 생태전환교육이 기후정의와 민주주의로 확장될 수 있는 출발점이다.

동물권과 인간의 경계-존재의 정의를 다시 쓰다

요즘 사람개구리 운동이 한창이다. 학교 선생님들의 '사람개구리' 수업은 아이들에게 하나의 질문을 한다. "우리는 왜 인간을 중심에 두고 세계를 이해해 왔을까?" 논에서 울어대는 개구리는 관찰 대상인가? 아니면 우리와 같은 삶의 주체인가? 아이들은 개구리의 이동 경로를 살피고, 도로에 희생된 양서류를 기록하며, 작은 생명이 겪는 위협을 마주한다. 그 과정에서 '생명'이라는 말이 교과서의 정의를 넘어, 숨 쉬고 움직이며 고통을 느끼는 존재로 다가온다.

동물권은 법률적 권리 문제를 넘어, 존재를 바라보는 시선의 전환을 요구한다. 인간만이 목적이고 다른 생명은 수단이라는 사고는 기후위기와 생태파괴의 뿌리와 맞닿아 있다. 사람개구리 수업은 인간과 동물의 경계를 흔들며 묻는다. 인간은 정말 특별한가, 아니면 수많은 생명 중 하나인가. 아이들은 토론을 통해 '함께 산다'는 말의 의미를 다시 정의하고, 보호 대상이 아니라 공존의 이웃으로 동물을 이해하기 시작한다.

이 수업은 생태전환교육의 철학적 핵심을 드러낸다. 생명은 위계가 아니라 관계 속에 존재한다는 깨달음, 그리고 그 관계를 존중하는 태도가 곧 교육의 목표임을 보여준다. 인간 너머의 존재들과 공존하는 세계를 상상하는 힘, 그것이 동물권 수업이 길러내는 새로운 시민성이다.

제4차 국가환경교육계획과 빅히스토리

대한민국 환경교육 정책의 최상위 중장기 로드맵인 제4차 국가환경교육계획(2026~2030)은 「환경교육의 활성화 및 지원에 관한 법률」에 근거하여 수립된 5개년 계획이다.

이번 4차 계획은 '환경 인식 제고'를 넘어, 기후위기 대응과 탄소중립 실현을 위한 실천적 역량 강화에 초점을 둔 것이 특징이다. 제4차 국가환경교육계획은 환경교육을 '좋은 활동'에서 '국가 생존 전략'으로 격상시킨 전환점이다.

여기에 빅히스토리Big History 관점을 접목하면, 환경교육은 단순한 정책 이행을 넘어 문명 전환 교육으로 확장될 수 있다. 제4차 국가환경교육계획이 '실천 전략'이라면, 빅히스토리는 '세계관 전환'이다. 기후위기 시대의 환경교육은 지식 전달을 넘어 우주적 시간 속에서 인간의 자리를 묻는 교육이어야 한다는 환경부의 의지가 담겨 있다.

2) [기술과 문명] 이중 전환의 시대

기후위기와 AI, '이중 전환Dual Transition'의 통합과 생태적 리터러시

우리는 기후위기라는 생태적 전환과 AI라는 디지털 전환이 동시에 몰아치는 '이중 전환'의 시대를 산다. 데이터 센터의 막대한 에너지 소비는 기후위기를 가속화할 수 있고, 역으로 AI의 정밀한 데이터 분석은 탄소 감축의 가장 강력한 도구가 될 수도 있다. 결국 생태전환교육은 AI 교육과 경쟁하는 것이 아니라 통합되어야 한다.

AI 시대의 '생태시민'은 단순히 AI를 잘 쓰는 사람이 아니라, "AI를 쓰지 않아도 되는 때를 아는 사람"이다. 지금까지의 교육이 기계에 적응하는 데 치중했다면, 앞으로는 알고리즘이 환경에 미치는 영향을 통제하는 '생태적 리터러시'를 길러야 한다. 여기에는 두 가지 원칙이 따른다. 첫째, AI는 대변인이 아니라 보조자다. 학생들은 챗GPT에게 묻기 전에 화단의 흙을 만지며 신체적 감각을 익혀야 한다. 둘째, 질문의 생태적 비용을 알아야 한다. AI에게 한 가지를 질문할 때 증발하는 물(냉각수)의 양을 시각화하여, "이 질문은 지구 자원을 쓸 만큼 절박한가?"를 스스로 묻게 해야 한다.

AI 교육의 거대한 흐름, 생태전환교육의 '대안적 언어'

AI 중심 교육이 거대한 흐름으로 자리 잡는 지금, 생태전환교육은 단순히 기술에 저항하는 교육이 아니라, 기술의 위상을 재배치하는 교육이 되어야 한다. 즉, AI를 인간과 자연, 민주주의의 조건 위에 다시 올려놓고, 그 영향과 한계를 함께 성찰하는 전환의 도구로 바라보는 태도가 필요하다. 유네스코 역시 디지털 전환과 생태적 전환을 묶어 '교육체계 전체의 전환'을 요구하고 있다. 이런 맥락에서 생태전환교육은 기술이 인간의 삶과 생태계에 미치는 영향을 사유하는 장이 되어야 한다.

이를 실천하기 위한 다섯 가지 대안 원리는 다음과 같다.

1. 야외 현장 중심의 감각적 경험을 우선하고, AI는 사후 보조

수단으로 사용한다.

2. 저탄소·소규모 모델을 지향하여 에너지와 자원 소비를 최소화한다.

3. 데이터 절제와 'AI 금식' 기간을 도입해 기술 의존도를 스스로 성찰한다.

4. 기술의 이점과 더불어 생태적 비용과 윤리를 함께 교육한다.

5. AI 결과물을 학생의회나 사물의회 등 공동체 의사결정의 자료로 활용하여 협력적 판단력을 기른다.

결국 생태전환교육은 "AI가 답을 주는 교육"이 아니라, "AI를 포함한 세계가 우리에게 어떤 삶의 방식과 관계를 요구하는가"를 묻는 교육이다. 여기서 사물의회는 AI 시대의 윤리적 균형추 역할을 하며, 기술이 절제·책임·공존의 언어로 조정될 수 있게 돕는다.

느린 교육과 로그아웃의 시간

0.1초 만에 정답을 내놓는 기계의 속도에 인간의 뇌를 맞추는 것은 성장이 아니라 생태적 리듬의 붕괴다. 기술 가속주의에 맞서 '사유의 숙성 시간'을 확보하는 교육만이 생태적 리듬을 회복할 수 있다. 한국형 생태전환교육 프레임워크K-GEP는 이를 위해 저항적 교육과정을 제안한다.

무엇보다 수업 중 의도적으로 디지털 기기를 끄고 침묵하며, 내면의 언어로 배움을 소화하는 '로그아웃 시간'을 제도화해야 한다. 또한, 질문 주체를 인간에서 '지구'로 옮겨야 한다. 인간의 이익만 묻는 관행에서 벗어나, "네가 우리 동네의 오래된 느티나무라면 이 도로공사를 어떻게 평가하겠니?"와 같이 비인간 존재의 입장에서 AI에게 질문하는 훈련이 필요하다. 이는 인간 중심주의를 깨뜨리는 생태적 상상력의 훈련이자, 알고리즘의 편향을 넘어서는 전 지구적 공감의 시작이다.

'물질적 생태'와 느린 교육, 그리고 AI에 대한 생태적 리터러시

우리는 '교육 생태계'라는 말을 즐겨 사용해 왔다. 그러나 냉정히 물어보자. 우리가 말한 '생태'는 진짜 자연이었는가, 아니면 복잡하게 연결된 사회적 네트워크를 빗댄 '시스템적 은유'에 불과했는가? 현재의 교육 담론은 가정, 학교, 지역사회의 유기적 연결을 강조하면서도, 정작 그 기반이 되는 지구의 물리적 실재—탄소, 물, 에너지, 자원—에 대해서는 침묵하는 경향이 있다. 인공지능을 교육 파트너로 격상시키면서도, AI가 작동하기 위해 소비하는 전력과 냉각수, 자원 채굴과 전자폐기물 문제는 충분히 다루지 않는다.

K-GEP는 이러한 '탈지구적 생태 담론'과 결별해야 한다. 진짜 생태전환교육은 연결을 말하기 전에 '희생'을 직시하는 교육이다. 우리의 편리한 디지털 학습이 지구 반대편의 생태계와 노동에 어떤 부채를 지고 있는지 성찰하는 '물질적 생태론'이야말로 K-GEP가 딛고 서야 할 단단한 철학적 기반이다. 앞서 제시한 생태적 리터러시와 로그아웃의 시간, 비인간 존재의 관점 등은 모두 기술의 전 생애주기를 비판적으로 읽어내기 위한 구체적인 실천 방식이다.

3) [학교와 교실] 실천의 공간

학생의회는 왜 '지구생태시민 헌법 개정 운동'으로 확장되어야 할까?

학생 기후행동이 '지구생태시민 헌법 개정 운동'으로 확장되어야 하는 이유는, 기후위기에 대한 학생들의 자발적 실천이 단순한 행동주의를 넘어 제도적 상상력과 민주적 참여 역량으로 이어져야 하기 때문이다. 최근 학생들은 기후결석시위, 헌법소원, 학생기후의회, 정책 제안 등으로 이미 공적 의사결정에 참여하며 '학생자치'의 새로운 영역을 개척하고 있다. 단, 이런 행동이 교육과정에서 구조화되지 않으면 일회성 행사로 소모되기 쉽다.

이때 학생들이 '기후시민헌법'을 제정해보는 모의 헌법 개정 운동은 실천을 민주주의 학습의 장으로 확장하는 효과적인 방식이다. 헌법, 유엔헌장, 국제조약 등을 비판적으로 검토하고 미래세대와 자연의 권리를 담은 헌법 조항을 상상함으로써 법과 윤리, 생태를 연결하는 고차원적인 시민성 교육이 이루어진다.

학생들이 조문을 만들고 정책을 제안하며 모의 기후회의에서 협상과 합의를 경험하는 과정은 생태민주주의의 실천형 모델을 학교 현장에 구현하는 일이다. 이는 기후위기를 단순한 '환경 문제'가 아닌 공동체적 책임과 정의의 문제로 인식하게 하여, 장기적으로 생태 감수성과 제도 설계 능력을 갖춘 시민을 길러내는 토대가 된다.

이러한 개정 운동은 단순한 학생 활동을 넘어 학교를 전환의 공간으로 만드는 실질적 행위다. 이 제안은 미래 교육의 방향성을 결정짓는 시대적 화두로서 사회 전반의 응답을 필요로 한다. 학교 운영 원칙을 기후와 생태 중심으로 전환하는 일은 교육의 담장을 넘어 지역사회의 거버넌스가 결합되어야 완성될 수 있는 일이기 때문이다. 학생들의 작은 목소리가 학교의 자치 법규를 바꾸는 주체적인 시민성으로 발현될 때, 생태시민교육은 비로소 완성된다

교과서와 교육과정, 생태전환 관점에서 충분한가?

현재의 교육과정과 교과서는 기후위기 시대의 감각에 충분히 응답하고 있는가? 표면적으로는 탄소중립, 환경보호, 기후변화 등의 내용이 포함되어 있지만, 그 대부분은 과학이나 기술 단원에만 머

물러 있다. 사회, 도덕, 국어 등 인간과 공동체를 다루는 교과에서는 여전히 '개발, 성장, 자원 활용' 중심의 인간 중심 서사가 기본값이 다. '생태'는 현실의 삶과 분리된 지식으로 존재할 뿐, 삶의 방식 전 환이나 구조적 불평등 문제와는 잘 연결되지 않는다.

이를 점검하기 위해 "생태전환교육 체크리스트"를 교과별로 적용 해 보면 교과 간 반영도 차이가 뚜렷하다. 예컨대 기술가정과 과학 에서는 탄소중립 기술이 강조되지만 불평등, 돌봄, 민주주의 등은 거의 다뤄지지 않는다. 반대로 도덕과 사회는 가치 교육에 적합한 기반을 갖추었지만 생물다양성이나 지역 생태 구조 등의 주제에 취 약하다. 이런 불균형은 학생들의 인식과 실천의 단절로 이어진다.

따라서 교과서와 교육과정을 생태전환의 시각에서 다시 설계하 는 일이 다음 교육과정 개정의 핵심 과제가 되어야 한다. 지식을 넘 어 삶을 바꾸는 교육, 이것이 생태전환교육이 학교 안으로 들어가 야 할 이유다.

학교를 넘어 지역까지 '생태전환+돌봄'

기후위기는 단순한 자연재해가 아니라 돌봄의 위기다. 폭염, 한파, 홍수, 감염병은 언제나 가장 먼저 사회적 약자를 위협한다. 이 점에 서 생태전환교육은 자연과 인간의 관계를 재구성하는 교육을 넘어, 누가 누구를 어떻게 돌보는가를 재설계하는 교육이어야 한다.

특히 도심 속 학교는 지역사회와 연결된 생태돌봄의 거점으로 기 능할 수 있다. 여름철 학교 공간을 '폭염 쉼터'로 개방하거나 에너지 취약 가구와 연계한 지원 활동을 펴고, 학교와 마을이 함께 기후재 난 훈련을 하는 등의 프로그램이 대표적이다.

나아가 돌봄은 인간만이 아니라 비인간 존재까지 확장되어야 한 다. 하천 정화나 공원 청소 같은 전통적인 환경미화 활동을 넘어 서식지 회복 중심의 생태돌봄 프로젝트로 전환하는 시도가 필요하다. 예컨대 하천의 생물다양성 지표를 설정하고 모니터링, 개입, 평가, 보고의 과정을 교육과정과 연결하면, 이 활동은 과학, 도덕, 사회 교과를 통합하는 '돌봄 기반 생태 수업'이 된다.

이처럼 학교는 단순한 교육 공간이 아니라 지역을 지키는 생태안전망이자 기후회복력의 중심기지가 될 수 있다. 생태전환교육이 학교를 넘어 마을, 도시, 사회적 약자까지 품을 수 있는 교육으로 확장될 때, 교육을 통해 진정한 돌봄 사회를 준비할 수 있다.

회복탄력성과 기후 정의: 누구에게 더 무서운 재난인가?

기후위기 담론에서 자주 쓰이는 말 가운데 하나가 '회복탄력성'이다. 재난이 와도 다시 일어설 수 있는 힘, 충격을 흡수하고 원래 상태 혹은 더 나은 상태로 돌아가는 능력이라는 뜻이다. 그런데 이 말을 학교 현장에서 곱씹어 보면 곧바로 불편한 질문에 부딪힌다. "누구에게 회복탄력성이 있는가? 누구는 왜 매번 더 깊이 무너지는가?"

폭염과 홍수, 미세먼지, 감염병이 반복될수록 피해는 고르게 퍼지지 않는다. 에어컨이 충분한 교실과 그렇지 않은 교실, 부모의 차량으로 안전하게 등교하는 아이와 버스를 여러 번 갈아타야 하는 아이, 정보 접근이 빠른 가정과 그렇지 못한 가정의 격차만큼 재난의 무게도 달라진다. 회복탄력성은 개인의 마음가짐이 아니라 이미 존재하는 구조적 자원 격차와 깊이 얽혀 있다.

따라서 생태전환교육은 "다 같이 힘내자"는 심리 교육을 넘어 기후 정의의 관점에서 질문해야 한다. 같은 폭염이라도 저소득층, 장애학생, 농어촌 학생, 노후 학교에 다니는 아이들에게 훨씬 가혹한 이유는 무엇인가? 우리 학교에 재난이 닥쳤을 때 가장 먼저 위험에 처하는 학생은 누구인가? 교실 배치, 냉난방, 통학 경로, 급식, 정보 전달 방식은 누구를 중심에 두고 설계되어 있는가?

회복탄력성을 길러준다는 말은 "강한 아이로 키우자"가 아니라, 가장 취약한 존재가 먼저 보호받도록 학교의 규칙, 예산, 공간을 다시 짜는 일을 의미해야 한다. 기후위기 시대의 지구생태시민 교육은 바로 이 지점에서 재난의 불평등한 분포를 직시하고 "누구에게 더 무서운 재난인가?"를 함께 묻는 데서 출발한다.

기후 변혁가 교사 리더십

기후위기 시대에 교사의 역할은 교과 내용을 전달하는 '수업 기술자'를 넘어선다. 이제 필요한 것은 '기후 변혁가 교사' 모델이다. 이는 교사가 환경 단원을 잘 가르치는 수준이 아니라 학교와 지역을 연결하고 전환의 과정을 설계하는 주체로 자리매김하는 것을 의미한다. 교사의 전문성은 지식의 양이 아니라 '변화를 조직하는 역량'으로 재정의된다.

기후 변혁가 교사는 수업을 설계하는 동시에 학교 운영과 지역 자원을 연결한다. 에너지 전환 수업을 지역 에너지 협동조합과 연계하고, 생태 프로젝트를 마을 하천 모니터링 활동과 연결하는 식이다. 학생의 학습 경험이 교실 안에서 끝나지 않고 지역의 실제 문제 해결과 맞닿도록 구조를 만든다. 이는 개인적 열정에 의존하는 활동이 아니라 교육과정, 학교 정책, 지역 네트워크를 통합하는 기획 능력을 요구한다.

나아가 이러한 교사는 조직자이자 촉진자다. 학생의회를 지원해 학교 기후 규정을 만들고, 동료 교사들과 협력해 범교과 프로젝트를 기획하며, 학부모와 지역 기관을 설득해 공동 실천을 이끌어낸다. 전문성의 핵심은 콘텐츠 전달 능력이 아니라 전환을 설계하고 사람과 자원을 연결하는 능력으로 옮겨졌다.

결국 기후 변혁가 교사는 교실의 변화를 넘어 공동체의 변화를 촉진하는 존재다. 이는 교사 개인에게 부담을 더하는 것이 아니라 제도적 지원과 연수 체계, 정책적 뒷받침이 함께 설계되어야 가능한 모델이다. 기후위기 시대의 교사 전문성은 '무엇을 가르칠 것인가'보다 '어떻게 전환을 만들어낼 것인가'에 달려 있다.

우리가 맞이한 2026년의 교사 리더십은 침묵하는 관찰자에서 '기후 변혁가Teacher as a Climate Transformer'로 재정의된다. 기후위기는 더 이상 과학 교과서의 단원이 아니라 에너지 전환, 전환 비용 분담, 기후재난 불평등 같은 사회적 합의와 제도 선택을 요구하는 본질적으로 정치적(공적) 의제이기 때문이다. 따라서 교사가 기후를 가르치는 일은 '정보 전달'에 머물 수 없으며, 학생들이 사실을 이해한 뒤 가치 판단과 공적 행동 역량까지 갖추도록 돕는 교육적 책무를 포함한다.

이에 따라 우리는 '활동가형 교사' 모델을 제안한다. 첫째, 교실의 벽을 넘어 지역사회와의 시민적 연대를 조직하는 교사다. 분리수거 같은 개인 실천을 넘어 지역의 탄소 배출 구조를 읽고 학생들과 지자체 정책을 점검하며, 필요하면 조례, 예산, 계획에 대해 질문하고 제안하는 정치적 효능감의 멘토가 된다. 둘째, 학교 민주주의와 탄소중립을 결합하는 교사다. 태양광 설비의 교육적 활용, 채식 급식, 예산의 생태적 편성 같은 의사결정에서 교사는 행정의 수동적 집행자가 아니라 탄소중립 문화를 설계하고 촉진하는 리더가 되어야 한다. 결국 교사의 정치적 자유는 개인의 권익을 넘어 미래세대의 생존권을 지키기 위한 최소한의 전문적 기반이다. 두려움 없이 기후 정의를 말하고, 불합리한 시스템을 성찰하고 개선하며, 학생과 함께 변화를 만들어 가는 것. 이것이 2026년 교사가 지향해야 할 '기후

변혁가'의 초상이다.

향후 5년, "학교 전체적 접근"은 무엇을 어떻게 바꾸어야 하나?

유네스코의 『기후행동에 관한 학교용 지침서』는 학교 전체가 기후위기에 대응하는 생태적 전환을 위한 교육 실천 전략을 매우 구체적으로 제시한다. 이 지침서는 기존 교육과정과 학교 운영의 일부분으로서의 환경교육을 넘어, 교육과정, 학교 운영, 공간, 학생 자치, 지역사회 연계 등 학교 전반을 기후위기 대응 기지로 전환할 것을 제안한다. 이른바 "학교 전체적 접근Whole-School Approach"이 핵심 전략으로 제시된다.

특히 유네스코는 생태적 학교 전환을 위한 다섯 가지 전략을 제시했다. ① 전 교과에 생태 렌즈 적용, ② 학교 운영 규정 전환(급식, 에너지, 구매 등), ③ 학교 숲과 물순환 구조 등 공간 개선, ④ 학생 자치 구조의 민주적 확장, ⑤ 지역사회와의 회복력 네트워크 구축이 그것이다. 여기에 "학교-마을 생태돌봄 클러스터"라는 개념을 접목하면, 학교는 단순한 교육기관을 넘어 지역의 생태 회복력 기반시설로 자리매김할 수 있다. 앞으로의 과제는 이러한 철학을 개별 정책이 아닌 교육체제 전반의 운영 원리로 정립하는 일이다. 유네스코 지침서의 시사점은 분명하다. 기후위기 시대, 교육은 생태윤리를 내면화한 시민을 길러내는 데 그치지 않고 학교 자체가 지속가능한 삶의 양식과 운영을 보여주는 모델이 되어야 한다. 다시 말해 생태전환교육은 더 이상 '무엇을 가르칠 것인가'의 문제에 머무르지 않고 '어떻게 살아갈 것인가'를 함께 실천하는 공동체 전환의 교육이 되어야 한다.

4) [정책과 체제] 국가 표준의 재설계

다음은 생태전환교육을 '프로그램'에서 '국가 표준'으로 격상하기 위한 핵심 제안들이다. 목표는 국제 표준GEP과 국내 제도(법, 조직, 재정, 인력)를 하나의 추진체계로 엮는 것이다.

정책 제안 1.
국제 표준 도입: UNESCO GEP와 '2030 녹색학교 50%' 목표

지구생태시민교육이 선언에 머물지 않으려면 정량적 목표와 국제적 연대가 필수적이다. 2023년 COP28에서는 기후 스마트 교육 시스템 구축을 위한 '교육·기후 공동 의제 선언'이 채택되었다. 우리는 이에 발맞추어 UNESCO의 '녹색교육 파트너십Greening Education Partnership, GEP'을 전면 도입하고, "2030년까지 전국 초·중·고의 50%를 녹색학교Green School로 전환한다"는 국가 목표를 설정해야 한다.

여기서 '녹색학교'는 친환경 건물만을 의미하지 않는다. 이는 UNESCO GEP가 제시하는 4대 기둥, 즉 ① 그린 스쿨(시설과 운영), ② 그린 커리큘럼(교육과정), ③ 그린 교사 연수(교원 역량), ④ 그린 커뮤니티(지역 연계)가 통합적으로 구현된 학교를 뜻한다. 정량 목표는 실행력을 낳고, 실행력은 표준을 낳는다.

정책 제안 2.
K-GEP의 재정의: AI와 지역을 연결하는 한국형 모델

교육부가 발표한 '한국형 생태전환교육 프레임워크K-GEP'는 유네스코의 GEP를 참조하되 이를 한국의 교육제도와 지역 맥락에 맞게 구조화한 것이다. 이는 단순한 환경교육 강화를 넘어 학교 시스템 전체를 녹색 전환 체계로 재설계하겠다는 선언적이고 정책적인 의미를 지닌다.

다만 교육부가 추진하는 K-GEP는 GEP를 단순 수용하는 데 그쳐서는 안 된다. K-GEP의 한국형 혁신 포인트는 대한민국의 강점인 AI 디지털 기술과 국가적 난제인 지역 소멸 위기 극복에 있다. 우리가 제안하는 K-GEP는 학생들이 AI를 활용해 지역의 기후, 에너지, 생태 데이터를 분석하고 시뮬레이션을 통해 지역 문제 해결책을 제안하는 '데이터 기반 문제해결 학습'이다. 이는 AI를 단순한 산업 도구가 아니라 생태적 공공재로 활용하는 모델이며, 학교가 지역 생태 회복의 거점이 되어 국가균형발전의 새로운 동력이 되게 하는 전략이다. 따라서 K-GEP는 '교육 정책'인 동시에 '국가 전환 전략'이다.

정책 제안 3.
중앙 거버넌스 혁신: 교육부 '지구생태시민교육정책관' 신설

체제 전환을 이끌기 위해서는 강력한 컨트롤타워가 필요하다. 현재 민주시민교육과, 융합교육과 등으로 분산되어 있는 관련 업무를 통합하여 교육부에 '지구생태시민교육정책관(국 또는 과)'을 신설할 것을 제안한다. 이 전담 조직은 지속가능성 교육, 생태전환교육, 해양 및 기후·에너지 교육을 총괄할 뿐만 아니라 기존 민주시민교육과 세계시민교육을 '지구생태시민'의 관점에서 재구조화하는 핵심 역할을 해야 한다. 아울러 환경부, 해양수산부, 산림청 등 여러 부처에 흩어진 관련 교육을 통합 조정하는 범정부적 협력의 구심점이 되어야 한다.

2025년 12월 12일, 교육부는 대통령 업무보고를 통해 2026년 교육 정책의 청사진을 제시했다. 이번 보고의 가장 큰 의의는 2022 개정 교육과정 총론에서 삭제되거나 축소된 '생태전환교육'의 위상을 국정과제로 명확히 재설정하고 구체적인 실행 로드맵을 제시한 점이다. 이는 '잃어버린 생태전환교육의 동력'을 되살리는 정책적 심폐소생술이자 새로운 도약을 위한 발판이 되었다.

정책 제안 4.
현장 밀착형 지원망 구축: 광역·기초 '학교환경교육센터' 법제화

중앙의 정책이 학교 현장에 닿기 위해서는 시·도 및 시·군·구 단위의 촘촘한 지원 인프라가 필수적이다.

첫째, 17개 시·도교육청 산하에 '광역 학교환경교육센터' 설립을 법제화해야 한다. 충북교육청의 환경교육센터 '와우wow' 모델처럼 지역 특색에 맞는 프로그램 개발과 교사 전문성 연수를 총괄하는 광역 단위 거점이 필요하다.

둘째, 전국 교육지원청 산하에 '기초 학교환경교육지원센터'를 단계적으로 신설해야 한다. 위wee 센터나 특수교육지원센터처럼 교육지원청에 전담 조직과 예산을 두어, 단위 학교가 겪는 생태전환교육의 실무적 어려움을 가장 가까운 곳에서 밀착 지원하는 체계를 완성해야 한다.

정책 제안 5.
실행 동력의 핵심: 환경교사 신규 임용과 '지원청 순회교사제' 도입

조직과 예산이 갖추어져도 가르칠 '전문 인력'이 없으면 정책은 공허해진다. 고교학점제 도입 등 교육 환경 변화 속에 중등학교의 환경 과목 선택을 보장하고 초등학교의 프로젝트 수업을 돕기 위해, 파격적인 교원 배치 전략이 필요하다. 신설되는 교육지원청 단위 '학교환경교육지원센터'마다 환경 전공 교사를 2~5명씩 신규 임용하여 상주시켜야 한다. 이들은 단순한 행정 인력이 아니라 환경 교사가 없는 중·고등학교를 찾아가는 '순회교사'로 활동하며, 초등학교의 생태 프로젝트 수업 기획과 운영을 돕는 '실천적 코치' 역할을 할 것이다. 이것이야말로 교실의 생태적 전환을 담보하는 가장 확실하고 직접적인 투자다.

정책 제안 6.

법적 기반: 교육부-환경부 '공동 소관' 체제 확립(환경학습권 명문화)

환경교육법 개정의 핵심은 '협력'을 넘어선 '공동 책임'의 제도화다. 현행 환경부 단독 소관인 환경교육 관련 법제를 교육부와 환경부 공동 소관으로 개정해야 한다.

구체적으로는 국가환경교육계획을 양 부처 장관이 공동 수립하도록 명시하고, '국가환경교육센터'를 양 부처 공동 직속 기구로 개편하며, 법의 목적 조항에 헌법상 '환경학습권'을 명시하여 국민의 기본권으로 격상시켜야 한다. 이는 기후위기 시대, 교육과 환경 행정의 칸막이를 걷어내고 국가 총력 대응 체제를 만드는 법적 출발점이 될 것이다.

2026년 교육 시스템의 재구조화와 지구생태시민 육성

2026년 교육 행정 체계의 재구조화 과정은 환경교육이 단순한 지식 전달을 넘어 생태적 시민성을 기르는 교육의 핵심 가치로 자리매김할 소중한 기회다.

2023년 유엔과 유네스코는 "기후행동 없는 교육은 더 이상 미래를 준비하는 교육이 아니다"라고 명시했고, 국내에서도 탄소중립기본법과 제4차 국가환경교육계획이 시행되며 교육부와 환경부 공동의 생태전환교육 체제가 정비되고 있다. 이처럼 국제적·국내적 정책 기반이 마련된 상황에서, 우리가 맞이한 2026년은 이를 실질적 이행의 무대로 끌어올릴 수 있는 정치적 전환점이다.

교육감 선거는 지역 교육철학의 방향을 결정하는 공적 민주주의의 장이며, 지방선거는 학교와 지역이 어떻게 연대하여 기후위기에 대응할 것인가를 결정짓는 자치 행정의 핵심 고리다. 기후위기는 과학적 지식이나 실천 캠페인의 문제만이 아니라 삶의 방식과 사회 시스템 전체를 바꾸는 전환교육을 요구하며, 이는 곧 교육의 근본적인 전환을 의미한다.

지금까지 환경교육이 '하면 좋은 일'로 여겨졌다면, 이제는 생존과 공존을 위한 전략적 필수 요소로 자리 잡는다. 기후위기는 폭염으로 학습권을 위협하고, 탄소중립은 국가와 지역의 경쟁력을 좌우하는 핵심 조건이 되었다. 기존 시스템을 유지하며 고치는 것이 아니라, 교육체계 자체를 바꾸는 '변혁Transformation'이 필요한 시점이다.

따라서 2026년부터 시작될 지방 교육 자치의 새로운 주기는 현실적인 교육 행정과 제도를 생태전환의 가치와 연결할 수 있는 결정적 시기다. 지방정부와 교육청의 기후·교육 정책이 상호 보완적으로 연계되고, 지역 단위 생태전환 정책과 학교 교육과정을 통합적으로 설계하는 새로운 협치(거버넌스) 구조를 구축해야 한다. 생태전환교육을 넘어 지구생태시민교육으로 나아가는 전환점, 그것이 바로 2026년 교육 자치가 마주한 시대적 소명이다.

탄소중립기본법 헌법불합치 결정과 환경교육법 개정의 과제

2024년 헌법재판소의 탄소중립기본법 헌법불합치 결정은 기후위기가 생명권·환경권과 직결된 헌법적 사안임을 선언한 역사적 사건이다. 이 판결은 기후교육이 선택적 프로그램이 아니라 학습자의 권리이며, 국가는 이를 체계적으로 보장해야 함을 시사한다.

따라서 정부와 교육부의 과제는 명확하다. 첫째, 환경교육법 목적 조항에 미래세대 환경권 보장을 명시해야 한다. 둘째, 교육과정 내 기후·생태교육의 최소 기준을 법적으로 보장해야 한다. 셋째, 환경부와 교육부의 공동 책임 구조를 강화해야 한다. 기후 소송은 결국 "국가는 어떤 미래를 가르칠 것인가"라는 질문을 제기하며, 환경교육법 개정은 그에 대한 응답이어야 한다.

5. 결론: '선언'의 시대를 넘어, 교육체제의 표준으로

생태전환교육은 "하면 좋은 교육"이 아니라 기후위기 시대에 학교가 반드시 수행해야 할 헌법적·사회적 책무다. 폭염이 학습권을 침해하고 재난이 안전을 위협하며, 에너지 전환이 산업과 일자리의 구조를 뒤흔드는 오늘날, 기후위기는 더 이상 '환경 단원'의 문제가 아니라 사회 전체의 생존 조건이 되었다. 따라서 교육의 응답 역시 교과서 한 챕터를 보강하는 수준에 머물러서는 안 된다. 학교 운영과 공간, 급식과 에너지, 거버넌스와 예산, 교육과정과 평가 전반을 생태적으로 재설계하는 체제 전환System Transformation으로 나아가야 한다.

지난 10년의 과정은 이러한 전환이 결코 불가능한 이상이 아님을 보여주었다. 주요 교육 현장의 사례들은 생태전환의 가치가 조례와 조직, 예산과 프로그램으로 구체화할 때 학교 현장에서 실질적인 변화를 이끌어낼 수 있음을 보여주었다. 하지만 동시에 발생한 조례 폐지 시도와 학교 간 편차, 견고한 입시 중심 구조, 교과서의 빈약한 생태전환 내용은 생태전환교육이 아직 '사회적 기본권' 수준으로 뿌리내리지 못했음을 뼈아프게 드러냈다. 그러므로 다음 단계의 핵심은 선도 학교의 성과를 나열하는 데 그치지 않고, 전국 어디서나 격차 없이 지속되는 표준 모델을 구축하는 일이다.

이런 맥락에서 2024년 헌법재판소의 탄소중립기본법 헌법불합치 결정은 교육의 위상을 근본적으로 바꿔 놓았다. 기후대응은 국가 재량이 아니라 의무이며, 기후교육은 선택이 아니라 미래세대의 권리라는 점이 명확해진 것이다. 이제 이 판결은 환경교육법 개정과 교육과정 내 기후·생태교육의 최소 기준 보장, 교육부와 기후부 공동 소관의 국가환경교육센터 및 학교 지원센터 설치 등, 구체적인 법적·제도적 후속 조치로 이어져야 한다. 국가가 책임지는 전문적인 상시 지원체계를 갖출 때 비로소 생태전환교육은 일회성 외주 사업이 아니라 공교육의 본류가 될 수 있다.

2025년 12월 발표된 교육부 대통령 업무보고에 담긴 '한국형 생태전환교육 프레임워크K-GEP'는 이 전환을 국가 표준으로 밀어 올릴 결정적 기회다. 이는 유네스코 GEP의 네 축(그린 스쿨, 그린 커리큘럼, 교사 연수, 그린 커뮤니티)과 정합성을 이루며, 한국의 학교 RE100과 우수 사례를 국제사회에 재현 가능한 모델로 제시하는 발판이 된다.

결국 생태전환교육의 미래는 "선언을 얼마나 화려하게 했는가"가 아니라, "교육체제가 얼마나 지속가능하게 바뀌었는가"로 평가될 것이다. 지구생태시민이란 생태 감수성과 민주적 책임을 결합하여 제도적 전환까지 실천하는 존재다. 2026년부터 시작될 지방 교육 자치의 새로운 주기는 이러한 가치를 자치법규와 예산, 조직 등 행정체계 내에 확정하는 중요한 전환점이다. 생태전환교육은 개별적 실천을 넘어 대한민국 교육 시스템의 새로운 표준으로 자리매김해야 한다.

지구생태시민은 거창한 영웅이 아니다. 전기 사용을 줄이고, 급식을 바꾸고, 지역 하천을 지키는 작은 선택을 제도로 연결하려는 사람이다. 감수성을 잃지 않으면서도, 제도를 바꾸려는 용기를 지닌 사람이다. 교육이 아이들에게 남겨 줄 것은 정답이 아니라 방향이다. 그리고 그 방향은 분명하다. 인간만을 위한 번영이 아니라, 지구와 더불어 살아갈 길. 생태전환교육은 그 길을 가르치는 일이 아니라, 그 길을 함께 걷는 일이다.

참고문헌

교육부(2025). 대통령 업무보고 자료. 교육부(내부자료 2025.12.12.).

교육부(2026). 2026 민주시민교육 추진계획. 교육부(2026.1.).

교육부(2026). 학교 태양광, 탄소중립과 생태전환교육을 잇다: '햇빛이음학교' 사업 추진계획, 교육부 보도자료(2026.2.26.).

교육부(2022). 2022 개정 교육과정 총론. 교육부.

대한민국 정부(2025). 대한민국 국정지표 및 국정과제(2025-2030). 대통령실.

김남수(2025). 환경 커뮤니케이션과 조응의 환경교육. 2025 상반기 한국환경교육학회 학술대회 발표자료.

김남수(2025). 환경 커뮤니케이션과 '함께'를 위한 조응. 화요 공부모임(환경과 생명을지키는전국교사모임) 발표자료.

이선경(2024). 사회 변화와 변혁적 환경교육. 한국환경교육학회 하반기 학술대회 발표 원고.

이선경(2023). 변혁적 역량과 환경교육. 한국환경교육학회 학술세미나 발표 자료.

정대수(2024). 생태전환교육과 국가 전환 전략. 국회 환경시민포럼 발표 자료.

정대수(2025). 모든 교실을 지구생태시민의 배움터로. 한국환경교육포럼 토론회 발표 자료.

이재영(2024). 한국의 UNESCO 기후변화교육파트너십(GEP) 참여의 실익 및 잠재력 검토. 유네스코한국위원회 의뢰 브리프 자료.

이재영·박성만·임성무·정대수·한상훈(2026). 유네스코 GEP 기반 「한국형 생태전환교육」 실행력 제고를 위한 정책 제안서. 2·26 교육부 정책간담회 자료집.

이재영 외(2023). 환경교육표준(안) 시범 적용 및 개선·활용 방안 연구. 세종: 환경부.

한국환경교육포럼(2025). 환경교육법 개정(안) 제안서. 서울: 한국환경교육포럼.

환경부(2026). 제4차 국가환경교육종합계획(2026-2030). 환경부.

환경부(2022). 환경교육의 활성화 및 지원에 관한 법률. 환경부.

환경과생명을지키는전국교사모임(2025). 한국형 생태전환교육(K-GEP)과 녹색학교 제안. 내부자료.

한상훈(2026). 시스템적 은유에 갇힌 교육 생태계-인공지능 시대, 우리는 '진짜 생태'를 잊었는가. 정책 제언 자료집.

United Nations(2023). Declaration on the Common Agenda for Education and Climate Change at COP28. Dubai: UNFCCC.

UNESCO(2024). Green School Quality Standard: Greening every learning environment. UNESCO.

UNESCO(2024). Greening curriculum guidance. UNESCO.

UNESCO(2023). Greening the Future: Education for Sustainable Development. Paris: UNESCO.

UNESCO(2022). Greening Education Partnership (GEP): Concept Note. New York: UN Transforming Education Summit.

● 정대수 ─────────────────────────────

학교 환경교육이 '프로그램'에 머물지 않고 '제도'로 자리 잡도록 현장을 조직해 왔다. 교육청과 국가 단위에서 생태전환교육 의제를 만들고, 실행 체계를 설계·정비하는 일을 해왔다. 2003년 경남교육청이 개발한 전국 최초의 자연체험활동 재량활동 교과서를 기획하고 다양한 생태교육 운동과 네트워크를 이끌었다. 생태를 '과학 지식'에 두지 않고 '문화의 언어'로 풀어내는 글쓰기와 방송 활동도 이어왔다. 마산 신월초등학교 교장으로 학교의 생태전환을 설계하며, 시스템 변화를 통해 지속가능한 미래를 여는 '기후행동교육'을 꿈꾼다. 기후위기 시대, 교육이 사회 전환을 이끄는 기반이 되길 바라며 '지구생태시민교육'을 만들어가고 있다.

12. 미래 세대와의 연결:
혁신학교 졸업생이 말하는 혁신교육의 영향

12-1.
'혁신' 없던 혁신학교, 그래도 필요한 이유

문성호_《토끼풀》편집장

나는 초등학교와 중학교를 모두 혁신학교에서 졸업했다. 초등학교는 두 번의 전학으로 모두 세 학교를 다녔다. 그중 1~2학년을 보낸 경기도의 학교는 비혁신학교였고, 3~6학년을 다닌 서울의 두 학교는 모두 혁신학교였다. 3년 다닌 중학교도 혁신학교였으니, 총 7년을 혁신학교에서 보낸 셈이다. 지금은 고등학교 진학을 앞두고 있는 만 16세 청소년이다. 인생의 절반을 혁신학교에서 보냈다고 할 수 있을 정도로 보기 드문 '혁신교육 키즈'다. 혁신학교가 인간 문성호를 형성했다고나 할까.

나는 청소년 독립언론 《토끼풀》의 편집장이기도 하다. 《토끼풀》은 2024년 내가 다니던 중학교에서 창간된 학생 언론이다. 지금까지 2년 동안 학교 안과 사회 문제를 광범위하게 다루는 어엿한 언론으로 기능하고 있다. 《토끼풀》은 활동하면서 우리 사회에 크고 작은 돌을 던졌다. 기후동행카드에 청소년 할인 혜택이 없다는 문제를 처음으로 제기하여 할인 혜택 추가를 이끌어냈다. 학교의 언론탄압에 맞섰고, 중·고등학교 안 언론의 자유라는 화두를 만들었다. 학생인권조례 폐지 같은 교육계 이슈들도 지속적으로 담고 있다.

뒤에서도 다루겠지만, 내가 다닌 혁신학교는 《토끼풀》의 탄생과 성장, 유지에 그닥 도움이 되지 못했던 것 같다. 《토끼풀》이 학교에서 (강제로) 나와 주목받으며 청소년 '독립'언론 모델로서 성공한 것은 오히려 혁신학교 현장의 허점을 드러내는 것 같기도 하다.

"학교 안 소식 다루자"며 창간

《토끼풀》은 서울 은평구의 한 혁신학교에서 창간됐다. 원래는 "학교 안 소식을 다루겠다"고 천명한 교내 신문이다. 학교 안의 재미있는 이야기들을 담는 신문을 만들고 싶었던 나와 다른 한 친구가 급식실 앞에서 반강제로 13명을 가입시켜 자율동아리를 만들었다. 지도교사도 마침 육아휴직이 끝나고 돌아오신, 딱히 우리에게 관심 갖지 않으실 듯한 분으로 모셔서 이틀 만에 동아리를 꾸렸다.

이때는 아무 생각이 없었던 것 같다. 급조한 동아리로 세상을 바꿔보겠다든가, 학교를 뒤집어 보겠다든가 하는 거창한 목표도 세우지 않았다. 학내 소식을 다루는 신문이었을 뿐이다. 그래서 그런 건지, 2024년 4월 창간호에서 가장 공들인 기사는 '학교 안에 비둘기 들어왔다'는 내용의 기사였다. 학생들에게 그리 주목받지 못했지만, 한 선생님의 성함을 잘못 표기해 교사들이 주목하며 지적하신 정도였다. 이게 《토끼풀》 창간의 전말이다.

원래 《토끼풀》은 학교 안 소식을 온라인 기사로 써서 별도의 홈페이지와 인스타그램, 페이스북 등 SNS에 올리는, 일종의 '웹진'으로 기획되었다. 어느 날, 문득 우리 학교는 휴대폰을 수거한다는 사실이 떠올랐다. 학생들이 방과 후 학원이나 집에 가면 공부하고 유튜브·인스타그램 보기 바쁜데, 굳이 우리 글을 인터넷에서 찾아 들어가 읽을 필요가 없지 않겠나.

교장, "대자보 옮겨붙이라" 지시

온라인만으로 발행한다는 생각은 그때 접었다. 그래서 나온 게 '포스터' 형태였다. 그때는 대자보라는 방식에 담긴 의미를 몰랐기에, 거창하게 '대자보'로 홍보하지는 않았다. 교장선생님이 어떻게 느끼셨는지는 모르겠다. 중앙현관에 첫 포스터를 붙인 다음 날, 우리를 교장실로 불러 "(학교 후관 구석에 위치한) 게시판으로 옮겨 붙이라" 고 하셨을 정도니, 좋게는 못 느끼신 듯하다.

처음 발행한 그 포스터에는 '학교 안에 비둘기가 들어왔다'라는 기사가 사이드로 들어갔고, 박 모 선생님(화학 선생님)이 선정하신 '이달의 분자'가 하단에 배치됐다. 맨 아래에는 '웹사이트에서 기사를 더 읽을 수 있다'라는 일종의 광고를 넣었다. 이때까지 웹사이트에 대한 미련을 버리지 못한 것이다. 헤드라인은 "서울시 학생인권조례 폐지"였다. 4단 중 3단을 할애해 학생인권조례 폐지 소식을 다뤘다. 이 기사의 주된 내용은 "학생 인권과 교권은 서로 대립하는 관념이 아닌, 상생하며 함께 발전해 나갈 중요한 가치", "학생인권조례의 일방적 폐지보다는 교권을 보장하고 학생의 의무를 담은 내용으로 개정하거나, 함부로 폐지할 수 없는 법률로 제정하자"는 주장이었다.

학생인권조례 이슈에 그토록 민감하던 2024년 4월 말, '서울시 학생인권조례 폐지'를 대문짝만하게 중앙현관에 내걸었으니, 교장선생님께는 큰 위협이었겠다. 이때 사용한 A1 종이는 가로 60cm에 세로 84cm으로, 학교 프린터로 인쇄할 수 있는 최대 크기였다. 당시 선생님들의 이야기를 들어 보면, 교육지원청에서 다른 용건으로 방문하신 관계자가 학교 건물에 들어서자마자 보이던 신문 모양의 포스터를 보고 경탄하며 칭찬하는 일도 있었다고 한다. 그 이야기를 전해 들은 교장선생님이 엄연히 등록된 자율동아리의 게시물이니 차마

떼라고는 하지 못하고 구석으로 옮기라고 한 게 아닐까.

A4로 인쇄, 종이신문 배포

신문 포스터를 교장 지시로 옮긴 일에 불만이 있던 평교사분들도 꽤 계셨다는 풍문은 들렸지만, 아무도 교장선생님의 비민주적 조치에 항의하지 못했다. 그래서 만든 게 학생들에게 직접 나눠주는 A4 크기의 종이신문이다. 포스터를 구석으로 옮겨 학생들이 보지 못하니, 차라리 인쇄실에서 100~200부를 복사해 교실을 돌아다니며 나눠주자는 발상이었다.

그 방식도 꽤나 성공적이었다. 교실들을 돌아다니고 방과 후 중앙 현관에 앉아 학생들을 설득해 결국 전교생 350여 명 중 120명 가까이 되는 인원을 '구독' 시켰다. 매달 신문이 나오면 무료로 책상까지 가져다주는, 우리만 고생하는 서비스였지만 그래도 뿌듯했다.

"민주당 의원 인터뷰했으니 국힘도 하라"

이 시기쯤 학교 밖 이슈를 처음으로 본격적으로 다뤘다. 은평구가 지역구인 한 국회의원을 인터뷰한 연속 기사들을 2024년 5월에 묶어 종이신문으로 냈다. 은평구에 사는 학생들이 은평구 학교에서 모여 신문을 만드는데, 은평구 국회의원 인터뷰는 지극히 정상적이었다. 그러나 이것들을 본 교장선생님은 "왜 민주당 인사만 인터뷰하냐. 국민의힘 인사도 인터뷰해라"라고 하셨다.

은평구 지역은 더불어민주당이 초강세인 지역이다. 국회의원 2석, 구청장과 시의원 모두 민주당이고, 구의원도 민주당이 절대다수다. 서울혁신파크로 대표되는, 시민 활동이 매우 활발한 지역이기도 하다. 베드타운의 특성상 젊고 진보적인 세대와 중년의 진보적인 세력들이 공존한다. 《토끼풀》 같은 풀뿌리 민주주의 활동가들이 스스로 자라나는 동네이니, 말 다했다.

이러한 정치 지형에서 국민의힘은 제대로 된 인물을 은평구에 공천하지 않는다. 지역 내 야당 인사 중에는 역사적 사실을 부정하는 발언이나 음모론을 공개적으로 지지하는 이들도 있었다. 이런 사람들을 학생 언론에서 어떻게 인터뷰하나.

그리고 그때는 학생인권조례 폐지 직후로, '청소년을 대변하는 언론'이 국민의힘 인물을 인터뷰하는 것이 모순으로 비칠 수도 있었던 때다. 실제로 당시 학생인권조례 폐지를 주도한 김혜영 서울시의원을 인터뷰하려다 "인터뷰 내용이 뻔히 보인다"는 명분으로 거절당하기도 했다.

학교에 소속된 자율동아리라고 해도 기본적으로 '언론'인데, 지역구 정치인 인터뷰를 문제 삼고 인터뷰할 대상을 특정하는 것은 민주주의의 실종이다. 청소년들의 주체성을 부정하는 행위다. 학교가 학생의 모든 것을 통제할 수 있다고 여기는 사고방식은 계속 반복되어 나타난다.

공사 소음·흡연 비판에 교장 검열

이보다 더 심각한, 언론탄압이라고 규정할 만한 일들이 학교 안에서 이어졌다. 2024년, 여름방학 안에 끝낸다던 학교 본관 건물 외벽 공사가 10월까지 계속됐다. 공사 소음만 해도 학습권 침해인데, 노동자들이 학교 건물 안에서 담배를 피우고, 천 조각만 들추면 3층에서 지상으로 떨어질 수도 있을 정도로 안전 조치가 미비했다. 이 상황을 자세히 짚어 기사를 써서 종이신문으로 만든 뒤 지도교사께 보여드렸다. 무언가 문제가 될 수 있다는 걸 직감하신 선생님이 교감·교장선생님께 해당 기사를 전달했다. 우려했던 대로 교장선생님은 기사 내용을 문제 삼으며 빨간 펜으로 신문에 줄을 그었다. "학생을 위해 우리가 희생하는 것이고, 학생들이 안전수칙 잘 지키고 좀 참으면 된다"는 논리였다. 교장·교감선생님과 세 번 정도 면담한 뒤, 학교의 책임을 강조하는 내용을 대폭 줄이고, '학생들의 안전은 우리 스스로 지키자'는 방향의 기사를 배포해야 했다. 명백한 검열이다. 언론 자유를 억압하던 권위주의 시대의 관행과 무엇이 다른가.

물론 교장선생님이 아무 조치도 취하지 않은 건 아니다. 공사 현장 소장에게 문제점들을 전달했다. 그렇게 해서 잠시 화장실에서 담배 냄새가 사라지고 소음도 줄어들었지만, 꼭 일주일 뒤 다시 문제가 생겨났다. 닫힌 사회에서 문제가 생겼는데도 공론화되지 않고 묻혔을 때 흔히 보이는 일이고, '청소년 언론'의 수모다.

'자존심이 상한' 나는 그 기사의 수정 전 원본을 '대한민국청소년기자대상'에 출품했고, 보란 듯이 2024년 11월 'KBS 사장상'을 수상했다. 교장선생님의 수정 요구 명분 중 하나가 "내가 국어교육과 출신인데 이 글은 논리적이지 못하다"였던 것을 감안하면 굉장한 일이었다.

전교 회장 선거 보도했다가 배포 금지당하기도

2025년 1월에는 이런 형태의 자율동아리 신문 모델이 은평구 관내 학교들에 더 퍼져 있었다. 물론 학교나 선생님들이 도와준 건 아니고, 《토끼풀》 내부 학생들의 인맥으로 확장했다. 다른 학교 친구에게 이 활동을 설명하고 흥미를 보이면 끌어들이는 식이었다. 그래서 총 3개 학교에 고루 퍼져 있었고, 신문도 동시다발적으로 발행하는 체제가 갖춰졌다.

다른 학교 학생들까지 참여하여 신문을 발행하는 김에, 각 학교 전교 회장 선거 후보들이 낸 공약과 선거 결과를 보도하기로 했다.

누가 출마했고 어떤 공약을 내걸어 당선됐는지 보도하는 단순 스트레이트 기사였다. 학교는 민주주의를 배우는 공간이니 민주적 선거의 과정과 결과를 언론이 보도하는 건 당연하다는 판단이었다.

특히 각 학교 후보들의 공약을 보도하면, 다른 학교 학생들이 기사를 보고 더욱 창의적인 공약을 다음 선거에 낼 가능성도 있었다. 학생회 활동도 다른 학교와 상생하고 경쟁하면서 활성화될 수 있었고, 학생들도 다른 학교 학생회의 정책을 보고 학생회에 "이 학교에서는 이런 활동을 한다는데, 이런 정책 좋지 않냐"며 도입을 촉구하는 식의 선순환이 가능해질 것으로 보였다. 내가 늘 꿈꾸던, 학교를 초월한 학생회의 교류와 그 사이에서 견제와 균형의 역할을 하는 학생 언론의 구조였다.

각 학교에 있는 기자들이 자기 학교 출마자들에게 공약을 묻고 연설을 경청해 쓴 생생한 기사들이 지면을 채웠다. 지면 상단에는 한 학교의 전교 회장단 당선자들이 3번, 4번 따위의 피켓을 들고 해맑게 웃으며 찍은 사진이 실렸다.

그 신문은 우리의 첫 외부 인쇄판이자 기념비적인 '10호'였다. 9호까지는 각 학교 인쇄실에서 갱지로 인쇄했는데, 지면의 한계와 컬러면의 부재를 절감했다. 그래서 평소 교류하던 《은평시민신문》에서 인쇄소를 소개받아 Adobe사의 'InDesign' 프로그램을 이용하여 지면을 디자인하고 1천 부를 인쇄했다. 비용 문제로 전면 컬러화하지는 못했지만, 그래도 8면 중 4면이 컬러였다. 그전까지는 보통 A4 용지 앞뒷면, 많아야 B4 용지 앞뒷면 인쇄를 두 번 해서 4면짜리 신문이 전부였는데, 타블로이드 판형 8면에 4면 컬러는 획기적인 변화였다. 특히 전교 회장 선거 기사가 4면에 컬러로 들어가 더욱 빛났다.

그런데 또 학교가 훼방을 놓았다. 《토끼풀》이 활동하던 세 학교 중 한 곳에서 '전교 회장 선거 후보 이름을 기사에 썼다'는 이유로 다른 두 학교 교감에게 전화를 걸어 배포를 막았다. '전교 회장 선거에 출마한 학생의 이름은 개인정보이고, 이를 기사에 쓰면 사생활 침해'라는 거였다. 당시 출마 공고가 각 학교 교내 게시판에서 공개됐고, 이름과 얼굴 사진, 공약 등이 담긴 포스터도 교내에 게시되었기 때문에 후보와 당선자의 실명을 보도하는 것이 사생활 침해라고 보기는 어렵다. 학생 자치를 형해화하고 선거의 본질을 훼손하는 사건이다.

내란사태 인터뷰 못 하게…

이런 학교의 횡포는 12·3 내란사태 당시 정점을 찍었다. 내란 행위를 비판하는 호외를 12월 4일 발행해 두 학교에 뿌렸다. 이 호외가 《경향신문》, EBS 등 다른 주류 언론들에서 다뤄지며 주목받았다. 이때도 학교는 교장의 안위만 우선시하며 학생의 자율 활동을 통제하려 들었다. 《경향신문》에서 인터뷰 요청이 왔을 당시 무심코 담임선생님께 전했더니 삽시간에 교장선생님에게까지 소식이 전달됐다. 교장선생님은 "인터뷰를 하지 말라"는 의사를 담임선생님을 통해 내게 전했다.

명분은 '학생 보호'였다. 비상계엄에 대한 견해가 양분된 상황에서 언론에 학생이 나와 비상계엄을 비판하면 보수 지지자들의 비판이 집중될 수 있다는 것이다.

내가 생각하는 진정한 이유는 '책임 회피'다. 교복 입은 학생이 학교 안 활동과 관련해 언론에 나오면 학교에 비난이 일 수 있고, 교장 등 관리자들이 난처해질 수 있기 때문이다. 그래도 학생이 사복 차림의 개인 자격으로 활동하는 것까지 막을 수는 없는 노릇이다. 결국 지도교사께서 "하고 싶으면 하라"며 "학생 개개인의 활동을 교장이 규율할 수 없다", "학교의 이름을 밝히지 않으면 괜찮다"고 소신 있게 말해 주셔서 인터뷰에 응해 명백히 부당한 비상계엄에 대한 학생들의 입장을 전할 수 있었다.

"자율동아리 등록하지 말라", 폭탄선언

이때 이후 교장선생님이 두려움을 느꼈는지, "내년(2025학년도)부터는 자율동아리로 등록하지 말라"고 선언했다. 청천벽력이었다. 2024학년도 자율동아리 등록 기간이 지나고 《토끼풀》 조직이 생긴 몇몇 학교들은 2025년부터 정식 자율동아리로 등록하려고 했다. 계획대로 되면 은평구 지역 중학교들에서 활동하는 자율동아리들의 연합 언론이 될 수 있었다. 그런데 자율동아리로 등록하지 못해 결국 '연합체'의 성격보다는 통합된 언론 단체의 성격으로 바뀌고 말았다.

이 대목에서, 2024년 지도교사 선생님이 《토끼풀》에 기고하신 글의 일부를 인용하자 한다.

그런 훌륭한 너희에게 학교는 무엇을 해줬을까? 그건 바로 1년 활동을 끝으로 교내 자율동아리 폐지라는 선고였어. 학교에서는 각종 기사에 대한 책임을 회피하고자 학교 밖으로 너희를 내몰았고, 나조차도 차라리 밖에서 활동하면 간섭이 덜할까 하는 마음에서 비겁하게도 그 생각에 동조했다. 내가 다른 학교로 전출 가면서도 그 찜찜하고 답답한 마음을 풀 길이 없었는데 고맙게도 너희는 알아서 잘할 테니 걱정하지 말라고 했다. 그리고 전출 간 학교에도 한동안 신문을 보내주었지. 내가 몇몇 선생님들을 붙잡고 자랑도 했단다. 한쪽에서는 성찰하고 탐구하는 IB 학습자를 기르니 어쩌니 하며 국제바칼로레아 교육과정에 엄청난 예산을 쏟아부으며, 정작 그 모범이 되는 너희는 학교 밖으로 내몰다니, 이 나라의 교육정책이 얼마나 모순된 헛바퀴질인가 한다. _"내가 아끼는 토끼풀들에게"의 일부(2025. 11. 14)

교장선생님의 입장이 강경했기에, 우리는 일단 학교 밖에서 활동하기로 했다. 이 과정에서 지역 청소년센터 등 다른 기관들의 문을 두드렸지만, '정치적'이라는 이유로 거절당하는 일이 반복됐다.

타의에 의해 붙여진 '독립'

그렇게 지금의 청소년 '독립'언론 《토끼풀》이 만들어졌다. 결국 《토끼풀》이라는 이름 앞에 붙은 '독립'은 우리가 원해서 만들어진 가치가 아니다. 학교에 의해 형성된, 지극히 타의적인 독립성이다.

창간한 학교를 비롯한 두 학교에서 《토끼풀》 배포는 지금도 금지 상태다. 학생들이 자발적으로 발행해 학생들에게 나눠주는 신문에 어떻게 이런 조치를 하는지 모르겠다. 판단 근거를 알려주지 않기 때문이다. 헌법에도 보장된 표현의 자유와 결사의 자유가 '교장 재량권'에 있지는 않을 텐데. 그래서 우리는 교장선생님 몰래 친구들에게 신문을 나눠준다. 교장실 앞을 지날 때는 가슴팍에 신문을 숨기고, 혹여나 신문 더미를 들고 학교를 활보하다 교장선생님을 마주칠까 늘 노심초사한다.

이런 이야기를 여러 매체에 쓰고 인터뷰에서 언급해도, 교장선생님들은 잘 못 알아채신다. 우리를 탄압하는 분들은 늘 교장실에 틀어박혀 바깥 세계와 담을 쌓고 계시기 때문이다. 특정 매체의 시각에 매몰돼 순수한 청소년 언론 활동까지 이념적 프레임에서 바라보시니, 소통이 안 되는 게 당연하다.

지원은 9만 원 해놓고…

《토끼풀》이 활동하는 여러 학교 중 혁신학교에서 있었던 일들만 추려도 이 정도다. 학교의 끈질긴 탄압 노력에 경의(?)를 표하고 싶다. 학생들이 자발적으로 모여서 내는 신문을 교장이 검열하고 학생 개인 자격의 활동까지 규율하려 드는 건 몰상식이다. '혁신학교'라는 이름을 달고도 이 같은 행위들이 대놓고 자행되는데, 이게 어떻게 혁신인가.

학교는 탄압과 방해를 일삼으면서도 지원은 거의 해주지 않았다. 학교로부터 받은 지원은 2024학년도 자율동아리로 등록해서 할당받은 9만 원이 전부다. 15명이 모였으면 9만 원보다는 더 있어야 뭐라도 하지 않을까. 더구나 이 예산은 '11번가'에서만 사용할 수 있어 신문 발행에 필요한 것은 전혀 구입하지 못했다. 그래서 우리는 '기사 공모전'을 연답시고 상품으로 지급할 깃털 펜과 텀블러, 하리보 젤리 따위를 구입했다. '기사 공모전'도 모종의 이유로 개최되지 못해 깃털 펜은 아직도 학교 사물함에 있고, 텀블러는 학생회실에, 하리보 젤리는 친구들이 먹어 치워버렸다.

《토끼풀》 활동 2년간의 일들만 봐도, 내게 학교란 학생의 자율성을 키우기보다는 싹을 짓밟아 없애고, 민주시민을 양성하기보다는 비판적 사고를 마비시키는 곳이었다.

학교 민주주의 보장을!

혁신학교 다니는 내내 벽에 부딪혔다. 혁신교육의 한계도 절감했다. 혁신학교라 해서 선생님들의 분위기가 많이 다르지는 않다. 특히 교장·교감은 일반 학교와 전혀 다를 바 없는, 반민주 의식과 책임 회피로 가득한 분들이 많다. 혁신학교에서 지내온 학생으로서 혁신학교의 미래는 어떻게 이런 관리자들을 민주시민으로 만드느냐에 있다고 본다.

학교에 아직 민주주의는 없다. 진보 교육계가 그토록 학생 자치를 활성화하고 학내 의사 결정이 민주적으로 이뤄지도록 노력해왔는데도, 학교 현장은 1980년대 군사정권 시절에서 벗어나지 못했다. 체벌과 교련 수업이 사라졌을 뿐이다.

위에도 언급했듯이 은평구는 꽤나 진보적인 지역이다. 그래서 혁신학교의 비율도 다른 지역보다 높다. 중학교에 한정하면 은평구 소재 18개 학교 중 6개가 혁신학교다. 서울 전체 390개 중학교 중 49개만 혁신학교인 것에 비하면 비율이 3배가량 높다. 이 정도로 진보적이고 혁신교육이 뿌리내린 지역임에도, 이 학교들의 교칙은 학생들을 통제하는 데만 초점이 맞춰져 있다. '불온 문서 탐독·게시·배포·제작 금지', '집단행동 선동을 통한 교칙 문란 금지'같이 21세기라고는 믿기지 않는 어휘들을 활용하기도 한다.

교칙 83%가 반인권적 … '학생' 생활규정 문제도

2025년 8월《토끼풀》조사 결과에 따르면, 은평구의 18개 중학교 중 15개 학교의 교칙에서 인권침해적 규정이 발견됐다. 그나마 교육청 가이드라인을 복사한 수준의 교칙을 갖춘 3개 학교 중 2개가 혁신학교라는 점을 위안으로 삼아야겠다. 교장과 징계하는 자 마음대로 '불온 단체'나 '불온 문서' 등의 기준을 정할 수 있다는 점에서 해당 규정들은 반민주적이고 조속히 개정돼야 한다. 그러나 서울시교육청도 반민주·반인권적 교칙에 대한《토끼풀》의 질의에 "학교마다 '차별화'된 학생생활규정이 수립될 수 있다"고 답변했다. '미래를 여는 협력교육'을 표방하는 교육청치고는 지나치게 과거지향적이지 않나.

학생의 생활을 규율하는 '학생생활규정'의 명칭부터 학생 통제의 목적을 적나라하게 드러낸다. 학교는 학생만 생활하는 공간이 아니라 교사와 보호자가 포함된 교육 3주체가 평등하게 생활하고 공존하는 공간인데, 학생의 생활만 통제 대상으로 삼는 것은 이해하기 어렵다. '학생생활규정' 대신 '학교생활규정'이나 '공동체생활규정'으로 명칭을 바꾸어야 하지 않을까.

충청남도 등 일부 지역 학교들은 '학교생활규정'으로 이름을 바꾸었다. 특히 충남 홍성군 홍동면의 홍동중학교는 '학교생활규정'과 별도로 '공동체생활협약'을 제정했다. 홍동중학교는 혁신학교다. 이 학교 공동체생활협약은 '불온 문서' 같은 내용 없이, 학생은 '비속어를 삼가겠다', '즐겁게 학습하겠다', 보호자는 '아이의 선택을 귀하게 여기겠다', 교직원은 '솔직하고 구체적으로 표현하겠다'는 등, 공동체 생활에 필요한 최소한의 내용만 규정했다. 기초적인 것만 규율해 놓으면 학생들이 스스로 생활할 수 있다는 믿음에 근거한 것이다.

실제로도 이 학교 학생들은 주변 읍·면 지역 학생들보다 기초학력 미달 비율이 4배가량 낮다. 규칙을 지켜야 한다는 압박과 학업 부담에서 벗어난 학생들은 민주시민으로서의 날개를 폈다. 홍동중학교 학생회장단은 학교 중앙현관에 걸린 인사말에서 "홍동중은 개인의 역량을 발전하는 데 그치지 않고 함께 살아가는 방법을 배울 수 있는 학교", "다른 의견과 생각을 틀렸다 하지 않고 저마다의 빛깔이라 말하는 학교", "교장선생님이 학생들에게 존댓말을 하고, 학생들이 선생님을 존중하고 존경하는 학교", "사람과 사람, 인간과 자연, 학교와 마을의 연결을 중요하게 생각하는 학교"라 선언하고 "이런 학교를 다닐 수 있어 행복하다"라고 끝맺는다. 이 학교 학생회는 매년 학생들을 위하는 후보들이 나와 경쟁하고, 실제 의미 있는 공약들을 이행해 낸다.

매년 학생·학부모·교사가 모여 '다모임'을 열고 공동체생활협약과 학교생활규정을 개정하기도 한다. 그래서 이 학교 학교생활규정은 학생인권조례 내용을 충실히 따른다. 조례로 정한 인권 보장의 원칙이 학교 안까지 스며든 것이다.

이렇게 정상적으로 운영되는 혁신학교는 지극히 드물다. 혁신학교라면 마땅히 해야 하는 것들을 하고 있음에도 이들이 취재 대상이 되는 현실이 안타깝다.

"예산 6천 더 받자"-혁신학교의 변질

내가 다니던 학교들과 홍동중학교는 '공존'이라는 측면에서 차이가 크다. 내가 본 혁신학교는 단순히 예산 더 받는 제도로 변질됐다. 모교인 초등학교와 중학교는 내가 재학 중일 때 재지정 과정을 겪었다. 2022년, 초등학교 6학년 때 일이다. 담임선생님께서 조회 시간에 혁신학교 리플렛을 친구들에게 나눠주셨다. 혁신학교의 장점을 설명하고 "지금 우리가 재미있는 활동을 하는 것은 전부 혁신학교 덕"이라며 "부모님들께서 동의하셔야 혁신학교로 재지정될 수 있다"고 아이들을 설득하셨다. 결국 학생들의 뜻과 상관없이, 교사들의 적극적 홍보 덕분에 혁신학교로 재지정됐다.

중학교 2학년 때 어느 날, 매 교시 들어오시는 선생님들이, 특히 연구혁신부장 선생님이 "예산을 6천만 원가량 더 받는다"라며 혁신학교 재지정에 찬성해달라고 학생들을 설득했다. 혁신교육의 철학이나, 혁신학교 덕분에 학생들이 받는 양질의 교육을 설명하기보다는 예산에 초점을 맞춰 학생·학부모를 설득한 것이다. 혁신교육이 오히려 학생들에게 '예산 지상주의'를 심어주는 건 아닌지 걱정되는 대목이다.

혁신교육이 건강하게 지속되려면 (재)지정 과정을 일선 교사들이 학생·학부모를 설득하는 방식 대신 학생과 학부모가 혁신학교의 우수성을 인식하고 스스로 나서서 (재)지정으로 이끌 수 있는 방향으로 개편해야 한다. 홍동중학교에서 이뤄지는 학생-학부모-교사 토의 같은 제도도 적극적으로 도입해 공존과 화합의 길을 열어야 한다.

교장 공모제, 시급히 실시해야

일선 학교장들도 혁신교육 정신에 동의하는 인물들로 구성돼야 한다. 교육청에서 '내려오는' 방식의 교장·교감 배정은 혁신학교를 둘러싼 문제를 영원히 해결할 수 없다. 지금의 교장·교감들은 학교를 실질적으로 개혁하고 학생을 위한 행정을 펴지 않는다. 임기 중 아무 사고도 일어나지 않도록, 학생들의 입을 틀어막고 학교를 있는 그대로만 운영한다. 젊은 교장·교감들은 승진이, 정년을 앞둔 교장·교감은 연금 문제가 걸려 있기 때문이다.

해법은 교장 공모제다. 혁신학교로 지정되면 교장 공모제를 의무적으로 실시하게 해야 한다. 내가 다닌 중학교는 2025년 8월에 교장선생님이 정년퇴임했다. 기존 교장의 행보를 두고 말이 많던 터라, 새 교장은 학생을 존중하고 학부모와는 소통하며, 교사와 협력하는 품격 있는 분을 원하는 여론이 컸다. 그때가 교장 공모제의 골든타임이었고, 학부모회에서도 적극적으로 주장했다. 나도 《토끼풀》에서 기사를 써서 교장 공모제를 적극적으로 알렸다.

유일하게 교장 공모제를 반대하던 세력은 교사들이었다. 업무가 늘기 때문이다. 예산이 늘어나는 것처럼 가시적 성과도 없는데 서류만 늘어나는 교장 공모제는 모든 교사의 기피 대상이다. 혁신학교 재지정 때만큼 적극적으로 홍보에 나서는 선생님이 없었다. 결국 학생과 다수 학부모의 무관심으로 교장 공모제 실시는 부결됐다.

학교의 온갖 부조리를 몸으로 겪으면서, 혁신교육에 대한 회의도 많이 느꼈다. 문제의 소지가 되지 않는 범위에서만 이뤄지는 교육활동이 과연 '혁신'일까. 스스로 자라나는 국제적 소양을 갖춘 민주시민들을 짓밟는 행위가 '혁신'일까.

이렇게 기성 제도에 문제를 제기할 수 있고, 기사를 쓰며 논리적으로 사고할 수 있게 된 것 자체가 혁신교육의 산물일지도 모른다. 적어도 나는 그렇게 생각하기로 했다. 나는 혁신학교 체제에서 성장한, 혁신교육과는 떼놓고 볼 수 없는 사람이니까.

혁신교육 계속돼야

역설적이게도 나는 혁신학교라는 울타리 안팎을 넘나들면서 비로소 혁신의 가치를 고민하게 됐다. 비록 내가 다닌 학교들은 실패했을지언정, 질문하고 토론하는 시민을 길러내는 혁신교육의 방향성 자체는 포기할 수 없는 과제다. 특히 지금 같은 시기에는 더더욱 그렇다. 12·3 내란 이후 청소년들 사이에서 극단적·혐오적 콘텐츠의 소비 증가가 크게 가속화됐다. 내 주변에도 전직 대통령을 희화화하는 밈Meme을 즐겨 보거나, 부정선거 음모론을 믿고 중국인을 혐오하는 친구들이 많다. 극우적인 콘텐츠들이 청소년 대다수의 알고리즘을 점령했다. 아직 정치를 잘 모르는 청소년일수록 평소 콘텐츠 사이사이에 낀 극우 밈들을 걸러내지 못할 가능성이 높다. 늦었다고 생각하는 지금이 가장 빠르다.

청소년을 현혹시킬 극우 콘텐츠들이 해일처럼 몰려오는 상황에서 혁신교육은 크게 두 가지 역할을 할 수 있다. 일단 미디어 리터러시 교육이다. 뭐가 진짜고 뭐가 가짜인지, AI 시대에는 어른들도 모르고 아이들도 모른다. 특히 AI를 접목해 폭발적으로 생산되는 극우 콘텐츠는, 무작정 금지한다 해서 사라지지 않는다. 소비자가 옳고 그름을 가릴 줄 알아야 살아남을 수 있다. 믿을 만한 사람에게 의존하면 안 된다. 그 의존의 결과가 '윤 어게인'이고 부정선거 아니겠는가.

다음은 공존과 포용이다. 의견이 다른 상대방과 공존할 줄 모르는 사람들이 많다. 나만 해도, 비상계엄 전까지 잘 지내다가 연이 끊긴 친구들과 선후배들이 넘친다. 아는 선배는 어느 날 서부지법 폭동 당시 인근에 있다가 도망친 이야기를 해준 뒤로 연락이 되지 않는다.《토끼풀》에도 그런 사람들이 있었다. 일련의 사건들 이후 대화가 단절되고 기사를 쓰지 않더니 기어이《토끼풀》을 탈퇴하는 친구들이 있었다.

청소년기에도 이러는데, 성인이 되고 나이가 들면 오죽할까. 특정 사안에 대한 견해가 달라도 함께 살아가야 하고 서로 존중해야 한다. 나처럼 진보적인 청소년의 경우에는 더 그렇다. 극우 성향이 하도 많다 보니 그들을 전부 제외하면 급식 같이 먹을 친구도 없다. 내 편 네 편을 엄밀히 나누다 보면 지치고 고립된다.

혁신교육이 바로 이런 것들을 학교 현장에 도입해야 한다고 생각한다. 혐오는 단호히 거부하되, 모든 이념과 사상을 포용해 가르쳐야 한다. 미디어 리터러시 교육을 강화하고 공존이라는 가치를 학교로 가져가면 혁신교육은 지속될 수 있다.

16세 선거권도 혁신교육 만나면 날개 단다

최근 국민의힘 장동혁 대표의 제안으로 힘을 얻고 있는 16세 선거권도 혁신교육과 결합하면 실현하기가 쉬워진다. 장 대표는 "선거 연령을 16세로 낮추는 방안을 선도적으로 추진하겠다"라면서도 "교실의 정치화에 대한 부모들의 염려를 안다", "주입식 정치 교육 금지 가이드라인을 법제화하겠다"라고 했다. 선거 연령 하향의 수혜는 누리면서, 정작 이들이 비판적으로 사고할 수 있는 환경을 만드는 데는 소극적인 셈이다.

혁신교육의 장에서 선거 교육과 정치 교육, 토론 수업을 진행하면

효과를 극대화할 수 있다. 교사들이 판을 깔아 주면 학생들이 자유롭게 토론하며 정치적 판단력을 길러야 한다. "나는 이러이러한 이유로 민주당을 지지하는데, 너는 왜 국민의힘을 지지해?" 같은 말을 주고받는다면, 상대 진영이 온라인상에서 본 것처럼 나라를 망치는 악마가 아니라 공존 대상임을 자연스레 깨달을 것이다.

나는 혁신교육 속에 자랐지만 혁신교육의 열매가 되지는 못했다. 학교는 여전히 반민주·반인권적이고, 민주시민이 되려는 학생들의 싹을 잘라냈다. 그래도 혁신교육은 지속돼야 한다. 큰 성공을 거두지 못한 현실을 고쳐가야 한다는 이유가 아니다. 질문하고 토론하며 공존하는 시민을 길러내겠다는 혁신교육의 목표가 어느 때보다 절실하기 때문이다. 여전히 과제가 많다. 공존과 평화의 가치를 새기는 혁신교육이 가는 길, 나도 같이 걷겠다.

●**문성호** ───

초등학교와 중학교 모두 혁신학교를 졸업하고, 서울 최초의 '공영형 사립학교'인 충암고등학교를 다니고 있다. 2024년 청소년 독립언론 《《토끼풀》》을 친구들과 함께 창간해 편집장을 맡아 2년째 신문을 만들고 있다. 학교 안에서 민주주의가 꽃피는 날을, 우리 사회가 청소년의 목소리를 더 많이 반영할 날을 기다리고 있다.

12-2.
혁신학교의 씨앗,
이렇게 열매 맺었습니다

차원_교육언론 〈창〉 기자

1년의 혁신학교 경험, 평생을 함께하다

먼저 고백하자면, '혁신학교 졸업생'인 나는 혁신학교를 1년만 다녔다. 2012년 서울시 은평구 은빛초등학교로 전학 와서 다닌 1년이 전부다. 그러나 이 시간은 이후 인생을 함께하며 삶 곳곳에 영향을 미치고 있다. 성인이 된 후 혁신학교졸업생연대 '까지'에 가입해 혁신학교 졸업생 친구들과 활동했고, 교육전문언론 교육언론 〈창〉의 창간 멤버로 활동하고 있다. 2000년대생 최초로 오마이뉴스에서 올해의 뉴스게릴라상(공동)을 수상하기도 했다. 수원공동체라디오 '김덕년의 행복한 학교이야기'에 혁신학교 졸업생 시리즈 기사를 소개한 것을 시작으로 2년 넘게 출연하고 있다. 이 글에서는 혁신학교에서의 경험, 혁신학교 공동체에서 만난 사람들, 혁신교육의 영향으로 형성된 삶과 혁신교육이 나아갈 길에 대해 짚어 보고자 한다.

그렇게 기자가 되기로 했다

초등학교 저학년 시절, 장래 희망은 건축가였다. 멋진 건물을 좋아했기 때문이다. 그러나 수학에 재미가 없었다. 다음은 변호사가 되고 싶었다. 하지만 법 공부를 그렇게까지 많이 하고 싶지는 않았다. 그러던 중 초등학교 6학년, 전학 온 학교에서 학급신문 만들기 활동을 했다. 활동 전부터도 이 학교는 뭔가 특별하다는 느낌이 들었다. 5학년까지 다닌 학교와는 분위기가 많이 달랐던 것이다. 함께 협력해 뭔가를 하는 프로그램들이 많았다. 그로 인해 교우 관계도 좋았고, 이는 중학교로도 상당 부분 이어졌다. 학생들이 주도적으로 뭔가를 하는 것에 선생님들은 늘 긍정적이었다. 통제나 보호를 받는 존재를 넘어, 주체성을 지닌 시민으로 자라나고 있다는 게 느껴졌다. 학급신문 만들기도 그랬다. 이렇게 저렇게 만들어 보라는 지시가 없었다. 도움이 필요할 때 도와줄 뿐, 우리의 활동을 믿어 줬다. 그런 환경에서 나는 최대한 능력을 발휘할 수 있었다. 조원들과 협의를 통해 쉽고 재미있는, 교실과 학교 그리고 마을 이야기를 담은 신문을 만들었다. 학생들이 재밌게 읽을 법한 우리 반 친구들의 이야기도 썼다. 결과는 대성공이었다. 내가 바란 대로 모두가 신문을 재밌게 읽었다. 나는 그렇게 신문의 매력에 빠졌고, 그때부터 장래 희망은 기자가 됐다. 중학교, 고등학교, 대학교에 가서도 신문부 활동을 했고, 대학 시절 통일부 유니콘 기자단, 오마이뉴스, 교육언론 〈창〉 등에서 기사를 썼다. 학업과 활동을 병행하는 게 쉽지 않았지만, 좋아하고 재밌어하는 일이기에 언제나 즐거웠다.

좋아하는 일을 찾는다는 것

게임을 좋아하는 사람들은 '강화'가 얼마나 중요한지 잘 안다. 아무리 좋은 카드를 뽑아도 이 강화를 제대로 못 시키면 쓸 수 없다. 반면 카드 자체 성능은 좀 떨어지더라도, 스킬이나 잠재력 등 강화를 잘 시키면 훌륭한 쓸모를 발휘하기도 한다. 사회도 '인적 자원'을 잘 강화하는 것이 중요하다. 문제는 어떻게 하느냐. 과거에는 잘 외우는 게 중요했다. 암기를 잘 시키는 교육이 좋은 교육이었다. 학생들의 머리에 '주입식'으로 정보를 집어넣었다. 이걸 잘 못하는 학생은 뭔가 부족한 학생이었다. 이런 교육의 틀을 바꾼 게 혁신교육, 혁신학교다. 혁신학교는 '모든 학생은 한 명도 빠짐없이 소중하다'라는 것을 기치로 삼는다. 거기서 멈추지 않고 그 소중한 학생들이 자기가 좋아하는 것, 잘하는 것을 찾을 수 있게 돕는다. 나도 그중 한 명이고, 교육언론 〈창〉 기자로 활동하며 더 많은 사례를 접할 수 있었다. 과학 시간에 사용해 본 분자요리 기법을 통해 요리사의 꿈을 키운 친구, 사회적 협동조합 동아리 활동을 통해 사회적 기업을 창업하고 싶다는 목표를 세운 친구, 특수교사의 꿈을 가진 친구까지 많은 이들이 혁신학교 경험을 말했고, 나는 그것을 시리즈 기사로 썼다. 공통점은, 모두 주체적으로 자신의 삶을 설계할 줄 아는 사람이었다는 것이다. 그리고 거기서 즐거움을 느꼈다. 실패해도 괜찮다는 높은 자존감과 잘할 거라는 자신감이 이들의 삶을 뒷받침했다. 여기에는 경험이 필요하다. 혁신학교는 우리에게 그 경험의 기회를 제공했다. 학교는 우리에게 '1등만 가치 있는 것', '실패하면 끝'이라고 가르치지 않았다. '열심히 노력한 과정도 가치 있다', '모두가 가치 있는 존재', '누구나 잘하는 것이 있다'라는 교육을 체감하게 했다. 그렇게 우리는 자존감을 길러 내면을 단단히 하고, 적극적으로 도전할 수 있는 용기를 가졌다. 나 혼자 노력해 지식을 암기하는 것만큼이나 친구들과 협력해 함께 좋은 결과를 만들어내는 것도 중요하다는 걸 알았다. 친구를 경쟁자로 보는 것보다, 동료로 보는 게 훨씬 내 삶을 윤택하게 한다는 것도, 그런 사회를 지향하며 함께 나아가야 한다는 것도 알았다. 진정한 전인적 성장이 이뤄진 것이다.

혁신학교 졸업생, 지금 뭐 해?

위에서 잠깐 언급했지만, 나는 2024년 2월부터 12월까지 혁신학교 졸업생들이 어떤 삶을 살고 있는지 취재한 시리즈 기사를 연재했다. 전국을 돌며 혁신학교 졸업생들을 만났다. 이 장에서는 그 내용을 정리해 보겠다. 혁신교육을 더 발전시켜 나가는 데 그간 혁신학교의 어떤 점이 학생들에게 어떤 영향을 미쳤는지, 혁신교육의 장점이 무엇인지 파악하는 데 도움이 됐으면 한다.

서울 휘봉고 황유석 졸업생은 요리사였다. 본격적으로 꿈이 구체화 된 건 '수업 축제'다. 휘봉고등학교의 수업 축제란 말 그대로 수업을 축제로 만든 것이다. 지루하고 딱딱한 수업이 아니라, 학생들이 그 과목에 맞춰 수업을 축제처럼 진행하는 것이다. 이때 그는 과학 과목에 맞춰 요리를 선보였다. 신라면으로 파스타를 만들었다. 수평적인 학교문화는 직장생활 적응에 도움을 줬다. 한참 나이가 많고 직급이 높은 사람과 밥 먹고 대화할 때도, 자유롭게 자기 이야기를 꺼낼 수 있었다. 혁신학교에서 경험한 수평적 학교문화가 소통의 자신감을 길러줬기 때문이다. 황 졸업생은 "권위에 복종하고 따르는 것만 배웠다면, 사회에 나아가서 자신 있게 내 이야기를 꺼내기 어려웠을 것"이라고 말했다.

부산 부경고 추은진 졸업생은 행복에 관해 이야기했다. 마침, 부산형 혁신학교는 '다행복학교'라고 부른다. 그는 처음에는 다행복학교가 뭔지 몰랐지만, 선생님의 소개로 '여기라면 내가 행복하고 재미있게 다닐 수 있겠구나. 음악의 꿈을 포기하지 않아도 되겠구나'라는 확신이 들었다고 한다. 선배 역사동아리 학생들이 교내에 세운 위안부 소녀상도 학교를 더 가고 싶은 곳으로 만들었다. 부경고에도 '학생은 학생다워야 한다'는 엄격한 학칙이 있었다고 한다. 그러나 '학생다운 게 뭔데?'라는 의문을 가진 구성원이 늘고 점차 학교가 민주적으로 변해갔다. 그 결과 규제와 통제는 사라지고 많은 것이 학생의 자율적인 의사에 의해 결정됐다. 그 과정을 그가 속한 학생회 자율부 학생들이 맡아 진행했다. 그러다 보니 자연스럽게 사회 문제에도 관심이 많아졌다. 당시 우리는 세계 곳곳에서 벌어지는 전쟁에 관심을 갖고 안타까운 마음으로 이야기를 나눴다. 부경고에서 토론하며 배운 지식도 상황을 제대로 이해하는 데 큰 도움이 된다고 했다. 선생님, 친구들과 책을 읽으며 생각을 정리하고 주장을 편 경험을 바탕으로 주관과 가치관이 형성됐다. 혁신학교에서 그는 인권과 평화를 사랑하는 민주시민으로 자랐다.

제주도판 혁신학교인 '다혼디배움학교' 제주중앙고 박예나 졸업생은 고등학교 졸업 후 바로 취업에 나섰다. 3년 내내 사교육을 받지 않은 점이 눈에 띄었다. 제주중앙고등학교 문화콘텐츠과에서 배우는 내용만으로도 충분해 따로 사교육을 받을 필요가 없었다고 한다. 자격증 취득도 학교가 도왔다. 학교에서 딴 자격증이 몇 개냐고 물어보니, 두 손으로 세기가 힘들었다. 고등학교 3년 동안 이렇게나 많은 자격증을 딸 수 있다니, 놀라운 일이다. 학교에서 취업반을 운영해, 자격증 수업을 따로 진행한다는 설명이다. 서류 작성, 회계 처리 등도 학교에서 다 배울 수 있었다. 그는 혁신학교의 장점으로 '다른 학교에 비해 다양한 경험을 할 수 있다는 것'을 꼽았다. 대학에 진학하려는 학생도, 바로 취업하려는 학생도 모두 자신의 꿈에 맞는 활동과 체험을 충분히 할 수 있다는 것이다. 내가 진정으로 원하는 걸 찾아갈 수 있게 돕는 것이 혁신학교의 큰 장점이다.

서울 휘봉고 박제욱 졸업생은 '마음속에서 방황하는 사람들에게 손을 내밀어주는 사람'이 되고 싶다며 상담사를 꿈꾼다. 고등학교와 대학교 새내기 시절, 그는 심한 우울증을 겪었다. 번아웃 증후군과 코로나 블루가 함께 찾아온 것이다. 자신처럼 삶에 지쳐 좌절하는 이들을 위해 학교가 더 좋은 상담 시스템을 제공했으면 좋겠다는 바람이 있다. 사실 고등학교에서의 상담이란 '입시 상담'이 대부분인 경우가 많다. 하지만 성적에 대한 비관으로 정신적 어려움을 겪는 그와 같은 학생들이 혁신학교라고 없을 리 없는데, 그들에 대한 지원이 더 필요하다는 이야기에 크게 공감했다.

서울 삼각산고 조가연 졸업생은 사회적 경제 수업 시간, 버려지는 제품을 재활용하는 차원을 넘어 디자인을 가미하는 등 새로운 가치를 창출해 새 제품으로 재탄생시키는 업사이클링에 눈을 떴다. 가장 기억에 남는 경험은 사회적 협동조합 동아리를 통해 학교 매점에서 사과잼을 팔아본 일이다. 버려진 유리병을 재활용해 사과잼을 만들어 판매한 것이다. 폐유리병을 모으고, 세척하고, 사과잼을 만들어 병에 담아 파는 일까지 학생들이 직접 했다. 그걸 교내 매점에서 판매했고, 수익도 꽤 나와 수익금을 전액 기부했다고 한다. 최종 꿈은 도시재생 사회적 기업을 만드는 것이 됐다. 기후위기, 저출생, 지방소멸 시대에 도시재생이 매우 중요한 키워드임을 그는 알고 있다. 어떻게 하면 이런 문제를 해소하고 지역을 활성화할 수 있을지 많은 고민을 하고 있었다. 그 고민을 사회적 기업으로 풀어가는 것이 조가연 졸업생의 계획이다.

내 동기동창인 서울 은빛초 강다원 졸업생은 간호대학 재학생이었다. 그는 어렸을 때부터 누군가를 돕는 일에 뿌듯함을 느껴왔다고 한다. 자신이 필요 있는 존재였으면 좋겠다는 생각도 강했다. 전문적으로 사람을 살리는 직업인 간호사에 관심을 갖게 된 것은 당연한 일이었다. 지진 등과 같은 재난 상황이 닥쳤을 때, 간호지식이 있으면 사람들을 더 잘 챙길 수 있겠다는 바람도 있었다. 그는 혁신학교를 나오지 않았다면 우리 교육과 사회에 순응하며 살았을 수도 있다고 했다. 주체적으로 삶을 사랑하고, 자연을 사랑하고, 물질적인 행복 외에도 다른 가치를 찾을 수 있는 힘을 혁신학교에서 길렀다는 것이다. 많은 걸 경험하며 나에게 맞는 것이 무엇인지, 나는 어떤 사람인지 알 수 있기에 혁신학교를 추천한다는 말도 덧붙였다.

충남 천안신당고 이주영 졸업생은 활동가다. 이날 이스라엘의 가자지구 학살 중단을 요구하는 집회에 함께 참석한 후 인터뷰했다. 그는 혁신학교에서 더불어 사는 삶의 가치를 배우고, 세계의 역사를 알았다. 제국주의 문제, 난민 문제 등에 관심을 갖게 된 것도 이때다. 그렇게 자연스럽게 학교 신문부, 독서 토론 소모임, 고전 읽기 모임 등에 들어가 활동했다. 신문부에서 세월호 참사를 다룬 기사를 만들고, 복도에 세월호 추모 노란 리본을 달기도 했다. 그는 그런 활동을 통해 생명, 인권에 대한 감수성을 기를 수 있었다고 했다.

그러던 중 2018년 태안화력발전소에서 노동자 김용균이 기계에 끼어 사망하는 일이 벌어졌다. 그가 '노동운동'을 결심하게 된 계기다. 학생들이 현장 체험학습을 기획해서 떠난 일화도 기억에 남았다. 역사에 관심 있던 그는 한국전쟁 시기 미군에 의한 민간인 학살 사건인 '노근리 양민 학살 사건' 현장을 찾기로 했다. 이 사건은 교과서에서도 비중 있게 다뤄지지 않지만 매우 중요한 문제라고 생각했기 때문이다. 전쟁 속 민중의 삶을 좀 더 자세히 들여다보고 싶었다.

혁신학교졸업생연대 '까지'의 대표이기도 했던 서울 휘봉고 김기만 졸업생은 12·3 내란 당시 한걸음에 국회로 달려가 계엄군과 맞섰다.

당시 국회의원실 소속 비서관이었던 이 친구에게 '살아서 만나자'라고 보낸 문자가 지금도 남아있다. 김기만 졸업생은 학생복사기 설치, 무료 우산 대여 사업, 오후 6시 이후 스터디룸 개설 등의 공약으로 휘봉고 학생회장에 당선됐다. 그리고 공약을 100% 이행했다. 휘봉고 교사와 행정실 직원들이 학생회와 잇달아 회의를 하며 공약 실현에 발 벗고 나섰기 때문이다. 김기만 졸업생의 몇 마디 말을 소개한다.

"혁신학교 경험 중 가장 기억에 남는 것은 학생자치 활동입니다. 3년 동안 즐겁게 학교생활을 하게 해준 원동력이기도 합니다. 선배들이 신입생들을 환영하는 '신입생오리엔테이션 준비위' 활동, 축제를 기획하고 준비했던 '축제준비위' 활동, 우리만의 하나뿐인 졸업식을 만들 수 있었던 '졸업준비위' 활동… 기억에 남는 순간이 너무도 많습니다. 혁신학교여서 이런 일이 가능하지 않았나 생각합니다.", "혁신학교가 진보교육감의 정책이라며 '학력 저하 원인', '이념교육의 현장'으로 폄훼되는 현실이 속상합니다. 혁신학교는 단순한 지식 외우기 공부가 아니라 자신 있게 삶을 살아갈 수 있게 하는 지혜를 배울 수 있는 곳이고, 진정한 공부의 방법을 알려주는 곳이라고 생각합니다."

경기 고양 성사고 이철범 졸업생은 "일반 학교는 좋은 대학 보내기 위주로 공부를 시키잖아요. 하지만 사회에 관심이 많았던 저는 다양한 경험과 활동을 하고 싶었어요. 중3 때 혁신학교 커리큘럼을 꼼꼼히 보고 혁신학교 진학을 결정했어요."라고 혁신학교로 진학한 이유를 설명했다. 이어 "미술, 음악, 체육을 따로따로 공부하는 게 아니었어요. 음악 시간에 뮤지컬 공연이 수행평가라면, 미술 시간에는 뮤지컬 공연을 위한 포스터를 그리고, 체육 시간에 뮤지컬 공연

을 위한 춤을 연습하는 융합 교육이었죠"라고 당시 수업 방식을 회
상하며 "수학 시간에는 자기가 좋아하는 학자의 이론에 대해 자료
를 찾아보고, PPT 발표를 했어요. 저는 영국의 경제학자이자 사회복
지이론가 윌리엄 베버리지의 사회보장제도에 대해 발표하고, 선생님,
친구과 토론을 나눴어요."라고 했다. 혁신학교에서 인문학적 소양을
갖춘 것이다.

서울 선사고 노근영 졸업생은 대학교 특수교육과 재학생이었다.
대개 학교는 입학식 때 성적이 가장 좋은 학생에게 대표로 입학서
를 주는데, 선사고는 가나다순으로 이름이 가장 먼저인 학생과 가
장 나중인 학생을 대표로 뽑아서 입학서를 줬다. 학교가 학생을 성
적으로 줄 세우지 않겠다는 의미로 느껴져 학교에 대한 첫인상이
너무 좋았다고 한다. 교가도 달랐다. 대개 교가는 '진리', '봉사', '기
상' 등 고상한 단어를 반복하며 사회적 윤리 또는 학교의 기풍이나
건학정신을 주입하려 한다. 하지만 교사와 학생의 상호 존중, 학생과
학생의 상호 협력의 내용이 담긴 선사고의 교가를 부르며 그는 "학
교와 사랑에 빠졌다"고 했다. 세 분 선생님도 기억에 남았다. "배움
을 행동으로 실천하는 법을 가르쳐 줬다"는 생명과학 선생님은 수업
시간에 학교 인근 한강변 등으로 다니며 비둘기 둥지를 살폈다. 두
루미를 보기 위해 비무장지대DMZ까지 다녀왔다. 그러면서 생명의
서식지를 살피고, 자연과 인간의 관계를 돌아보며 환경에 대한 지식
과 환경보호를 위해 실천하는 법을 알아갔다. 지리 선생님은 하나의
주제를 설명하면서 반드시 사회의 실제 사건과 연계하여 설명했다.
수학 선생님의 눈에는 항상 사랑이 묻어났다고 했다. "학생을 바라
보는 따뜻한 시선이 그대로 전해지는 듯했다"고 소회했다.
한편, 이 선사고등학교는 국민의힘 소속 모 서울시의원의 서울시

의회 시정질문에서 "자율 학습을 빙자한 방임 교육으로 공교육이 제 기능을 못 하고 있다", "혁신고교 하나로 지역 분위기가 나빠지고 있다", "만족도가 높은 이유는 공부 안 하는 학생들에게는 최고의 학교이기 때문이다"라는 등의 비난을 받기도 했다. 나는 해당 시정질문에 관한 학생·졸업생·학부모의 반발을 보도했고, 그 시의원은 이 보도를 문제 삼아 언론중재위원회에 5,000만 원 손해배상을 걸어 교육언론 〈창〉을 제소했다. 물론 언중위의 현명한 판단으로 우리는 그에게 단돈 1원도 물어주지 않았다.

강원 북원중 황예희 졸업생은 특수교육과, 특수교사의 길을 선택했다. 그는 '학생이 주체가 되는 학교'라고 혁신학교를 설명했다. 그리고 그렇게 주체가 되는 경험을 해보니 새로운 것에 관심을 갖고 도전하는 것에 두려움이 많이 없어졌다고 했다. 혁신학교 시절 도전과 성공의 경험이 쌓였기 때문이다. 적극적으로 내 생각을 말하고, 의견을 내는 것에도 자연스러워졌다. 당시 학부모회에서 학생회장단의 활동을 적극적으로 응원하고 지원해줬는데, 그러한 '협업'도 좋은 기억으로 남았다고 한다. 한편, 북원중학교는 원래 북원여자중학교였다. 그가 학생회장일 때 여중에서 공학으로 바뀌었는데, 학교에서는 학생 의견을 최대한 반영해 절차를 진행했다. 이 과정에서 편안한 교복을 도입하기도 했고, 의사소통도 활발하게 이뤄졌다. 자칫 혼란스러울 수 있었던 시기에 학생들은 적극적으로 의사를 표현하며 학교의 변화를 함께 이끌었다.

경남 분성여고 최미빈 졸업생은 비건을 실천하고 있었다. 인생을 바꾼 한 친구와의 만남이 결정적이었다. 학생회 '행복 인권부'에 함께 소속돼 있던 친구였다. 어느 날 그 친구에게 나누어 먹자며 과자를 권했는데, 그가 거부했다는 것이다. 우유가 들어간 과자여서라고. 비건을 실천 중인 친구였기에, 우유가 들어간 과자는 먹을 수 없었던 것이다. 평소 과자를 즐겨 먹던 최미빈 졸업생은 충격을 받았다. '이 맛있는 걸 안 먹는다니'. 친구가 보인 행동의 원인이 궁금했던 그는 비건이 뭔지, 사람들이 왜 채식을 하는지 알아보기 시작했다. 그렇게 해서 도축 과정, 공장식 축산 등에 관한 정확한 현실을 알았다. 그리고 알게 된 이상, 전과 같이 살 수는 없었다. 행복 인권부에서 일하며 가장 관심을 가진 분야는 역시 학생 행복이었다. 학교에서 학생이 행복하기 위해선 학생 자치와 학생 인권이 필수라는 사실도 알았다. 청소년 인권 운동에 관심이 있었던 학교의 선생님, 선배들에게 배운 것이다. 혁신학교 중에서도 특별히 더 진보적인 학교였다. 성소수자를 위한 동아리도 있었고, 페미니스트 선생님도 있었다. 덕분에 최미빈 졸업생은 자기 세계를 완전히 무너트리고 다시 쌓아 올리는 시간을 경험했다. 그렇게 학급회장, 부학생회장, 학생회장을 거치며 학생을 대표해 목소리를 내기도 했다.

인천영종고 서지원 졸업생의 이야기는 특히 기억에 남는다. 우리 둘 다 일본군 위안부 문제에 관심이 있어 내가 관련 이슈를 취재하면 지금도 그에게 기사를 보내준다. 세월호 참사 희생자 2주기인 2016년, 중학교 3학년 서지원 학생은 추모 집회에 갔다가 학교 친구를 우연히 만났다. 그리고 그 친구, 또 마음이 통했던 한 선생님과 동아리를 만들기로 했다. 사회, 인권에 관심을 기울이고 기억하자는 취지의 동아리로 이름도 '기억'으로 정했다. 포스트잇 붙이기, 노란 배 접기, 플래시몹 등 추모 활동을 벌였고, 함께하는 부원들도 합류했다.

그러나 혁신학교가 아니었던 중학교에서 이들의 활동은 순탄치 않았다. 교장선생님과 일부 선생님이 동아리 승인을 허락하지 않겠다며 탄압에 나선 것이다. 부원들에게 개인 상담을 통해 탈퇴를 종용하기도 했다. "학생이 왜 정치에 관심을 갖느냐"는 타박을 여러 차례 들어야 했다. 2016 광화문 촛불집회 당시 행동을 촉구하는 대자보를 붙였다가 철거되는 일도 있었다. 함께 이 책을 쓰는 문성호 《토끼풀》 편집장보다 '탄압 피해 선배'인 셈이다.

그러나 중학교를 졸업하고 진학한 영종고등학교에서는 '꽃길'이 펼쳐졌다. 영종고는 인천의 혁신학교인 행복배움학교였기 때문이다. 학교의 응원과 지지 속에 기억 동아리는 이어졌다. 기억해야 할 사건에 관해 알아보고, 토론하고, 행동했다. 제대로 된 활동 '커리큘럼'까지 만들었다. 2018년 6·13 지방선거를 앞두고는 모의 투표를 진행하기도 했다. 학교 축제 때는 물건을 팔아 수익금을 시민사회단체에 기부했다. 이러한 이들의 생생한 활동과 고민의 기록은 책으로도 출간했다.

또한, 영종고등학교에서는 성적에 따라 학생을 차별하지 않았다. 서지원 졸업생은 그런 환경이 편안하고 좋았다고 한다. 좋아하는 것을 마음껏 연구해보고 상상할 수 있는 교육도 좋았다. 물리학에 관심을 갖게 된 것도 그것 덕분이다. 물리 실험에 참여할 기회가 많았기 때문이다. 주제를 정해 보고서를 쓰고, 실험하고, 또 수정해보고 결과를 만들어 가는 과정이 너무 재밌어서 물리학의 세계에 푹 빠졌다.

광주 수완중 안혜민 졸업생은 대학 비진학자다. 대신 광주여성영화제 스태프, 동네책방 숨 운영, 비건 다큐와 혁신학교 다큐에 출연하는 등, 자신만의 길을 개척해왔다. 인터뷰 당시에는 공부에 관심이 생겨 한 사이버대학교 문예창작과에 다니며 꿈을 키워가고 있었다. 처음 수완중학교에 배정됐을 때는 혁신학교가 무엇인지 잘 몰랐다. 그러나 다니다 보니 뭔가 좀 다르다는 것이 느껴졌다. 우선 교복과 두발이 자유로웠던 점이 컸다. 당시만 해도 그런 학교가 많지 않았는데, 수완중은 학생 편의를 우선적으로 생각한 거다. '여학생은 무조건 치마, 남학생은 무조건 바지', 이런 규정도 없었다. 학생이 자유롭게 만화책, 보드게임 등을 즐길 수 있었던 다목적실도 기억에 남는다. 그곳에서 미술 대회나 전시도 열렸다고 한다. 누구나 마음껏 취향과 재능을 발휘할 수 있는 공간이었다. 방과후 활동으로 1930~1940년대 고전 영화를 보기도 하고, 시를 읽고 쓰기도 하며, 피아노를 해체하여 예술 작품을 만들기도 했다. 선생님도 늘 새로운 교육 방식을 고민했다. 기존 교육보다 더 다채로운 교육을 위한 고민이다. 특히 어떻게 하면 학생이 수업에 더 관심을 가질 수 있을지가 주된 관심사였다. 학생과 편한 관계에서 수업을 진행하는 교사가 많았고, 한 국어 선생님은 광주 민주화운동을 다룬 만화책을 보며 학생들과 내용에 관해 이야기하기도 했다.

서울 인헌고 양진영 졸업생은 제천간디학교 교사이면서 '연초록'이라는 이름의 싱어송라이터로 활동 중이었다. 그는 인헌고에서 칼럼노트, 독서카페, 에너지수호천사단, 자율소규모동아리 등 다양한 활동을 했다. 우선 토론 자율동아리 '소동'이라는 활동이 기억에 남았다. 소규모 동아리의 줄임말이면서, '세상에 소동을 일으키자'는 의미를 담았다. 성매매 특별법, 기업인 특별사면, 안락사 등에 대해 토론하며 생각을 나눴다. 당시는 한국사 교과서 국정화 논란 한창이었다. 우리 의견을 널리 알려보자는 뜻이 모였고, 광화문에서 국정교과서 반대 집회를 열었다. 동아리원 외에도 함께할 친구들을 모으고자 각 반을 돌며 국정 교과서의 문제점을 알렸다. 학생들의 자발적인 행동에 선생님들도 놀라움 섞인 응원을 보냈다고 한다.

에너지수호천사단에서는 원자력이 이슈이던 당시 사회 분위기를 반영해 탈핵 등 환경문제를 집중 탐구했다. 또한, 인간이 지구에서 다른 존재에게 피해를 덜 끼치려면 어떻게 해야 할지 연구했다. 그 관심이 사회학이라는 학문으로까지 이어졌다. 동물권에 관심이 생겨 채식을 시작하는 계기가 되기도 했다. 위인전 읽고 쓰기 대회도 기억에 남는다. 전태일 평전을 처음 접한 계기가 됐기 때문이다. 열악한 상황에서 피워낸 불꽃 같은 삶에 감명받았다.

학생의 다양한 생각을 보듬는 교육의 중요성도 깨달았다. 혁신학교에 다니며, 더 다양한 교사가 필요하다는 생각이 들었다. 모두가 4년제 대학을 나와 임용고시를 치른, 비슷한 길을 걸어온 교사들로 구성된다면 다양한 성향의 학생들과 호흡하기 어려울 수 있다는 생각이었다. 방황의 과정을 겪은 교사, 장애가 있는 교사, 퀴어 교사, 한부모 교사 등이 있으면 더 좋을 것 같았다.

이후 제천간디학교 교사가 되어, 특별한 수업을 진행하고 있다. 비건 요리 수업시간에는 간단한 설명만 하고, 학생이 레시피를 찾아서 요리하는 식이다. 학생 주도성이 최대한 발휘될 수 있게 돕는다. '기사로 세상 읽기' 시간에는 모든 학생이 한 명씩 발제자가 돼서 기사를 소개하고 자기 생각을 말한다. 그렇게 토론이 이어지기도 한다. 혁신학교에서 주체적인 활동을 많이 한 것에서 아이디어를 얻었다. 학생, 교사가 모두 자율성을 최대한 발휘할 수 있는 수업이다. 학생이 직접 발표도, 토론도 해야 하기에 양진영 교사의 수업시간에는 조는 학생이 없다. 모두가 주인공이 되는 교육이다.

그는 우리 사회가 타인의 고통에 공감하고 슬퍼할 수 있는 사회가 되기를 바란다. 그리고 그런 학생을 길러낼 수 있는 수업을 진행한다. 영화 〈다음 소희〉를 보고 청소년 현장실습에 관해 이야기했고, 〈너에게 가는 길〉을 보며 성소수자와 그 가족들의 삶에 관해 이야기했다. 혁신학교에서 이상적이라고 생각했던 교육의 모습이다. 혁신학교 학생 시절 배운 참된 교육의 모습을 자기 교실에서 그대로 실현하고 있다.

충남 천안오성고 김대성 졸업생은 혁신학교 시절 '작은 소녀상 캠페인'을 이끌었다. 유니클로 광고가 위안부 비하 논란을 일으키며 불매운동까지 이어졌을 때다. 김대성 당시 1학년 학생도 가만히 있어선 안 되겠다고 생각했다. 그래서 교내 평화의 소녀상 설립을 위한 기금 모금 캠페인을 벌였고, 건립까지 이어졌다. 김대성 학생의 활약상은 포털에 '천안오성고 소녀상'을 검색하면 언론 보도로 확인할 수 있다.

그렇게 친구, 선생님과 뭔가를 이뤄낸 경험을 해본 그는 학생회장에도 출마했다. 더 많은 것을 해보고 싶었기 때문이다. 중학생 때까지만 해도 고등학교에 가서 학생회장에 출마하게 될 줄은 몰랐는데, 혁신학교가 자신의 진취적인 모습을 찾게 해줬다고 한다. 학생회장이 되고 나서는 다른 학교와의 교류를 적극적으로 추진했다. 청소년기는 자아를 넓혀갈 수 있는 가장 좋은 시기인데, 한 학교에서만 지내는 것이 답답하게 느껴진 것이다. 난색을 표한 선생님도 있지만, 믿고 지지해준 선생님도 있었고, 최선을 다해 끝까지 설득했다. 결국 학교 간 연합 프로젝트 사업을 띄웠다. 천안오성고는 AI 중점학교였는데, 과학 중점인 다른 학교와 학생이 함께 프로젝트를 진행할 수 있게 한 것이다. 학생들의 생활기록부에도 도움이 됐고, 무엇보다 프로젝트가 없었다면 서로 몰랐을 학생들이 만나 각자의 세계를 넓혔다는 데 큰 의미를 뒀다.

전남 포두중 김주영 졸업생은 의류 브랜드를 창업했다. 그는 창업가의 길을 걷는 데 혁신학교에서의 경험이 중요한 역할을 했다고 한다. 무지개학교(전남혁신학교) 성과 발표회, 첫 번째 발표를 완전히 망쳤다. 그러나 두 번째는 앞선 실수를 만회하기 위해 칼을 갈고 준비해 성공적인 발표를 했다. 그렇게 실패를 극복하고 성공을 이룬 경험은 이후 창업대회에서 발표할 때 큰 도움이 됐다. '높으신 분'과 대화할 때도 자신감이 생겼다. 처음 발표를 망쳤을 때, 다시는 기회가 없었다면 위축되는 계기가 됐을 수도 있다. 그러나 주변의 응원과 격려, 그리고 성공을 위한 조언이 있었기에 성장할 수 있었다.

무지개학교에서의 다른 경험도 비슷했다. 뭔가를 시도해보는 것에 성공과 실패 여부보다는 과정이 더 중요했고, 과정 자체가 즐거웠기에 계속 도전할 수 있었다. 도전이 두렵지 않았다. 자존감이 높아지고, 하고 싶은 게 생기면 방법을 찾아 해보는 게 습관으로 자리 잡았다. 따라서 다른 사람에게도 혁신학교를 추천하고 싶다고 했다. 중학교 혁신학교를 나오니, 고등학교에 가서도 생활기록부 채우기가 무척 수월했다고 한다. 중학교 때 하던 대로만 해도 세특이 풍부하게 채워졌기 때문이다. 수업시간에 발표할 기회가 생겨도 중학교 때 갈고닦은 실력을 활용해 최고의 활약을 보여줬다.

직접 느낀 혁신학교의 가치

우리는 혁신학교에서 '능력'이란 말을 조금 다르게 배웠다. 능력은 누군가를 이기기 위해 쌓는 스펙이 아니라, 함께 살아가기 위해 익히는 기술이라는 것이다. 예를 들어 발표 수업을 할 때, 발표 잘하는 아이만 돋보이는 방식이 아니라, 자료를 찾는 아이, 질문하는 아이, 토론을 정리하는 아이의 역할도 중요한 것이다. 이런 가치관을 내재화하면, 학생은 "나는 말주변이 좋은 편이 아니어도 된다"라는 안도감과 함께 "내가 잘할 수 있는 방식으로 공동의 일을 돕자"라는 생각을 하게 된다.

혁신학교에서 실패는 낙인이나 부끄러운 일이 되지 않았다. 그래서, 내가 대학이나 사회에서 마주한 혁신학교 출신 친구들은 실패를 두려워하지 않았다. 특히 조별 과제 등 '팀플레이'를 할 때 두각을 나타내는 경우가 많았다. 어떻게 소통해야 할지, 어떻게 협력해야 할지 등에 대해 혁신학교의 경험으로 잘 알고 있었던 거다. 혁신학교에서 늘 해오던 일이기에 어려울 게 없었다. 도전과 혁신이 점점 더 중요해지는 시대에, 나는 혁신교육이 곧 미래교육이라고 확신한다.

혁신학교는 너무 낭만적이다?

혁신학교를 둘러싼 논쟁에서 자주 등장하는 비판 중 하나는 "현실을 너무 낭만적으로 본다"라는 말이다. 사회는 정글인데, 혁신학교는 지나치게 낭만적이고 이상적인 환경에서만 학생을 가르친다는 거다. 그러나 나는 혁신학교가 낭만적이기만 했다고 생각하지 않는다. 혁신학교는 오히려 현실을 정면으로 마주하게 했다. 갈등이 사라지지 않는다는 사실, 공동체에는 늘 불편함이 따른다는 사실, 그럼에도 그 불편함을 피하지 않고 다루는 연습을 해야 한다는 사실이다. 갈등을 다루는 연습은 그 자체로 민주주의의 연습이기도 하다. 혁신학교에서의 '민주적 학교문화'는 표어가 아니라, 문제를 놓고 함께 말하고 결정하는 생활 방식으로 존재했다.

나는 혁신학교의 삶이 잠깐의 유토피아가 아니라, 우리 사회 그 자체가 돼야 한다고 생각한다. 그래야 내가 사랑하는 우리나라의 미래가 있기 때문이다. 더 이상 혁신학교가 혁신이 아닐 때까지. 이는 우리 혁신학교졸업생연대 이름인 '까지'의 의미이기도 하다.

우리만 그렇게 생각하는 것은 아니다. 조선일보의 2023년 사설 "'교육 지옥' 해소 못하면 저출생 극복 불가능하다"를 보면 우리 교육의 나아갈 길을 짚어 볼 수 있다. 이 글에서 필자는 "사교육 지옥은 너무나 지나친 입시경쟁이 낳은 것"이라며 "좋은 대학 입시에 실패하면 그 순간 패배자나 낙오자처럼 되는 것도 현실이다. 외국에서 한국의 이런 교육 현실을 '압력 밥솥'이라고 말한다고 한다"라고 지적했다. "지나친 대학 서열화의 해소 등 교육 혁신 방안도 마련해야 한다"라고도 주장했다. 매우 타당한 사설이다. 혁신고등학교 졸업생 인터뷰에서 그들이 공통으로 이야기한 아쉬움이 있었다. 1, 2학년 때까지는 혁신학교의 정체성이 잘 살아 있었는데, 3학년이 되면 그렇지 않아 아쉬웠다는 것이다. 혁신학교라 해서 고3들의 처지가 다를 리 없었다. 4시간 자면 붙고 5시간 자면 떨어진다는 '4당 5락'의 세계였다. 재수는 필수, 삼수는 선택이라는 '재필삼선'이라는 말도 있다.

어느 대학을 가느냐에 따라 인생이 크게 달라지는 것이 대한민국의 현실이니, 이들의 선택을 뭐라고 할 수는 없을 것이다. 혁신학교가 '너무 낭만적'이라는 욕을 먹는 것도 그래서겠다. 그러나 조선일보 사설의 말대로 문제는 지나친 입시경쟁이다. 혁신학교가 너무 낭만적인 게 아니라 무한 경쟁, 경쟁 지상주의로 우리가 계속 성장할 수 있다고 생각하는 그들이 너무 낭만적인 것이다. 사람들을 경쟁의 늪에 갈아 넣고, 그중 탁월한 소수만 성공해 추앙받으며 모두를 이끈다는 신화는 이제 끝났다. 물론 더 나은 성과를 추구하는 건강한 경쟁은 필요하지만, 비생산적이고 망국적인 상호 파괴적 경쟁의 시대는 이제 끝내야 한다. '명문대 나와야 사람 취급하는' 사회의 시선도 바뀌어야 한다. 혁신학교에서처럼, 도전하고 노력한 누구나 존중받을 수 있어야 한다. 그런 사회의 변화가 있어야 혁신학교도 오래 생명력을 이어갈 수 있다.

12.3 내란, 응원봉을 든 혁신교육 세대

2024년 12월 3일, 윤석열 전 대통령의 불법 계엄, 내란은 모두를 놀라게 했다. 우리 세대 친구들은 계엄을 처음 접해봤지만, 많은 혁신학교 졸업생이 망설임 없이 거리로 나갔다. 우리가 혁신학교에서 배운 것이 영향을 미쳤을 거라고 본다. 우리는 서로가 생각이 다를 수 있어도, 상대의 존재를 부정하며 없애버리려는 것은 잘못된 거라고 배웠다. 그게 민주주의다. 따라서 정치가 아닌 군사를 동원해 총을 겨누며 상대를 제거하려 한 비상계엄은 잘못된 것이다. 그리고 우리는 잘못된 것을 바로잡기 위해 행동하는 것이 당연한 거라고 배웠다. 그래서 거리에서 응원봉을 들었다. 혁신학교는 이렇게 우리가 행동하는 민주시민으로 자라날 수 있는 토대를 제공했다. 윤석열의 친위 쿠데타가 성공해 우리나라가 독재국가가 됐다면, 상상만 해도 끔찍한 일이다. 광장에서는 많은 혁신학교 선생님도 만날 수 있었다. 대한민국의 민주주의를 지키는 길에 혁신학교 구성원도 함께했다는 것이 자랑스럽다.

혐오의 시대, 혁신교육 어디로 가나?

바야흐로 전 세계가 혐오의 시대다. 공존의 언어는 힘을 잃고, 극단주의의 언어가 득세하고 있다. 트럼프는 연일 폭주하고, 내가 어릴 때까지만 해도 '강성' 포지션이던 홍준표 전 지사가 '온건파 합리주의자'로 보일 정도다. 이처럼 극우는 21세기 최전성기를 맞이했다. 특히 이는 1020 세대에서 더욱 강하게 나타난다. 도대체 학교는 무엇을 해야 하느냐, 더 정확히는 학교는 어떤 경험을 제공해야 하느냐는 질문이 붙는다.

나는 이 질문에서 혁신교육의 가치가 더 중요해졌음을 느낀다. 극우화의 토양은 주로 '고립'과 '단절'에서 자라나고, 혐오는 타인을 한

번도 '구체적인 사람'으로 만나지 못한 자리에서 확장되기 때문이다. 중국인 친구가 한 명이라도 있다면, '짱깨'라는 욕을 하기 전에 주저하게 될 것이다. 장애인 친구가 한 명이라도 있다면, '병신'이라는 욕을 하기 전에 망설일 것이고, 성소수자 친구가 한 명이라도 있다면 그 친구를 위해 동성애 혐오 농담에 반기를 들 용기가 생길 수도 있을 것이다.

혁신학교 경험이 준 가장 큰 힘은, 타인의 삶을 구체적으로 마주하게 해준 것이다. 교실에서 협력하다 보면, 내가 싫어하던 친구의 장점이 보이기도 하고, 내가 당연하다고 믿던 규칙이 누군가에게는 불리하게 작동한다는 사실을 알게 되기도 한다. 그때 생기는 불편함은 중요하다. 불편함을 피하지 않고 다루는 과정이야말로 민주주의의 연습이다. 그리고 그 연습은 교실 밖에서도 계속 필요하다.

그래서 혁신교육은 여기서 멈추면 안 된다. 진화하며 앞으로 나아가야 한다. 지금의 디지털 환경은 청소년들의 관계 맺는 방식 자체를 바꾸고 있다. 혁신교육의 가치가 유효하려면, 그 가치를 실현하는 장치와 언어도 업데이트돼야 한다. 예컨대 교실의 토론이 온라인 공론장과 어떻게 연결되는지, 가짜뉴스와 혐오 콘텐츠를 비판적으로 읽는 힘을 어떻게 기르는지, 세계관이 다른 사람과 대화하는 기술을 어떻게 가르칠지 같은 과제를 전면에서 다룰 필요가 있다. 무엇보다 극단주의와 혐오가 왜 우리 공동체와 '나'에게 도움이 되지 않는지 논리적으로 교육해야 한다. 여기서도 일방적 훈육이 아닌 혁신교육 스타일의 대화와 토론, 설득이 필요하다.

사실 많은 이들이 혐오의 언어에 끌리는 이유는 학교 바깥에 더 많다. 가정, 또래 집단, 지역, 온라인 커뮤니티, 노동시장, 사회적 불안이 복합적으로 얽힌다. 그럼에도 학교가 할 수 있는 일이 있다. 학생이 타인을 '동료 시민'으로 만나는 경험을 제공하는 것, 다름을 토론할 수 있는 장을 열어주는 것, 갈등을 처리하는 규칙과 문화를 함께 만들어 보는 것, 그리고 그 과정에서 '자유'가 '타인의 자유를 훼손할 권리'가 아니라는 사실을 배우게 하는 것이다.

이처럼 혁신교육은 현시대의 문제를 정면으로 마주해야 한다. 혁신교육의 수혜를 입고 자란 나도 어떤 역할이든 마다하지 않을 것이다. 비록 1년의 경험이지만, 그 씨앗이 더 큰 줄기와 열매로 자라났다. 우리 혁신교육은 민주, 평화, 인권, 생태, 평등 등의 가치를 가지고 '세계시민' 육성을 향해 나아갈 때다. 그 방향에 우리 혁신교육 세대가 앞장서 길을 열겠다. 함께 가면 길이 된다.

참고문헌

"혁신학교에서 키운 요리사 꿈 … 돈가스 브랜드 창업이 목표"-교육언론 〈창〉
 https://www.educhang.co.kr/news/articleView.html?idxno=2492
"행복 찾아간 다행복학교 … 주체적 시민으로 성장"-교육언론 〈창〉 https://
 www.educhang.co.kr/news/articleView.html?idxno=2613
"사교육 없이도 할 수 있다 … '8년 차 직장인'이 말하는 다혼디배움학교"-교육언
 론 〈창〉 https://www.educhang.co.kr/news/articleView.html?idxno=2734
"혁신학교 시절 우울 … '상처 입은 치유자' 될래요"-교육언론 〈창〉 https://
 www.educhang.co.kr/news/articleView.html?idxno=2880
"혁신학교는 '특별한 부모'와 같아 … 사회적 기업 만들고파"-교육언론 〈창〉
 https://www.educhang.co.kr/news/articleView.html?idxno=3098
"보건교사가 되어 아이들이 행복한 학교와 환경 만들래요"-교육언론 〈창〉
 https://www.educhang.co.kr/news/articleView.html?idxno=3209
"낮은 곳에서 소외된 이들과 한 걸음씩 세상 바꿔 갈래요"-교육언론 〈창〉
 https://www.educhang.co.kr/news/articleView.html?idxno=3392
'인생 망한다'던 고교 나온 청년, 국회에서 살고 있다-교육언론 〈창〉 https://
 www.educhang.co.kr/news/articleView.html?idxno=3591
혁신학교 학생회장 출신 청년, '평생 군인'을 꿈꾸다-교육언론 〈창〉 https://
 www.educhang.co.kr/news/articleView.html?idxno=3740
'반듯한 모범생', '반듯'하지 않은 학교와 사랑에 빠지다-교육언론 〈창〉 https://
 www.educhang.co.kr/news/articleView.html?idxno=3915
"흔들리는 학생 돕고, 긍정적인 변화 함께하는 특수교사 될래요"-교육언론 〈창〉
 https://www.educhang.co.kr/news/articleView.html?idxno=4212
권위주의 익숙했던 운동부원, 혁신학교에서 당당한 민주시민으로 성장-교육언
 론 〈창〉 https://www.educhang.co.kr/news/articleView.html?idxno=4330
뮤온입자 연구하는 물리학도의 혁신학교 시절 '기억'-교육언론 〈창〉 https://
 www.educhang.co.kr/news/articleView.html?idxno=4386
정해진 길이 아닌 내가 가고 싶은 길을 걷는다-교육언론 〈창〉 https://www.
 educhang.co.kr/news/articleView.html?idxno=4597
혁신학교 학생, 제천간디학교 교사가 되다-교육언론 〈창〉 https://www.

educhang.co.kr/news/articleView.html?idxno=4699

천안 → 서울 → 제주로 간 혁신학교 졸업생, "천안의 색깔 찾고파"-교육언론
〈창〉 https://www.educhang.co.kr/news/articleView.html?idxno=5072

혁신학교에서 기른 주도성으로 이뤄낸 창업 성공-교육언론 〈창〉 https://www.
educhang.co.kr/news/articleView.html?idxno=5364=

●차원
서울형 혁신학교인 은빛초등학교 2회 졸업생이다. 혁신학교가 더 이상 혁
신이 아닐 때를 꿈꾸며 혁신학교졸업생연대 '까지'에서 활동했다. 2023년
교육언론 〈창〉 창간 멤버로 현재까지 교육 기사를 쓰고 있으며, 서울학생
인권조례 폐지를 막기 위해 노력했다. 2024년 2월부터 12월까지 전국을
돌며 "혁신학교 청년 졸업생 시리즈"를 연재했다.

삶의 행복을 꿈꾸는 교육은 어디에서 오는가?

● **교육혁명을 앞당기는 배움책 이야기** 혁신교육의 철학과 잉걸진 미래를 만나다!

● 비고츠키 선집 발달과 협력의 교육학 어떻게 읽을 것인가?

● 경쟁과 차별을 넘어 평등과 협력으로 미래를 열어가는 교육 대전환! 혁신교육 현장 필독서

참된 삶과 교육에 관한
생각 줍기